课堂提问讲解技能及案例分析

主编◎李　涛　周　静　杨建伟

中国轻工业出版社

图书在版编目（CIP）数据

课堂提问讲解技能及案例分析 / 李涛, 周静, 杨建伟主编. -- 北京 : 中国轻工业出版社, 2017.1

ISBN 978-7-5184-1204-4

Ⅰ. ①课… Ⅱ. ①李… ②周… ③杨… Ⅲ. ①课堂教学－教学研究－小学 Ⅳ. ①G622.421

中国版本图书馆CIP数据核字(2016)第290431号

责任编辑：刘云辉　　责任终审：劳国强　　封面设计：刘　珍

版式设计：刘　珍　　责任监印：马金路

出版发行：中国轻工业出版社（北京东长安街6号，邮编：100740）

印　　刷：三河市双升印务有限公司

经　　销：各地新华书店

版　　次：2017 年 1 月第 1 版第 1 次印刷

开　　本：710×1000　1/16　　印张：31.5

字　　数：450千字

书　　号：ISBN 978-7-5184-1204-4　　定价：52.00 元

邮购电话：010-65241695　传真：65128352

发行电话：010-85119835　85119793　传真：85113293

网　　址：http://www.chlip.com.cn

Email：club@chlip.com.cn

如发现图书残缺请直接与我社邮购联系调换

160935Y1X101HBW

编委会

前　言

随着人们对教育教学研究的不断深入，以学生为本已经从理念走向了课堂教学实践，各种以学生为主体的教学模式在不断地被探索和研究。我们发现，在各种教学模式中，教师的提问技能和讲解技能都是基础，每种教学模式中都离不开教师的精准设问和简洁明了的讲解。

在课堂教学中，提问技能和讲解技能具有各自的行为方式特点，技能目的和任务也各不相同。提问技能以教师提出问题、学生作答为主要行为特点，主要目的是引起学生的思考，这就决定了教学过程的发展和知识结论的获得在很大程度上依赖于学生的发现，所以提问技能的基本任务是发展学生的认识能力，即帮助学生发展主动获取、组织和评价信息的认识能力；讲解技能在行为方式上的特点是“以语言讲述为主”，所以，讲解的最大特点是传递知识信息的密度大、效率高，最适合用来系统地传授科学文化知识，并在传授知识的同时传授学科的认识方法和影响学生的思想情感。因此，在选择用哪种教学技能进行课堂教学时要充分考虑教学内容的特点和教学目的。

提问技能的基本任务是发展学生的认识能力，讲解技能则是传授科学文化知识和进行思想教育，无论是提问技能还是讲解技能，在教学时都要求学生进行积极的思维才能达到有意义学习的要求。

2016年1月由北京教育学院和中国教育技术协会微格教学专业委员会共同举办了北京市小学青年教师教学技能展示评比活动。活动要求青年教师选择一个知识点，以讲解技能和提问技能为主，从教学设计、说课和模拟试讲三个方面展示自己的教学基本功。展示主要采用微格教学的方式进行，参赛选手扮演教师角色进行10分钟的教学片段展示，参加比赛的同组教师扮演学生角色配合展示教师，共同组成微型课堂，坐在外围的专家作为评委，对微型课堂中的教师进行打分评价，同时，用摄像机记录全过程。

该活动在对教师教学技能研究的基础上，选择提问和讲解两个教学技能为培训和展示内容，以微格教学为训练和展示的形式。在各区县普遍进行了充分的准备和选拔后，按照区县青年教师的比例推荐选手，13个区县推荐了362名青年教师参加了北京市的展示活动。

本次活动为区县青年教师培训搭建了交流展示的平台，点燃了青年教师苦练教学基本功的热情，推出了一批优秀的新苗，一些教学片段的设计和片段视频已经成为教师培训的资源；同时，微格教学作为新任教师上岗、走向成熟的有效训练形式，在各区县教师和中小学青年培训中得到了推广。教学技能的理论研究成果在被教学践行的同时，其内涵得到挖掘，体系得到完善。

本书以新任教师培训教材的形式，呈现提问技能和讲解技能的研究成果；遵循微格教学理论学习与提供示范相结合、满足教学技能形成过程的培训特点，遴选优秀教学片段67个，以微格教学示例的形式呈现，并配以比赛时的视频光盘；教学片段后教师的反思和指导教师的点评：帮助青年教师们理解示例；同时，以学科的形式编排便于满足不同学科教师的选择。

微格教学作为教师培训的一种主要培训形式，其知行统一性是一大特点，技能的开发过程就是将教育理论与教学行为规范紧密结合，将教学行为聚类并外显的过程，本书以两个技能为例，完成了知行统一的过程，推广研究成果的同时，也是对此研究方法和训练方法的推广。强化训练是微格教学的另一大特点，从观点认同到行动达标，体现了技能形成的训练过程，体现了以行动改进为目标的培训，是一个从认同到模仿，从不熟练到熟练的过程，本教材在澄清这一过程的基础上，提供了两个技能的理论框架和践行示例。

本书由李涛和周静总体策划，第一章、第二章由李涛编著，第三章由蒋秀云统编，第四章由苗沐霖统编，第五章由刘剑统编，第六章由周静统编，第七章由李涛统编；案例由苗沐霖、张丽芳、尹金伶、樊凯、崔志钢、韩志超、陈偲、田小将、刘志田、李劲松、柏春庆收集。李涛、杨建伟对全书进行了统稿。

本书可供小学各学科教师、师范院校教师、学生进行教学研究使用，也可用作教师继续教育培训教材。限于编者的研究视野与研究水平，疏漏在所难免，敬祈专家和读者批评指正！

编　者

2016年7月21日

目录 Contents

第一章 提问技能

课堂提问技能是教师运用提出问题，以及对学生回答做出反应的方式，了解学生的学习状态，启发思维，使学生理解和掌握知识，发展认识能力的一类教学行为。可以说，每一位教师都要运用课堂提问，每一堂课都少不了课堂提问。课堂提问技能的教学行为方式特点并不难理解，但同样是提问，所产生的教学效果可能会有很大的不同。这和问题的设计以及在课堂上提出问题的时机、方式、教师的反馈等有很大关系。

一、问题的设计

课堂提问的主要目的是促进学生认知能力的发展，因此，问题的设计要符合学生认知发展的规律。

皮亚杰认为，人的认知自降生以后要经历若干不同质的阶段而达到成人的完成阶段。各阶段之间有其独特的逻辑，有一贯性。处于某一阶段的儿童的认知方式是前一阶段派生出来，而又引导后一阶段的认知的。这种阶段顺序是不容颠倒也不能超越的。

在此基础上，皮亚杰用平衡化过程来解释学生对外界刺激的心理变化过程。皮亚杰把儿童在各个阶段的逻辑叫作“图式”，完全按这一图式逻辑解释外界刺激的意义，谓之同化。但是当儿童能动地作用于外界，发现在他的原有图示中不能同化外界刺激时，儿童就得变更图示本身，这就是调节（或称顺应）。新的图示产生出来以便同化外界，形成一种平衡状态，这个过程就是平衡化过程。新的图示是否能够产生，不仅与外界刺激有关，而且还取决于儿童所处的心理发展阶段。依据皮亚杰的理论我们可以得到这样的结论：学生认知能力的发展是通过同化与调节在各个认知阶段的循环往复，原有的平衡被打破，新的平衡又建立起来，从而使认知从低级向高级发展。

用皮亚杰的平衡化过程来理解，课堂的教学目标是我们希望学生在一节课结束时应该形成新图示，课堂教学过程是帮助学生不断调节原有图示，逐步形成新图示的过程，教学内容是学生形成新认知图示的物质载体。提问是促进学生认知不断发展的催化剂。因此，设计问题的时候既要对学生所学教学内容进行分析，也要对学生原有认知图示进行分析，这样才能设计出合理的问题，引导学生认知能力的发展。

（一）课程标准、教材和学情分析

把课程标准、教材和学情三者之间贯通融合是教师将学习内容和学习对象联系起来的桥梁，是教师确定教学目标、设计问题和教学活动的根本依据。

1.课程标准分析

课程标准是国家课程的基本纲领性文件，是国家对基础教育课程的基本规范和质量要求，它体现国家对不同阶段的学生在知识与技能，过程与方法，情感、态度与价值观等方面的基本要求，规定各门课程的性质、目标、内容框架，提出教学和评价建议。课程标准是相对固定和稳定的，课程标准的实现需要将课程标准的要求在每一节课堂中落小、落细和落实。

案例一：北京市海淀区中关村第二小学焦翔宇老师对小学五年级北京市义务教育课程改革实验教材第九册“京剧《赤桑镇》选段”的课程标准分析

《语文课程标准（2011 年版）》中指出，教学目标设计应帮助学生认识中华文化的丰厚博大，汲取民族文化智慧，逐步形成积极的人生态度和正确的世界观、价值观。

对京剧唱词的学习，课标中并没有具体的教学指导意见，但课标中提到，诵读优秀诗文，注意通过语调、韵律、节奏等体味作品的内容和情感。所以，这一课的设计，我着力根据学生身心发展和语文学习的特点，充分激发学生的主动意识和进取精神，通过优秀文章的熏陶，帮助学生认识中华文化的丰厚博大，提高学生文化修养和审美情趣，从文中汲取精神养料，提升素养，树立正确的人生观。

案例二：中国农业科学院附属小学刘梦璐老师对北师大版二年级下册第十三单元风和水的第二篇主体课文《我是什么》的课程标准分析

《语文课程标准（2011 年版）》中指出，识字写字是第一学段的教学重点。因此本课的教学重点就是识字与写字。其次，课标强调“识字教学要注意儿童心理特点，将学生熟识的语言因素作为主要材料，结合学生的生活经验，引导他们利用各种机会主动识字，力求识用结合”。因此在识字教学过程中，我通过随文识字的方法，结合学生的生活实际，再加上图片形象直观的方法，帮助学生掌握教学重点。接着，在写字方面，课标提出第一学段学生要“掌握汉字的基本笔画和常用的偏旁部首，能按笔顺规则用硬笔写字，注意间架结构。初步感受汉字的形体美”。为了达到这一要求，我在指导学生书写本课教学重点“雪”字时，通过观察法，观察雨和雨字头的不同，以及动画演绎法为学生演示雨变化成雨字头的过程，让学生深刻体会和记忆雨字头书写的重点，即第二笔点和第三笔横折钩，使学生能够正确书写雪字。而后，通过写字小歌诀帮助学生掌握上下结构的字书写规则和间架结构特点，感受汉字的形体美。最后，通过提醒学生“写字三个一”的写字要求，达到课标要求书写时“努力养成良好的写字习惯，写字姿势正确，书写规范、端正、整洁”。

案例三：北京市昌平区前锋学校王禹心老师对北京版二年级上册“厘米的认识”的课程标准分析

在现实生活中人们经常会遇到有关测量问题与解决测量的问题，为此，数学课程标准把“图形的测量”内容作为“空间与图形”领域中四个维度之一，通过课堂上一系列“测量”活动的开展，以培养学生的空间观念、几何直觉、推理能力，以及认识生存的现实空间，这充分表明“测量”学习的数学价值与应用价值。

《数学课程标准（2011 年版）》强调建立度量单位的重要性，结合生活实际，经历用不同方式测量物体长度的过程，体会建立统一长度单位的必要性。注重量及度量单位的实际意义，重视估测及其在现实生活中的作用，同时明确要求学生在测量过程中，学会根据实际问题选择合适的测量方法、工具和度量单位。

教学目标中体现：

1. 使学生初步经历长度单位的形成过程，体会统一长度单位的重要性，知道长度单位的作用。

2. 在实践操作中，使学生认识长度单位厘米（cm），初步建立 1 厘米的表象。清楚 1 厘米和几厘米的关系；初步学会用刻度尺测量物体的长度（限整厘米）。

2.教材分析

教材是落实课程标准的载体，教材内容是“用什么教”的问题，是师生教学活动的中介。不同地区和学校根据各自的地域、学校特点选择不同版本的教材，但最终实现的目标都是课程标准的要求。

教材分析是教师备好课、上好课的基础保障，是教师在制订教学计划、设计教学预案前，要做的一项很重要、又很基础的工作。教材分析要站在学科课程标准的高度，研究教材、研究教法。

教材分析通常要从三个层面进行：

一是在制订学期教学计划之前进行全册教材的整体分析。教师必须对全册教材有较全面的了解，领会教材的总体要求和内容结构。只有这样，才能很好地把握教材，增强制订教学计划的针对性，提高设计教学预案的实效性。

二是单元教材分析。现在教材通常是按“单元”的方式编排，可以使内容相对集中、知识点更加突出，体现了多元的教育目标，便于学生从不同角度认识和研究问题。单元教材分析主要是分析单元的教学目标及教学重难点，了解整个单元的教学内容在全册教材总体要求下的编排、结构思路，这也是每节课教材分析和教学设计的基础条件。

三是每节课的教材分析。这也是每节课教案中要进行的教材分析，是整体教材分析的主体部分。但是，教材内容不等同于教学内容。教材内容要经过教师的加工处理和“教学化”过程才能转变成教学内容。一般从以下几个方面进行分析：

（1）说明教材内容在整个学科和整册教材中的位置；

（2）分析该内容在单元教材中的前后联系；

（3）分析教材的关键内容及教学重点；

（4）分析对教材的处理及教学设想。

案例一：清华大学附属小学张强老师对北师大版义务教育教科书数学“圆的面积（一）”的教材分析

纵向梳理教材，我们发现学生从三年级到五年级，从最开始对面积的认识，到长（正）方形面积、平行四边形面积，再到三角形面积、梯形面积的学习，积累了大量的直线图形面积度量的经验。其中，数方格是学生重要的度量面积的策略，贯穿学生学习的始终。并且，转化的思想和不规则图形的经验也为研究曲线图形（包括圆）打下基础。进一步，本课的“化曲为直”思想又为后续圆柱表面积的学习做好铺垫。

横向对比北师大版、苏教版、人教版、浙教版教材，我们发现这四个版本都凸显了在估计猜测的基础上，先将圆分割、再拼合转化，进而找到关系、推导公式这样的解决路径。

因此，本课的教学重点在于经历将圆分割、拼合的探究过程，并且适时渗透转化思想。

案例二：北京市朝阳区牌坊小学彭铁鹤老师对小学六年级上册首师大版品德与社会《大漠升起蘑菇云》的教材分析

《大漠升起蘑菇云》是首师大版品德与社会六年级上册第一单元第三主题的内容。教材简明扼要地介绍了我国研制核武器取得的成就、产生的巨大影响、历经的艰难险阻和背后的感人事迹，并以思考题的方式提出了“我国为什么要研制原子弹”这个问题。

根据事物发展的因果关系，也为了契合六年级学生认知水平，帮助其深入理解我国成功研制核武器带来的重大影响，先在第一个教学环节中呈现我国研制核武器的背景、认识我国当时研制核武器的必要性，便显得尤为重要了。因此，作为课堂教学的第一个环节，这里将了解我国原子弹的原因定为教学重点。学生通过对不同类别的材料进行探究分析，来完成对本环节教学重点的学习。

案例三：北京市芳草地国际学校双花园校区王婷婷老师对人教版小学三年级《盘古开天地》的教材分析

1. 知识体系：三年级上册的这篇文章是小学阶段第一次接触神话这一体裁，因此在教学中要引导学生了解神话这一文学体裁，知道神话是古代人民对自然现象和社会生活的一种天真的解释和美丽的向往。

2. 单元定位：《盘古开天地》是人教版三年级下册第五单元的一篇课文。第五单元是以“灿烂的中华文化”为主题的单元，单元任务中提到，这组课文要“打开中华传统文化宝库的大门”，针对本书提到要了解古代神话故事，我认为学生需要“了解”的不仅仅是故事本身，而是中华的文化和民族的智慧，因此在教学中了解故事的同时还要激发学生对中华传统文化的兴趣，激起对劳动人民智慧的赞美之情。

3.学情分析

学生是课堂的真正主体，只有当教师充分了解自己的学生，对学生进行学习前的各种情况分析，才能有效地利用学生的最近发展区完成各项学习活动，从而做到有的放矢。因此，学情分析是教师确定教学目标，设计教学活动的重要依据。通常学情分析从宏观和微观两个层面进行：

宏观层面主要从学生年龄特征进行分析。根据皮亚杰儿童发展阶段理论，不同年龄段儿童的认知有其独特的逻辑，有一贯性。处于某一阶段的儿童的认知方式是前一阶段派生出来，而又引导后一阶段的认知的。这种阶段顺序是不容颠倒也不能超越的。所以，把握学生年龄认知特点和其特有的逻辑，能帮助教师选择合适的教学方法。

微观层面主要从学生知识结构进行分析。针对一节课的教学目标，分析学生要达到目标要求已经具备的知识内容、技能方法有哪些，实现目标的困难因素有哪些，从而帮助教师确定教学过程的难点及其突破难点的方法。

案例一：清华附小昌平学校郭启蒙老师就北师大版二年级语文《我有一盒彩笔》的学情分析

二年级第一学期学生已有的知识技能是：能够借助工具书读准字音、读通课文。并通过朗读，提取简单信息，初步了解文章大意。

这篇课文在预学的前测中，发现大部分学生的质疑关注点，停留在“紫色的山，插入云天的电视塔”这样具体的景物碎片上，没有把景物编织成整体的生活画面，也就体会不到景色的美丽。

再加上学生不了解作者写这首诗的生活年代背景，就不能准确感受诗中景象“小河流过稻田”意味着丰衣足食，而“中秋明月”象征着家人团圆，更不能理解，那个年代“电视塔”代表着时代进步，也就体会不到诗歌不仅赞景，更是赞美好的生活。这正是学生学习的难点。

由此，我把握到教学难点是：展开想象，进行仿写，激发学生对当下“美丽的今天”的喜爱。

案例二：北京市芳草地国际学校富力分校吕帅老师就北京版小学四年级英语《Unit One Revision——Feelings》的学情分析

1. 我校从一年级开设英语课，教师采用全英文授课，学生对于英语学习感兴趣，并具有大胆实践和积极参与的热情。

2. 本单元话题接近生活，学生有较浓的兴趣为本单元做好了情感上的铺垫。

3. 对于本单元的词汇和句型学生已初步掌握，但部分学生自主学习能力较弱，缺乏复习的习惯，语言的综合运用能力不强。另外，能力较高的学生缺乏真实语境的交流与表达，应提供拓展和提升的空间。

教学难点：

1. 在真实的情境中能够正确表达描述心情的词汇，并能够运用 Why are you ...？和 Why do you look ...？询问他人情绪；

2. 结合实际情况创编对话。

案例三：清华大学附属小学俞璐老师就北京师范大学出版社小学语文二年级《上天的蚂蚁》的学情分析

二年级的学生初步具有提取简单信息的能力，学习有语气地朗读，借助图画、联系上下文等方法了解词义。

在第一课时的学习中，学生已经读通了课文，了解了故事内容，对童话中巨人和蚂蚁这两个形象很感兴趣，发现他们俩的巨大差异：巨人身材魁伟，蚂蚁很小很小。并对文中的对话产生了浓厚的兴趣。

同时，学生对课文还存在一些疑问。在针对二年级（5）班 43 名同学进行的前测中，23 名同学的质疑关注了小蚂蚁，12 名同学关注了巨人，还有 8 名同学问到了词语。

从这样的质疑中可以发现，学生不仅关注了童话中这两个夸张的形象，而且发现了他们之间不同的行动。这篇童话故事正是通过巨人和蚂蚁夸张的对比来感受小蚂蚁的自信和坚持，学生的关注和文本的对比相契合。但是，二年级的学生还不能将二者建立联系，在对比中整体把握。因此，了解巨人和蚂蚁面对“通天树”的不同表现，体会蚂蚁的不懈努力也是本课的教学难点。

（二）教学目标、核心问题及问题链

1.教学目标

教学目标，也是学生的学习目标，是教师对学生达到的学习成果或最终行为的明确阐述。通过教材分析和学情分析，明确的教学重点和教学难点能够帮助教师有效地调整教学目标，使教学目标的设定更加合理，比较准确地确定在“学生跳一跳能够摘到桃子”的地方。

教学目标是教师进行课堂教学设计的依据，一切教学活动都是围绕教学目标来进行和展开的，每一个教学目标的实现都需要相应的教学活动来完成。

2.核心问题

提问是促进学生认知能力发展的有效形式，尤其是能够引起学生认知结构不平衡的提问，在符合学生发展阶段的条件下更有利于认知能力的发展，提问技能既可以适用于归纳概括的学生认识过程，也适用于演绎推理的认识过程。因此，在一个相对完整的教学活动中，教师往往会提出一系列的问题引导学生积极思考，主动探索，促进学生思维，发展学生的认识能力，从而实现

教学目标的要求。

根据皮亚杰平衡化教学过程理论，在教学过程中，每一个教学活动的目的是为了实现一定的学习目标（相对于学生来说，教案中的教学目标是学生的学习目标）。如果该学习目标不能被学生原有认知图示完全同化和顺应，就需要学生变更原有的认知图示，形成更适合的、新的认知图示以便同化外界，形成新的平衡。那么，这个新的认知图示就是该学习目标的核心问题。因此，核心问题的确定离不开对学习内容及学生认知情况的分析，只有在此分析基础上明确学习的重点和难点，才能准确地把握教学活动中的核心问题。

3.问题链

皮亚杰的平衡化教学过程理论对提问如何才能引起学生有价值的思考有指导作用。“发展阶段说”说明提问中对学生所要求的思考任务应该符合学生相应发展阶段的思维方式。这包括在一系列的提问中，那些用学生已有的图示就可以完全同化的问题也是有价值的，如记忆型的问题。而且在一个问题中，问题的条件应该是学生已有的图示可以完全同化的。在问题的思维任务中，如果没有学生可以直接同化的成分，则问题的解决就失去了必要的条件。“平衡化过程”说明只有同化没有调节的提问不能促进学生认知能力的发展，所以在教学中应该有引起学生认知结构发生变化的问题，这类问题的作用就是要使学生产生不平衡。

因此，课堂上提出的问题要能够引起学生的思考，所设计的问题要符合学生认知发展规律，需要设计不同认知层次的问题。问题链就是与核心问题密切相关，围绕核心问题设计一系列不同类型的问题，这些问题中，包括学生用已有的知识就可以回答的，即用学生已有的图示可以完全同化的；也包括学生不能完全靠已有知识正确回答的，能够引起学生认知冲突的问题，即能引起学生认知结构发生变化的问题。这系列问题有条不紊，前后贯通，使所有问题成为一个系统整体，从不同的认知层次引导学生进行思考，逐步达成对核心问题的共识。

案例一：昌平城北中心三街小学刘璐老师在北京版小学数学三年级上册“周长的认识”中核心问题及问题链的确定

“周长的认识”是北京版小学数学三年级上册的一节概念课。新教材将认识周长和周长计算分成两课时来进行教学，足以见只有对周长的概念做到真正的理解，才能对周长的测量、计算及应用有更好的理解认识。

为了更好地把握学生的原有认知，我对学生进行了课前调研，主要以指、想、画、说这四个活动来进行。通过调研发现：学生对边线和一周的认识比较清晰，但是他们往往不能很规范地从起点再指回到起点；在他们的心目中周长是以一个形状的方式出现，而不能想象出周长实际上是一条直直的线段。充分了解学生的认知，知道他们的盲点，所以我将核心问题设置为：图形的周长。主要帮助学生知道尽管形状不同、大小不一的图形它们的周长展开都是一条直直的线段，真正认识到周长的本质。针对核心问题我设置了3个问题链：1. 指一指、描一描什么是图形的一周？ 2. 图形的边线展开是什么样？ 3. 什么是图形的周长？在指一指、描一描等活动中，强化学生对边线的认识，学生可以规范地从起点指回起点，一点不多，一点也不少才是图形的一周，直观感知周长，初步建立周长的概念。为了打破学生心目中周长是一个图形的原有认知，采取将图形的边线取下来这一环节，直观上建立图形的周长是一条直直的线段。运用想象、动手操作的方式让学生真正认识到周长的本质。最后，利用视频的方式将图形的周长展开，都是一条直直的线段，再一次加深印象。用线段再去围成图形，围成图形一周的长度就是这个图形的周长。

点评：（孟宪卫　北京市昌平区城北中心小学　小学高级教师）

《周长的认识》这节课，教师采取了以理解性提问为主，辅之以教师讲解的方式，通过有效的学习活动引领学生认识图形的周长。这节课的教学设计突出了以下两点：

一、明学情，巧联系，问题环环相扣

周长是属于“图形与几何”领域中测量的内容，是指围成图形边线一周的长度。要让学生理解周长的概念，需要学生明确“边线”和“一周”，尽管学生是第一次认识周长，但是对于边线和一周的概念并不陌生，教师在教学前，针对学生进行学情调查，明确学生的学习基础，了解知识的生长点，依据学生已有知识经验进行设计。教学设计中教师围绕着“什么图形的周长”这一核心问题，设计了环环相扣、层层递进的理解性问题。以认识“一周”作为学生已有的知识经验与认识周长联系点和认知起点。通过“什么是一周”这一问题，让学生调动原有认识经验，从而明确从任一点沿着边线再回到这一点，就是一周。在认识一周的基础上，让学生理解“边线的一周展开是什么样”帮助学生建立周长是一条线段的长度的表象，最后通过总结提问什么是周长，为学生建立完整的周长的概念。

二、抓本质，巧设计，建立周长概念

对于周长概念，教师理解得比较深入。教材中周长就是围成图形的一周的边线。但周长的核心应该是围成图形边线一周的长度。吴正宪老师说过：“周长是一条线段的长度，应该要用一个具体的长度进行刻画。”因此本节课教师抓住周长是一条线段的长度这一核心，巧妙设计了学生的学习活动，通过指一指、比一比、想象等学习活动，采取让图形边线从图形上走出来、再展开这种比较直观、新奇的手段，将不同的图形的一周都转化成了直直的线段。引导学生经历直观操作—形成表象—抽象概念的过程，不仅使学生认识到无论是什么样的图形，不管这个图形有几条边，也不论它的边是直的还是弯曲的，它边线的一周展开都是一条线段，这条线段的具体长度就是图形的周长，加深了学生对周长的理解。同时也让学生积累了活动的经验。

案例二：清华附小昌平学校郭启蒙老师关于北师大教材中二年级《我有一盒彩笔》的教学反思

我是怎么设定核心问题和问题链

一、来源：学生真实的问题

最初走进《我有一盒彩笔》，是在自己的课堂上。请学生读课文，在黑板上画出作者描写的一幅画面。

画“一条蓝色的直线”——“那是小河流过稻田”。结果学生用歪歪扭扭的笔触画了一条“曲线”。多么“固执”，多么可爱！是啊，小河是弯弯曲曲的，这是我们的常识。可是作者却把它说成是“直的”，看这线条让小河的形状怪怪的！

接着，画“一个黄色的圆”——“那是中秋明月挂在山间”。因为还把握不好粉笔，学生画出这个“不圆不扁”的“土豆形月亮”。啊哈！正中下怀，这就是文中“中秋圆月”的反例。强调它，不正可以让学生关注到“中秋明月”的圆满吗？

马上，画“一条紫色的曲线”——“那是连绵起伏的远山”。可是“山为什么是紫的？”作者的颜色又选择错了吗？

最后，画“一个细细直立的三角”——“那是电视塔，插入云天！”远远看去，电视塔确实是细细直立的三角，这总没问题了吧？

“工人是怎么建筑插入云天的电视塔的？”

学生又七嘴八舌……

我陷入深深的思考。“画”出诗中画面，是想让学生体会语言特点，这个教学环节的设计有多重目的：把握诗歌语言规律，用各种颜色的线条抽象作者眼中的景象；边画边理解作者眼中的景象；画出的画面为背诵课文提供脚手架。可是，正是在这个环节，课堂涌现出这么多学生的“不理解”：

“为什么河是直的？”

“为什么山是紫的？”

“为什么独独说‘中秋明月’？”

“为什么在整个自然画面中，唯独出现一个人文景物电视塔？”

“电视塔真的插入云天吗？”

……

有一些问题看似与文本无关，对于这些“十万个为什么”，我想，这是老师最宝贵的财富，重视这些问题、借助这些问题，老师就能帮助学生实现对文本的对话。

二、解读：寻找文字和主题的秘密

如果割裂地看某个景物，很多景象确实是不可能发生的。很多解读认为这首诗歌的描绘，平淡无奇，就是在写几个破碎的日常景象。也没有对作者这些“奇怪”的线条和色彩加以重视。可是，真的是这样吗？

如果把诗句内容联系起来看，“中秋明月挂在山间”，明月映衬下连绵起伏的远山，怎么不会变成神秘的紫色？李白不也有诗曰“日照香炉生紫烟”，正是在说香炉峰在清晨显现出紫色呀！这么看，与其说金波在大胆地想象，不如说他是在真切地写实。

在网上搜寻“小河流过稻田”的图片，发现流过稻田的河，都是直直的人工水渠，这直线是不是就在说它呢？电视塔都很高不假，可如果这电视塔建在山尖，那才真的算是“插入云天”啊。我见过平地上的“东方明珠”，可这有名的电视塔远不如那些屹立于山尖的电视塔巍峨、高耸。

当了解了这些生活知识后，我明白了，诗中其实在写20世纪80年代中秋的一个夜晚，作者金波看到明月掩映下朦朦胧胧的远山，看到人工渠灌溉稻田，看到远方的电视塔高耸入云。啊，我们的生活丰衣足食了！科技在进步，我们在家庭生活中可以看电视了！作者这是不仅在赞美美丽的景象，更在赞美美好的生活啊！

三、确定核心问题和问题链

文本解读到这里，我想自己终于解答了同学们的疑惑。从文字的密码——“我画（什么颜色）的（线条），那是（景物）”这样的句式，循环往复四次，描绘出美好的画面，表达了热爱的情感。

随着文本的内涵渐渐疏朗，我也终于确定了核心问题——作者画了这幅“美丽的今天”，这幅画美丽在哪里？

进一步，我确定了问题链，问题一：我画了什么，用什么画的？以此发现诗句语言特点，同时感受画面美。通过结合生活经验、联系上下文，理解金波“奇怪”的线条和色彩，明白金波描绘的这幅整体画面。再通过问题“除了诗中提到的蓝色、紫色，这幅画面中还有什么颜色？”，引发学生展开联想，想象金波眼中那幅美丽的景象。我想那画面中还有秋天稻田的金黄，有夜晚高空薄薄的淡蓝云朵……让学生真正走进文本，走进金波描绘的那幅美丽画面中。

问题二：我为什么画这样的景物？同时补充80年代人们的生活，描述电视塔出现的意义，以此让学生体会生活美，进而让学生感受到美丽的今天这幅画不仅在赞景，更在赞生活。

点评：（王君　清华附小昌平学校副校长　小教高级教师）

郭启蒙老师的《我有一盒彩笔》教学过程以提问为主。全课构思精妙，教师针对“作者画了这幅‘美丽的今天’，这幅画美丽在哪里？”的核心问题，设计了有条不紊、前后贯通的一系列“真”问题，深入解读文本。学生在联系上下文和生活实际中，理解欣赏作者描绘的整幅画面。课堂上，教师的问题由浅入深：同学们找一找，这幅画中画了什么景物？用什么画的？想象画面中还有什么颜色？作者为什么画这些景物？从不同认知层次引导学生思考，逐步达成对核心问题的共识。综合运用记忆型提问、理解型提问、应用型提问和分析型提问，既梳理诗歌的句式，落实语言的学习；又体会作者的情感，进行诗歌情感人文性的熏陶。教师语言清晰，问题明确，提问时机恰到好处，对学生的回答能及时反馈与引导。郭老师作为新任教师，实属可圈可点！

案例三：北京第二实验小学朝阳学校张佩仪老师在北师大版数学小学一年级“两位数减一位数的退位减法”中核心问题及问题链的确定

核心问题：借一当十。“借一当十”是算理，更是后续学习的基础。所以教学中以此为核心问题，并将紧扣此核心用提问的方法进行强化。

问题链：

问题 1：这个减法计算题给我们设置了什么困难？

问题 2：30−7，个位上 0−7 不够减怎么办？

问题 3：竖式怎样计算 30−7 这个问题呢？

通过问题 1，引导学生自主发现这个减法和我们之前学习的减法不同，被减数的十位不够减了。通过问题 2，给予学生空间自主探索解决办法。通过操作过程，理解“借一当十”。通过问题 3，在有了操作经验的基础上，将操作过程和竖式计算建立联系，会用符号表示“借 1”，并且能够用竖式正确计算。三个问题，从发现被减数十位不够减这个问题，到结合操作过程理解算理，再到将算理符号化，明确用竖式计算的方法，逐步突破重难点。

点评：（苗沐霖　北京教育学院朝阳分院　中学高级教师）

一、核心问题准确

《两位数减一位数的退位减法》属于计算课。计算课都有一个问题，那就是如何处理算理和算法的关系。在一个教学片段之中，只有明确了重点、难点，才能找准核心问题。经过对教材和《数学课程标准》的研读，对学生情况的分析，本片段最终将算理作为重点，从而准确确定了本片段的核心问题“借一当十”。对于算法的学习，不再是单纯的探索算法，而是在研究算法时，将退位点和摆小棒、拨计数器的操作过程相对应，明确每一步的含义，沟通算法和算理之间的关系。

二、问题链有层次

为引导学生理解算理"借一当十"，教师设计了一连串有逻辑关系的问题。通过提问，学生找到和以前不一样的地方，明确了所遇到的困难，自然提出要解决的问题"个位上的0不够减7怎么办？"进而想到借助学具操作解决问题。在学生汇报用小棒解决问题的时候，教师用提问引导学生的汇报："你是怎么解决的？""为什么这样做？"为强化重点，在关键处连续追问，帮助学生明确算理："为什么要拆一捆小棒？""1捆小棒表示什么？拆完表示什么？"让学生体会"一个十"变为"十个一"的过程。在学生汇报用计数器解决问题时，再次通过提问让学生明确退位减法的算理，并顺势总结概括"要解决不够减的问题，就要把一个十变为十个一，这一过程叫借一当十"。

这一连串问题不但与核心问题"借一当十"密切相关，构成一个整体系统，而且也是有层次的。不但有理解型提问、应用型提问，也有分析型提问，如"为什么要拆一捆小棒？"，这些不同层次的问题引导学生的思考，保证学生达成对"借一当十"的共识。

二、问题的提出

课堂提问技能是心智技能与动作技能相互配合、共同作用的一种教师教学基本技能。课堂提问的心智技能包括：教师能够根据教学目标、教学内容和学生情况设计不同层次、类型的问题，并能够在课堂中选择恰当的提问时机、回答问题的对象和方式（学生单独回答、全体回答、小组讨论），能够根据学生对问题的回答进行正确的反馈和引导。课堂提问的动作技能包括：教师在课堂上提出问题时的语调、语气、表情、停顿、手势、走动等行为。

提问技能是一项综合性技能，既体现出教师的个人素养与修养，如语言的运用、人际关系的处理等，又反映了教师的课堂教学理念，如是教师引导学生自己探索问题的答案，还是牵着学生的鼻子让学生亦步亦趋跟着走。

因此，在课堂教学活动中，如何将设计好的问题恰当地提出是课堂提问有效性的关键。在课堂中提出问题要关注以下几个方面：

（一）提问措辞

提问措辞是指教师在提问过程中的语言应用，包括提问引导语、提问用词、表述问题，是教师提问技能在课堂上提出问题时的展现。

1.导引语

导引语是教师用以引出问题的语句。教师在讲出问题之前所用的过渡性语言，如“下面请大家思考这样一个问题……”，或“有这样一个问题我们请一位同学来回答……”，等等。使用导引语会使提问显得和缓，从而给学生一种和蔼的感觉。特别是用“请”作为导引语，更可以表现出教师亲切友好的态度。教师在提出问题前先这样讲导引语也可起推动和激励学生积极回答提问的作用，如教师在提问前这样说：“老师现在要问一个比较复杂的问题，咱们看哪位同学能正确回答……”等。

2.提问用词

提问用词是指问题设计的语言要准确、明白、简洁，要适合学生的心理发展水平和知识能力水平。提问句直接影响学生思考问题时的思维活动，因此，问句中动词的表述要恰当地定位学生思维的层次。问句的措辞不同，问题的类型就可能发生变化，如问句：“你能举一些哺乳动物的例子吗？”“能”这个字就把问题界定在封闭状态，学生可能会直截了当地说“不能”。但是，如果教师这么问：“说说看你都知道哪些哺乳动物？”“说说”这个动词与“知道哪些”就把问题放置到一个开放的境界上，一方面排除了学生拒绝回答的可能，另一方面也体现了教师对学生的充分信任，有助于学生自信心的建立，学生会欣然打开记忆之门，整理思路努力回答问题。同样一个问题，用不同的措辞表述，使得本来是封闭性的问题具有了一定的开放性，给了学生更多的思考余地。

教师有些习惯性的问句，往往会导致在课堂上提出太多封闭性的问题，占用很多课堂时间，却不能起到促进学生思维的作用，如“你知道吗？”“你懂不懂？”“是不是？”“你会吗？”等等。其实，换一种提问措辞，这样的问题可以转换成开放性的问题，如“你知道吗？”如果变成“说说看你知道……？”“你懂不懂？”“你会吗？”变成“你来试试……”等等，这样提出问题，就用动词表达了要求学生进行思考的过程，可以促使学生进行真正的思维活动。

3.表述问题

教师在表述问题的时候要使用简洁自然的、与学生认知水平相符合的课堂语言，而不是日常语言或太专业的学术语言；以充满感情的语言提出问题，语言要清晰、生动，言语中要透露出关怀。表述问题的语速要适中，适合学生年龄特点。提出问题的时候要环视课堂，并和学生进行眼神的接触和交流，示意对他们的回答很感兴趣。

（二）停顿节奏

教师提出问题后，学生需要一个思考整理的过程，停顿节奏是指教师在完成一个完整的提问过程中要有必要的等待时间和合适的语速。提出问题后的等待和学生回答问题后的等待是新教师容易忽视的提问过程。

1.提出问题后的等待

研究发现，很多教师在提出问题之后，几乎不到1秒钟，就要求学生进行回答，对于成绩较差的学生等待的时间甚至会更少。在没有马上得到一个答案的时候，就会下意识地给学生提出一个引导性的问题。教师提出问题后，学生需要倾听并理解所提出的问题，不仅要理解问题的意义，而且需要理解回答问题所需的思维水平，然后组织语言回答问题。这些步骤会花费不同的学生不同的时间，因此，教师在提出问题之后，一定要有一个等待的时间。在等待时间内，教师不需要讨论、启发、重复该问题，要保持安静。时间的长短取决于问题的难度，以及学生思考和参与的方式。研究者已经发现，将等待时间延长到3～7秒，会产生令人兴奋的效果：学生给予更长的回答，回答我不知道的次数减少了，更多的学生参与回答，学生的回答更自信，而且纪律情况得到了改善。

新教师可以采用提出问题后，默数5～7个数的方法来保证提问后的等待，慢慢地就会形成提出问题后等待的习惯。

2.学生回答后的等待

大部分教师在学生做出回答后，马上给予反馈，或继续下一步。研究者发现，如果在学生回答问题后，能够等待3～5秒，给学生一段思考的时间，学生会倾向于对他们的答案进行详细阐述，他们的答案会变得更加复杂，他们会用证据来支持他们的答案。有时，他们可能开始对自己的答案发问，对自己的答案进行评价，这表明了学生在进行更深一步的思考。同样，这段等待时间能够让教师思考对于学生有帮助的反馈。

研究还表明，越高水平的问题所要求的脑力活动越复杂，往往会要求更长的等待时间。同时，等待时间的增加能够导致教师和学生的口头问答达到更高的认知水平。另外，等待时间的应用和问题的水平之间也存在某种联系。因为学生的回答更长更复杂，教师也会提出更少的问题。随着思考时间的增加，教师往往会提出更高质量的问题。

新教师在学生回答问题后往往容易马上进行反馈或继续其他内容，因此，新教师在学生做出回答之后，暗示自己不要着急，有意识地等待几秒钟，慢慢就会养成这种等待的习惯。

案例：生物教师向全班提出这样一个问题：植物细胞和动物细胞的区别是什么？在等待了3～4秒（等待时间1）之后，教师叫起了一位学生，学生回答道："嗯，植物细胞有细胞壁……并且包含叶绿体。而动物细胞两者都没有。"教师等待了大约4秒钟（等待时间2）后，学生回答道："植物细胞有一个规则的形状，但是动物细胞没有。"在又等待了3秒钟以后，这位学生回答道："同时，植物细胞拥有大的液泡。动物细胞则没有。”教师又等待了3秒，来确认学生是否完成了思考。然后，她笑了，向学生点点头并说：“是的，你已经正确地指出了两种类型的细胞之间四个主要的区别。我非常欣赏你大声地回答问题，这样我们全班都能够听得到。”

3.语速

关于提问的语速，是由提问的类型所决定的。低级认知提问由于问题比较简单，可以用较快的速度叙述。而高级认知提问是针对比较复杂的问题，除应有较长时间的停顿外，还应仔细缓慢地叙述，以使学生对问题有清晰的印象。如果以较快的节奏提出比较复杂的问题，学生很可能听不清题意，就会造成混乱或保持沉默。另外，还要注意学生的年龄特点，在低年级教学中提出问题的时候要适当放慢速度，并要在语气和表情方面适合孩子的特点。

（三）合理分配

合理分配是指教师的提问应该有计划、有目的地在全体学生中分配。根据学生认知程度的不同，尽可能关注到每一个学生。

1.选择回答问题的学生

教师提问要面向全体学生，所提问题要具有覆盖性和普遍性。在任何一个班集体中，学生性格特点及对问题的理解程度等都各不相同。有些学生理解力强，并善于发表自己的见解，他们往往在教师提出问题后很快举手要求回答，教师对答案也比较满意。这样教师对他们的注意较多，乐于让他们回答问题。有些学生理解问题并不慢，可不愿在众人面前表现自己，一般不积极要求回答问题。还有一些学生学习成绩较差，又不善于表达，他们往往不举手要求回答问题，或根本不想回答。于是，教师往往对后两种人注意较少，这就有意或无意地把班级分为一小组积极参加者和一大组被动学习者。为了调动每一个学生学习的积极性，让他们主动参与教学过程，教师必须对提问进行适当的分配。

教师要针对不同的情况来选择回答问题的学生。如果问题是为了判断学生的理解程度，从举手的学生中选择回答问题者，可以了解到学习比较好的学生对知识的理解情况，提问一个成绩比较差的学生，可以判断是否所有的学生都准备好进一步学习；如果是具有针对性的问题，则选择问题所针对的学生；比如提问一个思想开小差的学生，能够规范他的课堂行为。如果问题是为了促进学生思维，是泛指性问题，教师应尽量让所有的学生都参与到回答问题的行为里，小组讨论或按顺序提问，让学生知道不管他们举不举手，有没有认真学习，都可能被叫起回答问题，这样，学生更能长时间地维持不间断的积极性。

要建立一种课堂规范，指出每个学生都应当具有回答问题的机会，所有学生的回答都是重要的。要向学生明确提问的目标对象是全体班级学生，以此促进所有人都进行思考。如教师可以在每张小卡片上写下每个学生的名字，然后随机抽取一张，这样所有的学生都有机会和教师交流，并取得成功的机会。同时，为了维持他们对课堂的参与，要让所有学生保持警觉，使他们意识到自己在任何时候都可能被叫到。变换叫答技巧，以随机叫学生来回答问题也不失为一个好方法。

2.教师的位置

研究表明，学生在教室里所坐的位置决定了学生能够和教师进行互动的多少。大部分的口头互动来自前排和其他排中间位置的学生，因为他们正处在教师的中心视野中。为了让所有的学生都能够参与问题的思考，教师要有意识地在课堂里走动，每隔几分钟就站在一个不同的位置上，从而让没有坐在教师视野中心位置的学生进入到教师的中心视野。还可根据教学情况，走近发言的学生或积极性不高的学生，使所有的学生都能感觉到教师的关注，激发学生参加学习和回答问题的积极性。

（四）反馈探寻

反馈探寻是教师在提问过程中了解学生思维、促进学生认知发展的重要手段。反馈探寻不仅可以帮助学生形成正确的答案，而且更重要的这是一个师生交流的极好机会。在交流中教师帮助学生理清思路，加深对问题的认识，促进思维的发展，增加师生感情，教师还能及时反馈信息。所以，教师在提问中要经常进行反馈探寻。

1.给学生恰当的帮助

学生回答问题大体要经过倾听问题、理解问题、默答、说出答案四个步骤。学生回答问题遇到困难的时候，教师要判断学生是在哪个步骤上出了问题，并给予恰当的口头启发。

在倾听问题时遇到困难，可能是学生没有认真听讲，或有些学生集中注意力有困难，教师可能需要简单重复一下问题，或直接询问学生是否需要重复这个问题。

如果教师认为学生在理解问题上出现错误，可以提示学生：“你能用自己的话描述这个问题吗？”或者：“告诉我，你觉得这个问题在问什么？”如果学生仍不能理解，可转换提问的方式或变换提出问题的角度。例如：“物体的运动状态只有在什么情况下才会发生变化？”学生答不上来的时候，改变一种方式问：“静止的或匀速直线运动的物体只有在什么情况下才能改变原来的运动状态？”如果接着再问：“在什么情况下，物体虽然受到了力，但它的运动状态并不改变？”这样，学生就较容易回答了，同时也指导了学生应该如何思考。

很多学生在自我默答的时候需要帮助，他们不知道回答这个问题需要用哪些知识。当学生说“我不知道”或“我不记得”的时候，教师要给予必要的提示和线索，比如：提示关键词，或提出另外可能会引导学生得出答案的简单问题，或提醒学生学习过的相关材料，或学习该知识时的一些情境等；或将问题分解，采用层层递进、由浅入深、化难为易的方式提问。

2.对于不正确回答的反馈

学生在课堂上回答教师提问时，会受到心理、知识、语言、思维诸方面的影响，很难确切回答问题。不管学生的回答是否令人满意，教师都要给予恰当的反馈。尤其对于回答错误的学生，要适时启发引导，理解学生的思想，给学生圆满表达自己思想的机会。

对于一些简单的、记忆性的问题，如果学生给出一个不正确的答案，教师可以直接告诉学生：“回答是错误的。”可以再请其他学生回答。

对于高级认知类型的问题，学生给出一个不正确的回答后，教师要带着对学生答案真正感兴趣，以及尊重学生思维的态度来探查、理解学生的思维过程，以便修正教学，帮助学生思维达到更高的层次。教师可以询问学生：“你能告诉我，你这样说的原因吗？”或“你能告诉我，你是怎样得到这个答案的吗？”

当学生的答案模糊不清的时候，教师要进行澄清性的探查，帮助学生消除困惑，建立自信。教师可以询问学生：“你能告诉我，你在说……的时候是什么意思吗？”或“你能就……给我一个例子吗？”或“你能用另外的话表述你的答案吗？”等等。

3.对于不完整回答的反馈

对于高级认知类型的问题，如果学生给出的回答基本上正确，但又不太完整或太宽泛、太一般的时候，说明学生回答问题的认知水平比问题要求的认知水平低，教师可以通过进一步的探查使学生回答得更加完善，从而帮助学生在已知的基础上达到更高的认知水平。如“你能说得更具体些吗？”“你能对你所说的给出一个例子吗？”“你能提供什么样的事实或证据来支持你的看法吗？”“请对此进行更详细的说明。”“你能在此基础上添加什么？”“对于……，你还知道什么？”“你已经告诉了我它们是如何相似，你能告诉我它们有什么不同吗？”等等。

4.对于正确回答的反馈

对于一些简单的、记忆性的问题，如果学生给出一个正确的答案，教师可以直接告诉学生：“回答正确。”

对于高级认知类型的问题，教师可能需要探查学生是否经过正确的推理，得出正确的回答。如“为什么你认为这是对的？”“这背后的理念是什么？”“你有什么样的证据来支持该结论？”等等。

对于正确回答了问题的学生，根据情况，可以提出一些帮助学生进行深入思考的问题来引发学生的更多反应和问题，如“你是怎样决定的？”“你是怎样形成这样的结论的？”“是什么因素使你想到了这些？”“你能想出其他方法来解决这个问题吗？”等等。

5.悬置问题

如果遇到的问题，师生无法当课堂共同解决。教师应当诚恳地、实事求是地告诉学生，并建议师生共同查阅有关资料，共同探寻和研究，并在后续的教学中提及和解决，切忌敷衍，更不可恼怒。在随后的教学中要提及该问题，一方面体现出教师对该问题的重视和负责。另一方面，也可以让学生看到自己学习的能力，产生成就感和自豪感，提高了他们课堂参与的主动性和积极性，从而促进了他们学业成绩的提高和思维水平的发展。

6.恰当地应用表扬

表扬是一种特殊类型的反馈，应用恰当能够积极强化学生的学习和行为。教师在应用表扬的时候，要注意表扬的频率、分布和质量几个问题。

研究表明，表扬需要的频率和表扬的强化程度会随着学生的年龄、发展和能力水平而变化。年龄较小的学生比年龄较大的学生更需要表扬；成绩比较差的学生比其他学生需要更多的表扬；而且，表扬一定要有充分的根据，并建立在事实的基础上，真诚地表达出来，才能够起到积极的强化作用。因此，在学生通过努力，回答了问题的时候，教师要根据学生的情况和特点给予及时的表扬，尤其要关注成绩较差的学生，在对他们进行表扬的时候，一定要进行具体的表扬，如“你能准确地……真不错”“你给出了不同的解决方法，太好了”等等。

三、提问技能策略

（一）设计问题的策略

1.创设问题情境

问题最好的载体是情境，新课程大力提倡通过创设问题情境来展开教学，这从新课程的理念和教材的编写方面都可以得到充分的反映，如《数学课程标准》强调：“数学是人类生活的工具，数学源于生活，又服务于生活。要让学生在现实的情境中与已有知识的基础上体验和理解数学知识。”物理的学习理念是要从生活走向物理，从物理走向社会；地理的理念是学习对生活有用的地理；学习对终身发展有用的地理；化学的理念注意从学生已有的经验出发，让他们在熟悉的生活情境中感受化学的重要性，了解化学与日常生活的密切关系，逐步学会分析和解决与化学有关的一些简单的实际问题，等等。教师只有设计出活生生的现实情境并把学生引入其中，学生才会产生问题意识，才会引发他们对问题的思考。

因此，设计问题的时候，在根据教学目标、教学内容和学生的认知水平确定问题的基础上，把这些问题与学生的生活经验、悬念、矛盾等情境结合起来创设生动富有情趣的问题情境，能够更好地激发学生的兴趣，促进学生思考。

案例：初中生物《免疫》（刘立波　北京定福庄中学）

课程在巩固和应用环节中选取的两个案例提问，都是发生在教师的教学中，在学生中有普遍性：

第一个案例：田鸣同学上个月得水痘了。他复课后问老师：听说得了水痘后就不会再得水痘了，是吗?

第二个案例：李强同学十月份得了流感，这个月他又患上了流感。他很不解，因为他知道得流感体内会产生抗体，怎么还会得流感呢？你能帮李强分析一下原因吗?

【分析】

教材中包括很多资料中用的是麻疹的病例来说明抗体的产生和作用，但麻疹在学生生活中是很陌生的，农村的孩子得过水痘的现象还是很多的，不管得没得过水痘的同学，对水痘还是有所了解的。感冒在生活中虽很平常，它发生在每个人身上，但病毒变异使感冒多了一份复杂性，所以第二个案例除了对学生思维上的培养和知识上的应用，还旨在帮学生解释生活中的问题。教师用本班两位同学的真实情况为学生创设了贴近生活的问题情境，更容易激发学生的兴趣，引发学生的讨论。

2.循序渐进、难易适度

提问设计要遵循由浅入深、由简到繁、循序渐进的原则。问题太浅，引不起学生兴趣，学生也不思考；问题太难，高不可攀，学生也不会动脑筋。教学实践证明，课堂提问的难易度应当以全班 1/3 到 2/3 的学生经过思考后能回答上来为宜。因此，对那些难度较大的问题，一定要精心设计，分解成一系列由浅入深、从易到难的小问题。

提问考虑难易适度必须与学生原有的知识相关联，相衔接，使“最近发展区”转化为“现实发展区”，这样学生的知识和能力就都能得到发展。教师创设的问题难度要略高于学生原有的认知水平，把问题巧设在“学生跳一跳，果子能摘到”的“最近发展区”，使学生心理造成一种求知的需要，从而把学生的注意、记忆、思维活动引入最佳状态。

案例：人教版四年级下册《渔歌子》（井泉　北京市昌平第二实验小学）

为了引导学生思考文中“不须归”的核心问题，教师首先提出了：

提问1：假如你就身处其中，你会有什么感受呢?

这个问题比较难，现代的孩子很难体会作者当时的心绪。继而将问题分解，从文中内容引导学生思考，提出以下问题：

提问2：在这首词中，有没有一处写了作者的心情呢?

这个问题是一个理解型的问题，学生只要理解文中的意思，比较容易从文中找到答案。

追问3：为什么“不须归”，是什么留下了作者的脚步?

这个问题是一个分析型的问题，需要学生在理解课文内容的基础上，分析作者的写作背景才能充分回答。学生可能仅仅按照文中表面的内容进行回答。因此，教师继续提出引导性的问题：

追问4：留住作者的仅仅是美景吗？ 还有什么？ 我们可以联系一下张志和的经历说一说。

这个问题进一步加大了难度，在上一问题的基础上，要求学生结合作者的经历来分析、体会本文的核心问题“不须归”的真正意义。

3.问题的量要适度

这里的量包括数量和容量两个方面。课堂教学质量的高低，不能用提问的次数多少来评价。根据观察和研究，课堂提问的数量应按照科目（语文或数学等）、课的类型（新授课、复习课）和结构来确定。一般认为，抽象理论内容的课提问宜少，授新课时提问宜少；具体知识内容的课宜少，复习课、巩固课提问可多些。但不能绝对化，可因具体情况而定。

所谓容量，是指教师提问的问题要有一定的思维价值，所涉及的方面尽可能要宽广，要把握住适当的教学时机提出带有分析、评价、创新型的问题，这样才有利于激发学生的学习兴趣，培养学生的思维积极性。如果教师的提问没有容量，一个问题只需一两名学生回答即能解决，如果教师仍要多问，再问，就会造成课堂上一问一答的情形出现。这样，教师牵着学生鼻子走，不但会占用学生大量的时间，还会使学生产生厌倦情绪。

提问设计要精简数量，要重视提问的密度、节奏及与其他教学方式的配合。教师要紧扣教学目的和教材重点、难点，根据学生的实际情况，力求提问设计少而精，对问题进行合并、简化、删除，达到精简数量、加大容量和提高质量的目的。

（二）提出问题的策略

问题设计得好，还要在课堂上问得好，才能像抛砖引玉一样，引发学生的思考，与学生开展有效的“对话”，从而促进学生高级认知能力的发展。本节我们学习教师在课堂上提出问题的策略，希望教师能将这些策略灵活应用在自己的课堂提问中，逐步形成自己独特的课堂提问风格，更好地组织教学。

1.创设良好的课堂气氛

课堂气氛对学生影响很大。创设良好的课堂气氛是启发学生积极思考问题的前提。民主、和谐、融洽的课堂气氛会使学生的情绪处于最佳状态，促使学生积极主动地思考问题；而过于严肃和单调、呆板的课堂气氛则会影响学生的学习积极性，抑制学生回答问题的欲望。如何能够创设良好的课堂气氛呢？

（1）教师的态度

新课程标准明确提出：“教学应在师生平等对话的过程中进行。”这就要求教师要正确认识师生人际关系的重要性，建立平等和谐的师生关系。教师在课堂上的态度直接反映着师生之间的关系，也直接关系到课堂的气氛。教师和蔼的态度和表现出对学生答案感兴趣的态度能够消除学生对回答问题的恐惧心理，自然就思想活跃，思维敏捷，主动积极地参与学习，与教师互动。

首先，要以充满感情的语言提出问题，言语中要透露出关怀。其次，提问的时候，要环视课堂，并和学生进行眼神的接触和交流，示意对他们的回答很感兴趣。最后，相信所有的学生都能给出一个答案，要带着尊重的态度对待不正确的答案，课堂上没有愚蠢的答案，积极认真地倾听学生的回答，应用一系列合适的面部表情，如微笑，表示出惊奇或兴奋。同时，运用简短、合适的口头肯定，如“继续”“是的”，或者“我懂了”，等等。

（2）教师的语言

语言亲切是创设良好课堂气氛的重要条件。教师语调愉悦，声音亲切柔和，感情丰富，能吸引学生集中注意力；教师语汇丰富，提问和解答流畅自如，形容得当，措辞清新，妙语横生，风趣幽默、诙谐，能极大地调动学生的学习兴趣；语言精练，对每个词句都能加以斟酌推敲，言简意赅，能清楚地激发学生的思维活动。在问题的解答上，教师的声调要有高有低，节奏有快有慢。讲话不能总是一个声调，一个速度，声音要有停顿，该高则高，该低则低，该快则快，该慢则慢，该停则停。

（3）教师的“纠错”

教师的“纠错”行为能够影响课堂气氛。教师如果粗暴地对待回答错误的学生，学生可能会沮丧，甚至一蹶不振，而课堂气氛可能也会因此变得压抑、沉默。

教师的“纠错”行为也直接关系到课堂教学效果。错误是正确的先导，错误是通向成功的阶梯。对于“错误”带来的教学机遇，每个教师都能够碰到，不同的处理方法所得到的教学效果是完全不同的。

教师对待学生错误的回答，要有良好的心态和一双“慧眼”。要把错误看作是学生自己创造出来的宝贵资源，充分利用好这一财富，变学习错误为促进学生发展的资源。

案例：《圆的认识》教学片段选自《新课程小学数学案例评析》

学习课题	《圆的认识》	
教师行为	**学生行为**	**提问分析**
师：请你尝试：在自己的练习纸上画圆。 （在巡视中发现有很多学生都画得不规范，是让一些画得规范的学生说说是怎样画的，让课堂就这样顺利地进行下去吗？可现实是还有很多孩子的操作处在误区里，需要教师去引导） 教师选择几幅作品放在屏幕上让学生观察。（选择的作品有：起点和终点不在同一位置上；把圆画成鸡蛋状；将弧线画得时隐时现，时粗时细等） 师：你们笑什么？ 师：同学们，不要笑，课堂是你们可以出错的地方。老师希望大家能一起来讨论，分析错误的原因。如果大家什么都懂，还要我这个老师干什么？ （教室里稍稍安静，不一会儿就像炸开了锅，你一言我一语，争先发言） 师：那画圆时应该注意什么问题呢？怎样才能画一个规范的圆呢？谁来完整地说一说？ 教师随即用学生总结的方法在黑板上	（学生操作，教师巡视） 看到这些不知名的作品，学生们哄堂大笑。 生（齐）：这些都不是圆形，画错了！ 生：圆心没有固定好，所以画出来不像圆。 生：画圆时圆规两脚距离发生了变化。 生：用力不均匀。 生：圆规使用的方法不正确。 （同学们情绪高涨，思维活跃，不一会儿就总结概括出画圆的方法）	教师关注并正确面对学生的错误。面对学生画圆时出现的种种问题，教师没有回避，更没有斥责出错误的学生，而是说“课堂是你们可以出错的地方。老师希望大家能一起来讨论，分析错误的原因。如果大家什么都懂，还要我这个老师干什么？”，从而使学生能够正确看待错误，容忍自己和同学出现的错误，将其视为成长的必然。 如何帮助学生认识错误，并改正错误呢？在这里，教师并没有“先入为主”苦口婆心地向学生讲解，而是

续表

学习课题	《圆的认识》	
教师行为	学生行为	提问分析
画了一个标准的圆。 师：请同学们再画一个吧。 师：感谢刚才这几位同学的错误，帮我们带来了这么热烈的交流！	（学生兴高采烈，跃跃欲试） （第二次画圆没有一个学生出错） （孩子们都开心地笑了）	给学生创造了自主探索的思维空间，让学生在反思中加深对画圆的方法的认识，让学生在学习的互补中提出改进的策略，培养了学生发现问题、分析问题和解决问题的能力。也正因为教师重视学生的错误，并让学生主动寻求改正错误的策略，最终才不会有学生在画圆方面出错。

2.确保学生的主体性

新课程改革要求教学要以学生为主体，教师的主导作用应当始终服从和服务于学生的主体作用。课堂提问是课堂教学的主要手段，尤其应当体现这一精神，在课堂提问中要从以下几个方面充分发挥学生的主体作用，确保学生的主体性。

（1）鼓励学生提出问题

学生提出问题能够增强学生主体性，培养积极思考的习惯。学生的提问，是从学生个体的实际需要出发，有利于发挥学生的主动性和创造性。爱因斯坦说："提出一个问题往往比解决一个问题更重要""学起于思，思起于疑"。学生有疑才能打破头脑中的平静，激起思维活动的波澜，学习才不会浅尝辄止，满足于一知半解。因此，教学中教师向学生提出问题固然重要，但启发学生自己提出问题则更为重要。教师要适时地引导学生提出问题，当学生提出一些教师意料不到的问题，教师不能怕影响教学进度压制学生提问，堵塞学生思路。只要学生提问的思路是健康、积极、富有创新精神的，教师就应该支持鼓励，并当机立断地调整或改变自己的教学计划。对于那些不按教师设计的思路解答问题、别出心裁、另辟蹊径，而又得出正确答案、具有创新精神的学生，教师要给予充分的肯定和鼓励，不能把学生思维强行拉回到教师自己原先所设计的轨道上来。

案例：人教版小学三年级《灰雀》一课的教学案例

学习课题	《灰雀》	
教师行为	学生行为	提问分析
师：呀！你的问题太令我惊喜了，是啊，题目为什么要叫“灰雀”？可以用别的题目代替吗？ 师：行啊，听起来都不错，能不能说出各自的理由，让大家评评用哪个题目最好。 师：哟，说得都有根有据的，那我们是否把题目改过来？ 师：说得真好，作者正是以灰雀作为线索，谱写了一首人与大自然、人与人之间的爱的颂歌……	生：老师，我有个问题，为什么课题要叫《灰雀》？ 生：诚实的孩子。 生：列宁和男孩。 生：课文是写小男孩怎样改正错误，成为诚实的孩子，所以我认为可以用“诚实的孩子”做题目。 生：我觉得课文中列宁是个很重要的角色，题目应该叫“列宁和男孩”。 （学生自发地讨论起来） 生：我觉得还是用“灰雀”做课题好。因为课文就是围绕灰雀来写的。从这件事情来表现列宁爱灰雀，更爱孩子，孩子是个知错就改的诚实的孩子。	教师在引导学生进行总结时，一位学生突然提出了一个颇为新颖而又深刻的问题，教师没有忽视或呵斥学生，而是及时抓住了这一有价值的资源，引导学生进一步深入理解课文的内涵。

（2）将提问和对话相结合

“对话”是提问的延伸，不是简单的一问一答，而是在提问的基础上，教师与学生、学生与学生之间形成相互问答，教师可以了解学生的思维过程，学生可以提出自己对问题的看法，“对话”体现了“关注每一位学生发展”的新课程核心理念。并不是每一个问题都能和学生形成良好的对话，通常，开放性的问题，涉及高级思维过程的问题容易和学生形成对话，教师在对学生回答进行反馈的时候，要引导学生和教师对话。

对话中的教师，要善于通过对话来揭示学生的内心世界和内在的认知过程，要激发他们的参与欲望和表现热情，在对话和会话的过程中，教师既不要过于控制而影响学生观点的产生、影响思维火花的闪耀，也不要过于冷淡参与太少而放任自流，而是要刚好接近于促进课堂发展的恰当平衡。因此，教师提出问题，不到关键时刻，教师应坚持让学生回答，而且鼓励学生尽量用他们自己的语言回答，教师不能越俎代庖，否则教师提的问题会因为没有促成学生的内化而失去应有的价值，最终也就不能形成真正的对话。对于学生的回答，教师要认真评价。评价时最忌讳用“对”与“不对”这些封闭性的话语。

从某种意义上来说，对话可分为主题性对话和随机性对话，主题性对话就是事先设计好对某一主题开展对话和讨论；而随机性对话就是在没有预设的情况下、在教学进程中随机地抓住某一话题开展讨论的对话（可能是最小单元的对话）方式。在平凡的教学中，捕捉和挖掘对话的时机和话题，开展积极的对话与会话，这种随机性对话实际上是对话的课堂中对话的一种主要方式。像容易产生模糊的认识、错误的迁移、不同的理解、多样的方法的教学内容等都是开展对话教学的很好时机。

案例：小学五年级数学《平行四边形的面积》教学片段（张文　北京宣师一附小）

教学课题	平行四边形的面积				
学科	数学	年级	五年级	教学时间	10分钟
教学目标	1.学生理解平行四边形的面积是由底和高决定的。 2.通过操作、观察、比较，帮助学生理解平行四边形的面积与底和高有关。 3.学生养成在学习过程中善于交流、反思的好习惯。				

教师行为	学生行为	提问分析
师：上课前，同学们尝试着求这个池塘的面积，我们来看一看同学们试做的情况。 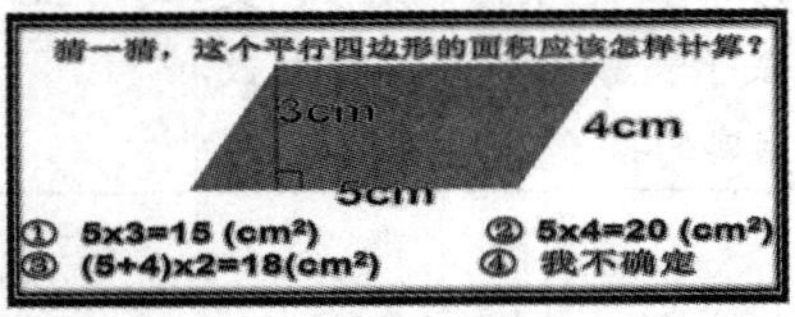 师：同学们的答案都不一样，哪种做法才是正确的呢？说说你们的想法。 师：有不少同学认为平行四边形的面积是两条相邻的边相乘，到底对不对呢？请同学们仔细观察，在拉动框架的过程中，什么变了，什么没变？能说明什么？ 师：既然两条邻边相乘不是平行四边形的面积，那是不是真的与底和高有关呢？请观察黑板上展示的一组图形，看一看高和面	生：我认为平行四边形的面积可以转化成长方形来计算。所以面积公式：是底乘高。 生：面积变了，周长没变。两条邻边的乘积不会发生变化，所以两条邻边相乘不是面积。 生：我发现高变大了，面积也跟着变大，高变小了，面积也跟着变小。	围绕核心问题进行提问，让学生进行分析，展现学生原有的认知。通过一系列的提问和学生形成对话，与学生思维进行沟通，引导学生认识到平行四边形的面积是由底和高两个因素决定的。带领学生一起梳理、总结和归纳，以

续表

教师行为	学生行为	提问分析
积是怎样变化的？ 师：想象一下，如果高不变，底变大了，面积会怎么变？ 师：通过观察与讨论，我们可以发现平行四边形的面积与什么有关呢？	生：面积也会随之变大。 生：平行四边形的面积与底和高有关。	得到明确的结论。

（3）要关注每一个学生

教师要针对学生的不同程度提出相应的、有一定难度的问题，使学生都能在自己已有的知识水平上经过努力回答出来，得到相应的提高。教师所提出的问题，对尖子生可合理“提高”，对普通生可逐步“升级”，对后进生可适当“降级”，从而使全体学生都可获取知识的需要。为了让全体学生都积极准备回答教师所提的问题，问题提出后，宜留一定的时间让学生思考。然后或学生个别解答，或小组代表回答，或自由竞相抢答，这样有利于全体学生的积极参与，切不可只提问少数优生或差生而置大多数中间生于不顾，影响全班学习质量的大面积提高。特别要注意关心差生，通过提出一些难度较小、估计他们经过努力能够回答得出的问题并及时加以强化，使他们也得到成功的快乐，从而增强信心。

案例：人教版小学语文四年级《九色鹿》教学片段（徐德兰　特级教师）

教师行为	学生行为	提问分析
随着故事情节的展开，徐老师抛出了一个接一个启发性的问题，学生争先恐后地发言，在九色鹿与调达的鲜明对比中接受了真善美，摒弃了假恶丑。 师：这句里有“竟然”一词。为什么用这个词呢？（这个词的理解比较有难度，它既表现了九色鹿对调达的行为想不到，同时也体现了调达是个唯利是图、背信弃义的小人） 师：注意，在心里想好了，你会说得更精彩。 师：看，大家说得多好啊。以后啊，想说什么的时候，一定学着在心里想了再说，那么你的发言会获得别人的表扬。	学生读文中最后说的一句话。 此时有学生举手。 学生静思，小嘴抿动…… 生：我认为“竟然”是说九色鹿对调达太失望了，没想到调达会这么做。 生：“竟然”还说明了九色鹿对调达很生气，九色鹿没想到调达会背信弃义。 生：九色鹿太愤怒了，他没想到调达会是这	“善于表达”首先要有表达的欲望，学生不想说，不敢说，从何谈起语言发展呢？当他们遇到一点困难时，缺少的就是自信。只要教师伸出手拉他们一把，他们会勇敢地抬脚迈向成功的彼岸。徐老师正是察知到了

续表

教师行为	学生行为	提问分析
师："背信弃义"是什么意思？（这个成语想让孩子一下子说清楚，还是有点困难的。学生表现不再踊跃，教师走到学生中间） 师：（对着一位学生）你相信自己能说好吗？（学生笑笑，教师又对着另一位学生）你相信自己能说好吗？（学生点点头） 师：说得真不错，联系课文还有谁能说好？ ……	样一个人。 学生齐读课文最后一段。 生："背信弃义"是指违背了诺言，放弃了正义。 生："背信弃义"在文中是说调达违背了自己的诺言，心中没有了正义。	学生这种心理状态，及时地调整，刺激学生表达的欲望，所以才会有了课堂精彩的生成。

3.把握提问的时机

（1）选择恰当的时机

孔子云："不愤不启，不悱不发。"最佳提问时机，就是在学生的"愤""悱"之时。这时提问定能促使他们积极思维，反复求索。在实际教学中，教师可综合三个方面的情况，把握恰当的提问时机。首先，根据学生在学习过程中显示出的心理状态来提出问题。如当学生思维无法突破时，当学生无法顺利实现知识迁移时，当学生疑惑不解、一筹莫展时，当学生有所感悟、心情振奋、跃跃欲试时提出问题。其次，结合教学内容，创设恰当的提问情境，在教学内容的关键处、疑难处、精华处、矛盾处提出问题。最后，根据教学进程中的具体情况，如复习旧知识、导入新知识、由浅入深、由感性认识上升到理性认识、师生互动等过程中灵活选择提问的时机。

（2）选择恰当的回答者

教师提问既要有普遍性，又要有针对性，要因人而异，有的放矢。在选择回答问题的学生的时候，教师要注意学生的神态表情：目视教师，神态自若，表明成竹在胸；眉头紧锁，苦苦思索，表明还没有考虑成熟；极力避开教师的目光，表明他心中无数，害怕提问。教师要根据具体的问题和提问的目的，选择恰当的回答者。对于已经举手，跃跃欲试的学生，可先点名发言。但又不能单纯以是否举手来选择发言对象。对一些性格内向的学生，不愿举手的学生，教师要多给他们一些发言的机会，使他们从中得到锻炼。对还没有准备和没有答题欲望的学生，不要强行提问，否则会被看成是有意和他过不去。因此，绝不可以在此时提问他们。对这些学生当然不是放弃不管，而是在适当的时机，向他们提出难易适度的问题，逐渐培养他们回答问题的兴趣和能力。

4.提问方式灵活多样

教师在课堂上可以采取灵活多样的提问方式，活跃课堂气氛，驾驭学生思维，丰富课堂教学内容，使提问不呆板，不落俗套，激发学生的学习兴趣和学习热情。

根据教学目的、问题的内容、学生以及课堂气氛等情况，可以采取以下不同的方式进行提问：

（1）直问

“直问”就是直截了当地提出问题，属于叙述性提问，有助于集中学生的注意力。在引入新课，复习巩固及讲解分析时，常用直问法。其表现形式为“是什么？”“有什么？”等。如“这篇课文属于什么体裁，文中的主人公是谁？”“孔乙己为什么用手爬出大门？”“什么是函数的‘单调性’，什么是函数的‘定义域’？”等等。这种方式应用十分普遍。但是，这种提问直来直去，缺少趣味性，在一堂课中若运用太多而无变化，往往较枯燥，不容易活跃课堂气氛。

（2）曲问

“曲问”也叫“迂回提问”，就是运用“迂回战术”变换提问角度，从问题另一侧面发问，让思维拐个弯。它问在此而意在彼，使学生开动脑筋，通过一定的思考后才能回答，这种提问有助于澄清概念和规律，疏通思路。

如在《清平乐·村居》一文中，针对“最喜小儿无赖”一句，若直问“无赖”这个词是什么意思必定索然无味，不如变直为曲，绕道迂回，可问：“小儿子是个‘无赖’，怎么还会讨人喜欢呢？”问在此而意在彼，新颖有趣，富有启发性。通过讨论，学生便理解了在这里“无赖”不是指“游手好闲，品德不好”，而是“顽皮”的意思。

再如《愚公移山》中有这样一段文字：“邻人京城氏之孀妻有遗男，始龀，跳往助之。”在教《愚公移山》这篇课文时，为了解释“孀妻”“遗男”二词，特级教师钱梦龙老师别具匠心地发问：“有个孩子也去帮助老愚公移山，那孩子的爸爸让他去吗？”学生们一时傻了眼，答不上来，想了一下，才恍然大悟：原来这孩子没有爸爸，他母亲是个寡妇，自己是个孤儿。由于提问方式新颖，引发了学生思考的兴趣，活跃了课堂气氛，从而大大加深了“孀妻”“遗男”这两个词在学生头脑中的印象。

如学习了异面直线的概念后提出问题“分别在两个平面内的没有公共点的两条直线是异面直线吗？”学习双曲线定义后，提问：平面内与两定点的距离之差的绝对值是常数的点的轨迹会不会是一条直线？这种提问学生在回答时，其思维必然要“转一个弯”才能得到正确答案，久而久之学生的思维能力就能得到提高。

（3）反问

反问即有意从相反的方面提出假设，以制造矛盾，引发学生展开思维交锋，促使学生更深刻地理解和掌握知识。反问具有诱导性和隐含性，反问是对学生言论行为的前提的提问，能引导学生思考。反问针对学生对基础知识、基本技能或是某一问题的糊涂认识和错误症结发问，步步紧逼，使学生幡然醒悟，达到化错为正的目的。这样设问能将学生引进矛盾的旋涡，引发学生的辩论，最后，经过教师的点拨，统一认识，由此，学生对这些概念的印象会十分深刻。

案例：小学五年级《圆的周长》教学片段（吴正宪　特级教师）

学习目标	学会计算圆的周长	
教师行为	**学生行为**	**提问分析**
…… 师：你是怎么测量出圆的周长的？ 师：如果要测量的是大圆形水池你能把水池立起来滚动吗？ 师：还有什么办法测量圆的周长吗？ 师：你能用绳测法量出这个圆的周长吗？（演示：用一条小线的一端拴上小白球在空中旋转，让学生观察在空中出现的圆。快速旋转小球，小球运转的轨迹形成圆） 师：用滚动法、绳测法可以测量出圆周长，但是有局限性。那么，能不能探讨出一种求圆周长的规律呢？	…… 生：用滚动法测量出圆的周长。 生：不能。 生：用绳子绕一周，量出绳长也就是圆的周长。 生：不能。	此处反问得很好，精选实例很有启发性，进一步促进学生思维。 又一次反问，一石激起千层浪，小高潮推动了思维高潮，学生看着、想着、兴奋、愉悦、沉思。把学生引到了“愤”“悱”的状态，提出了探讨求圆周长的规律问题，学生兴趣盎然，思维活跃。

（4）追问

追问是在学生回答了教师提出的问题后，教师根据学生的回答，有针对性地进一步的引申提问。在课堂教学中，教师常常采用追问的策略。追问可以激发学生的兴趣，放大学生对问题的思考过程；教师也能够更加关注学生，启迪学生的思维。

恰当地设计追问的问题和把握追问的时机。要使追问有效，可以这样做：

于闪光点处追问，发现学生的回答有思考的独特视角，可以顺着学生的思路问为什么这样想；

于深入点处追问，发现学生的回答有待深入的很好的想法或视角，可以继续追寻问题答案；

于思考处追问，学生由于这种或者那种原因，在思考问题时，借鉴别人的较多，缺乏自己的见解，可以继续进行启发提问；

于歧义处追问，教师要善于发现学生对一个问题产生的歧义，巧妙地引发他们之间的争论，引导他们在争论中求真知。

不是学生所有的回答都要继续追问，有价值的问题才需要深入下去。因此，追问的问题应该是教师选择的问题，这种选择大多是课堂生成的，是难以完全依靠预设的，因此，教师的成熟度将制约对问题选择的合理程度，从这个意义上说，追问也是教学艺术的体现。

案例：小学数学《认识厘米》的教学片段（刘德武　特级教师）

学习目标	认识厘米	
教师行为	**学生行为**	**提问分析**
师：1厘米有多长？看投影（投影出示一把尺子，在“0”和“1”之间有一条红色的线段）在尺子上0到1就是1厘米。你知道1厘米有多长了吗？对着你的尺子看一看。 师：是不是在尺子上只有从0到1才是1厘米？ 师：这是以1为起点的。以2为起点呢？ …… 师：谁说说在尺子上4到几是1厘米？ 师：你们都是这么想的吗？如果不许说5，还可以怎么说？ 师：谁完整说一遍？ 师：说得好，这个“也是”说得好。	生：0到1就是1厘米。 …… 生：1到2也是1厘米。 生：2到3是1厘来。 生：4到5是1厘米。 （生愣了，课堂出现了短时沉寂） 生：4到3是1厘米。 生：4到5是1厘米，4到3也是1厘米。	为使学生深入理解1厘米，教师根据学生的回答，及时追加了三个问题——“是不是在尺子上只有从0到1才是1厘米？”“4到几是1厘米？”“你们都是这么想的吗？难道只能这样顺着说？”于无疑处质疑，给足学生独立思考的时间，引导学生突破思维定式，经历从无疑到有疑再到解疑的过程。

第二章　讲解技能

讲解技能是教师根据教学内容特点和学生的认知规律，利用口头语言及配合手势、板书和各种教学媒体等，阐释事实、揭示事物本质，引导学生思维发展，指导学生学习的一类教学行为。

在新课程实施的背景下，许多教师已经摒弃了单纯的讲授、讲述的方法，但讲解仍然是课堂教学中运用最广泛的一种教学方式。即使在强调学生主动参与的今天，现代化教学手段被广泛应用的时代，讲解仍然具有不可代替的作用，显示它独有的优越性和重要的实际意义。

讲解不同于讲授和讲述，它是针对学生对内容认识的难易程度，针对学生的思维过程，运用叙述、描述、解释、说明、分析、归纳、演绎等推理论证、概括等方式，使学生认识事物的现象、发展变化、本质特征和内在联系。

讲解不是照本宣科不脱离教材，讲解是对内容的说明、讲清道理，引导学生的认识，澄清学生的认识。讲解技能是把对教材中需要学生学习的每个事件的讲解作为一个完整的认识过程，不仅要考虑内容的清晰、正确、科学，更要注意学生的认知过程，如何引入、认识、反馈和结束。

讲解是教师用生动富有启发性的语言激发学生的思维活动，引导他们想象，利用逻辑推理等方法，发展学生的思维能力。讲解技能是把如何引导学生思维的过程呈现出来，把隐藏在方法背后的思考显性化，即按照不同的讲解程序有步骤、有计划地引导学生的思维活动，为学生学会学习建立一套编码系统，实现讲解的目的，发挥讲解的作用。

讲解过程是师生、生生人际交往的过程，师生互相用语言、表情、手势等方式在传递知识的同时传递师生的情感，加强师生之间感情的联系。讲解技能使学生参与其中，把师生双方的思维活动有机结合起来，使师生的思维自然、和谐、流畅。教师的讲解技能要关注以下要素。

一、讲解的目标

达到一定的教学目标是对讲解的基本要求，是讲解技能的指导性要素。课堂教学的讲解与平时的讲故事、说相声、谈心等不同，虽然这些活动都需要“语言表达”，然而与教学中的讲解所要达到的目标不同。讲解是为达到一定的教学目标服务的，为实现不同的教学目标需要确定不同的讲解。

1.根据教学活动确定讲解的内容

教学活动是教师根据教学目标、教学内容以及学生的情况安排的整节课的各个教学环节，在各个教学活动中，教师根据以下几点确定讲解的内容：

一般来说，下列情况需要教师讲解：

▶引导学生学习新的知识而学生又缺乏对背景的了解时；

▶学生在预习中有疑难问题通过讨论不能解决时；

▶有些知识学生只了解表面现象，或某些基本概念、原理、定律容易混淆时；

▶知识之间衔接、联系学生缺乏认识或难以理解时；

▶学生自学未形成系统而全面的知识体系，教师需要点拨、指导、提升时。

而下列情况下教师不需要讲解：

▶教材中已经阐明，学生自己可以看懂，或通过讨论能解决时；

▶教材虽然未阐明，但学生可以通过思考或讨论即可以理解时；

▶课后补充的事实材料学生完全可以自学时；

▶学生前面的学习已经为新知识打下基础时。

2.根据教学重点和难点确定讲解的目标

通常需要讲解的内容大部分是教学的重点和难点内容。教学重点是从知识结构的角度来确定，即教学重点是依据教学目标，在对教材进行科学分析的基础上而确定的最基本、最核心的教学内容，一般是一门学科所阐述的最重要的原理、规律，是学科思想或学科特色的集中体现。它的突破是一节课必须要达到的目标。而教学难点是从学生认知结构的角度来确定。教学的难点是指学生不易理解的知识，或不易掌握的技能技巧。难点不一定是重点，也有些内容既是难点又是重点。

对于教学重点内容的讲解，其目标与教学目标是一致的，即通过讲解某个知识点，学生达到理解、应用或分析等不同的认知程度。

对于教学难点内容讲解的目标，要根据学生的实际水平来定，因为同样一个问题在不同班级里不同学生中，不一定都是难点。这就要求教师充分了解所面对学生的情况，了解知识点对于多少学生来说是难点，同时，结合教学目标的要求，具体确定讲解的目标。

案例一：杨晓娟（中国人民大学附属中学实验小学）在教科版六年级下册《在星空中（一）》中讲解目标的确定

教学重点分析：本课时教材中宇宙单元的第六课，从内容上看分为三个部分：星座、“建一个星座模型”、认识星座，通过其他各种途径，学生对星座已有一定的认识，还能说出一大串星座的名称来，但对星座的含义、星座的特征，知之甚少。因此如何建立正确的星座概念则是本节课的重点。

教学难点分析：依据学习内容我对本校六年级160名学生进行了前测。通过前测发现大部分学生对于北斗七星的形状有着清晰的认识，能说出的星座数量也不少，但大部分都是生辰星座，对于本课要学习的星座概念基本没有准确的描述，因此本课的教学难点是如何以北斗七星勺子形状为切入点，展开对星星空间位置分布的探究和建模活动，并通过连续的有逻辑性的问题设计以及不同层次的探究活动帮助学生建立清晰准确的星座概念。

讲解目标：本教学过程主要采用描述式讲解方法，帮助学生准确描述星座的概念，组织学生已有的表象和经验，架设通往新知识学习的桥梁。通过讲解启发学生的思维，能够正确建立星座的概念，并传授思维的方法，表达和处理问题的方法，从而为提高学生的能力创造条件。

案例二：刘璐（城北中心三街小学）在北京版义务教科书数学三年级《周长的认识》中讲解目标的确定

在现实生活中，学生所见到的多以立体图形和平面图形为主，而周长是从这些图形中抽象出来的一条线段的长度。需要抽象概括能力，这也是目前三年级学生所欠缺的。通过课前调研发现，学生对边线和一周的认识比较清晰，但他们在指的时候往往不能很规范地从起点指回到终点；在他们的心目中周长是以一个形状的方式出现，不能想象出周长是一条直直的线段。

教学过程中，采取了描述法、引导法进行讲解。通过教师的引导和描述性讲解，使学生在经历认识学习过程后，逐步形成周长的表象，建立形成周长的概念。

二、讲解的结构

讲解的结构是教师在分析学生的情况和教学内容的基础上，对讲解过程框架的安排。这一技能要素是整个讲解教学活动成功的基本保证。

1.分析需要讲解的知识内容类型

现代认知派心理学家J.R.安德森等人从知识的心理性质的角度，根据对人的学习的信息加工过程的实验研究结果，按照知识获得的心理加工过程的性质与特点将知识分为两类，一类是陈述性知识，另一类是程序性知识，也称为产生式知识。

陈述性知识是指关于事实“是什么”的知识，它的基本形式是命题，许多命题相互联系形成的命题集合成为命题网络。而程序性知识则是指关于进行某项操作活动的知识，是指完成某项任务的一系列操作程序，它的基本形式类似计算机“如果……那么……”的条件操作，每个程序都包括条件部分（IF……）与操作部分（THEN……），个体掌握了这种程序性知识后，一旦认知了条件，就能产生相应的操作。

这两类知识获得的心理过程，它们在个体头脑中的表征，它们的保持与激活的特点有重要的不同。陈述性知识学习过程主要是在工作记忆中把几个激活的节点联结起来形成新命题的过程。程序性知识学习过程是在某种条件下要采取的某项操作或某系列操作程序，并能按程序完成整个操作。

我国教育专家莫雷在此基础上提出学习双机制理论。莫雷认为，任何知识都有双重意义，一是信息意义，即揭示了客体对象一定的性质、属性或规律。知识的这种信息意义，是以显性的形式存在，亦即以符号为载体的知识结论的形式而存在；二是智能意义，知识同时以静态的形式蕴含了人们形成该知识的智力活动方式。知识的这种智能意义，是以隐性的形式存在，它只蕴含在知识结论之中，需要人们由静到动将它阐发出来。

因此，人有两类学习机制，一类是联结性学习机制，另一类是运算性学习机制。联结性学习机制是指个体将同时出现在工作记忆的若干客体的激活点联系起来而获得经验的心理机制；运算性学习机制是指有机体进行复杂的认知操作（即运算）而获得经验的心理机制。

学生学习的书本知识所蕴含的智力活动的性质不同，个体获得知识所要进行的信息加工活动方式也不同。有的知识可以运用联结性学习机制来获得，此类知识称为联结性知识；有的知识需要运用运算性学习机制来获得，这类知识称为运算性知识。

就联结性知识来看，个体获得这类知识时只是经过联结活动而不是经过复杂的认知操作活动，这类知识在智能方面只是蕴含了联结活动，并没有蕴含认知操作或运算，因此，它主要是具有信息意义。

就运算性知识来看，个体获得形成这类知识时需要经过复杂的认知操作活动，它凝聚了人类的复杂的认知操作活动或智力活动。因此，运算性知识对于人类个体来说，则既有信息意义，又有智能意义。

从不同内容的知识的获得过程来看，有的知识可以运用联结性学习机制来获得，有的知识则需要运用运算性学习机制来获得。因此，从这个维度来看，可以将知识分为联结性知识与运算性知识。

根据这个思路，提出了知识分类的“陈述—程序”与“联结—运算”两维分类模式：

（1）联结—陈述性知识

在人类的知识宝库中，有的命题只是表述了某些存在的事实，或者某些规定等，它们的获得不需要经过复杂的认知操作活动，这些命题主要是具有信息意义，可以称为“联结—陈述性知识”或“联结性命题”，例如，语文学科的字词、拼音；数学学科的算术符号、三角函数的符号；英语学科中的单词、音标；化学学科的元素符号；生物学科中的血型、遗传等符号；物理学科中的重力、压强、电流、电压；地理学科中的地质年代等；语文学科中的课文；历史学科中的历史事件；地理学科中的地理状况；生物学科中的各种生物的形态、生活习性、生存状况；物理学科中的各种物理现象；化学学科中的各种化学反应、方程式；科学课中的各种自然现象等。

（2）运算—陈述性知识

有些命题表述了事物普遍的规律或者逻辑必然性的东西，这类命题的获得则要经过复杂的认知操作活动，它们既有信息意义，又有智能意义，称为“运算—陈述性知识”或“运算性命题”，例如，英语的语法；汉语的语法；什么样的三角形是正三角形？惰性元素；哪些是文明的行为？参观动物园，观看各种媒体资料，利用动物图片进行分类；数学中哪些数是整数，哪些是分数；物理学中的能量守恒定律、万有引力定律；数学中的长方形、正方形的面积公式；科学课中合理饮食的知识；语文学科中的段落意思、中心思想；生物学科中各类生物的特性；地理学中的地壳板块理论，科学课中的声音的产生与传播，制作岩石标本，昆虫模型，火山、地层模型；生命起源、恐龙灭绝、鸟类起源、人类进化等有关进化论的问题；语文学科中的各种体裁作文的写作理论；英语学科中的翻译理论；数学学科中的统计等。

（3）联结—程序性知识

不需要经过复杂的认知操作活动而获得的，只有信息意义的程序，如书写汉字的笔画程序“先上后下，先左后右，先中间后两边，从内到外，先里头后封口”，这种程序只是给予人们如何书写汉字的信息，只有一定的信息意义，可称之为“联结—程序性知识”。

（4）运算—程序性知识

运算—程序性知识的获得，则需要经过复杂的认知操作活动，这类知识也是表述了普遍规律或者逻辑必然性的东西，它们不仅有信息意义，而且有智能意义。例如，计算“1+2+3+4+5+…+100=？”之类等差数列之和，计算公式是“（首项＋末项）× 项数 ÷2”，即首项加末项之和乘以项数再除以 2，这是完成这类计算题的计算程序，然而，这个计算公式或程序的得出，却需要经过分析、综合、推理等运算活动，个体要领会这个计算程序，就必须进行上述的运算，因此，这项程序性知识既有一定的信息意义，也有一定的智能意义，可称之为运算—程序性知识。例如，语文学科中总结段意的方法、数学学科中的运算方法、地理学科中看地图的方法；在超市选择哪个付账口，可以利用数学知识和方法使之转化成一个数学问题（如计算每个出口的人数和每个人手上的商品）；生物学科中血型鉴定技术；生物繁殖有关的生物技术；在解决物理问题时，能识别物理问题的类型并运用适当的程序（如涉及牛顿第二定律即 F=ma 的问题）等。

2.根据讲解目标及内容类型确定讲解方法

不同类型知识的学习过程不同，教学的基本要求或达到的基本目标不同，因此，针对需要讲解的内容，教师的讲解方法也各不相同。

对于联结—陈述性知识的教学，其主要教学目标应是使学生高质量地获得以命题形式表征的知识结论，实现知识的信息意义，因此，在教学中着重考虑的问题是：如何使学生清晰地辨别出所要建立联结的各个激活点的模式，如何在一个最佳的知识背景中形成所要形成的联结，如何将已形成的联结（知识）组织进原有的知识结构中。教师更适合用叙述性、描述性、解释性等讲解方式。

对于联结—程序性知识的教学，其主要教学目标应该是使学生熟练地掌握进行某项活动的一系列操作，也是实现知识的信息意义。在教学中着重考虑的问题是：如何使学生清晰完整地将整个程序的各个操作步骤联结起来，如何使学生正确地在相应的任务情境中进行这一系列操作以实现目标，如何使学生整个程序的进行成为自动化，如何使学生将这个已形成的操作程序组织进原有的知识结构中去。教师更适合用叙述性、解释性等讲解方式。

对于运算类知识的教学（包括运算—陈述性知识的教学与运算—程序性知识的教学），教学的基本目标是，要使学生获得知识结论，即形成命题或形成有关的操作程序及将所获得的知识组织到一定的结构中去。这与上述两类的要求相同，同时又要使学生进行该知识所蕴含的运算，同时获得知识的智能意义。教师更适合用归纳法、演绎法、类比法、启发性等讲解方法。

（1）叙述性讲解

叙述性讲解是教师有条理地向学生叙述科学事实或事件的过程，可用于中学阶段的各科教学。如物理、化学、生物等课程中的现象发生、发展过程，生产过程，物质结构及仪器设备的功能和使用方法等，都需要教师进行系统的叙述说明。在语文、历史等教学中也有许多事件的时间、地点、人物、发展过程及文章的作者、写作背景等，需要教师对学生进行叙述讲解。

运用这种方法讲解的要求是条理清楚，对于过程的顺序、事物之间的联系做具体的交代。语言宜节奏舒缓，遣词造句宜通俗易懂、清晰明了。最后要总结归纳，以使学生对事件、现象建立整体的认识。

案例：罗绍文 北京师范大学实验小学 书法六年级北师大出版社欣赏课《题壁》

知识内容：书法家杨凝式　属于联结—陈述性知识

讲解目标：学生了解书法家杨凝式的生活背景及作品

采用的讲解方法：叙述性讲解

教师行为	学生行为	讲解分析
四、书家介绍：杨凝式 1.杨凝式简介 唐代书法家灿若群星，但到唐末五代，国势由衰落到分裂，书法领域自然也是一片衰败，这时唯有杨凝式能留下足够的影响。杨凝式82年的人生几乎覆盖了唐末至五代的全过程，这使他饱看动乱，深知时政险恶，曾经装疯卖狂以求自保，因此有个“杨疯子”的绰号。《宣和书谱》等典籍称杨凝式久居洛阳，经常到佛寺道观中游逛，他的一个特殊癖好就是题壁，当时洛阳各家的寺庙都把自家的墙壁粉刷好，常备笔墨，专等杨凝式来题字，杨凝式到来时，看到墙壁光洁可爱，就会乐不可支，行笔挥洒，一面吟诵一面书写，直到把墙壁上的空间都写满了，还不觉得疲倦。当时洛阳两百多座寺庙几乎都有他的壁上书法。可惜这些寺院的墙壁不像石碑那样坚固，南宋以后留有杨凝式书法的墙壁就没有几堵还能完整挺立，所以杨凝式留存至今的书法作品很少。	课前搜集资料，上课边看图，边听老师讲解，边自主思考老师提出的问题。	教师用简洁、生动的语言向学生叙述了杨凝式的生活背景以及他的作品。

（2）描述性讲解

描述性讲解是在叙述讲解的基础上增加许多修饰的成分，增强语言的感染力，唤起学生的情感和想象，使他们更好地感知教学内容。这时教师对事实、事件、过程等的讲解语言要表达出事物、事件的鲜明形象，过程的具体现象，及内容中所蕴藏的思想感情。在讲述科学家的故事、科学发现史或文学作品时，只有用生动的语言描述，学生才能感兴趣。

这种讲解方法要求语言条理清楚，语言丰富带有感情色彩。用生动活泼的词语、声调以及表情、手势的辅助等，把事实、事件、故事生动地展现在学生的面前，并且语调、语速随着内容的变化而变化，紧扣学生的心弦，引起学习的兴趣。

案例：王硕 北京市和平街第一中学 四年级语文人教版《长城》

知识内容：《长城》的课文文本的理解 属于联结—陈述性知识

讲解目标：体会长城的气魄雄伟，感受长城是一个伟大的奇迹

采用的讲解方法：描述性讲解

教师行为	学生行为	讲解分析
…… 一万三千多里有多长？有体会吗？（停顿） 老师可以给你提供一则材料：1984年秦皇岛市的一位青年，用自己的脚步丈量了长城的长度，他从山海关一路向西到嘉峪关，足足走了508天。508天的日夜兼程才走完了长城。远眺如此恢宏的建筑物，作者才会发出这样的感叹：	…… 齐读：这样气魄雄伟的工程，在世界历史上是一个伟大的奇迹。	资料的补充是感悟情感的好方法，通过翔实的事例能够让学生生动形象地领会长城的气魄雄伟。
…… 出示长城构造的示意图。 你们读得真细致，大家一起来看图，长城上的垛子是用来防守的；射口是用来进攻的；瞭望口是用来观察敌情的。正因为我们的长城可攻可守，充满了智慧，作者不禁发出这样的感慨。		将文字材料转化为图片材料这是一种直观的解读方式，这样长城构造的精致也就深入到学生的精神世界了。
核心问题：还有哪些句子让你感受到长城气魄雄伟，是个伟大的奇迹？ …… 追问1：那你知道两三千斤有多重吗？（停顿） 咱们来做一个类比，你的体重是多少？	我从“两三千斤”这个词体会到修筑长城的条石都很重，要将这么重的条石背到山岭之上很艰难。 预设：我的体重是50斤。	通过将条石的重量与自身的重量进行

续表

教师行为	学生行为	讲解分析
那我们算一算一块条石相当于几个你的重量。算好了吗？五六十个同学的体重，想一下五六十个同学的体重压在我们古代劳动人民的脊背之上，因此这哪里是在搬运条石，明明是对人类极限的超越呀。因此长城的修筑十分艰辛。		对比使学生生动地感受条石的重量。
追问：这个句子中，还有哪些词语让你感受到长城修建的艰辛？ 追问1：为什么“一步一步”会带给你艰难的体会呢？ 追问2：而且他们是在平坦的柏油马路上搬运条石吗？ 追问3：那文中是怎么说的？ 总结：肩有重负，路途艰难，长城就是在如此艰苦的条件下修建而成的，因此长城怎能不是一个奇迹？ 追问：这个句子中，还有哪些词语让你感受到长城修筑的艰辛？	“一步一步”让我体会到修筑长城很艰辛。 因为我们的古代先民身负的是两三千斤重的条石。 不是。 他们是在陡峭的山岭上搬运条石。 预设：两个“无数”留给了我深刻的印象，让我感受到修筑长城的人特别多。	通过一次次的追问让学生体会长城修筑的艰辛。 创设恰当的情境使古代先民修筑长城的情境得以复原，再配以生动的朗读，使学生对修筑的艰辛有了更为深入的认识。
材料补充：老师告诉你们秦长城的修建就动用了近百万的劳动力。而长城的修建可不是一代人完成的，历经秦、汉、魏、晋、唐、宋、明。几乎所有大一统的王朝都在修建长城。长城的修建史和2300年的封建史几乎是相始终的。 追问1：这漫长的修建中有起重机吗？有火车吗？有汽车吗？只有？ 是一双手和一副肩膀吗？ 配乐诵读：下面请同学们把你的体会带到你的朗读之中。 评价语：老师仿佛从你们的朗读之中看到了古代先民修筑长城的情境。	没有。 没有。 没有。 手和肩膀。 无数的肩膀和无数的手。 学生含情诵读。	
创设情境： 1.在烈日炎炎、酷热难耐的盛夏我们古代的劳动人民就靠着—— 2.在大雪纷飞、冷风刺骨的寒冬我们古代的劳动人民就靠着——	齐读：就靠着无数肩膀和无数的手，一步一步地抬上这陡峭的山岭。	

续表

教师行为	学生行为	讲解分析
总结：面对动用了如此多的人力、物力，在如此艰苦的条件下修筑的长城，作者不禁发出了这样的感慨。	齐读：这样气魄雄伟的工程，在世界历史上是一个伟大的奇迹。	

（3）启发性讲解

在课堂上为了解决某个具体问题而进行启发性讲解。教师把解决这个问题的某种具体的思路，变为一连串的问题，一个一个地给学生提出来（有时需要学生回答，有的也不需要学生回答），就在这条思路上引导学生的思维向前迈进一步，问题全部回答完了，学生也就到达了教师所期望的目标，教师的启发也就完成了。这种启发的特点是学生在这条思路上每次需要独立跨进的步距都很短，也可以说是教师每次提出一个问题进行启发时，只要学生能回答出这个问题来就行了。这种启发有其独特的方法特征——提问，所以它和注入式教学能够明显地区分开来。而一连串的提问又可以促进学生的注意力集中，所以它和注入式教学相比，又具有出明显的优越性，几十年来这种启发几乎就成了启发的主要标志。

一般来说，启发性讲解是通过教师具有启发性的语言，引导学生对已有知识或生活经验的回忆，通过提供启发性的材料来理解各种事实和现象，通过引导和提问建立起联系。或者在从生动的直观到抽象思维的推理过程中，要使学生的感性认识上升到理性认识，认识事实的本质和必然联系，只有启发性的讲解，才能在现象和本质之间架起一道桥梁。

实践证明，教师准确地把握好时机，有利于在思维的最佳突破口拨响学生的心灵乐曲，启迪学生的智慧火花。同时，教师启发思维的问题深度的难易要适中、速度的快慢要得宜、广度的大小要恰当、量度的多少要相应，才能恰到好处地引发学生积极思考。

进行启发性讲解要求教师的语言通俗易懂，但不失科学性；通过巧妙的提问使学生对所研究的对象进行比较、分析、综合、概括，使问题得到解答。通过提供感性材料，利用形象直观的语言，启发学生理解问题。通过恰当形象的比喻，启发学生联想。通过揭示事物之间的关系和联系，启发对事物本质的认识。

案例：张强 清华大学附属小学 数学六年级师大版《圆的面积（一）》

知识内容：经历将圆分割、拼合的探究过程，积累研究图形面积的经验　属于运算—陈述性知识

讲解目标：探究研究圆面积的过程

采用的讲解方法：启发性讲解

教师行为	学生行为	讲解分析
昨天我们进行了预学，在求这个圆的面积时，同学们的方法精彩纷呈，让我们一起看看。 一、数方格，认识圆的面积 （呈现学生作品） 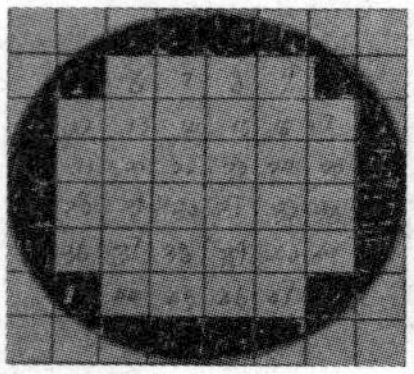 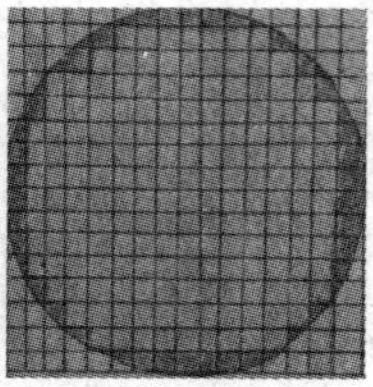 独立思考： ①他们用什么方法解决？ ②哪种更接近圆的面积？为什么？ ③如果想更接近呢？（呈现学生作品） 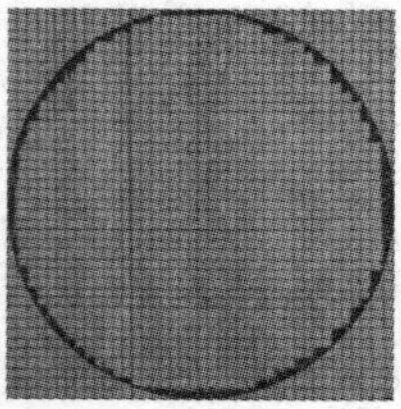 能想到数方格真了不起，圆的面积和以前学过的平面图形一样，都是一个一个面积单位的累加。而且，方格分得越细，越接近圆的面积。	观察读懂同伴作品，对比判断哪种更接近圆面积，思考分析其原因，总结方法。 预设： ①数方格。 ②第三种，因为分得越细，被估的地方越少，越接近圆的面积。 ③得把格分得更细，这样需要估的地方更少，更接近圆的面积。	通过引导和问题将圆面积的求法和之前数方格的方法联系起来。
二、分割圆，碰撞不同方法 （呈现学生作品） 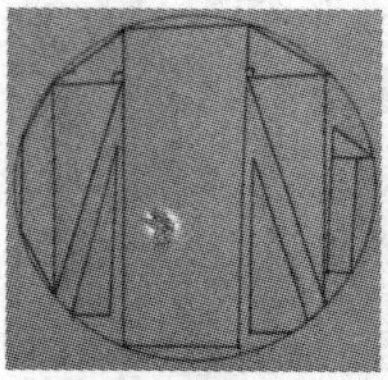 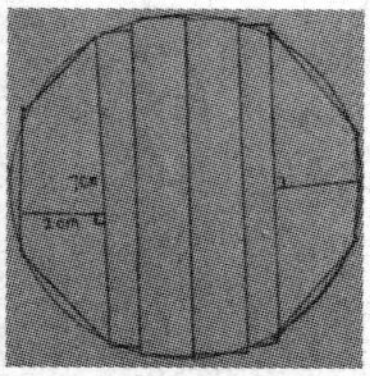 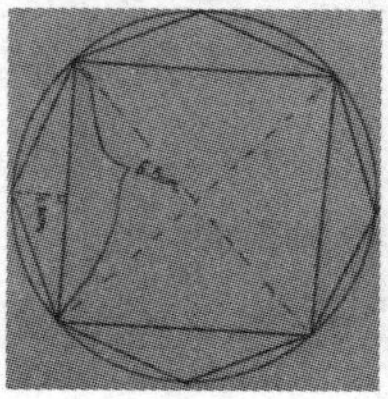 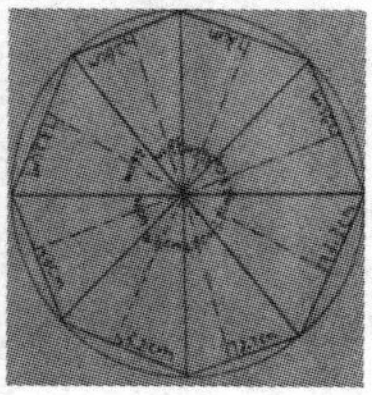	观察读懂同伴作品，思考发现方法的共同之处，并尝试分析背后的原因。	促使学生寻找共同点，体会将圆分割的价值。 归纳法讲解：加深对问题的认识，引导学生体会转化思想的意义。

续表

教师行为	学生行为	讲解分析
独立思考，小组交流： 他们的方法有什么共同之处？这样做有什么好处？ 这些同学的想法非常棒！当遇到一个新问题时，他们能够把它转化为我们学过的已有知识来解决问题。 这位同学的方法和其他方法有什么不同？你对他有什么改进建议？ 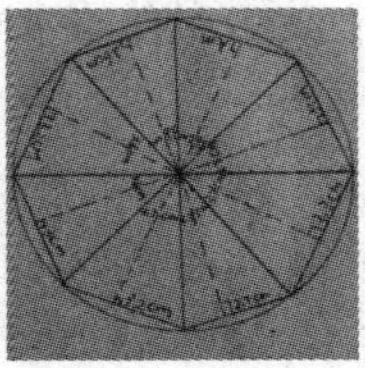 （呈现学生作品） 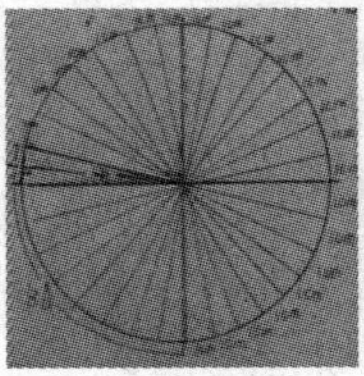 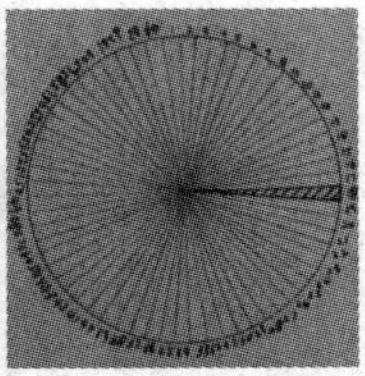 你觉得哪种分法的计算结果更接近圆的面积？为什么？ 分得越细，三角形的面积越接近圆的面积。这是真的吗？ 现在请同学们闭上眼睛接着想象继续细分的过程，有一个圆呈现在我们面前，把它等分成64份、128份、256份，把它等分成无数份。这个时候，每个小扇形就是一个小三角形。	预设： ①都是把圆分割成一块一块的。 ②每一块的面积都能求，把每块的面积相加就可以求出圆的近似面积。 观察思考，优化。 预设： ①都转化为同一个图形。 ②每个三角形都应相同，这样只要计算出一个，乘以个数就可以知道圆的近似面积了；三角形份数再分得多一些。 比较判断，分析。 预设：第三种，因为分得越细，三角形的面积越接近扇形的面积。 闭上眼睛，随着老师的叙述进行想象。	分析型、创造型提问：引导学生通过发现不同，给别人提建议，探寻分割的方向，优化分割的方法。 评价型提问：促进学生对比评价，渗透极限思想。 启发性讲解：激发学生想象，感受极限的力量。
三、拼合圆，建立图形联系 印度人就是用这种“切西瓜”法找到求圆面积方法的。那我们能不能在“切西瓜”的基础上将圆转化为学过的基本图形呢？	学生利用手中的学具进行操作，并合作交流两个问题。	创造型、分析型提问：启发学生创造性探索将圆转

续表

教师行为	学生行为	讲解分析
现在，请同学们借助手中的学具动手摆一摆，并思考以下问题： ①将圆转化成了什么图形？ ②圆的面积与转化后的图形面积有什么关系？  现在，请一个小组汇报。 追问：它的这条边可不是直的，而是由一条一条的小弧线组成的，这是平行四边形吗？ 课件及几何画板演示（将圆不断细分的过程） 同学们，至此我们已经差不多解决了一个曾经耗费人类无数精力和心血的难题：化圆为方。 除了面积相等以外，圆和平行四边形之间还存在着哪些联系？只要你找到它们之间的关系，那你就往推导圆面积公式的目标又迈进了一大步。 圆的面积公式是怎么推导出来的？圆能不能转化成其他学过的图形？这两个问题留作课下思考，我们下节课继续来探讨圆的面积。	汇报分享，呈现拼合过程结果。 预设：  ①平行四边形。 等分的份数越多，弧线越接近直线。 学生利用手中的学具进行操作，并合作交流两个问题。 汇报分享，呈现拼合过程结果。 预设： ①平行四边形。 等分的份数越多，弧线越接近直线，当把圆等分无数份时，拼出的图形就是平行四边形了。 ②圆的面积等于平行四边形的面积。	化成基本图形的不同方式，分析圆与转化后图形的关系。 理解型提问：通过反问，激发学生极限思维的运用。 归纳总结提升，体会“化圆为方”。 分析型、创造型提问：启发学生进一步思考。

（4）解释性讲解

解释是对字、词、句或方法、事物意义以及学生认识的困难等进行解释和说明。也有人称为诠释式，即说明、解释。讲解内容分为意义解释，结构、程序说明，翻译性解释（如古文、古诗、外文）等。是在师生互动的讨论、质疑过程中对教学内容（包括事实、现象、结论及方法、规则等）的解释说明。并把未知和已知联系起来，解决学生的疑难。例如，在学生提出问题时，教师要给予解释说明；在进行小组讨论时，要对讨论的题目、讨论的意义给予解释说明；在放映幻灯、录像时，对影片的内容和观看的目的要进行解释说明；在进行实验教学时，对仪器设备的使用方法、操作规程等，都要解释说明。教师在解释时还可以用比喻、比较、数字、图表等说明，以强化理解。

在使用这种讲解方法时，要求语言精练，有较强的针对性，一针见血地道出问题的实质。解释可用逻辑推理的方法，使问题层层深入，引导学生逐渐认识问题。也可用反证法，使学生能从不同的侧面分析问题。解释要实事求是，使学生建立正确概念和认识。

案例：李小敏 北京市海淀区翠微小学 科学三年级教科版《空气有重量吗》

知识内容：空气的重量很轻 属于联结—陈述性知识

讲解目标：学生了解空气重量的大小

采用的讲解方法：解释性讲解

教师行为	学生行为	讲解分析
…… （四）拓展延伸 1.解释：空气到底多轻多重呢？像600毫升的矿泉水瓶，所装的空气大概是0.78克，太轻了，不足以使皮筋产生形变。 2.播放篮球内部空气模型动画：篮球里面有大量被压缩的空气，20桶空气的重量大概是5.6克，和一根铅笔差不多重。 3.总结：空气有重量，很轻。	1.认真听讲解。 2.观看篮球内部空气模型动画。	教师用数据和比较的方式向学生直观地解释了空气有重量但是很轻的事实。

（5）归纳法讲解

归纳法是由感性认识到理性认识，从特殊到一般的认识过程，即从生动的直观到抽象思维的过程，是学生形成概念、理论等的重要途径。其过程是：

第一步：提供感性材料

在利用归纳法时，首先是引导学生观察事物、现象、实验等各种直观材料，或回忆过去的经验、事实等，获得一定的感性认识或对旧有知识和表象的回忆，为新的学习奠定一个清晰、明确的认识基础。一般提供感性材料的方法有：

①实物直观：是根据教学的需要，将研究对象直接展示在学生的面前，使之获得形象生动的感性认识。也可把学生带到真实的环境中去，通过观察获得感性认识。

②模拟直观：在不能提供实物直观或实物不能达到观察的目的时，可通过观察模型、图表、幻灯、录像等获得对事物的认识。

③语言直观：即教师利用形象化的语言对学习对象进行描述、比喻等，唤起学生对已有生活经验的回忆，或通过想象而产生较为具体的认识。

第二步：分析综合认识本质

生动的直观、形象化的语言，可以使学生获得感性认识。但要形成概念、思想和原理，只积累感性认识是不够的，感知不能把握事物的本质特征。在通过观察使学生认识具体事物以后，要引导他们对事物进行分析，找出每个事物的特点和所有事物的共同特征，即认识事物的基本属性和本质特征。

第三步：概括抽象形成概念

当事物的本质属性被揭示之后，要对事物共同的本质特征进行概括和抽象，抽象概括所得到的结论就是概念或定义。此时应注意，如何用清晰而简练的语言、恰当的词句，对概念或定义进行确切的表述，明确地揭示出事物的内涵和外延。

第四步：练习运用、巩固概念

一个完整的认识过程必须是“由感性的具体发展到抽象的规定，再由抽象的规定发展到思维中的具体”两个科学抽象的阶段。概念、定义、原理等的形成只是认识第一阶段的完成，而认识的第二阶段必须通过有关的作业或练习，运用概念、定义等有针对性地解决典型的问题及变式，认识的过程才算完成，对概念、定义等的认识才能巩固。

第五步：进行分化和泛化

分化是对相关概念进行比较，达到深入的理解。对一些易混的概念、相近概念进行比较，明确它们之间的区别和联系，是帮助学生纠正错误概念，巩固新学概念的有力措施。对概念的泛化是辨别概念内所包括各种事物、事实的不同特点，进一步明确概念的外延。同时也要对以前学科的错误概念进行纠正。

案例：王赛 花家地实验小学科学三年级首师大版教材《动物怎样吃食物》

知识内容：昆虫的取食器官和吃食方式特点相适应 属于运算—陈述性知识

讲解目标：认同昆虫的口器是多样的，与食性是相关的

采用的讲解方法：归纳法讲解

教师行为	学生行为	讲解分析
一、复习导入 我们之前学习了兔子、老虎的牙齿和食性，得出了哺乳动物的牙齿和食性是相适应的。接下来，我们再看看其他动物，它们都是怎样吃食物的呢？	聆听。	激发学习兴趣。
二、观察蝗虫 1.出示蝗虫图片。 提问：你来看看这种动物，它的口器长什么样子？它是怎样吃食物的？ 播放视频。	学生观看视频并思考教师问题。	提供感性材料1。

续表

<table>
<tr><th>教师行为</th><th>学生行为</th><th>讲解分析</th></tr>
<tr><td>2.为了能让大家仔细观察蝗虫口器。老师今天准备了蝗虫标本，一会儿我们分组进行观察。
示范观察蝗虫：有序观察。
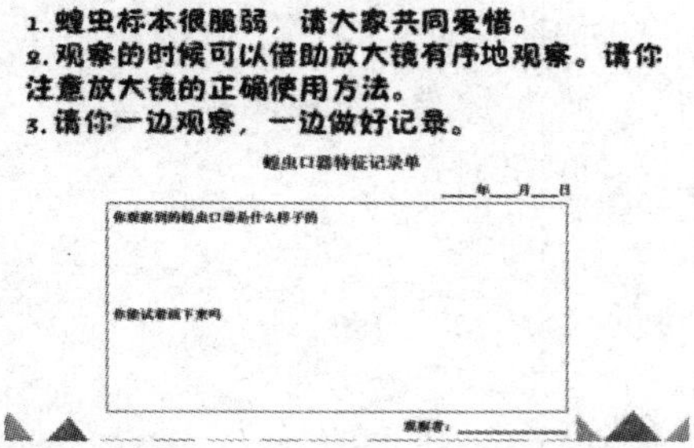

3.指导学生汇报学习成果，提示汇报要点和注意事项。
4.教师总结整理：蝗虫的口器由7（多）部分构成，边缘坚硬、锋利。
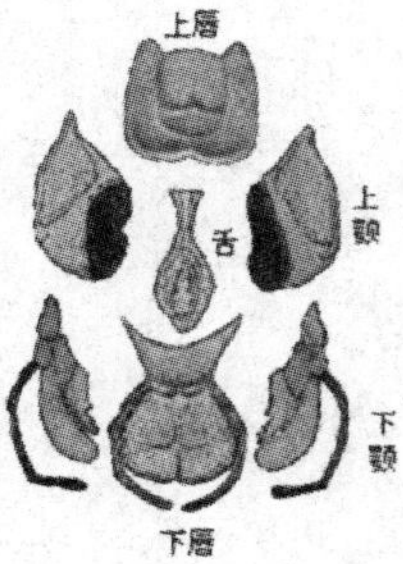

板书画图
5.提问：你发现这样的口器适合吃什么样的食物？
6.总结1：蝗虫的口器可以切断和磨碎植物的，甚至动物性食物。适合吃比较坚硬的食物。
总结2：咀嚼式口器（板书）。</td><td>学生分组观察、讨论、绘图。
学生汇报：我们发现蝗虫的口器有好多片，很硬，还带锯齿，我们认为蝗虫能吃叶子。
观察蝗虫口器放大图片。
吃植物，固体的。
学生回顾总结。</td><td>分析感性材料1。</td></tr>
<tr><td>三、观察蝴蝶
1.提问：蝗虫是咀嚼式口器，其他昆虫是不是也是同样的口器，吃同样的食物呢？
出示蝴蝶图片：指导观察。</td><td>观察蝴蝶标本
汇报结果：蝴蝶的口器在触须之间，卷成圆形。</td><td>提供感性材料2。</td></tr>
</table>

续表

教师行为	学生行为	讲解分析
 2.提问：蝴蝶的口器长什么样？ 3.追问：你觉得这样的口器像什么？ 设计模拟实验：模拟蝴蝶取食，细长瓶底摆放三种食物：红糖、拌好的黑芝麻糊、蜂蜜水，学生体验吸管吸取不同的食物。 模拟材料  吸管（蝴蝶口器） 食物 4.提问：你发现这样的口器适合吃什么样的食物？ 5.总结归纳。 由于蝴蝶的口器跟生活中的虹吸管原理相似，它也是吸取液体的。所以，我们把蝴蝶这样有着可伸缩吸食结构的吃食方式叫作虹吸式。	预设：像吸管。 学生分组实验并讨论。 液体的。 学生回顾总结。	分析感性材料2。
四、总结归纳 1.提问：为什么昆虫的吃食方式不同？ 2.归纳总结：昆虫的口器和取食方式（食物）是相适应的。 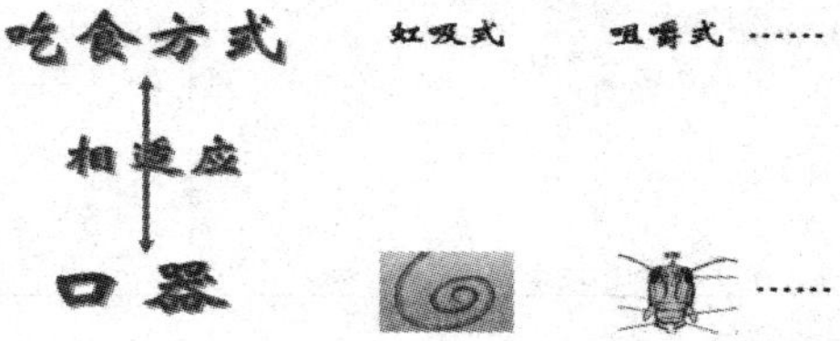 	因为它们吃的食物不一样，需要的口器不一样。	概括抽象出规律。

续表

教师行为	学生行为	讲解分析
五、应用 出示蚊子取食图片。 提问：请同学们思考一下，蚊子要是想吃到食物，它的口器应该长什么样子呢？	学生思考分析。	分化泛化。

（6）演绎法讲解

演绎法与归纳法的教学模式是类似的，只是达到目的的方式不同，它是从一般到特殊，再到一般的认识过程。演绎法不是以提供感性材料开始，而是以提出概念、定义或原理等开始，然后再举例进行论证。因而，这两种方法的区别并不在于所教的内容或者使用的实例，而在于教学活动的顺序，教给学生的思维方式。从教学内容的组织来看，演绎法则更具有结构性，从教学时间来看用时少，收效快。但从学生参与程度来看，演绎法不如归纳法，同时还要注意不同年龄学生的认知特征。演绎法的实施过程：

第一步：提出抽象概念

教师首先通过一定的方法引出概念、定义、概括等，并板书在黑板上，或用投影仪放映出来，以减轻学生记忆的负担。

第二步：阐明术语

阐明抽象概念中的术语即揭示概念的构成要素，这些术语对学生理解概念有重要意义，以确保学生理解这个概念的上位概念和下位概念。如果学生对这些术语不理解，教师要花一定时间进行解释说明。

第三步：举出实例

对概念提供大量恰当的实例来说明，能使学生尽快地理解概念，实例或例证的说明性越好，学生把它运用于以后情境的可能性越大。

第四步：学生举例运用

让学生举出事例为学生提供了把新概念与他们自己的生活联系起来加以运用的机会，有助于他们对新概念的理解，同时也可以检查学生理解的程度。在学生举例时，要让他们运用概念对事例进行解释，以促进概念和生活经验的联系。

第五步：分化、泛化（深化概念）

经过概念的提炼、事例的运用，最终要让学生在更高层次的理论水平上把握概念的内涵和外延，使学生的理性认识进一步升华，达到深化教学的效果。

案例：李然 密云区第六小学 数学 五年级 北京义务教育教科书《三角形内角和》

知识内容：三角形内角和 属于运算—陈述性知识

讲解目标：理解并掌握三角形内角和为180°

采用的讲解方法：演绎法讲解

教师行为	学生行为	讲解分析
1.介绍内角。 教师课件出示一个学生用的三角板。 师：请看屏幕，这是我们数学课中经常使用的三角板，它的外形是三角形的，在它的内部有三个角，我们把它叫作三角形的内角。 板书：三角形的内角 2.引出猜测。 师：你们了解三角板吗？每个角分别是多少度？ 师：这两个三角形的内角和都是180°，那这些三角形呢？是不是所有三角形三个内角的度数和都是180°呢？	计算三角板内角和，猜想是否所有三角形内角和都是180°？	提出三角形内角和是180°的概念并阐明术语。
引导学生验证； 用量的方法验证； 用撕拼的方法验证。 用折一折的方法验证。 推算的方法。 刚才我们都在动手，现在我们动动脑，看看我们能不能用以前学过的知识解决今天的问题。 （1）直角三角形内角和180°。 课件出示一个长方形。 同学们开动脑筋，利用长方形怎样算出三角形内角和的度数呢？ 课件演示：分成两个大小、形状一模一样的直角三角形。 你知道其中一个直角三角形的内角和吗？怎么算的？ 用这种方法我们推算出直角三角形内角和多少度？ 由此我们也能得出一个结论：直角三角形中，两个小锐角的度数和是多少度？ （2）推算钝角三角形内角和是180°。 刚才我们推算出直角三角形内角和是180°，想想如果是一个钝角三角形我们怎样推算出它的三	动手操作，通过测量、撕拼、折拼、推算的方法验证三角形内角和是180°。	用实例进一步验证、应用。

续表

教师行为	学生行为	讲解分析
个内角和是多少度？怎样找到钝角三角形与直角三角形之间的联系？ 3.学生借助推算钝角三角形内角和是180°，推算锐角三角形内角和。		
深化理解，概括性质（神奇三角形）： 同学们，我们用推算的方法进一步验证了直角三角形、钝角三角形和锐角三角形内角和是180°。 同学们请看屏幕，这里有一个神奇三角形，看它会72变，我们让电脑显示这个三角形的度数。（电脑点击得出度数）内角和多少度？拖动一个角的顶点，每个角的度数发生了变化，内角和是多少？ 得出结论：三角形内角和是180°，与大小和形状无关。	通过观察什么变了什么没变，思考三角形内角和与三角形形状和大小无关。	概念深化。
4.及时应用，拓展延伸。 应用我们刚才学习到的内容解决一些小问题：我们知道了三角形内角和是180°，那四边形、五边形、六边形内角和是多少度呢？	通过思考解决四边形，五边形，六边形的内角和	分化泛化。

（7）类比法讲解

类比的方法是，在讲解复杂的概念、原理、定理等概括性知识的时候，由于学生难于理解，所以首先选择一个与复杂概念相似的、较为简单的、学生易于理解的概念或事例，学生通过对简单概念或事例的理解、分析得出概括性的认识。然后，再用这种认识分析（类比）复杂的概念或原理，从而得出结论，使得学生更容易掌握复杂的概念或原理。

案例：杨晓娟 中国人民大学附属中学实验小学 科学 六年级 教科版《在星空中（一）》

知识内容：恒星在天空中的视觉图像 属于运算—陈述性知识

讲解目标：建构星座模型，从不同角度展开观察活动

采用的讲解方法：类比法讲解

教师行为	学生行为	讲解分析
…… 1.ipad出示星空图，谈话：今天老师将要和同学们一起漫步星空［板书：在星空中（一）］谁能用最短的时间先找到北斗七星在哪里？你是怎么判断的？	…… 1.观察星空图片，回答问题。（预设：从勺子形	

续表

教师行为	学生行为	讲解分析
2.ipad出示连线星图，谈话：如果把北斗七星和它相邻的恒星进行连线（边讲解，边操作），看看现在像什么？（恒星概念为已知）	状并且有七颗星星可以判断是北斗七星） 2.观察连线星图，回答问题。（预设：像动物/像大熊/不知道） 注：这里学生如果看不出大熊的形状也不必刻意纠正，继续出示更加形象的大熊星座图学生即可发现大熊的形状。	先用学生比较熟悉的北斗七星进行分析，再用大熊星座进行分析得出概念：星座就是我们人为划分的视觉图像。
3.ipad出示大熊星座图，提问：由于这些恒星连在一起的视觉图像像一只大熊，所以人们命名为大熊星座。你们知道什么是星座吗？（核心问题）根据学生回答总结：星座就是我们人为划分的视觉图像。（板书：星座 视觉图像）	3.回答问题。（预设：星星连起来的图案）注：本环节学生在教师的引导下初次利用starwalk星图软件观察星空，既唤醒了对北斗七星的记忆，也为后续软件的使用打下基础。	
二、初摆北斗，产生认知冲突 1.布置任务：在较短的时间插摆出一个星座很难，但我们可以试试将大熊星座最显著的特征北斗七星插摆出来。以7个小球代表七颗星星、用天线将星星固定在泡沫板上，同学们试着把你想象的北斗七星呈现出来。（对于学生插摆的过程只做材料使用的指导，对于插摆方法不进行干扰）	1.分组活动。尝试借助材料呈现对北斗七星的原有认识。（预设：①将7个小球插在同一个平面上并调整成勺子形；②将7个小球插在远近不同的位置上并能调整出勺子形）	通过对北斗七星的插摆，建立大熊星座的模型。

续表

教师行为	学生行为	讲解分析
2.组织集体交流：你们认为这就是北斗七星真实的样子吗？7颗星星究竟是在同一平面还是远近不同呢？	2.小组汇报。（预设：①同一平面插法：将7个小球插成一排，调整每个小球的高度，直至成勺子形；②远近不同插法：将7个小球插在远近不同的位置，并调整小球高度呈勺子形）	
三、利用starwalk星空软件搜集、处理数据资料，获得新证据 1.教师讲解并演示：在starwalk软件中，点击每颗星星，会出现相关资料。同学们认为哪些资料对我们是有用的？ 2.布置任务：请同学们分组搜集数据资料并记录。 3.组织集体交流：通过查找资料，你们发现了什么？说明什么问题？	1.回答问题：（预设：方位角、高度、到地球的平均距离） 2.分组搜集资料。（搜集7颗星星的方位角、高度、到地球的平均距离并记录） 3.回答问题：（预设：7颗星星的方位角、高度、到地球的距离都不相同，说明7颗星星不在同一平面，远近不同）	
四、利用数据资料，建构北斗七星模型，建立完整的星座概念 1.谈话：看来我们之前的想法是不准确的，现在请同学们翻转泡沫板至有刻度值的一面，想一想刻度值代表了什么？地球的位置在哪里？ 利用查找的数据资料，修正我们最初的想法。	1.重新建构北斗七星模型，实现二维思维向三维立体思维的转换。（预设：刻度值代表了星星到地球的距离；地球的位置	

续表

教师行为	学生行为	讲解分析
	应该在看得见勺子形状的位置/七颗星星正前方/圆心的位置）	
2.提问：对比之前插摆的北斗七星你有什么发现？换个角度看一看你发现了什么？	2.回答问题。（7颗星星远近不同；从不同位置观察，北斗七星的形状不同）	
3.谈话：看来这7颗星星之间是没有直接联系的，通过以上的活动和研究，你们对星座有什么新的认识呢？	3.回顾并总结所学，建立星座概念。（星座是远近不同的、没有联系的恒星组成的视觉图像）	

三、讲解的语言

教学是一门艺术。而教师的讲解又和一般的交谈、辩论、宣传、鼓动、谈判、交涉、演讲等说话有所不同。作为讲解技能的重要特点之一就是讲解语言清晰、条理清楚、快慢适合学生。心中要时刻想着：我讲的话要让别人听得清、记得住，并且做好笔记。这是讲解和其他各种说话形式不同之处。

讲解语言包括教学语言的基本构成：语音和吐字，音量和语速，语调和节奏，词汇、语法等，这是教师必须熟练地掌握教学语言技能。语言的设计有些类似于演员对台词的处理，是为了有效地表达内容、情感，引起学生重视、思考、记忆，对语言进行加工设计。讲解语言设计的重点是：

何时用描述性语言，何时用叙述性语言；

何时使用强调，是音量变化、语调变化、语速变化还是体态语的变化；

何时使用沉默，沉默的作用，沉默的时间；

语言与体态语、板书、多媒体的结合等。

以及讲解概念、规律、法则、事件等得出结论时对语言的提炼，使语言表达精练、精辟，一针见血地道出问题的本质，又便于学生理解和记忆。

四、普遍联系

在讲解中教师要把知识前后之间、学科之间、与学生的生活之间存在的联系讲解出来。然而，这种联系有时并不是在教材中明确地表现出来的，有时学生也不能很好地去领悟，需要教师去引导、挖掘和创造。讲解技能建立普遍联系的要素就是要教师在讲解中明确这些联系，使学生很好地建构起知识网络，牢固地掌握知识。

新课程要求教学内容要联系学生生活实际，打破学科界限教给学生系统的知识，帮助学生形成科学的认识结构，做到认知结构和知识结构的统一，进行有意义的知识建构。从以上我们可以看出，普遍联系的设计主要包括以下三个方面：

联系学生生活实际设计：新的课程内容在联系学生生活、联系社会实践方面做了很大的努力，如提出生活中的数学、生活中的物理、生活中的化学、生活中的地理等。有时学生能够把所学知识主动地联系起来，有时限于他们的生活经验还不能很好地进行联系。这时，就需要教师把这些联系明确出来，为学生将来能够学以致用奠定基础。

学科之间知识联系设计：知识间的联系是普遍存在的，而学科是我们人为地划分的，因此学科之间的联系是无处不在的。例如，语文课与社会的联系，与历史的联系等；物理课与数学、生物、化学的联系；化学与物理、数学、生物的联系等。以及这些学科与环境、资源的联系等。这些都需要在教学中通过教师的讲解明确地体现出来，以培养学生全面发展、可持续发展的观念。

学科内知识联系的设计：学科内知识之间的联系是基本的、大量的，是学生掌握一个学科的基础。如学科内各年级内容之间的联系，同一教材中章节之间的联系，概念、规律、法则之间的联系，事物发展变化过程之间的联系等。学生只有掌握了这些联系，才能很好地掌握一个学科，这是教师必须通过引导、指导或讲解，使学生掌握的。

五、共同思维

共同思维是教师和学生结合在一起共同进行的思维过程。教师的思维离不开学生，学生的思维也离不开教师的指导，因此讲解是师生共同思维的过程。

课堂教学中如何做到以教师为主体，重要的是引导学生的思维过程、学生的认知过程。讲解中学生虽然是处于被动的状态，然而教师清晰的思路、有逻辑的推理和分析、不断提出的问题，确实能引导学生的思维一步一步前进，有利于促进学生思维的发展。因此，讲解中指导学生思维的设计可通过以下几个方面：

（1）语言配合板书有条理地讲解；

（2）以一定的逻辑顺序（归纳、演绎等）引导学生形成概念、规律，认识事物；

（3）在学生思维的关键点、认识的模糊点等提出问题进行强化；

（4）使用具有启发性的语言或媒体等引导学生的思维活动；

（5）加强师生、生生互动，使讲解过程成为师生共同发展的过程。

学生参与课堂教学有多种形式，如阅读、练习、讨论、探究、实践、回答问题、发表意见等。讲解中学生的参与是教师引导下的参与，是教师的主导作用发挥。因此，在设计讲解的过程时要注意：

（1）按讲解的线索设计问题，逐步引导学生的思维活动；

（2）以多种媒体辅助讲解，引导学生进行观察（视、听）活动；

（3）为使内容易于理解，讲解中适当地组织学生进行阅读、讨论活动；

（4）为调动学生的积极性和主动性，适当组织学生进行探究活动；

（5）为有效地利用学生资源，引导学生回忆已有知识和生活经验，进行展示活动等。

六、明确结论

在讲解的过程中教师不断地向学生传递信息，如果缺乏让学生回忆、整理、联系旧知识或实践的过程，在学生头脑中形成的知识可能是杂乱无章的，因此，在完成一个教学任务或活动时，教师要带领学生一起梳理、总结和归纳，以得到明确的结论。

使学生对教学内容建立起整体印象，建立知识间的联系，最佳的方法是在一个问题或一个概念讲解结束时，将问题的论点、要点简明地交代给学生，以使学生掌握问题的实质。也就是不仅要使已被感知的科学事实和所形成的概念在记忆中巩固下来，而且要能通过对知识的整理，使学生对知识的领会向更高一级升华。好的结束能帮助学生理清学习思路，形成完善的知识结构，达到新旧知识的融会贯通，使知识趋于系统化、条理化。

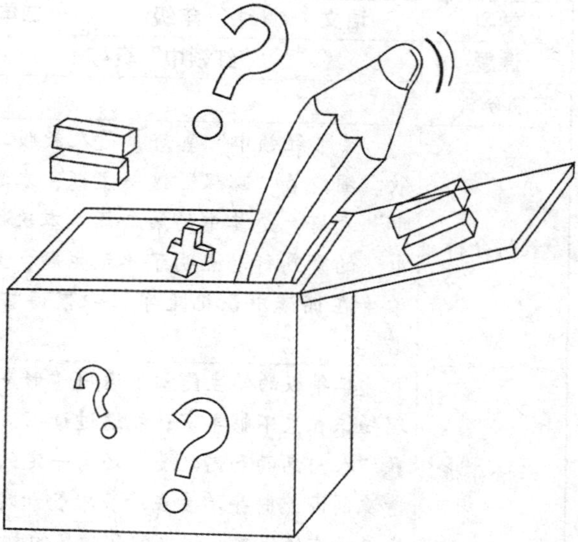

第三章 语文学科案例分析

学习目标：

1. 阅读“以提问技能为主”的案例，分析核心问题确定的前提、依据及对教学目标达成所起到的关键作用。

2. 理解核心问题与问题链之间的逻辑关系。

3. 能够分析技能要素在核心问题和问题链中的体现。

4. 能够根据具体教学内容的特点、不同学段学生的认知规律及教学目标中的重难点确定核心问题，设计出合乎逻辑的问题。

5. 阅读“以讲解技能为主”的案例，分析教学内容与讲解方法之间的关系。

6. 能够运用不同的方法讲解不同的教学内容。

7. 能够尝试着进行微格教学片段的设计。

一、以提问技能为主的教学案例

案例一：李阳 《“红领巾”真好》（北京市昌平区昌盛园小学）

学科	语文	年级	二年级	教材	人教版
课题	“红领巾”真好			主要技能	提问技能
前期分析					
教材分析	《“红领巾”真好》是人教版二年级上册第七单元的一首儿童诗歌。围绕着“环保”这一主题，本单元共安排了五篇课文，《“红领巾”真好》是其中的第二篇。本次微格教学要讲的第三小节用“红领巾”的爱鸟行动点明了单元主题，且采用问答形式，节奏明快，适合学生在诵读中识记生字，积累语言，丰富情感，体会人与自然的和谐。				
学情分析	二年级的学生能初步运用“形声字的规律”等方法自主识字，但字理知识积累不够丰富；能通过读书、借助插图了解诗歌内容，但感受诗歌“人与鸟的和谐之美”还有一定的困难。因此，在教学中，我将注重情境创设，引导学生在情境中展开想象，使学生获得初步的情感体验，感受语言的优美，树立爱鸟护鸟的意识。				
课标分析	《语文课程标准》指出，要培育孩子热爱祖国语言文字的情感，增强学习语文的自信心，养成良好的语文学习习惯，初步掌握学习语文的基本方法，并让孩子喜欢学习汉字，有主动识字、写字的愿望。所以本课将采用字理识字和联系上下文理解课文内容的方法。另外，为了让孩子喜欢阅读，感受阅读的乐趣，学习用普通话正确、流利、有感情地朗读课文，本课教学中将采用创设情境的方法引导学生在情境朗读中感悟情感，深化认知。				
教学目标	1.通过字理解析、结合生活实际等方法随文识记“巢”“崭”“牌”三个生字。 2.通过角色体验、联系上下文等方法了解课文内容，树立爱鸟护鸟的意识，感受做“爱鸟护鸟小卫士”的快乐与自豪。 3.正确、流利、有感情地朗读第三小节，在朗读中体会人与自然的和谐。				
核心问题	因为本诗歌结尾处写道：小鸟在枝头高唱“‘红领巾’真好！”，所以设计核心问题为：小鸟为什么在枝头高唱“‘红领巾’真好！”？以此问题为主线，带领学生们探寻小鸟称赞“红领巾”的原因。				

续表

学科	语文	年级	二年级	教材	人教版
课题	“红领巾”真好			主要技能	提问技能
问题链	1.“红领巾”为小鸟做了什么？ 2.假如你是小鸟，你会有什么感受？（从“放鸟巢”“立木牌”两个角度体会） 问题2是对问题1 的回馈和延展，两个问题链层层递进，逐步深化核心问题。				
讲解目标及方法	1.因为二年级的学生字理知识积累不够丰富，所以我采用讲述字理的方法，扩充学生的字理知识，并引导学生在识记生字的过程中感受中华传统文化。 2.因为二年级的学生缺乏实际生活体验，感受诗歌“人与鸟的和谐之美”还有一定的困难，所以教学中采用了角色体验的讲解方法，引导学生在情境中感悟情感，加深理解。				

教学部分案例

教学课题	“红领巾”真好				
学科	语文	年级	二年级	教学时间	10分钟
教学目标	1.通过字理解析、结合生活实际等方法随文识记“巢”“薪”“牌”三个生字。（教学重点） 2.通过角色体验、联系上下文等方法了解课文内容，树立爱鸟护鸟的意识，感受做“爱鸟护鸟小卫士”的快乐与自豪。（教学难点） 3.正确、流利、有感情地朗读第三小节，在朗读中体会人与自然的和谐。（教学重点）				
1分钟	一、创设情境，谈话导入 同学们，在茂密的大森林中，最快乐、最活跃的是小鸟，那林中谁又来得最早呢？是“红领巾”。听，小鸟们在枝头唱起了歌，它们在唱什么呢？对，“红领巾”真好!		学生思考 学生表达想法		清晰地提出问题，导入新课。
3分钟	二、感悟文本，随文识字 1.质疑、交流 （1）小鸟为什么在枝头高唱“红领巾”真好？ （2）“红领巾”为小鸟做了什么？用直线画出相关语句。画好的同学同桌之间互相交流。		学生思考		提出主问题，引导学生进行学习。

续表

<table>
<tr><th>学科</th><th>语文</th><th>年级</th><th>二年级</th><th>教材</th><th>人教版</th></tr>
<tr><td>课题</td><td colspan="3">“红领巾”真好</td><td>主要技能</td><td>提问技能</td></tr>
<tr><td></td><td colspan="2">2.汇报
谁来说一说？“红领巾”为小鸟放鸟巢。
3.利用字理和图片随文识记“巢”
4.想象
想一想，小鸟们在鸟巢里可能在做些什么呢？让我们和“红领巾”一起来放鸟巢吧！
5.角色转换
假如你们就是林中的小鸟，住在这些鸟巢里，你们感受到了什么？
6.引读：是“红领巾”来放鸟巢
7.回归中心
所以，小鸟在枝头高唱，“红领巾”真好！</td><td colspan="2">学生自学
学生汇报交流
学生理解记忆
学生思考
学生想象
学生体会并朗读</td><td>问题链一：
帮助学生理解主问题。
通过有层次的讲解，逐步解决学生质疑的问题。
问题链二：
通过提问，引导学生深入学习。</td></tr>
<tr><td>4分钟</td><td colspan="2">三、挖掘文本，深入理解
1.承前启后，引发思考
“红领巾”还为小鸟做了什么呢？还立了一块崭新的木牌，上面写着“请爱护小鸟”。一起读读。
2.随文识记“牌”
引读：“请爱护小鸟！”
3.想象情境，角色体验
（1）你们都是“红领巾”，你们想在崭新的木牌上写什么呢？拿出自学单，小组合作完成。
（2）我们来分享一下吧。把我们的爱心送到句子中，再来读读吧。
4.（1）如果你们就是林中的小鸟，看到这崭新木牌上的字，你们会有怎样的感受呢？
（2）小结：学到这里，小鸟为什么在枝头高唱“红领巾”真好，你们明白了吗？</td><td colspan="2">学生感悟
学生互相交流
学生朗读
学生理解
学生思考
学生交流</td><td>问题链一：
帮助学生进一步理解主问题。
通过教师讲解，帮助学生总结归纳。
引导学生联系生活实际，进行有层次的讲解。
问题链二：</td></tr>
</table>

续表

学科	语文	年级	二年级	教材	人教版
课题	“红领巾”真好			主要技能	提问技能
	5.男女生对读（配乐） 快把人与鸟的这份情谊送到文中读一读吧。男生、女生合作读，男生来问，女生来答，最后一句齐读。 6.你们这群“红领巾”想为小鸟做些什么？			学生朗读 学生思考	通过提问，引导学生角色转换，深入理解课文内容。
2分钟	四、总结提升 1.是呀，自古以来，鸟与我们人类就是好朋友，文人墨客就对小鸟极尽赞美，让我们美美地读读。 2.多么可爱的小鸟，多么富有生机的画面，让我们大声呼吁：“请爱护小鸟！”动物与人类互相帮助，相亲相爱，人与自然才会更加和谐地相处！让我们也做这样令人称赞的“红领巾”吧！			学生理解、感悟	通过小结总结提升，升华学生情感。

反思：

通过参加这次比赛，从选课、备课和一次次的磨课、试讲，每一次绞尽脑汁的思索，每一张写满修改字迹的教案，每一个辗转反侧的夜晚都铸就了一路走来最坚实的脚印。比赛虽已结束，心里却盛满了感恩，目光里多了份坚定，骨子里多了份从容。回望参赛历程，我发现我在教学技能和参赛技巧方面存在一些不足，有待提高。首先，在教学技能方面，我对知识的讲解方式不够灵活，比较生硬，且不够透彻、细腻。其次，讲课时没有走到学生中间来，应该经常走下讲台，在学生中间传道授业解惑，增强亲和力，拉近师生距离，营造轻松活跃的教学氛围。

点评：（王朝芹　北京市昌平区教师进修学校教研员　中学高级教师）

李阳老师本次参赛的授课内容为《“红领巾”真好》的第三小节。其教学过程是以提问为主，现点评如下：

李老师的个人素质很好，理论知识丰富，基本功扎实，在备课和磨课的过程中谦虚勤奋，踏实认真。她在备课时做了充分的课前准备，反复研磨《课程标准》和教材，并用聊天、问卷调查等方式充分了解学情，对教材的理解和对教学重点、难点的把握精准到位。李老师的教学设计目标明确，条理清晰，核心问题设计巧妙，重点突出，问题链的设计层层递进，环环相扣。本课的教学目标是李老师在深入分析学情的基础上制定的，所以教学过程的设计更符合学生的认知，教学活动更接地气，教学的实效性更高。现场教学中，李老师采用字理教学和创设情境等方式进行识字教学和文本教学，既符合学生的认知水平，又有效激发了学生的学习兴趣，加深了学生的情感体悟。

李老师立足核心问题，以问题链为索引，层次清晰的问题链使本节课环节明确，整堂课教学思路清晰。李老师能够及时有针对性地对学生随机生成的提问和答案进行评价与指导，教学手段运用自如，既充分调动了孩子的参与积极性，又于无痕中渗透知识，真正做到了寓教于乐。从而在轻松愉悦的教学氛围中，将教学重点和教学难点逐一攻破，顺利达成教学目标，师教有章法，生学有所得，教学效果明显。“反思是为了更好地前进！”课后李老师主动及时地进行教学反思，找到不足，力求扬长补短。

建议李老师评价语再多元化一些，因人而异，因答案而异。对随机生成的教案之外的“突发状况”要善于机智应对，顺学导教，再多一些从容和智慧。另外，要不断提高教学技能，夯实教学基本功，及时更新教育观念。多阅读教育教学书籍，从书中汲取力量；多听优秀教师的课，从课中吸收营养。“成功不是简单的复制”，而是在整理、反思和融合中不断完善充实自己，使自己的教学观更加丰盛立体，课堂更具独到韵味，使自己和学生都乐在其中，教学相长。相信李老师在不断的磨砺与反思中，她的课堂一定会更有情感的温度和生命的厚度！

案例二：郭启蒙 《我有一盒彩笔》（清华附小昌平学校）

学科	语文	年级	二年级	教材	北师大版
课题	我有一盒彩笔			主要技能	提问技能
前期分析					
教材分析	《我有一盒彩笔》是北师大教材中二年级的一篇儿童诗。诗中描写20世纪80年代中秋之夜，明月掩映下有朦朦胧胧的远山，人工渠在灌溉稻田，山尖的电视塔高耸入云，这样的一幅情境。借以表达生活丰衣足食、科技进步、家庭生活丰富多彩。诗歌不仅在赞美美丽的景象，更在赞美美好的生活。 由此，我设计的教学重点是： 1.通过联系上下文和生活实际，了解积累“连绵起伏、插入云天”等词语。 2.通过反复朗读、创设情境，理解第一小节“美丽的今天”。				
学情分析	二年级第一学期学生已有的知识技能是：能够借助工具书读准字音、读通课文。并通过朗读，提取简单信息，初步了解文章大意。 这篇课文在预学的前测中，发现大部分学生的质疑关注点，停留在				

续表

学科	语文	年级	二年级	教材	北师大版
课题	我有一盒彩笔			主要技能	提问技能
	“紫色的山，插入云天的电视塔”这样具体的景物碎片上，没有把景物编织成整体的生活画面，也就体会不到景色的美丽。 再加上学生不了解作者写这首诗的生活年代背景，就不能准确感受诗中景象“小河流过稻田”意味着丰衣足食，而“中秋明月”象征着家人团圆，更不能理解那个年代“电视塔”代表着时代进步，也就体会不到诗歌不仅赞景，更是赞美好的生活。这正是学生学习的困惑。 由此，我把握到教学难点是：展开想象，进行仿写，激发学生对当下“美丽的今天”的喜爱。				
课标分析	根据课程标准对低年段的相关要求： 1.结合上下文和生活实际了解课文中词句的意思，在阅读中积累词语。 2.诵读儿歌、儿童诗和浅近的古诗，展开想象，获得初步的情感体验，感受语言的优美。 在教学过程中，我通过板书画图，用手势加语言描述这样的图示教学形象理解“连绵起伏”“插入云天”等词语；创设情境，让学生情感朗读整体感知文本，代入整体的生活画面，理解“美丽的今天”；在仿写中，激发学生对当下“美丽今天”的喜爱。				
教学目标	结合学生的实际情况，结合课程标准，以学定教，在本课第二课时中，制定如下教学目标： 1.通过联系上下文和生活实际，了解、积累“连绵起伏、插入云天”等词语。（教学重点） 2.通过反复朗读、创设情境，理解第一小节“美丽的今天”。（教学重点） 3.展开想象，进行仿写，激发学生对当下“美丽的今天”的喜爱。（教学难点）				
核心问题	“美丽的今天”这幅画，美丽在哪里？				
问题链	1.“我”画了什么？用什么画的？（提炼出画的内容，感受画面美） 2.“我”为什么要画这样的景物？（理解画的内在意义，体会生活美）				
讲解目标及方法	为实现教学目标，我采用的讲解方法是： 1.通过板书画图，用手势加语言描述这样的图示教学形象理解“连绵起伏”“插入云天”等词语。 2.创设情境，让学生情感朗读整体感知文本，代入整体的生活画面，理解“美丽的今天”。 3.在仿写中，激发学生对当下“美丽的今天”的喜爱。				

教学部分案例

<table>
<tr><td>教学课题</td><td colspan="6">我有一盒彩笔</td></tr>
<tr><td>学科</td><td>语文</td><td>年级</td><td>二年级</td><td>教学时间</td><td colspan="2">10分钟</td></tr>
<tr><td>教学目标</td><td colspan="6">1.通过联系上下文和生活实际，了解积累“连绵起伏、插入云天”等词语。（教学重点）
2.通过反复朗读、创设情境，理解第一小节“美丽的今天”。（教学重点）
3.展开想象，进行仿写，激发学生对当下“美丽的今天”的喜爱。（教学难点）</td></tr>
<tr><td>时间</td><td colspan="4">教师的教学行为</td><td>学生的学习行为</td><td>教学技能要素</td></tr>
<tr><td rowspan="2">53秒
2分钟</td><td colspan="4">一、画了什么
初读课文，同学们找一找，这幅画中画了什么景物？
非常迅速地提取信息，流过稻田的小河！
出示词卡“小河”。
还有？
出示词卡“明月”。
继续！
出示词卡“远山”。
出示词卡“电视塔”。</td><td>生：流过稻田的小河！
生：挂在山间的明月！
生：连绵起伏的远山！
生：插入云天的电视塔！</td><td>理解型提问：通过了解“画了什么”了解画面。
读词强化，提纲式板书体会“画了什么”。</td></tr>
<tr><td colspan="4">二、用什么画的
1.用什么画的
你来说，我来画。
出示“蓝色的直线”。
出示“黄色的圆”。
出示“紫色的曲线”。
2.理解“连绵起伏”
“连绵起伏”什么意思？能用动作理解它吗？</td><td>生：画一条蓝色的直线，那是小河流过稻田。
生：画一个黄色的圆，那是中秋明月挂在天边。
生：画一条紫色的曲线，那是连绵起伏的远山！</td><td>理解型提问：用什么画的？进一步了解画面。
读词强化，提纲式板书体会“用什么画的”。</td></tr>
</table>

续表

时间	教师的教学行为	学生的学习行为	教学技能要素
	有的同学，这样一个动作，是连绵起伏吗？ 一座山接着一座山，一座山又接着一座山，许多座山接连不断（伸向远方）。这就是连绵！	用动作表现自己的理解。 预设1：做出接连不断，高低不平的样子。	总结第一小节，“美丽的今天”用什么画了什么。
3分14秒	有的好像起来了，有的好像下去了。高低不平，这是起伏，看，我们用拆词法，理解连绵起伏，有方法，一齐读！ 你读出了这山接连不断，再读！连绵起伏！哦，这真是高低起伏，而且接连不断！	预设2：做出高低，但没有连续的样子。 齐读：连绵起伏！	理解型提问：理解关键词语“连绵起伏”，体会画面美。
	3.理解“紫色的曲线” 你看到的远山是什么颜色的？ 那怎么是紫色的呢？看图（手指黑板），哦，原来这是中秋夜晚的远山！（PPT）你看，有月光照在上面，颜色就发生了变化，所以在这中秋夜晚，就画一条——一起读。（手势）。	生：绿色。	启发性讲解：通过动作，理解词语“连绵起伏”。
	4.再读这句话！“画一个细细直立的三角，那是电视塔插入云天！”什么叫插入云天！ 如果我画这样的电视塔（比画一个宽三角）能叫插入云天吗？ 为什么？ 我们学过只有又细又尖的东西，才能叫插！所以我们才用，这细细直立的三角，来画电视塔！ 出示卡片，齐读！ 我们表达的时候也要学习作者用词这么精确！	齐读：画一个细细直立的三角，那是电视塔插入云天！ 生：不能！ 生：因为不是细细直立！ 齐读：插入云天！	理解型提问：理解关键词语“紫色”，体会景象。 描述性讲解：理解远山为什么是紫色的。 理解型提问：理解关键词语“插”体会景象。
3分50秒	5.看第一小节，作者是用色彩、形状的变化，按照小河、明月、远山、电视塔这样的顺序描绘了一幅美丽的今		

续表

时间	教师的教学行为	学生的学习行为	教学技能要素
	天。 这么美丽的今天，你能背诵吗？按照板书的词语顺序，试着背下来吧！		启发性讲解：通过动作理解动词“插”。 记忆型提问：根据理解背诵，形成对画面美的记忆感知。
4分45秒 6分8秒 9分钟	三、“我”为什么画“美丽的今天” 1.想象其他颜色 看，我有一盒彩笔，都有什么颜色？你还能想象出这个画面中其他颜色吗？ 有白云的白色？插入云天，白云一定在上空缭绕。（板书） 金秋时节，你还发现了稻田的金黄！（板书）稻谷要丰收，人们能够过上丰衣足食的生活。 有了金黄和洁白，我更想象到这景象的美丽了！ 2.作者为什么画这样的景物 现在再来想想，作者为什么画这样的景物呢？小组合作，交流你们的想法。 嘀嗒嘀嗒闹钟响了，现在分享你们的思考。你们组感受到这“小河流过稻田”，人们就能丰衣足食。 在你们的讨论中，感受到了中秋夜晚的家人团聚啊！	生：蓝色、黄色、紫色。 生：白色。 学生小组合作，自由讨论。	分析型提问：为什么画美丽的今天，体会生活的美好。

续表

时间	教师的教学行为	学生的学习行为	教学技能要素
10分钟	那作者为什么画电视塔呢？同学们，这是在30年前，那时家里能有收音机就不错了，所以金波看到电视塔，就知道人们能看电视了，科技发展了！ 原来作者画这样的景物，不仅因为它本身景色美丽，更是想赞美人们美好的生活！ 那么在你们的今天，你怎样用自己的语言来把这美丽表达？每个人用上句式“画——，那是——”。 同学们，你们用彩笔也描画出了一幅幅美丽的今天。让我们情不自禁地说，我有一盒彩笔，我用它画美丽的今天。是啊，让我们展开想象，你能相信大树结满面包，小朋友长上翅膀吗？让我们进入另一幅画，齐读“我有一盒彩笔，我用它画明天的理想”！	学生仿写句子。	叙述性讲解：通过链接背景资料，体会生活的美好。 应用型提问：用学过的句式表达自己的情感。 启发性讲解：通过延伸课文内容，进入下一小节的学习

反思：

怎么设定核心问题和问题链

一、来源：学生真实的问题

最初走进《我有一盒彩笔》是在自己的课堂上。请学生读课文，在黑板上画出作者描写的一幅画面。

画“一条蓝色的直线”——“那是小河流过稻田”。结果学生用歪歪扭扭的笔触画了一条“曲线”。多么“固执”，多么可爱！是啊，小河是弯弯曲曲的，这是我们的常识。可是作者却把它说成是“直的”，看这线条让小河的形状怪怪的！

接着，画“一个黄色的圆”——“那是中秋明月挂在山间”。因为还把握不好粉笔，学生画出这个“不圆不扁”的“土豆形月亮”。啊哈！正中下怀，这就是文中“中秋圆月”的反例。强调它，不正可以让学生关注到“中秋明月”的圆满吗？

马上，画“一条紫色的曲线”——“那是连绵起伏的远山”。可是“山为什么是紫的？”作者的颜色又选择错了吗？

最后，画“一个细细直立的三角”——“那是电视塔，插入云天！”远远看上去，电视塔确实是细细直立的三角，这总没问题了吧？

“工人是怎么建筑插入云天的电视塔的？”

学生又七嘴八舌……

我陷入深深的思考。“画”出诗中画面，是想让学生体会语言特点，这个教学环节的设计有多重目的：把握诗歌语言规律，用各种颜色的线条抽象作者眼中的景象；边画边理解作者眼中的景象；画出的画面为背诵课文提供脚手架。可是，正是在这个环节，课堂涌现出这么多学生的“不理解”：

“为什么河是直的？”

“为什么山是紫的？”

“为什么独独说‘中秋明月’？”

“为什么在整个自然画面中，唯独出现一个人文景物电视塔？”

“电视塔真的插入云天吗？”

……

有一些问题看似与文本无关，对于这些“十万个为什么”，我想，这是老师最宝贵的财富，重视这些问题、借助这些问题，老师就能帮助学生实现对文本的对话。

二、解读：寻找文字和主题的秘密

如果割裂地看某个景物，很多景象确实是不可能发生的。很多解读认为这首诗歌的描绘平淡无奇，就是在写几个破碎的日常景象。也没有对作者这些“奇怪”的线条和色彩加以重视。可是，真的是这样吗？

如果把诗句内容联系起来看，“中秋明月挂在山间”，明月映衬下连绵起伏的远山，怎么不会变成神秘的紫色？李白不也有诗曰“日照香炉生紫烟”，正是在说香炉峰在清晨显现出紫色呀！这么看，与其说金波在大胆地想象，不如说他是在真切地写实。

在网上搜寻“小河流过稻田”的图片，发现流过稻田的河，都是直直的人工水渠，这直线是不是就在说它呢？电视塔都很高不假，可如果这电视塔建在山尖，那才真的算是“插入云天”啊。我见过平地上的“东方明珠”，可这有名的电视塔远不如那些屹立于山尖的电视塔巍峨、高耸。

当了解了这些生活知识后，我明白了，诗中其实在写 20 世纪 80 年代中秋的一个夜晚，作者金波看到明月掩映下朦朦胧胧的远山，看到人工渠灌溉稻田，看到远方的电视塔高耸入云。啊，我们的生活丰衣足食了！科技在进步，我们在家庭生活中可以看电视了！作者这是不仅在赞美美丽的景象，更在赞美美好的生活啊！

三、确定核心问题和问题链

文本解读到这里，我想自己终于解答了同学们的疑惑。从文字的密码——“我画（什么颜色）的（线条），那是（景物）”这样的句式，循环往复四次，描绘出美好的画面，表达热爱的情感。

随着文本的内涵渐渐疏朗，我也终于确定了核心问题——“美丽的今天”这幅画，美丽在哪里？

进一步，我确定了问题链，问题一：“我”画了什么，用什么画的？以此发现诗句语言特点，同时感受画面美。通过结合生活经验、联系上下文，理解作者金波“奇怪”的线条和色彩，明白金波描绘的这幅整体画面。再通过问题“除了诗中提到的蓝色、紫色，这幅画面中还有什么颜色？”，引发学生展开联想，想想金波眼中那幅美丽的景象。我想那画面中还有秋天稻田的金黄，有夜晚高空薄薄的淡蓝云朵……让学生真正走进文本，走进金波描绘的那幅美丽画面中。

问题二：“我”为什么要画这样的景物？同时补充80年代人们的生活，描述电视塔出现的意义，以此让学生体会生活美。进而让学生感受到美丽的今天这幅画不仅在赞景，更在赞生活。

大赛前后历时一个月的时间，这篇说课稿我改了整整十八次。在这个过程中，重视核心问题的观念植根在我心中。我深深体会到核心问题要统筹全文，从语言点和中心思想两个维度，设置牵一发动全身的问题。而问题链要由浅入深，层层剥笋。如果说语文专业的基本功是文本解读，那语文教学的基本功就是问题链的设计。体会到这个教学规律后，又不禁感到这一个月的磨砺是多么值得。

感谢比赛给我的十分钟，让我们青年教师尽快把握教学规律，得到专业、勇气各方面的训练。感谢在我背后默默付出心血的所有人，是你们的陪伴，让我们一起走得更远。我觉得，我们大家能一起完成一项艰巨的任务，真好！

点评：（王君　清华附小昌平学校副校长　小教高级教师）

郭启蒙老师的《我有一盒彩笔》教学过程以提问为主。教学片段以实证调研学生的认知起点、困惑点为依据，制定教学目标，体现了基于学生原有认知进行教学的科学理念。教学中针对核心问题：“美丽的今天”这幅画美丽在哪儿？设计了从感知到理解、再到评价的问题链：“我”画了什么？用什么画的？想象画面中还有什么颜色？作者为什么画这些景物？问题由浅入深，从不同认知层次引导学生思维，逐步达成对核心问题的理解，带领学生从文本的表层进入了内蕴层。构思精妙，遵循了学生的认知规律。课堂上，教师综合运用记忆型提问、理解型提问、应用型提问和分析型提问，既梳理了诗歌的句式，落实了语言学习的工具性目标；又体会了作者的情感，进行了人文性的熏陶感染。教师语言清晰，问题明确，提问时机恰到好处，对学生的回答进行了及时的反馈与引导。学生通过联系上下文和生活实际，欣赏了作者描绘的“美丽的今天”这幅画的画面美，同时在联系与拓展中体会到画面背后的生活美，获得了认识的升华。

案例三：井泉 《渔歌子》（北京市昌平第二实验小学）

学科	语文	年级	四年级	教材	人教版
课题	渔歌子			主要技能	提问技能
前期分析					
教材分析	《渔歌子》是人教版四年级下册第六单元中的一首词。这一单元旨在引导学生走进乡下人家，感受田园诗情，体味优美语言，积累精彩句段。 这首词描绘了一幅江南水乡的春景钓鱼图，色彩明丽，动静结合，用词活泼，意境优美，尽显渔夫的悠闲与惬意。				
课标分析	课标中提到“理解词句意思，体会课文中关键词句在表达情意方面的作用”，所以，在课堂中重点抓住九种景物和“不须归”这些关键词句，让学生体会作者所表达的悠闲自得的心情；“在诵读诗文的过程中体验感情，领悟内容”，基于此，不断对学生进行情境引导，让他们在多次诵读中体验情感，领悟内容；“积累优美的词语、精彩句段”，这一目标的达成不仅仅在于本词的学习，更是拓展到课外的诗句，以促进学生的语言积累。				
教学目标	依据教材分析确定教学重点，根据学情分析确定教学难点。具体教学目标设计如下： 1.通过展开想象、读写结合、反复诵读等环节，融情悟境，体会作者悠闲自得的心情。（教学重点） 2.通过文本感悟、多重对话等方式，理解“不须归”。（教学难点） 3.通过诗词拓展，积累并体会优美的语言。				
核心问题	本课教学目标中的重点与难点都涉及作者的心情，一切景物的描绘都跟作者“不须归”的心境密切相关，所以将核心问题设计为：为什么“不须归”，是什么留住了作者的脚步？				

续表

学科	语文	年级	四年级	教材	人教版
课题	渔歌子			主要技能	提问技能
问题链	1.作者在这首词中都写了哪些景物，你能用优美的语言来形容一下它们的色彩或姿态吗？ 2.在这首词中，哪一处最能表达作者的心情？ 3.留住作者的仅仅是美景吗？还有什么？（探究“不须归”的原因）				
讲解目标及方法	为了突破教学重难点，在这节课中主要采用叙述性讲解、描绘性讲解和启发性讲解相结合的方法，不断地为学生创设情境，让他们更好地理解诗意，品味诗情，感悟作者的心情。				

教学部分案例

教学课题	渔歌子				
学科	语文	年级	四年级	教学时间	10分钟
教学目标	1.通过展开想象、读写结合、反复诵读等环节，融情悟境，体会作者悠闲自得的心情。（教学重点） 2.通过文本感悟、多重对话等方式，理解“不须归”。（教学难点） 3.通过诗词拓展，积累并体会优美的语言。				
时间	教师的教学行为			学生的学习行为	教学技能要素
4分钟	一、结合想象，融情悟境 1.找景物 （1）提问：作者在这首词中都写了哪些景物呢？ （2）预设：西塞山、白鹭、桃花、流水、鳜鱼、箬笠、蓑衣、风、雨 2.展开想象，读写结合 （1）提问：张志和不仅擅长填词，还是一位了不起的画家呢，因此他的笔下总是呈现出一片诗情画意，请你们想象这些景物的色彩或姿态，把这前两句变成优美的画面吧！ 学习单：			学生思考。 口语表达。	

续表

时间	教师的教学行为	学生的学习行为	教学技能要素
	抬眼望去，______的西塞山前，______的白鹭。凝望眼前，俯视水中，桃花______，流水______，鳜鱼______。 （2）反馈点评：练习诵读 ①他不但写出了色彩，还充分发挥了想象，描绘了白鹭、桃花、流水、鳜鱼的动态美。 ②用上了积累的四字词语。一潭春水绿，十里桃花香，在你们的笔下也洋溢着如此浓郁的画意诗情，结合你们的想象，谁来读一读？ ③老师评价学生朗读。 西塞山前白鹭飞，桃花流水鳜鱼肥。 ④指导朗读：西塞山前，白鹭在飞，花在漂，水在流，鱼在嬉戏，一切都那么清新与亮丽，把你的心、你的情深深地沉浸其中，谁再来读读？ （3）教师过渡：嗯，你仿佛把我们带到了这如诗如画的西塞山前，接着看，你看到了什么？ （4）学生交流，诵读。 青箬笠，绿蓑衣。斜风细雨不须归。 3.小结 全词只有27个字，却含有九种景物，我们通过想象它们的色彩和姿态，也仿佛看到了一幅春日美景图，作为图画中心的就是斜风细雨中的悠闲渔翁！带着你们的想象自由地读一读这首词。 4.范读 （1）提问：同学们，置身于此，你能用一个词来概括一下这美景吗？相机板书：清新秀美	学生展开想象，描绘画面，完成学习单，分享交流，初步诵读。 学生练习描绘画面，概括画面，倾听感悟，练习有感情地诵读。 自由朗诵。	理解型提问：让学生在理解的基础上说出词中的景物有哪些，主要解决问题链中第一个问题的第一个方面。 综合型提问：需要学生基于文本进行想象并描绘，主要解决问题链中的第一个问题中的第二个方面：结合想象来描绘景物的色彩和姿态。 评价引导：引导学生展开想象，用自己的语言描绘画面，有层次地引导学生诵读。 运用型提问：通过前两句的描写，让学生学会描述，练习表达词的后半部分。

续表

时间	教师的教学行为	学生的学习行为	教学技能要素
	（2）配乐教师范读：写景就要这样有声有色有情有境，读景也要展开想象的翅膀，你们听，渔歌子——		理解型提问：让学生用生动、形象的语言概括画面。
2分30秒	二、走近作者，理解“不须归” 1.提问：假如你就身处其中，你会有什么感受呢？ 2.提问：在这首词中，有没有一处写了作者的心情呢？相继板书：不须归 3.追问：为什么“不须归”，是什么留下了作者的脚步？ 4.追问：留住作者的仅仅是美景吗？ 还有什么？ 我们可以联系一下张志和的经历说一说。 5.补充作者资料： （1）教师相继介绍：张志和曾经深受皇帝欣赏，后来被贬，他厌倦了官场的黑暗与纷争，辞官回家，情愿隐居太湖扁舟垂钓，和山水为伴，和自然为友。 提问：你觉得张志和过着怎样的生活？ 预设：孤独的、艰苦的、自由的…… （2）出示：“每垂钓，不设饵。”《唐书·张志和传》 6.提问：他不设鱼饵，就钓不到鱼，但他还是愿意扁舟垂钓，你认为他在钓什么？ 追问：那和山水为伴，与自然为友的张志和还是孤独的吗？ 7.小结： 他喜欢这样的自由自在，他来钓鱼，钓得一份清新秀美的风景，钓得一份扁舟垂钓的心情，钓得一份悠闲自得的生活啊！板书：悠闲自得	学生思考、理解并回答问题。 学生听资料，初步体会作者生活。 学生根据教师的讲解与提问，深入体会作者情感。	启发性讲解：提出核心问题，结合本课重难点，有层次、有梯度地追问问题二和问题三，初步解决重难点。 叙述性讲解与适时性提问相结合：突出重点，突破难点，结合相关资料，适时追问，引发学生思考，以感悟“不须归”的含义及原因。

续表

时间	教师的教学行为	学生的学习行为	教学技能要素
1分30秒	三、反复吟诵，入情入境 1.引读 孩子们，现在呈现在我们眼前的哪里是简单寻常的九种景物？你们看，西塞山前，雨雾迷蒙，白鹭低飞，桃花斗艳，这可是一幅秀丽宜人的山水画啊！（指导小组有感情朗读） 2.引读 这又仅仅是一幅山水画吗？这位渔翁，迎着斜风，淋着细雨，陶醉于大自然，悠然垂钓，这可是一支再美不过的逍遥曲啊！（指导小组有感情朗读） 3.引读 悠闲的白鹭飞走了，粉嫩的桃花朦胧了，斜风细雨融为一体，遮住了诗人青色的身影……渐渐地，渐渐地，一切都远去了，只留下这千古绝唱萦绕在我们心中。让我们再次吟诵——（齐诵）	倾听感悟，反复吟诵。	描绘性讲解：用优美的语言引读，让学生有感情地吟诵。
2分钟	四、拓展积累，感悟美好 1.引导学生拓展，积累语言 孩子们，春天的西塞山令张志和心旷神怡，钓得乐趣、钓得清闲，不愿意回家。其实在我们灿烂的文化长河中，也有不少美景，留住了文人墨客的脚步。 你想到了哪些诗句呢？ （预设：“留连戏蝶时时舞，自在娇莺恰恰啼”“一年好景君须记，正是橙黄橘绿时”）像这样美景留人入醉乡的诗句还有很多。 2.教师适时拓展 （1）春日的钱塘湖旖旎迷人，绿色杨柳掩映下的白色沙堤，令白居易如痴如醉，不禁脱口而出“最爱湖东行不足，绿杨阴里白沙堤”。	根据要求，回忆诗句。	启发性讲解、描绘型讲解与回忆型提问相结合：理解“不须归”是由于美景、心情使然，让学生进一步感受古诗词的魅力。

续表

时间	教师的教学行为	学生的学习行为	教学技能要素
	（2）秋风渐起，风霜渐浓，火红的枫叶如花似霞，让杜牧不由得停下车来驻足欣赏，吟诵“停车坐爱枫林晚，霜叶红于二月花”。 3.小结 《渔歌子》中的一山一水、一花一雨开启了我们的诗意之旅，安静的景物在诗人的眼中变得流动、亮丽起来。其实，在我们的身边总有许多寻常景物，当我们向它们投向温暖一瞥的时候，它们定会回报你诗意的美好，令你的内心温暖，心情愉悦。	朗诵体会并积累优美的诗句。	

反思：

“众学生，一讲台，艰难困苦不须归”

“西塞山前白鹭飞，桃花流水鳜鱼肥。青箬笠，绿蓑衣，斜风细雨不须归。”

短短五句话的词，却磨出了十六份教案，能有这样一次难得宝贵的经历是我的荣幸，校长说“这个比赛必将成为你职业生涯的里程碑”，虽然这是时间所能见证的事情，但我晓得此次比赛的重要性。这次经历，我真切地感受到“台上一分钟，台下十年功”。多天的坚持，收获的不仅是讲课的进步，更收获了至亲至爱的导师，她那么认真，那么负责，虽然这两个词最通俗易懂，但其背后的人格魅力需要细细体味，“以身示范”，带给我的就是潜移默化影响下的行动的力量。

对于新教师而言，学会模仿是创新的基础，所以这次比赛教会了我古诗词教学设计的一般流程，简单概括为：自学古诗，提出问题—品读诗句，读懂诗意（初步、粗浅）—结合想象，悟景融情（深层次）—感受诗风（引读），语言运用。

磨课过程中，我最大的阻力在于核心问题与问题链的设计上。由于开始没有抓住核心问题进行辐射，使得整个设计成为一盘散沙。比如在最初的诗词拓展中，我设计的重点在于春夏秋冬的美景中，尽管也可以与“体味优美语言”的教学目标拉上关系，但终究是“两张皮”，与“不须归”的核心问题不相关联。后来，我把诗词拓展转到“美景留人入醉乡”的相关词句上，使得整篇设计得到了升华，所以核心问题要求统领整个教学设计。问题链则负责解决核心问题，问题间要层层递进，不能存在包含和被包含关系，表述要简洁明了。

教师是一个需要付出爱心和用心的职业，借这句话表达一份真心："众学生，一讲台，艰难困苦不须归。"

点评：（赵红艳　北京市昌平第二实验小学　小学高级教师）

井泉老师执教的《渔歌子》一课的教学片段，教学过程以提问为主。整节课围绕着核心问题"为什么'不须归'"展开，将核心问题拆分成三个密切相关、层层递进的问题链：1.作者在这首词中都写了哪些景物？2.哪一处最能表达作者的心情？3.留住作者的除了美景，还有什么？引领着学生从眼前的美景出发，一步步走近词人，最终走进词人的内心世界中，洞悉了作者透过美景传达出的对自由、闲适生活的无限向往之情。从意象到意境再到作者的心境，挖掘出这首词的优美意境中传达出的藏在渔翁心中的那份悠闲与惬意。之所以能达到这样好的教学效果，与教师紧紧抓住这首词的点睛之笔"不须归"，设计恰当的核心问题密切相关。可以说："不须归"是《渔歌子》这首词的灵魂：无论是"西塞山"前"白鹭"那优美动人的姿态，还是"桃花流水"中自在游动的肥美"鳜鱼"，抑或是那个在"斜风细雨"中戴着"青箬笠"、披着"绿蓑衣"独自垂钓的老渔翁……这词中的景哪一个不是自由自在、悠闲自得的呢？这青山绿水、飞翔的白鹭、游动的鳜鱼……无不是作者心中闲适生活的象征。这幅有山有水、有声有色、有动有静的山水画中寄予的闲适悠闲、惬意自得也就是"不须归"真正原因。

这样的设计，引领学生对文本的理解由浅入深，突出了核心问题统领全篇教学的灵魂作用。井老师在反思中特别强调了参加这次微格教学展示活动的最大收获，那就是：核心问题及问题链的设计。可见，好的教学，核心问题的设计是关键，问题链的设计又是解决核心问题的阶梯，只有都设计好了，才能水到渠成地达成教学目标。

案例四：卢星君《怀念母亲》（北京市朝阳区垂杨柳中心小学）

<table>
<tr><td>学科</td><td>语文</td><td>年级</td><td>六年级</td><td>教材</td><td>人教版</td></tr>
<tr><td>课题</td><td colspan="3">怀念母亲</td><td>主要技能</td><td>提问技能</td></tr>
<tr><td colspan="6">前期分析</td></tr>
<tr><td>教材分析</td><td colspan="5">《怀念母亲》是人教版六年级上册第二组的一篇精读课文，是国学大师季羡林先生所写。课文以回忆的形式，介绍了作者对亲生母亲和祖国母亲的爱慕，充分表达了作者对亲生母亲永久的悔恨，对祖国母亲深深的眷恋。</td></tr>
</table>

续表

学科	语文	年级	六年级	教材	人教版
课题	怀念母亲			主要技能	提问技能
学情分析	由于学生的年龄特点，同时加上绝大多数学生没有失去母亲和身在异国他乡的情感体验。学生们对于作者想要表达的这份浓烈的情怀只限于表面的、简单的、肤浅的认知，所以在感受情感方面会存在一定的困难。				
课标分析	在《语文课程标准》（2011年版）第三学段的“阅读”目标中，要求学生“能有感情地朗读课文”“能联系上下文和自己的积累，推想课文中有关词句的意思……体会其表达效果”。本文恰巧是一篇感情色彩浓重的文章，如何通过学习让学生们体会到这份情感，能借助关键词的方法有感情地品读出文中的内涵成为本课重要的教学内容。				
教学目标	1.有感情地朗读课文。 2.通过聚焦关键词的方法，体会文章叙述部分中所含的复杂的（悔恨、思念、激动、盼归等）思母与思国之情。 3.有感情地朗读。				
核心问题	在文章的叙述部分中，作者思念母亲的情感是怎样表达出来的？				
问题链	1.在这部分内容中，你是通过哪些句子体会到了这份思念之情的？（聚焦段落中的句子，感悟情感——品句） 2.在这些句子中，又是哪个词在一次次叩击着你的心？（聚焦词语，感悟情感——品词） 3.在这些词语中，又是哪一个字深深触动着你，让你不能平静呢？（聚焦词素，感悟情感——品字）				
讲解目标及方法	根据本课的特点和本班学生的实际情况，我确定以下教学方法：阅读探究法、以读代讲法、情境教学法。其中重点运用的是阅读探究法，因为课程标准指出“阅读是学生个性化的行为，要让学生在主动积极的思维和情感探究阅读中，加深理解，受到熏陶，获得启迪”。在整个教学过程中我采用不断聚焦的方式，抓关键词的方法来带领学生一步步走进作者的内心世界，尝试着窥探其精神世界。				

教学部分案例

教学课题	怀念母亲				
学科	语文	年级	六年级	教学时间	8分钟
教学目标	1.通过聚焦关键词的方法，体会文章叙述部分中所含的复杂的（悔恨、思念、激动、盼归等）思母与思国之情。 2.有感情地朗读课文。 教学重点和难点：通过聚焦关键词的方法，体会文章叙述部分中所含的复杂的（悔恨、思念、激动、盼归等）思母与思国之情。				

续表

时间	教师的教学行为	学生的学习行为	教学技能要素
3分钟	我们知道了这篇文章在写法上与众不同，除了引用日记，还通过直接叙述来抒发感情。那我们首先来看看叙述部分的内容： （一）提出问题 在这部分内容中，你究竟是从哪些句子中体会到了这份浓浓的思念之情。请你把它画下来，并把你的感受批注在旁边。 （二）汇报反馈 谁来说说你批画了哪些句子？	学生阅读文本，找相关问题并做相应批注。 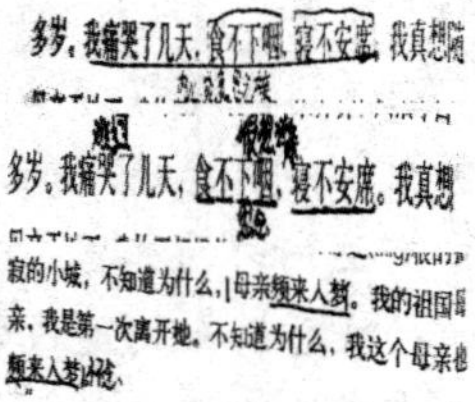 多岁，我痛哭了几天，食不下咽，寝不安席。我真想随 多岁。我痛哭了几天，食不下咽，寝不安席。我真想 寂的小城，不知道为什么，母亲频来入梦。我的祖国母亲，我是第一次离开她。不知道为什么，我这个母亲也频来入梦。 预设： ①我痛哭了几天，食不下咽，寝不安席……我怀着不全的灵魂，抱终天之恨。一想到母亲，就泪流不止，数十年如一日。 ②后来我到德国留学……不知道为什么，母亲频来入梦。我的祖国母亲，我是第一次离开她。不知道为什么，我这个母亲也频来入梦。 ③一想到生身母亲和祖国母亲，我就心潮腾涌，留在国外的念头连影儿都没有。 ④到国外以后，在我的怀念中增添了祖国母亲。这种怀念，在初到哥廷根的时候异常强烈。	理解型、分析型提问 反馈汇报

续表

时间	教师的教学行为	学生的学习行为	教学技能要素
	那这几处句子中都体现了作者什么样情感啊，我们分别来看看，首先看第一处句子： “我痛哭了几天，食不下咽，寝不安席……我怀着不全的灵魂，抱终天之恨。一想到母亲，就泪流不止，数十年如一日。”		
	（一）提问反馈 在这句话中你聚焦到了哪个词语？	预设： ①食不下咽，寝不安席； ②终天之恨。	反馈
	从这个词语中你体会到什么了？	预设：悲伤悲痛。	分析型、评价型提问
2分钟	（二）资料补充 我还在季羡林的文稿中找到了这样一段话，在这段话中又体会出了他对于母亲一份怎么样的情感？	预设：悔恨。	分析型、评价型提问
	引入资料： “当我从北京赶回济南，又从济南赶回清平奔丧的时候，看到了母亲的棺材，看到那简陋的屋子，我真想一头撞死在棺材上，随母亲于地下。我后悔，我真不该，我千不该万不该离开了母亲。世界上无论什么名誉，什么地位，什么幸福，什么尊荣，都比不上待在母亲身边……”		与已有知识联系
	这又是一份悔恨、后悔的情感 板书：悔恨		探寻反馈
	那你能不能把这份悲伤悲痛之情给大家读出来？	朗读体会作者的悔恨悲伤之情。	理解型提问

续表

时间	教师的教学行为	学生的学习行为	教学技能要素
	师总结学法：刚才我们就是通过聚焦关键词的方法体会出了作者想要表达的情感，那第二段话你又聚焦到了哪个词语呢？又从中体会到了什么样的情感呢？ （一）独立思考、汇报反馈	预设：频来入梦——思念之情。	理解型、分析型提问 反馈探寻
	师适时板书：思念、盼归		
	第三段话哪个词语又给你留下什么最深刻的印象？	预设：心潮腾涌——激动之情。	理解型、分析型提问 反馈探寻
3分钟	师适时板书：激动		
	最后一段话中又是哪个词语叩击着你的心呢？	预设：异常强烈——盼归之情。	理解型、分析型提问 反馈探寻
	师适时板书：盼归 （二）学法指导 刚才我们就是通过聚焦了这样一篇文章，然后从一篇文章中又聚焦了这些句子，又从这些句子中再次聚焦了这些词语，我们就是从这些词语中感悟出了这样的情感，这样不断聚焦的方法就是我们品读语言文字很好的方法。		明确方法整理总结

反思：

作为一名年轻的老师，能在工作第二年有机会参与这样一个高水准的赛事，我真想说自己是一个幸福而又幸运的人。我庆幸在前进的路上结识了一群志同道合的朋友，更庆幸自己在成长的路上遇上了一批能影响我一生的导师。参加比赛的这一路，有太多的感慨弥漫心间，太多的铭记需要描绘。感谢每位指导老师给我的教诲、点拨和帮助，这将是我成长道路上的最宝贵的财富。在今后的成长道路上，我必脚踏实地，竭力前行。

点评：（蒋秀云　北京教育学院朝阳分院　中学高级教师）

观看卢老师的教学片段录像，不禁被课上散发的浓浓语文味所吸引和感染。教师抑扬顿挫的语调、饱含深情又略带沙哑的声音都有一种特别动人的力量，吸引着学生跟着她一起与作者激动着、悔恨着……教师带领学生围绕着文本传递的“思念”这一情感核心，以“哪个句子体现出了这份浓浓的情感？”“哪个词又叩击着你的心？”以及“哪个字又让你不能平静呢？”这样一系列独特的提问用语，调动了学生的情感，让学生的情感与作者的情感进行了有效对接，进而达到相融相生的境界。在由句到词再到词素的不断聚焦中完成了情感的体味到升华。教师运用资料的补充、语言的激发、音乐的渲染、板书的提示等手段和方法，在适度的点拨以及学法的及时梳理归纳中，让学生渐渐走进季羡林先生的内心，在声情并茂的朗读中情感悄然生发。教师将作者对亲生母亲和祖国母亲的双重思念具体到“抱终天之恨”的悔恨之情，“心潮腾涌”的激动之情以及“异常强烈”的盼归之情中加以解读，层次清晰，问题链的设计让学生的思维不断走向深入，认识不断获得提升，是符合学生思维的发展规律的。教师从聚焦句子到聚焦词语，再聚焦词素的核心，这种从语言构成要素的最细微之处出发，寻觅到走进文本内部的路径，层层追问，让学生的思维和情感不断升华。

特别值得一提的是，卢老师十分关注学生，对学生发言的反馈语言丰富且富有启发性和激励性。在十分钟的教学片段中，教师多次鼓励学生大胆表达自己的所思所想，鼓励学生声情并茂地朗读：“谁愿意做第一个打破沉默的人？”“谁还没有发过言，但是有自己独特的思考？”“下面我请一个读得特别好，就是缺乏勇气的同学朗读”……教师的语言中满是信任、尊重和鼓励。

卢老师撰写的反思视角也比较独特，将自己的心路历程与大赛从准备到冲刺各个阶段融为一体，语言情真意切，读来耐人寻味，体现了一个语文老师较为深厚的语言素养。

纵观整个片段，教师在教案中将核心问题设定为：在文章的叙述部分中，作者思念母亲的情感是怎样表达出来的？而在实际的视频片段中，我们发现教师并没有提出这个核心问题，只是围绕“思念”这一情感的核心进行了从句子到词语的品味，同样达到了好的教学效果。由此可见，其实所谓的“核心问题”有时候也不一定是一个课堂上提出来的真实的问题，它应该既是某一教学环节目标指向的核心，同时也应该是教学过程聚焦的核心。这个核心问题的解决是通过问题链间层层递进的关系、步步深入地推进来展现的，问题链是对核心问题的分解，问题链是一组密切相关的问题群，这组问题的目标最终指向核心问题的解决。卢老师的这个教学片段很好地说明了这一点。

案例五：王硕 《长城》（北京市和平街第一小学）

学科	语文	年级	四年级	教材	人教版
课题	长城			主要技能	提问技能
前期分析					
教材分析	《长城》是义务教育课程标准实验教科书第五单元的一篇课文，长城是中华民族的象征，是华夏儿女的骄傲。这篇课文作为引领学生开始中国的“世界遗产”之旅的第一扇窗口，不但表现了长城的高大坚固与雄伟壮观，还赞美了我国古代劳动人民的勤劳、智慧和力量，抒发了作者的民族自豪感和对祖国的热爱之情。				
学情分析	对于四年级的学生来说，理解文章的内容已不再困难，因此在教学设计时我将着力点放在对词语的精准理解和深入领会长城的文化价值之上。				
课标分析	《语文课程标准》（2011年版）在第二学段的“阅读”目标中要求学生能“体会课文中关键词句表情达意的作用”，因此，我设计了通过反复体会关键词和关键句深入领会长城的文化价值，进而培养学生对祖国文化的热爱之情。				
教学目标	1.通过学习第三自然段，引导学生准确提取关键词，利用资料辅助的方式体会古代劳动人民修筑长城的艰辛。 2.通过对重点词句的理解，体会长城的气魄雄伟，感受长城是一个伟大的奇迹。				
核心问题	为什么说“长城气魄雄伟，是个伟大的奇迹”？				
问题链	1.长城给作者留下了怎样的印象？请你用文中的一句话来概括。（初识奇迹） 2.你从哪里感受到长城气魄雄伟，是个伟大的奇迹的？（共话奇迹） 3.你对于长城这一伟大的奇迹有了哪些全新的认识？（升华奇迹）				
讲解目标及方法	在理解远观长城的部分时我采用了叙述法和描述法，使学生能够生动形象地感知长城在长度上的举世无双；在学习到建造长城的劳动人民的段落时我适当地采用演绎法和类比法，使学生渐渐领会到长城是古代先民用血与肉凝成的伟大建筑。				

教学部分案例

教学课题	长城				
学科	语文	年级	四年级	教学时间	10分钟
教学目标	1.通过学习第三自然段，引导学生准确提取关键词，利用资料辅助的方式体会古代劳动人民修筑长城的艰辛。 2.通过对重点词句的理解，体会长城的气魄雄伟，感受长城是一个伟大的奇迹。				

续表

时间	教师的教学行为	学生的学习行为	教学技能要素
2分钟	一、辨析奇迹 1.提取关键句，引入课文 同学们，刚才我们已经通过一段视频感受了长城的雄伟气魄，下面让我们再次走进课文，请大家想一想长城给作者留下了怎样的印象？请你用文中的一句话来概括。 2.理解关键词，总结学法 请问大家“奇迹”一词是什么意思？ 学法指导1：你通过查字典理解了奇迹的意思。 学法指导2：你结合生活实际来理解“奇迹”一词。 学法指导3：你结合上下文理解了奇迹的意思。 过渡句：为什么说长城是个伟大的奇迹呢？下面我们一起走进课文。	预设：这样气魄雄伟的工程，在世界历史上是一个伟大的奇迹。 预设1：我通过查字典知道奇迹的意思是“想象不到的不平凡的事情”。 预设2：飞机的发明与应用就是一个奇迹，它把人们认为不可能的事情变成了现实。 预设3：我从第三自然段知道在科技落后的古代没有火车、汽车，没有起重机，但却建成了这么气势宏伟的长城，我是这样来理解奇迹的。	通过提问直指关键句，培养学生提取信息的能力。 教师通过学法指导的方式训练学生解词能力的提升。
7分钟	二、共话奇迹 核心问题：你从哪里感受到长城气魄雄伟，是个伟大的奇迹？请同学们把相关的语句用直线画出来，并把你的感受用简单的词语批注在旁边。 1.远眺长城感奇迹	预设：远看长城，它像一条长龙，在崇山峻岭之间蜿蜒盘旋。从东头的山海关到西头的嘉峪关，有一万三千多里。 预设1：我从长龙、蜿蜒盘旋两个词	在核心问题的引领下对学生提取信息的能力进行训练，并在画批中学会用简洁的语言表达自己的感受。

续表

时间	教师的教学行为	学生的学习行为	教学技能要素
		体会到长城的气势宏伟。	
	追问1：为什么你认为这句话能表现长城是个奇迹呢？我们可以运用抓住重点词语感受奇迹的方法。		
	出示图片：孩子们，这就是蜿蜒盘旋在崇山峻岭上的长城，它好似一条长龙。这句话中还有哪些词语带给你这样的体会？		通过恰当的图片展示深化了对长城外形的理解。
	一万三千多里有多长？有体会吗？（停顿） 老师可以给你提供一则材料：1984年秦皇岛市的一位青年，用自己的脚步丈量了长城的长度，他从山海关一路向西到嘉峪关，足足走了508天。508天的日夜兼程才走完了长城。远眺如此恢宏的建筑物，作者才会发出这样的感叹。	预设2：我从一万三千多里知道长城很长。	资料的补充是感悟情感的好方法，通过翔实的事例能够让学生生动形象地领会长城的气魄雄伟。
	核心问题：你还从哪里感受到长城气魄雄伟，是个伟大的奇迹？ 2.近看长城品奇迹 出示长城构造的示意图。 你们读得真细致，大家一起来看图，长城上的垛子是用来防守的；射口是用来进攻的；瞭望口是用来观察敌情的。正因为我们的长城可攻可守，充满了智慧，作者不禁发出这样的感慨。	齐读：这样气魄雄伟的工程，在世界历史上是一个伟大的奇迹。 预设：城墙外沿有两米多高的成排的垛子，垛子上有方形的瞭望口和射口，供瞭望和射击用。 从这句话中我知道长城的构造很精密，从中感到我们的古代先民很有智慧。	将文字材料转化为图片材料这是一种直观的解读方式，这样长城构造的精致也就深入到学生的精神世界了。

续表

时间	教师的教学行为	学生的学习行为	教学技能要素
	核心问题：还有哪些句子让你感受到长城气魄雄伟，是个伟大的奇迹？ 3.抚今追昔感奇迹	齐读：这样气魄雄伟的工程，在世界历史上是一个伟大的奇迹。	
	追问：这个句子中的哪些词语让你有了这样的体会？	预设：单看这数不清的条石，一块有两三千斤重，那时候没有火车、汽车，没有起重机，就靠着无数的肩膀和无数的手，一步一步地抬上这陡峭的山岭。	
	追问1：那你知道两三千斤有多重吗？（停顿） 咱们来做一个类比，你的体重是多少？ 那我们算一算一块条石相当于几个你的重量。算好了吗？五六十个同学的体重，想一下五六十个同学的体重压在我们古代劳动人民的脊背之上，因此这哪里是在搬运条石，明明是对人类极限的超越呀。因此长城的修筑十分艰辛。	预设1：我从“两三千斤”这个词体会到修筑长城的条石都很重，要将这么重的条石背到山岭之上很艰难。 预设：我的体重是50斤。	通过将条石的重量与自身的重量进行对比使学生生动地感受条石的重量。
	追问：这个句子中，还有哪些词语让你感受到长城修建的艰辛？ 追问1：为什么“一步一步”会带给你艰难的体会呢？ 追问2：而且他们是在平坦的柏油马路上搬运条石吗？ 追问3：那文中是怎么说的？	预设：“一步一步”让我体会到修筑长城很艰辛。 预设：因为我们的古代先民身负的是两三千斤重的条石。	

续表

时间	教师的教学行为	学生的学习行为	教学技能要素
	总结：肩有重负，路途艰难，长城就是在如此艰苦的条件下修建而成的，因此长城怎能不是一个奇迹？	预设：不是。 预设：他们是在陡峭的山岭上搬运条石。	
	追问：这个句子中，还有哪些词语让你感受到长城修筑的艰辛？	预设：两个“无数”留给了我深刻的印象，让我感受到修筑长城的人特别多。	通过一次次的追问让学生体会长城修筑的艰辛。
	材料补充：老师告诉你们秦长城的修建就动用了近百万的劳动力。而长城的修建可不是一代人完成的，历经秦、汉、魏、晋、唐、宋、明。几乎所有大一统的王朝都在修建长城。长城的修建史和2300年的封建史几乎是相始终的。		
	追问1：这漫长的修建中有起重机吗？有火车吗？有汽车吗？只有？ 是一双手和一副肩膀吗？	预设1：没有。 预设2：没有。 预设3：没有。 预设4：手和肩膀。 预设5：无数的肩膀和无数的手。	
	配乐诵读：下面请同学们把你的体会带到你的朗读之中。	预设：学生含情诵读。	
	评价语：老师仿佛从你们的朗读之中看到了古代先民修筑长城的情境。		恰当的材料补充是深化理解的重要方式。
	创设情境： 1.在烈日炎炎、酷热难耐的盛夏我们古代的劳动人民就靠着—— 2.在大雪纷飞，冷风刺骨的寒冬我们古代的劳动人民就靠着——	齐读：就靠着无数的肩膀和无数的手，一步一步地抬上这陡峭的山岭。	

续表

时间	教师的教学行为	学生的学习行为	教学技能要素
	总结：面对动用了如此多的人力、物力，在如此艰苦的条件下修筑的长城，作者不禁发出了这样的感慨。	齐读：这样气魄雄伟的工程，在世界历史上是一个伟大的奇迹。	通过创设恰当的情境使古代先民修筑长城的情境得以复原再配以生动的朗读，使学生对修筑的艰辛有了更为深入的认识。
1分钟	三、升华奇迹 同学们，此时此刻你对于长城这一伟大的奇迹有没有全新的认识？ 总结：长城已不再是一座伟大的建筑物，它是中华民族的灵魂，它是中国人的风骨，它是近2300年的悠远岁月，它是海外赤子魂牵梦萦的中华情。		在学生对长城有了深入理解的基础上，再次对长城这一伟大的奇迹展开讨论，这既照应了全课的开头，同样也是对长城内涵的升华。

反思：

《长城》一课旨在让学生了解长城这一世界文化遗产，体会我国古代劳动人民的伟大，激发学生的民族自豪感。对于四年级的学生来说，理解文章的内容已不再困难，因此，在教学设计时我将着力点放在对词语的精准理解和深入领会长城的文化价值之上。通过教学实践证明这种设计还是比较恰当的。

本片段教学我采用主问题统摄问题链的设计思路将片段分为了三大部分——初识奇迹、共话奇迹、升华奇迹。在初识奇迹的部分，我首先让学生用文中的一句话来概括长城给作者留下的印象，学生顺势找到“这样气魄雄伟的工程，在世界历史上是一个伟大的奇迹”这句话。因此，这句话就成了我课堂教学的中心句。接下来我将引导学生采用查字典、结合生活实际、结合上下文等多种途径初步理解“奇迹”一词的含义。在理解“奇迹”一词之后进入共话奇迹的部分。在这一环节我向学生发问：“你从哪里感受到长城气魄雄伟，是个伟大的奇迹呢？”接下来我试着引导学生分别从远看长城、近看长城、建造长城的伟大人民三个方面感受到长城在长度上的举世无双、长城构造上的卓越智慧以及修筑长城的艰辛付出，进而充分感受到长城是一个伟大的奇迹。这一环节是本片段的主体部分，我采用了多种富有成效的讲解技能来深化学生的认识和理解。例如，在体会长城蜿蜒曲折的这一部分，我引入了一张长城的鸟瞰图和一则徒步旅行长城的小故事，这样学生们就能生动形象地认识到长城在长度上的举世无双。在理解长城精密的构造时，我精心地设计了一张长城结构的示意图，这样以图片作为抓手，孩子理解起来就更加直观有效了。在体会修筑长城的艰辛时，我引导学生采用抓起关键词的方式深入理解。对于重点的词语，我还给予了准确恰当的材料补充，使学生深化对于长城施工艰难的认识。接下来我采用了创设情境引读的方式，在一次又一次的诵读中学生对于长城的施工浩大，修筑艰难就更为感同身受了。在学生细致深入地理解长城这一伟大的奇迹之后，我顺势提出问题："此时此刻，你对于长城这一伟大的奇迹有没有全新的认识？"这时学生的答案不再是停留在对"奇迹"一词的字面理解了，学生的答案中出现了"它是中华民族的象征""它是中华民族的灵魂"等富有文化含义的解释，至此长城这一伟大奇迹在学生心中真正地得到了升华。

纵观本课的教学片段，我认为以下特点值得我在以后的教学中继承和发扬：

1. 整个片段以"奇迹"一词为核心，主问题清晰明确，问题链层层递进，彰显了文章内部的关联性，避免了陷入碎片化教学的误区。

2. 在理解"奇迹"一词的含义时，注重学习方法的指导和总结。

3. 在共话奇迹部分，采用多种恰当的讲解技能为学生深入理解"奇迹"提供了很好的抓手。

反思这堂课，我认为有以下需要改进的地方：

1. 加强对学生朗读的指导，富于感染力的朗读将深化学生对课文的理解。

2. 新课标倡导自主、合作、探究的学习方式，在课堂上应留给学生更多的自主思考、合作探究的时间，充分做到以学生为主体。

3.《语文课程标准》（2011 年版）指出："语文课程是一门学习语言文字运用的综合性、实践性课程。"因此课堂的教学设计中缺少对文中重要表达方法的提炼和指导，这也是本片段的疏漏之处。

点评：（蒋秀云　北京教育学院朝阳分院　中学高级教师）

王老师的教学片段主问题设计精当、准确，问题链设计层层深入，环环相扣。以重点句为依托，提出主问题。从理解"奇迹"一词的基本义入手，引领学生从长城举世无双的长度、结构设计彰显的无与伦比的智慧以及建造过程难以想象的艰辛三个方面，层层深入地将"奇迹"的内涵做了具体而又深入的阐释。教学中教师抓住关键词句，通过资料的补充，事例的列举，示意图和鸟瞰图的出示等多种教学手段和方法，辅以丰富的表情动作等肢体语言，引导学生从语言的表层，通过想象、联想、体验，将自己的知识经验、情感经验、认知经验联系起来，从而顺利进入到语言内蕴的思想情感中，学生的认知也从知识层面到方法层面升华到最后的价值层面。尤其值得一提的是，教师借助声情并茂且富有感染力的导入语、过渡语、总结语以及及时准确的评价语，创设了情境，激发了情感，使学生入情入境地走近了“长城”，走近了这个凝聚着古代劳动人民血汗和智慧的伟大建筑，也就走进了中华民族悠久的历史、灿烂的文化中。在民族精神、民族情感的生发中，自然也就增强了民族的自信心和自豪感。

王老师设计的教学流程主体是演绎式的，如果能运用归纳式的方式进行设计，或许学生的学习过程和方式能更加自主一些，思维的空间也会更加开放一些。

案例六：刘淑莲《迷人的夏天》（北京市第二实验小学朝阳学校）

学科	语文	年级	二年级	教材	北师大版
课题	迷人的夏天			主要技能	提问技能
前期分析					
教材分析	北师大版教材采用主题单元的编排方式。《迷人的夏天》是二年级下册第十五单元“夏天”里的一篇散文。 这篇散文图文并茂，语言优美，结构清楚，前四个自然段分别从“炎热”“多彩”“有趣”“悠闲”方面具体写出夏天是多么迷人。最后一个自然段是全文的总结，与前四个自然段构成“分—总”关系。本次片段教学重点讲解第三、四自然段，让孩子感受到夏天的“有趣”和“悠闲”，再将第三、四自然段打通糅合，用夏天“白天”和“晚上”可以做哪些有趣和悠闲的事情，让孩子们体会迷人的夏天。全文段内结构也很清晰，1～4自然段每段都是第一句总起，后几句展开分说，段内形成“总分”关系。所以在板书设计时，既体现段与段之间的并列关系，又体现全文的分与总的关系。				
学情分析	内容上，这篇文章贴合学生生活，每个学生对夏天都不陌生，但经过访谈调研，只有26%的学生在农村生活过，学生理解文中夏天的迷人是存在时代与环境差异的。 结构上，每段第一句是中心句，后面围绕中心句展开描写。在对第三、四自然段的学情调研时，学生提出质疑：“为什么我觉得第四自然段夏天悠闲的事情也都那么有趣呢？”学生的质疑引发出我对第三、四自然段的思考。这两个自然段关系异常紧密。夏天的事有趣中含着悠				

续表

学科	语文	年级	二年级	教材	北师大版
课题	迷人的夏天			主要技能	提问技能
	闲，悠闲中透着有趣。第三自然段主要写夏天听到的、看到的有趣的景色，第四自然段主要写在夏天悠闲生活中我们可以参与的事情。最后我以时间为线索——“白天”可以做什么，“晚上”可以做什么，对这两段进行整合，让学生初步感受段与段之间的联系。在教学中应该做好低段向中段的过渡。 语言表达上，经过一年多的阅读学习，学生已经初步具备语言表达能力，同时，初步学习了联系上下文、联系生活实际等理解词语的方法，并能够运用多种方法理解、感悟课文内容。但由于学生年段低，知识储备不足，对“点点光影”“畅想”等词语存在理解有困难。所以，在教学中帮助学生理解词语、联想想象、感悟课文内容很重要。				
课标分析	课标要求：“语文课程应激发和培育学生热爱祖国语文的思想感情，引导学生丰富语言积累，培养语感，发展思维，初步掌握学习语文的基本方法，养成良好的学习习惯，具有适应实际生活需要的识字写字能力、阅读能力、写作能力、口语交际能力，正确运用祖国语言文字。”，要求低段学生：“学习用普通话正确、流利、有感情地朗读课文。学习默读。结合上下文和生活实际了解课文中词句的意思，在阅读中积累词语。借助读物中的图画阅读。”所以，我教学的首要目标是培养学生正确、流利、有感情地朗读课文。在教学中，我通过提问“白天干什么，晚上干什么”，让学生结合上下文回答。接着，我再次提出问题，“生活中，我们白天干什么，晚上干什么”，让学生联系生活实际，体会夏天的“迷人”。片段中，我结合插图，让学生按顺序观察并表达插图，借由图画，理解夏天的迷人，落实课标“借助读物中的图画阅读”要求。				
教学目标	教学目标： 1.正确、流利、有感情地朗读课文。 2.借助插图，通过想象、联系上下文、联系生活实际等多种方法理解“点点光影”“畅想”等词语。（教学难点） 3.感受夏天的有趣和悠闲，激发对大自然、对夏日生活的喜爱向往。（教学重点）				
核心问题	为什么说夏天是迷人的?				
问题链	1. 文中介绍了夏天哪些有趣的事? 2. 夏天的悠闲又表现在哪些地方呢? 3. 为什么有趣、悠闲的夏天就是迷人的呢?				

续表

学科	语文	年级	二年级	教材	北师大版
课题	迷人的夏天			主要技能	提问技能
	三个问题围绕解决核心问题提出，问题间彼此独立，又层层深入。				
讲解目标及方法	抓住重点句段，适时地创设情境，引导想象，联系上下文、联系生活实际等方法，可以帮助学生更好地理解词语、感悟课文。				

教学部分案例

教学课题	迷人的夏天				
学科	语文	年级	四年级	教学时间	10分钟
教学目标	1.正确、流利、有感情地朗读课文。 2.借助插图，通过想象、联系上下文、联系生活实际等多种方法理解"点点光影""畅想"等词语，（难点）感受夏天的有趣和悠闲，激发对大自然、对夏日生活的喜爱向往。（重点） 3.初步感知文章"分—总"的写法。				
时间	教师的教学行为		学生的学习行为	教学技能要素	
1分钟	一、整体感知内容 （一）提问1：读课文，说说文中第三、四自然段描写了夏天哪些迷人之处？ （二）词语学习：有趣悠闲 1.词语的理解 提问2：有趣和悠闲是什么意思？ 2.词语的运用 提问3：你能结合自己的生活实际，用上这两个词语说话吗？		一、朗读课文，思考概括 （一）阅读，提炼信息 预设： 有趣的、悠闲的。 （二）查字典、联系课文理解词语，用词语说话 1.查字典、联系课文理解词语 预设： 有趣：有兴趣、有趣味、有意思。 悠闲：闲暇舒适，无忧无虑。 2.运用词语说话 预设：我看了一本有趣的书。 假期的生活很悠闲。	记忆型提问 理解型提问 理解型提问 反馈探寻 明确结论 理解型提问 应用型提问	

续表

时间	教师的教学行为	学生的学习行为	教学技能要素
	创设情境，品味“有趣”的夏天。 导入：感受夏天的有趣。 夏天，我们可以做什么有趣的事？你能把这种有趣读出来吗？	3.聚焦第三自然段。 预设生读： （1）白天，可以在浓浓的树荫下，听知了悠长的鸣叫，看点点光影在地上闪耀。	理解型提问 分析型提问
	（1）白天可以做什么？	（2）小问号预设：点点光影是什么？为什么会闪耀呢？	
	创设情境，理解词语“点点光影”。 点点光影：白天，在浓浓的树荫下，阳光透过树叶间的缝隙将影子投射在地上，风吹，叶动，影动，形成了美丽的景象，这就是“点点光影”。	生互动解答 生1朗读。 生2朗读。 全体读。	记忆型提问
3分钟		（3）晚上，可以到田边听青蛙的赛歌会，看萤火虫提着灯笼在草丛中游行。	理解型提问
	（2）晚上可以做什么？		分析型提问
	3. 你做过这些事吗？我们现在就一起去感受一下。 创设情境：白天，浓浓的树荫下，点点光影在地上闪耀，你听……那是知了悠长的鸣叫，小小的知了也觉得惬意得很呢！晚上，你看见萤火虫提着灯笼在草丛中游行，你听……是青蛙在田边开赛歌会呢！ 这样的夏天可以用哪个词来形容呢？（板书）	听老师娓娓道来，欣赏幻灯片中展示的“有趣的夏天”。 有趣。 生自读。 同桌交流读。 集体读。	反馈探寻 明确结论

续表

时间	教师的教学行为	学生的学习行为	教学技能要素
	4.反复品读，指导积累 出示提示词：看……听…… 设计意图：创设情境，帮助学生理解词句，感受夏天的有趣；通过反复品读，指导学生积累。		
2分钟	四、联系上下文，理解夏天的有趣和悠闲 1.创设情境 夏天是有趣的，又是悠闲的，让我们一起再读读第三、四自然段，边读边想： （1）白天我们可以干什么？ （2）夏天的白天既是有趣的，又是悠闲的。那晚上呢？	预设： （1）白天，我们可以在浓浓的树荫下听知了悠长的鸣叫，看点点光影在地上闪耀。 （2）可以扛着鱼竿去钓鱼，可以提着水桶去捉虾，可以背着救生圈去游泳。可以自制冰淇淋，学做美味的凉拌佳肴。 （3）还可以躺在竹椅上读书。 （4）晚上，我们可以到天边听青蛙的赛歌会，可以看萤火虫提着灯笼在草丛中游行，还可以躺在竹椅上，望着天空畅想。 同桌之间互相说一说。 （1）朗读课文，提取信息： 预设：	理解型提问 理解型提问

续表

时间	教师的教学行为	学生的学习行为	教学技能要素
	（3）评价：白天，晚上，我们可以做这么多有趣、悠闲的事呢！你们能在语言文字中发现段与段之间的联系，真了不起！同桌之间像他们一样，都来互相说一说。 2.理解词语，体会用词的精妙 （1）文中介绍了夏天里我们可以做哪些有趣、悠闲的事？	听知了鸣叫 看光影闪耀 听青蛙歌会 看萤火虫游行 提水桶捉虾 扛着鱼竿去钓鱼 背着救生圈游泳 （2）学生选择搭配词语连线，朗读，背诵。	理解型提问
	（2）词语学习，词语搭配 浓浓的　光影闪耀 悠长　的鸣叫 点点　树荫 扛　水桶去捉虾 提着　鱼竿去钓鱼 背着　救生圈去游泳 （3）读下面的两句话，你喜欢哪一句。 听青蛙的叫声 到田边听青蛙的赛歌会， 看萤火虫闪闪发光 看萤火虫提着灯笼在草丛中游行	（3）学生朗读句式，初步体会修辞的作用。 预设： （1）我在书中插图发现，白天我们可以在草地上打滚，倒立，可以和小朋友在草地上踢足球。 （2）我们可以趴在草地上观察小虫子。可以和小朋友去河里划船、游泳，可以到花园里去抓蝴蝶做标本，还可以坐在椅子上开心地聊天。	
	3.联系插图和生活实际 （1）联系插图：除了书上写的，白天我们还可以做什么？ 真是好方法，你能结合这幅图，按照一定顺序，说说白天还可以做什么吗？	（3）白天，我可以在公园里散步，可以爬山，可以带着小狗去散步。	理解型提问

续表

时间	教师的教学行为	学生的学习行为	教学技能要素
	预设评价： 你们借助插图，利用自己的想象，让夏日生活变得更加有趣、悠闲了。 （2）联系生活实际：日常生活中，白天我们还可以干什么？ 预设评价：你能够联系自己的生活来说，从乡村说到了城市，给我们打开了新的思路。 那晚上呢？ （3）预设评价：是啊，读文本，既可以品味语言，还可以借助插图，更可以联系我们的生活去体会，你们真会学习！ 4.回读重点段，品味夏天的有趣与悠闲 这样有趣又悠闲的夏天，你喜欢它吗？（板书喜爱）让我们带着对夏日生活的满心欢喜，再来一起读读第三、四自然段，体会夏天的迷人吧。	（4）晚上，我们可以来到草丛里听蛐蛐的赛歌会，可以看小虫子，小蛾子往光亮的地方飞…… （5）晚上我们可以到广场上去看发光的风筝。可以去逛夜市。我还可以欣赏城市里五彩斑斓的霓虹灯呢。 朗读第三、四自然段。	评价型提问
1分钟	五、说话练习 你心中的夏天是什么样子的？仿写 （渗透“总—分”结构） 夏天是______的	结合生活体验，描述心中的夏天。 预设： （1）学完课文，我心中的夏天是有趣的、悠闲的。 （2）我心中的夏天是炎热的。每到夏天，我们都会脱下厚厚的冬衣，	

续表

时间	教师的教学行为	学生的学习行为	教学技能要素
		换上凉爽的裙子；我们还会开空调，吃雪糕，给炎热的夏天带来清凉。 （3）我心中的夏天是五彩斑斓的。公园里的各色花开，有红的，白的，粉的，黄的……	

反思：

刚入职时，有老教师告诉我，一个老师的成长必须要多磨课。那时候觉得，小学课文都短短几句话，可以磨出什么？经过这次比赛，我深深地感到磨课的确是一个教师成长的必经之路。比赛的压力会让你不停地挖掘教材，思考教学设计。真是不到上台那一刻，设计永远没有完结。回顾学习准备的历程，我反思如下。

一、教学设计与比赛时实际效果差异的反思

在教学设计时，教师会根据个人教学经验，分析学生的应答情况，因而预设学生的答案与思路。而实际教学中，学生的思维不一定会按照教学设计走，并且学生与学生之间也存在思维差异。比赛时，我设计了一个根据插图训练说话的教学环节，我出示的第一幅图，学生却回答的是第二幅图的内容，我就快速调整，先讲解第二幅图，再回过头来说第一幅图。这样的差异仅仅需要调整教学先后顺序就能解决，好在我的教学设计是经过多方调研，依据实情设计的。日常教学中，如果老师闭门造车，自己设想学生的反应而非根据学情来设计，那么教学就会出现“指东打西”的尴尬局面。因此，教师要在教学设计时，充分做好学情分析与前测调研，只有最大程度地了解学生，以学生为主体，教师的教学设计才能与课堂实际无限接近。在低段教学中，要扎实字词教学，全方位落实听、说、读、写的能力训练。比如学情反映出学生对字词理解有难度，在教学中，就要运用多种方法帮助学生理解词语，进而体会词语运用的精妙。教学设计最后一个环节设计了“说一说”环节，既能培养学生表达能力，还能渗透“总一分”结构，让学生的表达更加完整，并且为中段习作打下坚实基础。

二、核心问题与问题链设计对课堂教学作用的反思

本次教案设计，重点琢磨了核心问题与问题链设计。起初不理解什么是核

心问题，如何设计问题链。经过反复思考，对比教材，我理解了核心问题与问题链设计对课堂教学有很重要的作用，并在教学实践中体会到这一点。首先核心问题解决了这节课我讲什么的问题，是本课提纲挈领的中心。而围绕着解决核心问题，设计出的三个问题链，既是对核心问题的补充，又是对其的分解，化整为零，分层攻克。经过这样分析，整个教学设计思路清晰，在教学实践中，也围绕着核心问题展开，层层解决问题链，整个教学过程目标明确，节奏紧凑，一气呵成。

三、对提问技能与讲解技能理解的反思

提问技能与讲解技能是教学的两项重要技能。在我看来，二者虽有区别，却不能对立分开。每节课老师都在运用这两项技能讲课，不可能一节课全部是提问技能展示，不做任何讲解，也不可能一节课完全自己讲解，不给学生发挥的空间。所以我在比赛中，提问技能与讲解技能都比较重视，既通过创设情境，联系上下文的方法，帮助学生理解“点点光影”“畅想”等词语，又通过提问“白天我们可以做什么”“晚上我们可以做什么”等问题，让学生对文本能更好地理解。在今后的教学设计中，要多思考讲解的技巧，提炼提问的语言。

点评：（张彦兰　北京教育学院朝阳分院　中学高级教师）

陪伴着刘淑莲老师一路走过《迷人的夏天》，在收获的季节，回望耕耘的“夏天”，无限感慨。刘老师的片段教学是以提问技能为主的教学，教学设计几次修改，取得了北京市青年教师教学技能比赛一等奖的好成绩，唯有用心，方得始终。

一、精准确定教学目标

教师首先对片段教学的两个自然段从内容、结构、语言表达诸方面进行了深入的解读，挖掘教材特色点；学情调研摒弃了空话、套话，实证地调研了学生在学习片段过程中存在的思维困惑；在此基础上，依据语文课程标准的要求，尤其是学段课程标准的要求，精准确定并清晰描述了教学目标。将内容感知和词语品析作为教学重点、难点，同时引导学生关注语言的表达方式，符合课程标准尤其是低段语文教学的课标要求。

二、精心设计提问

刘老师设计的核心问题紧扣教学重点，引导学生整体感知文本，阅读、理解、分析文本内容，并提取有效信息，引导学生通过想象，还原作品意象，即文字中蕴藏着一幅幅精美的画面，从文字中“读”到它，欣赏它，进而体味语言文字中所蕴含的情感。问题设计落实课标要求，问题逻辑性强，注重思维培养。

三、精心设计教学活动

教师为了帮助学生突破难点，理解点点光影、畅想等词语，教师采用视频、图片、音乐等多种手段创设情境。为突出教学重点——感悟夏天的有趣和悠闲，教师反复创设情境，调动学生的生活体验，完成对语言的品析、感悟。体现以学生为本。

刘老师设计了丰富的师生活动：创设情境引导学生品析、理解、运用词语；出示词语让学生连线，学生积累词语的搭配；比较的方法引导学生感悟修辞手法，体会语言表达的妙用；调动生活体验，说心中的夏天，夏天的白天和晚上都做些什么……所有的教学活动都指向学生听、说、读、写能力的培养，指向学生学习核心的综合素养的培养。

四、现场表现语言精练、端庄大方

观看刘老师的教学片段视频，教态端庄、大方，具有亲和力，教学发音准确、清晰，音量适中，张弛有度，术语准确，语言精简，无语法错误，教学媒体使用恰当。时间 11 分 26 秒把握合适，板书工整、美观。

案例七：焦翔宇　京剧《赤桑镇》选段（北京市海淀区中关村第二小学）

学科	语文	年级	五年级	教材	北京版
课题	京剧《赤桑镇》选段			主要技能	提问技能
前期分析					
教材分析	《赤桑镇》这篇课文讲的是包拯年幼失去父母，被兄嫂吴妙贞抚养成人，成为朝廷栋梁之臣。侄子包勉贪赃枉法，包拯秉公将其铡死。吴妙贞闻讯赶到赤桑镇，斥责包拯忘恩负义。包拯晓以大义，使吴妙贞感悟，叔嫂和睦如初。课文内容是以唱词的形式呈现的。				
学情分析	根据文章内容，我从文章背景、初读感知、朗读情况三方面设计了前测题，通过对前测题的分析，我了解到： 1.这篇文章是历史故事，略知剧情，但年代、背景距离学生较远，学生在理解上存在一定困难。 2.学生知道剧中人物之间的关系，但其人物思想以及叔、侄、嫂间的情感是比较复杂的，对于学生体会存在一定困难。 3.其文本的表现形式为一出戏中的一段唱词，这段唱词属于二黄碰板三眼，这种节奏板式给学生的朗读带来了一定困难。				

续表

学科	语文	年级	五年级	教材	北京版
课题	京剧《赤桑镇》选段			主要技能	提问技能
课标分析	《语文课程标准（2011年版）》中指出，教学目标设计应帮助学生认识中华文化的丰厚博大，汲取民族文化智慧，逐步形成积极的人生态度和正确的世界观、价值观。 对京剧唱词的学习，课标中并没有具体的教学指导意见，但课标中提到，诵读优秀诗文，注意通过语调、韵律、节奏等体味作品的内容和情感。所以，这一课的设计，我着力根据学生身心发展和语文学习的特点，充分激发学生的主动意识和进取精神，通过优秀文章的熏陶，帮助学生认识中华文化的丰厚博大，提高学生文化修养和审美情趣，从文中汲取精神养料，提升素养，树立正确的人生观。				
教学目标	基于以上学情我制定了本环节的教学目标： 1.在情境中激活语感，结合“金石言”“正人先正己”等重点词，理解唱词内容；体会包拯对包勉又痛又恨、对嫂娘又敬又愧的感情。 2.在读中感受包拯既委婉恳切、又据理陈情的表述特点，领悟这一段唱词的寓意，从中感受包拯秉公执法、不徇私情的美德。 3.关注传统文化，初步产生对国粹京剧的热爱之情。其中目标一是此环节的教学重点，目标二是学生体会的难点。				
核心问题	这段唱词是如何打动嫂娘的?				
问题链	1.嫂娘曾经对我讲过哪些“金石言”？（结合“金石言”“正人先正己”等词语的意思，想象嫂娘曾经对包拯的教育） 2.你还了解哪些包拯为官时的事迹或故事？（联系课外资料，体会包拯为官的清廉、刚正不阿、秉公执法等与嫂娘早期教育之间的关系） 3.从包拯的唱词中，你觉得他对包勉除了痛恨，有没有其他的感情？（体会包拯在情、理、法之间权衡的复杂情感） 4.这段唱词是如何打动嫂娘的?				
讲解目标及方法	本环节主要采取的是问题导读法，是通过创设情境、想象、结合资料等策略教学的。				

教学部分案例

教学课题	京剧《赤桑镇》选段				
学科	语文	年级	五年级	教学时间	10分钟
教学目标	1.在情境中激活语感，结合“金石言”“正人先正己”等重点词，理解唱词内容；体会包拯对包勉又痛又恨、对嫂娘又敬又愧的感情。 2.在读中感受包拯既委婉恳切、又据理陈情的表述特点，领悟这一段唱词的寓意，从中感受包拯秉公执法、不徇私情的美德。				

续表

<table>
<tr><td>教学课题</td><td colspan="5">京剧《赤桑镇》选段</td></tr>
<tr><td>学科</td><td>语文</td><td>年级</td><td>五年级</td><td>教学时间</td><td>10分钟</td></tr>
<tr><td></td><td colspan="5">3.关注传统文化，初步产生对国粹京剧的热爱之情。其中目标一是此环节的教学重点，目标二是学生体会的难点。</td></tr>
<tr><td>时间</td><td colspan="2">教师的教学行为</td><td colspan="2">学生的学习行为</td><td>教学技能要素</td></tr>
<tr><td>1分钟</td><td colspan="2">一、创设情境，引导学生再读唱词
1.出示图片，教师情境导入。
2.出示课文内容，指导朗读。
教学策略：创设情境走进文本
【设计意图】文本内容距离学生生活实际较远，创设情境有助于引导学生进入文本。并努力引导学生始终在情境中学习。</td><td colspan="2">1.聆听教师导读语言；
2.朗读课文内容，进入情境。</td><td>创设情境这一环节不展示。</td></tr>
<tr><td>8分钟</td><td colspan="2">二、设计核心问题，组织学生“三品”唱词，深入理解课文内容
（一）一品唱词，围绕核心问题自读批画，理解唱词深层内涵。
提问：这段唱词，是如何打动嫂娘的？
（二）二品唱词，结合学生批画，组织全班交流体会。
1.预设学生交流这部分
自幼儿蒙嫂娘训教抚养，
金石言永不忘铭记心旁。
前辈的忠良臣人人敬仰，
哪有个徇私情卖法贪赃？
（1）抓住“金石言”一词提问：想象嫂娘曾经对“我”讲过哪些“金石言”？</td><td colspan="2">品读唱词，自读批画，挖掘包拯内心的想法，体会人物内心的情感。
1.结合自读批画，说出对唱词的理解和感受。
2.结合生活实际合理想象。
3.带着想象朗读这部分。</td><td>本环节重点展示技能：提问技能。
核心问题
提问措辞
问题链1：运用
提问措辞
提问节奏
探寻反馈</td></tr>
</table>

续表

时间	教师的教学行为	学生的学习行为	教学技能要素
	（2）结合学生想象引导读这部分； （3）小结人物语言内在思路： 嫂娘对“我”有教养之恩，“我”敬重嫂娘，感念嫂娘的训教之恩；这段唱词在表达上虽是晓之以理，却饱含深情。 教学策略：结合重点词语想象。 【设计意图】此部分以情出发，“金石言”高度概括了嫂娘对包拯的教养之恩。引导学生合理想象“金石言”的具体内容，有助于学生准确地体会包拯心中对嫂娘这份恩情的感念。	【行为描述】 合理地想象嫂娘教育包拯时的场景，嫂娘对包拯说过的金石言，体会嫂娘当年对包拯的教养之恩；抓住唱词中的词句品悟，体会包拯心中对嫂娘这份恩情的感念，在理解这份情感的基础上，朗读唱词，读出唱词劝说中蕴含的情感。	发掘潜在联系。 结论的准确性。
	2.预设学生交流这部分： 到如今我坐开封国法执掌， 杀赃官除恶霸申雪冤枉。 未正人先正己人己一样， 责己宽责人严怎算得国家栋梁？ （1）提问：你们了解哪些关于包拯的事迹？ （2）指导朗读。 包拯在劝慰嫂娘的过程中既委婉恳切，又据理陈情。这部分应该怎样读呢？ 教学策略：借助课外资料帮助学生理解内容。 【设计意图】通过前测了解到，学生对包拯并不是全无了解，引导学生回忆以前所学、电视剧等内容，帮助学生体会包拯正人先正己的美德。	4.结合课外资料说说对包拯的了解。 5.带着对包拯的了解有感情地朗读这部分。 【行为描述】 回忆所学，分享课文、故事、传奇，中包拯的为官经历，了解包拯切实达到“正人先正己”这样的标准。在劝说嫂娘的过程中，虽然包拯	问题链2：回忆 提问措辞 提问节奏 合理分配 创造外在联系。 结论的准确性。

续表

时间	教师的教学行为	学生的学习行为	教学技能要素
	3.预设学生交流这部分： 小包勉犯王法岂能轻放， 弟若徇私上欺君下压民 败坏纪纲我难对嫂娘！ （1）提问：包拯对包勉，除了痛恨还有没有其他感情？ 师生对话、对读。 教学策略：分角色朗读，体会人物心情。 【设计意图】包拯既痛惜嫂娘对包勉倾注的心血，又痛恨包勉贪赃枉法的不齿行径。而嫂娘的心情是极其复杂的。此时通过分角色对话、朗读，引导学生走进包拯与嫂娘的内心，有助于学生准确体会人物内心情感。 （2）教师范唱，学生体会。 三、三品唱词，引导学生读出委婉恳切，却又据理陈情的情感。 1.结合理解，反馈对核心问题的理解。 提问：用自己的话说一说，这段唱词是如何打动嫂娘的。 2.结合板书总结内容，引导学生完整地朗读课文。 这样的一段文字，委婉恳切，却又据理陈情，由此打动嫂娘。我们也从中感受到了包拯心中情、理、法间的思虑与权衡。假如你就是包拯，请你把这段话读给嫂娘！ 教学策略：转化角色朗读。	在赔情，但并没有认错，包拯的劝说是站在为官、做人所应遵循的法、理上的。 6.分角色朗读。 【行为描述】 与教师对话，体会包拯内心复杂的心情，在理解包拯和嫂娘心情的基础上，朗读课文。	问题链3：分析 提问措辞 探寻反馈 问题链4：综合评价 提问措辞 探寻反馈

续表

时间	教师的教学行为	学生的学习行为	教学技能要素
	【设计意图】以读代讲，进入到剧中情境与角色，体会包拯复杂的心境，虽赔情，却不能认错的心理，体会包拯铁面无私、刚直中正的个性特点的同时，读出对嫂娘的同情，读出蕴藏在人物内心深处的深沉的情感。	7.有感情朗读。 【行为描述】 聆听，体会包拯内心情、理、法间的权衡，进入包拯的角色中，面对心中的嫂娘，朗读这段唱词。 8.认真聆听。	结论准确性 语言条理性 内容结构性

反思：

在实际执教这节课后，我对这节课的设计有如下反思：

1. 与学生对话，明晰学生认知的起点与发展点

关注学生的认知起点，从学习困难入手开展教学；其次，关注发展，挖掘文本内容，体会人物情感，渗透"鉴赏唱词"的意识。

2. 与文本对话，多种策略提升学生的阅读能力

"三品唱词"，环环相扣，层层深入，并运用多种策略，引导学生在读中理解、感悟人物的情感，体会文本的表达特点。

3. 与编者对话，注重发挥教材本身的育人价值

《赤桑镇》这段唱词作为教学内容，具有良好的育人价值与现实意义，我在教学过程中力图借助文本使学生受到中华民族传统文化、京剧艺术的熏陶，产生热爱祖国传统文化和京剧艺术的思想感情，并从中感受包拯秉公执法、不徇私情的美德。

点评：（马骉　北京市海淀区中关村第二小学　小学高级教师）

《赤桑镇》一课教学，教师的设计能够从学生的实际和需求出发，为学生语文能力的发展服务。

从导学思路上看，教师能够准确把握文章的思路，引领学生真正实现与作者、与文本的对话，并结合教材特点，围绕"这段唱词是如何打动嫂娘的"这一核心问题，引导学生"三品"唱词，运用多种策略，层层深入地理解课文内容，从而使学生走进人物内心，体会人物情感，达到了作者思路、学生学路、教师导路三者的统一。

从学生语文能力发展上看，教师力求把思想的提升、情感的生发牢牢地以语言文字为依托，统一在学生理解语言的基础上。从自读批注到想象导读，从资料引入到角色朗读，教师运用多种教学手段引导学生在读中品味、感悟语言，

既把握了人物特点，又领悟了文章的写作特点，同时受到了传统文化的熏染，取得了显著的教学效果。

案例八：俞璐《上天的蚂蚁》（清华大学附属小学）

学科	语文	年级	二年级	教材	北师大版
课题	上天的蚂蚁			主要技能	提问技能
前期分析					
教材分析	《上天的蚂蚁》这篇课文位于北师大版二年级上册第十一单元，单元的主题是“努力”。文本通过巨人和小蚂蚁这两个夸张的人物形象之间的对比，表现了小蚂蚁的自信和坚持。因此，本课的教学重点是通过了解巨人和蚂蚁面对“通天树”的不同表现，体会蚂蚁的不懈努力。				
学情分析	二年级的学生初步具有提取简单信息的能力，学习有语气地朗读，借助图画、联系上下文等方法了解词义。 在第一课时的学习中，学生已经读通了课文，了解了故事内容，同学们对童话中巨人和蚂蚁这两个形象很感兴趣，发现他们俩的巨大差异：巨人身材魁伟，蚂蚁很小很小。并对文中的对话产生了浓厚的兴趣。 同时，学生对课文还存在一些疑问。在针对二年级（5）班43名同学进行的前测中，23名同学的质疑关注了小蚂蚁，12名同学关注了巨人，还有8名同学问到了词语。 从这样的质疑可以发现，学生不仅关注了童话中这两个夸张的形象，而且发现了他们之间不同的行动。这篇童话故事正是通过巨人和蚂蚁夸张的对比来感受小蚂蚁的自信和坚持，学生的关注和文本的对比相契合。但是，二年级的学生还不能将二者建立联系，在对比中整体把握。因此，了解巨人和蚂蚁面对“通天树”的不同表现，体会蚂蚁的不懈努力也是本课的教学难点。				
课标分析	《语文课程标准（2011年版）》在第一学段“目标与内容”中指出：“阅读浅近的童话、寓言、故事，向往美好的情境，关心自然和生命，对感兴趣的人物和事件有自己的感受和想法，并乐于与人交流。”《上天的蚂蚁》正是一篇童话故事，学生要了解其中主要人物——巨人和蚂蚁的品质，赞美蚂蚁的自信和坚持。因此将主问题设置为“为什么巨人不敢爬，小蚂蚁却敢爬？”为学生理解文章搭建有力的脚手架。 课标还指出：结合上下文和生活实际了解课文中词句的意思，在阅读中积累词语。因此，对于课前质疑中学生有疑问的词语理解，也会渗透在解决主问题的过程中。				
教学目标	依据以上分析和课程标准要求，将教学目标制定如下： 1.借助图画、联系上下文和生活实际，了解“插入云霄”“连连告退”等词语的意思。				

续表

学科	语文	年级	二年级	教材	北师大版
课题	上天的蚂蚁			主要技能	提问技能
	2.创设情境、对比朗读，了解巨人和小蚂蚁面对“通天树”的不同表现，体会小蚂蚁的不懈努力。				
核心问题	为什么巨人不敢爬，小蚂蚁却敢爬？				
问题链	1.巨人和小蚂蚁面对的是一棵怎样的树？ 2.面对这棵树，巨人和小蚂蚁分别是怎么说、怎么做的？（读对话、感受小蚂蚁的自信；创情境，感受小蚂蚁的坚持） （要解决主问题，首先要知道这到底是一棵什么样的树，这是解决主问题的基础。面对这样的一棵树，一个不敢爬，一个却敢爬，要想了解原因，我们要分别找一找，巨人和小蚂蚁是怎么说、怎么做的。这是解决主问题的关键。分为两个层次：首先，学生找出对话，感受小蚂蚁的自信。然后，创情境，体会小蚂蚁的坚持。通过这两个层面的梳理，学生了解了蚂蚁的特点，解决主问题）				
讲解目标及方法	在教学过程中，采用了演示、引导等方法讲解，从文本出发，让二年级的学生对于课文中巨人和小蚂蚁的品质有比较直观的体会，从而了解小蚂蚁自信、坚持不懈的品质，解决主问题。				

教学部分案例

教学课题	上天的蚂蚁				
学科	语文	年级	二年级	教学时间	10分钟
教学目标	1.借助图画、联系上下文和生活实际，了解“插入云霄”“连连告退”等词语的意思。 2.创设情境、对比朗读，了解巨人和小蚂蚁面对“通天树”的不同表现，体会蚂蚁的不懈努力。				

时间	教师的教学行为	学生的学习行为	教学技能要素
1分30秒	核心问题： 为什么巨人不敢爬，小蚂蚁却敢爬呢？ 联系上下文，了解“通天树”。 这究竟是一棵怎样的树？与天相通就叫“通天树”，它有多高呢？	回顾旧知：这是一棵“通天树”。	记忆性提问。学生回忆上节课初读课文学过的知识，做出回答。

续表

时间	教师的教学行为	学生的学习行为	教学技能要素
	联系上文“插入云霄”，通过板画“通天树”，让学生直观感受“通天树”的高。 联系下文“脖子都仰酸了，也望不到树尖”，引导学生做动作感受，体会“通天树”的高。	观察图画，理解词语“插入云霄”，感受“通天树”很高很高。 做动作，深入体会“通天树”的高。	演示法讲解。借助图画理解词语，体会树高。 创设情境法讲解。做动作，进一步体会树高。
8分30秒	情境中对比。 解决主问题。 面对这么高的“通天树”，巨人和小蚂蚁分别是怎么说、怎么做的？ 默读批画。 默读4～13自然段，用“——”画出巨人和老爷爷的对话，用“～～～”画出小蚂蚁和老爷爷的对话。 小组汇报对话。 朗读对比。 ★感受巨人连连告退。 面对这么高的通天树，巨人是怎么做的呢？ 巨人一次不敢爬，两次不敢爬，这样一次又一次打退堂鼓就叫作“连连告退”。 ★感受蚂蚁充满自信。 朗读小蚂蚁的话，与巨人进行对比。	默读批画。 小组汇报朗读对话，其他同学倾听。 朗读巨人的话。 在语境中理解“连连告退”。 朗读小蚂蚁的话。 角色体验，做出判断。在多层次、多角度情境中感受小蚂蚁的自信。	理解型提问。从文中提取信息，初步了解巨人和小蚂蚁做法的不同。 反馈技能。学生朗读反馈批注。 ★引导法讲解。从巨人接连不敢爬，引导理解“连连告退”。 对比法讲解。通过与巨人对比，朗读感受小蚂蚁的自信。

续表

时间	教师的教学行为	学生的学习行为	教学技能要素
	创设情境，朗读体会。 对比巨人，创设情境。 身材魁伟的巨人都不敢爬，小蚂蚁，你那么小，你能行吗？ 联系树高，创设情境。 通天树高得插入云霄，要爬上去可不是一天两天的事，你行吗？ 链接生活，创设情境 爬树的过程中会遇到很多困难，你们真的行吗？ 聚焦标点，体会自信。 ★感受蚂蚁坚持不懈 关注重点词语，初步感受。 链接生活，深入体会。你们都是这只小蚂蚁，爬“通天树”的时候，你会遇到什么困难？又会怎么做呢？ 拓展积累。 小蚂蚁就这样一直坚持着，一会儿也不肯放松，送给它一个成语：“坚持不懈”。	体会感叹号的表达效果，进一步感受自信。 朗读小蚂蚁的话，聚焦重点词“一步一步”“不停”。 结合已有经验，想象思考。预设：太阳很晒，但是我不怕，我要一直往上爬…… 倾听、理解、积累词语：坚持不懈。	评价型提问。学生依据原文中小蚂蚁的话对问题做出判断，在初始回答问题后，教师通过两次反馈探寻，引导学生有语气地说出“我能行”，体会小蚂蚁“充满自信”。 引导法讲解。引导学生体会感叹号的强烈语气。 分析型提问。学生分析爬上“通天树”的条件，发现仅有自信还不够。通过分析原文，逻辑推理，进行较高级的思维活动。 情境想象法讲解。学生在情境中想象，发现要“不停”地爬才能爬上“通天树”，体会小蚂蚁的坚持。 归纳法讲解。由小蚂蚁“一步一步”“不停地爬”归纳出“坚持不懈”的品质。积累新词。

续表

时间	教师的教学行为	学生的学习行为	教学技能要素
	回扣主问题。 总结提升。 借助板书，总结梳理小蚂蚁敢爬的原因。 运用新词“坚持不懈”说一说。	借助板书回答：因为小蚂蚁充满自信，而且一步一步不停地爬，所以才敢爬“通天树”。 运用“坚持不懈”回答：因为小蚂蚁充满自信，而且坚持不懈，所以才敢爬“通天树”。	创造型提问。学生结合板书，分析综合、推理得出结论，解决主问题。 应用型提问。学生运用新学习的词来解决问题，学以致用。

反思：

经过这次比赛，我深刻体会到为人师表的不易。就拿教师的语言来说，在最初准备比赛的时候，我常请学校的老师听我的说课，因为紧张的缘故，说课的时候不自觉地语速就会快起来，老师们多次帮我指正，还帮我录了像让我自己发现其中的问题。一看才发现，很多想要说明的话因为语速太快让人听不清楚，想要表达的意思也没能很好地表达。再回想平时的课堂，是不是也有这样的时候？说出的话让学生抓不到重点？甚至因为语速快，学生根本没听清楚呢？于是，我一次又一次练习，使用恰当的语言，清晰明确的表述，用合适的语速把每一次提问，每一句讲解讲清楚。在我自己的课堂上，我也在实践着这样的改变。没想到，这小小的改变让课堂焕发出新的生机，学生参与课堂的程度增加了，提问后学生回馈的质量也有所提升。这只是我准备比赛中的一件小事，却让我有了很大的收获！也让我明白了，作为教师，我们永远在路上，要珍惜每一次成长的机会。

点评：（李春虹　清华大学附属小学　小学高级教师）

什么样的文本具有什么样的味道。俞璐老师抓住童话的特点，在教学中，充分利用各种资源，设计灵活多样的教学方法：巧妙板画，创设情境；角色体验，融入情境；对比朗读，情境中思考，感受小蚂蚁的坚持和自信。能够遵循低年级学生的心理特点和认知规律展开教学，学生学得趣味盎然，充分体现了学生的主体地位。

质疑解疑，启发思考，训练思维。从学生的质疑入手，梳理疑问，聚焦主问题。问题串的设计，层层深入，在对比中激活学生思维，解决主问题。

将语文学习置于广阔的生活中。语文的外延等于生活的外延，链接学生真实的生活，体会小蚂蚁在爬通天树时会遇到哪些困难？又会怎么做？学生将自己的经历融入故事情境中，语文学习才真正发生。

作为一名青年语文教师，俞璐老师非常注重自身素养的提升。毕业于北京师范大学文学院的她，充分将本科、研究生期间所学的文学理论知识，运用在自己的教学实践中，积极探索，用科研促教学，用教学促学生成长。

案例九：杨丽娜《搭石》（北京市中关村三小）

学科	语文	年级	四年级	教材	人教版
课题	搭石			主要技能	提问技能
前期分析					
教材分析	《搭石》所在的第六单元，以“爱”为主题进行编排，希望孩子们能从中感受人与人之间纯真的感情，体会人与人之间的相互关爱。这篇课文截取了农村生活中几个非常平凡的镜头，体现了乡亲们一心为他人着想，无私奉献的美好品质。文笔清新、意境优美。这种美，是在快节奏的城市里很难找到的，也是孩子们成长的精神养料。因此，我把感悟乡亲们的纯朴民风作为教学重点。				
学情分析	四年级学生已经有初步阅读和感悟的能力。通过前测，我们了解到绝大多数的孩子能感受到乡亲们走搭石的画面美，并透过画面感受到乡亲们的美好心灵。而学生们对文章的写法、谋篇布局却很少进行涉猎和思考，同时也是教学的难点所在。				
课标分析	《语文课程标准》指出，语文课程应该是开放而富有创新活力的，激发学生的主动意识和进取精神，倡导自主、合作、探究的学习方式。因此，本节课的设计力求体现“探究、实践、体验”的学习方式。通过让学生“走搭石”，使学生对学习产生浓厚的兴趣；通过感受走搭石的情境引导学生充分地研读课文，合作探究；通过对语言文字的感悟，结合画面体验，理解文本。				
教学目标	结合教学目标和学情，我精心设计了教学目标： 1.品读“走搭石”的三个画面，理解“协调有序、清波漾漾、人影绰绰、理所当然”等词语。 2.通过抓重点词、想象画面、联系上下文、联系生活等方法，体会“走搭石”的美，感受乡亲们的美好情感。 3.对比三个“美”的画面，感悟作者在写法上的特点。				
核心问题	作者说“搭石，构成了家乡的一道风景”，风景是美的，那么描写“走搭石”的部分究竟美在哪儿呢？				
问题链	1.“一行人走搭石”“两个人面对面走搭石”和“年轻人背老人过搭石”三幅画面分别美在哪儿？ 2.这三幅画面在写法上有什么不同？ 3.作者为什么选取这三幅画面来写呢？				

续表

学科	语文	年级	四年级	教材	人教版
课题	搭石			主要技能	提问技能
讲解目标及方法	教学过程中以提问法为主，重体会，轻讲解。 本课语言优美，通俗易懂，希望孩子们能在朗读中体会文字的音韵美，在合作探究中体会文字背后隐含的乡亲们的心灵美。尊重孩子们的独特体验，让孩子真正成为课堂的主人。				

教学部分案例

教学课题	搭石				
学科	语文	年级	四年级	教学时间	10分钟
教学目标	1.品读“走搭石”的三个画面，理解“协调有序、清波漾漾、人影绰绰、理所当然”等词语。 2.通过边读边想象画面、联系上下文、联系生活体验等方法，体会“走搭石”的美，感受乡亲们的美好情感。 3.通过对比三个“美”的画面，感悟作者在写法上的特点。				

时间	教师的教学行为	学生的学习行为	教学技能要素
55秒	出示自学提示： 默读课文的第三、四自然段“走搭石”的文字，边读边体会，从哪些地方感受到美，把它圈画下来，并批注自己的感受。	自学，默读、圈画。	提问，指导学生探究学习。
2分20秒	出示“一行人走搭石”的语句。引导学生结合“协调有序”，感悟村民心中有他人的美。	交流，体会“协调有序”的美。	深入解读文本，从联系上下文到指导学生与教师合作读，使学生身临其境地体会“协调有序”，加深学生对语言的理解，同时渗透情感的浸润。
45秒	抓住关键词“清波漾漾”“人影绰绰”，引导学生体会“走搭石”的画面美。	理解字义，想象画面，谈感受。	指导学生品词品句的方法，培养学生由“话”到“画”，展开想象。

续表

时间	教师的教学行为	学生的学习行为	教学技能要素
1分04秒	把语句变成诗行的形式，感受语言的韵律美。	有感情地朗读。	变换形式，引导学生感受语言美，建立内容与形式的关联。
34秒	出示“面对面走搭石”的语句，引导学生体会村民谦让的美。	谈感受。	提问，启发。
1分30秒	出示“年轻人背老人过搭石”的语句，引导学生通过“理所当然”体会村民尊老爱幼美及乡亲们的美好乡情。	联系生活，展开想象，练习表达。	引导学生与生活相联系，更好地体会人性美。 使学生对文本由“能理解”到“会运用”，指导学生规范表达。

反思：

在分析课文时，我一直有这样的感受——作者刘章之所以对家乡的搭石情有独钟，是因为家乡的人们在搭石上走出了“情”，走出了“爱”，走出了山民们的美德，走出了乡亲们的美好情感。所以文中“走搭石”的情境，自然是“重中之重”，因此我没有拘泥于课文的原有顺序，揭题后以“搭石，构成了家乡的一道风景”为线索进行教学，引领学生直奔课文的第三、四自然段，这样就给学生建构了一条优化认识课文的“最短程”。从感受看得见的景美，到感悟看不见的情美、人美，到抒写心中的美，整堂课的教学就是“发现美”“寻找美”“感受美”“抒写美”的过程。

在教这一课时如何使工具性和人文性得以和谐统一，教学设计时，我力图通过深情诵读、品读感悟、多维互动，使学生感受语言文字的魅力，受到情感的熏陶。在此基础上，对于第二学段的孩子，我还想渗透一点对文章写法的指导。我引导孩子们浏览第三、四自然段，回看“走搭石”的三个画面，体会它们在表达上有什么不同。 通过启发，使学生能够体会作者在写“走搭石”的画面时没有平均使用力量，而是做到了重点突出，详略得当。我进一步引导学生在今后的习作中，不仅要学习作者从平凡事物中发现美的习惯，更要学习作者在写法上的独具匠心，真正使教学实现了工具性和人文性的和谐统一。

比赛时的效果基本实现了教学设计的预期，由于课堂的主体是由参赛教师扮演的孩子，与真实的课堂还是有所区别的，所以在实现教学设计的环节时，没能更好地体现学生在课堂上的主体地位。怎样更好地把课堂交给学生，使之真正成为课堂的主人，也是我今后思考和研究的方向。

点评：（孔雪春　北京市中关村第三小学　小教高级教师）

杨丽娜老师虽然教龄短，但是在本次微格教学说课过程中表现优异，展示出良好的教学基本功和较高的综合素养。

从《搭石》一课的设计上能够感受到老师用教材的意识很强，能够做到将语文的工具性和人文性完美融合。对于教材的理解和挖掘准确而深刻，能够从文章整体入手，采用板块式教学，抓住重点段，用大问题统领，问题链环环相扣，打破了烦琐分析的旧式教学模式，在通过品读课文感受村民美好的心灵和纯朴民风的基础上挖掘作者在布局谋篇上的特点，实现了“以读促写、读写结合”。

在教学中教师采用了“自主、合作、探究”式学习方式，放手让学生自己研读课文，通过对话交流方式深度解读文本，体验文本的价值，在教学中教师的引导性的语言富有诗意，评价性的语言富有激励，提问不琐碎，追问不盲目，归纳不牵强。教师很好地把握了语文教学的要义，重视语言的理解、积累和体验，同时加强文本与生活的联系，既重语言的训练，又重情感的升华，张弛有度，节奏明快，进展有序。情境美，文字美，语言美，想象美，音乐美，朗读美……构成整个课堂教学的和谐美。最后，教师不满足于仅对学生进行语言、情感的熏陶，巧妙地关注了文章写法上的详略得当，对学生的谋篇布局进行指导，课堂容量既丰富又精彩纷呈。

在教学中教师引导学生通过抓重点词、展开想象、联系生活实际、联系上下文等多种形式感悟美，品味美，符合学生认知规律，突出了年段特点。

从课中看，杨老师教态亲切自然，表达清晰专业，语速适中，能够通过肢体语言传情达意，板书设计精美，书写工整，展现出老师良好的基本功。

杨老师在反思中能够对自己的课进行理性客观的分析，对自己今后的教学有明确的方向，展现出了爱学习、善反思、勇创新的特质。

案例十：赵鸿亮　从《神奇的鸟岛》片段中学表达　（北京市密云区太师屯镇中心小学）

学科	语文	年级	四年级	教材	北京版
课题	神奇的鸟岛			主要技能	提问技能
前期分析					
教材分析	北京市义务教育课程改革实验教材第七册中《神奇的鸟岛》第二自然段，作者通过有序且精彩描写天上、地上以及湖水里鸟儿不同的姿态，不仅写出了岛上鸟多且融洽的神奇景象，语言中更表达了作者对鸟岛的喜爱之情。本课教学，力求通过学习精彩段落，迁移表达方法，使学生学会清楚且精彩地呈现眼前的景象。				

续表

学科	语文	年级	四年级	教材	北京版
课题	神奇的鸟岛			主要技能	提问技能
学情分析	生活中，学生能够留心观察周围世界，对身边的见闻有自己的真实感受，但四年级的学生，对于怎样把印象最深、最受感动的内容写清楚，还存在一定的困难。怎样清楚且精彩地呈现眼前的景象？本册教材《神奇的鸟岛》第二自然段中，作者有序且精彩地呈现了鸟岛上鸟多且融洽的神奇景象。本课教学以此段为例，帮助学生学表达。				
课标分析	《语文课程标准》第二学段（三、四年级）目标中，关于习作有着明确的要求：观察周围世界，能不拘形式地写下自己的见闻、感受和想象，注意把自己觉得新奇有趣或印象最深、最受感动的内容写清楚。本课教学以《神奇的鸟岛》第二自然段为例，帮助学生学习作者将眼前景象清楚、精彩地进行呈现的表达方法。通过学生迁移学法，例文展示，让学生学会表达。				
教学目标	教学目标： 1.学习课文中精彩段落，迁移表达方法，利用学生例文，激发兴趣，使学生学会清楚且精彩地呈现眼前的景象。 2.激发学生学习表达的欲望，使学生易于动笔，乐于表达。 教学目标设置依据： 《神奇的鸟岛》第二自然段作者通过描写天上、地上以及湖水里鸟儿不同的姿态，不仅写出了岛上鸟多且融洽的神奇景象，语言中更表达了作者对鸟岛的喜爱之情。本课教学，力求通过学习精彩段落，迁移表达方法，使学生学会清楚且精彩地呈现眼前的景象。同时，通过学生例文的展示，引导学生关注身边生活，激发学生学习表达的欲望，使学生易于动笔，乐于表达。				
核心问题	教学活动中的核心问题：怎样清楚且精彩地呈现眼前的景象？ 问题设置依据： 学生在日常习作表达中存在不能将眼前景象清楚、精彩地进行描写的问题，借助本段作者有序的描写，学习其精彩的语言表达方法，帮助学生学会怎样清楚且精彩地呈现眼前的景象。				
问题链	1.作者是怎样清楚、有序地呈现鸟岛神奇景象的？ 2.作者是怎样具体、精彩地表达的？ 3.作者又是怎样把鸟岛神奇景象完整、动情地呈现在人们眼前的？ （问题链中的三个问题是结合段落结构和内容，逐步引导学生关注作者表达的内容，表达方法以及表达的顺序。通过这样的问题链，逐步解决核心问题：怎样清楚且精彩地呈现眼前的景象？）				

续表

<table>
<tr><td>学科</td><td>语文</td><td>年级</td><td>四年级</td><td>教材</td><td>北京版</td></tr>
<tr><td>课题</td><td colspan="3">神奇的鸟岛</td><td>主要技能</td><td>提问技能</td></tr>
<tr><td>讲解目标及方法</td><td colspan="5">教学过程中主要运用启发、朗读和讲解法。启发法引导学生关注段落内容，体会作者表达方法。以讲解法明确作者的表达方法，帮助学生迁移学法，提高日常语言表达能力。</td></tr>
</table>

教学部分案例

<table>
<tr><td>教学课题</td><td colspan="6">神奇的鸟岛</td></tr>
<tr><td>学科</td><td>语文</td><td>年级</td><td>四年级</td><td>教学时间</td><td colspan="2">9分钟</td></tr>
<tr><td>教学目标</td><td colspan="6">1.学习课文中精彩段落，迁移表达方法，利用学生例文，激发兴趣，使学生学会清楚且精彩地呈现眼前的景象。（教学重点）
2.激发学生学习表达的欲望，使学生易于动笔，乐于表达。（教学难点）</td></tr>
<tr><td>时间</td><td colspan="3">教师的教学行为</td><td colspan="2">学生的学习行为</td><td>教学技能要素</td></tr>
<tr><td>1分钟</td><td colspan="3">同学们，在生活中一定有令你感动或难忘的情境。可能是亲身经历的，也可能是亲眼看到的。让我们先来欣赏一组画面。
一、看图片引质疑，提出核心问题
（呈现图片：快乐的课间活动、身边的雾霾现象）

启发引导：
如何把这些景象清楚且精彩地呈现出来呢？这就是我们今天要解决的核心问题。</td><td colspan="2">看图片谈感受。
预设：
课间活动的欢乐场面让人难忘；雾霾的景象让人窒息。</td><td>创设问题情境</td></tr>
</table>

续表

时间	教师的教学行为	学生的学习行为	教学技能要素
	《神奇的鸟岛》第二自然段中，作者在呈现鸟岛鸟多这一神奇景象时有着精彩的表达，让我们一同来读一读。 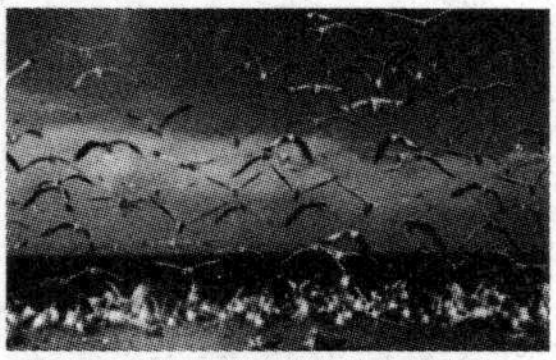		目标指引 与已有知识联系
5分钟	二、引入教学片段，解决核心问题 （一）分工朗读，结合有序表达之法 （1）踏上鸟岛，作者的第一感受——眼前的景色令人眼花缭乱。 （2）作者虽然眼花缭乱了，可是他的表达很有顺序，让我们感受到了鸟岛的神奇。如果我们分工读这部分内容，你们想怎么读？ 小结：通过“抬头望”“低头看”“湖水里”这三个方面的描写，随着观察空间的不断变化，作者有序地将眼前的景象清楚地呈现在了读者面前。 【板书：有顺序】 （二）细细品读，领悟精彩表达之法 请同学们默读这一自然段，读后你有怎样的感受？ 作者是如何把鸟岛上鸟多让人看了眼花缭乱这一生动美丽的景象具体且精彩地呈现在我们眼前的呢？	预设：可以按照天上、地上、湖水里这三个方面去分工读书。 预设：作者是从颜色、数量、种类这三个方面来具体且精彩写出鸟岛上鸟多。	分析提问 反馈

续表

时间	教师的教学行为	学生的学习行为	教学技能要素
	1.“天上” 出示：“抬头望，天空中是一群群的飞鸟，红的、蓝的、白的、花的，组成一幅幅色彩夺目的锦绣画卷。” 请你读读这句话，你有什么样的发现？	预设：天空中一群群的鸟，远远望去就像一幅幅多彩的图画呢！让我觉得真神奇！ 预设： 低头看，满岛都是各种各样的鸟、鸟巢和鸟蛋，几乎没有我们插足的空地。	评价型、分析型提问 交流提问
	小结：作者看到天空中一群群的飞鸟，结合着自己的想象，就把眼前的景象清楚且精彩地呈现出来了！	岛上的鸟、鸟巢和鸟蛋真的是太多了，多到几乎没有我们插足的空地。	反馈
	2.“地上” 出示：“低头看，满岛都是各种各样的鸟、鸟巢和鸟蛋，几乎没有我们插足的空地。” （1）低头看，作者又看到了什么？这一句中，作者又是怎么写出鸟多的？ （2）请同学们试着填一填下面的句子，说说括号中词语的表达作用。 出示： 低头看，（　　）都是各种各样的鸟、鸟巢和鸟蛋，（　　）没有我们插足的空地。		分析型、评价型提问
	小结：看来啊！“几乎”这个词准确地写出了岛上鸟、鸟巢和鸟蛋多的程度了！正是因为作者有了亲身体验的真实感受，用词才如此严谨、精准！	预设： 湖水里的鸟各种各样，真是太多了！ 读书发现。	

续表

时间	教师的教学行为	学生的学习行为	教学技能要素
	小结：同样写出了鸟多，作者还将自己的亲身体验写了出来，把当时的景象清楚且精彩地呈现在了读者面前。 3.“湖水里” 出示：“湖水里，那披着彩色花衫的是斑头大雁，小巧玲珑的是燕鸥，张着长长的嘴东张西望的是环嘴鸥，还有洁白的天鹅，美丽的凤头潜鸭，迈着长腿踱步觅食的黑颈鹤……我们大概数了一下，就有一百多种呢！” （1）读了这段话，你又有了怎样的发现呢？ 小结：是啊！那作者是怎样把湖水里众多鸟的样子精彩地呈现出来的呢？ 原来，作者通过：“那……是……，……是……，……是……”这样的句式不仅写出了鸟多，还将湖水中众多的鸟儿不同的姿态写得这样的精彩！ 小结：看来，抓住每种鸟的特点来写，才能将当时的景象写得如此清楚、精彩！ （2）请你再来读一读这一句，又有什么新的发现？ 小结：一个巧妙的省略号，让我们联想到岛上还有各种各样的鸟，而且做到了详略得当。	读句子谈发现。 预设：湖水里的鸟太多了，作者没办法一一介绍，只得用了一个省略号！ 读书感受。	评价型提问

续表

时间	教师的教学行为	学生的学习行为	教学技能要素
	4.让我们完整阅读这一自然段，想一想，作者是怎样把这景象的精彩呈现出来的？ 小结：作者抓住了天空中（颜色多）、鸟岛上（数量多），以及湖水里（种类多）的鸟儿各自的特点，不仅写出了鸟的多，还把鸟儿们悠闲自得、相处融洽的景象清楚、精彩地呈现在我们眼前。 【板书：抓特点】	读书，感悟段落结构。	探寻反馈 与已有知识联系
	5.以段落结构图总结全段结构。 总结：踏上鸟岛，作者的总体感受是“眼前的景色令人眼花缭乱”； 随后，按观察空间的转换，从三个方面将鸟岛上鸟多且神奇的景象呈现在我们面前。最后，作者发出了心中的感叹！作者将自己对鸟岛的这份喜爱，对大自然神奇景象的赞美，都融入在了自己的语言中。 【板书：融真情】		探寻反馈 与已有知识联系
	（三）回归整体，发现完整表达之法 请同学们看一看这一段落，在结构表达上有什么发现吗？ 原来，作者按照“总—分—总”的段落结构，将这神奇的景象清楚且精彩地呈现在读者面前的啊！让我们一同来读一读吧！		

续表

时间	教师的教学行为	学生的学习行为	教学技能要素
1分钟	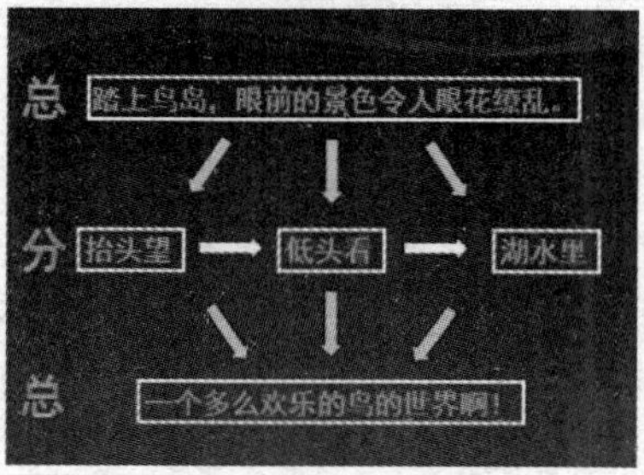 		探索发现 与已有知识联系
3分钟	三、迁移学法，练习有序、精彩、真情表达 同学们，再来看一看这两幅图片，如何将眼前的这些景象清楚且精彩地表达出来？相信同学们一定有了新的思考。两位同学在学习了这节课后，写下了这样的练笔内容。 出示学生例文： 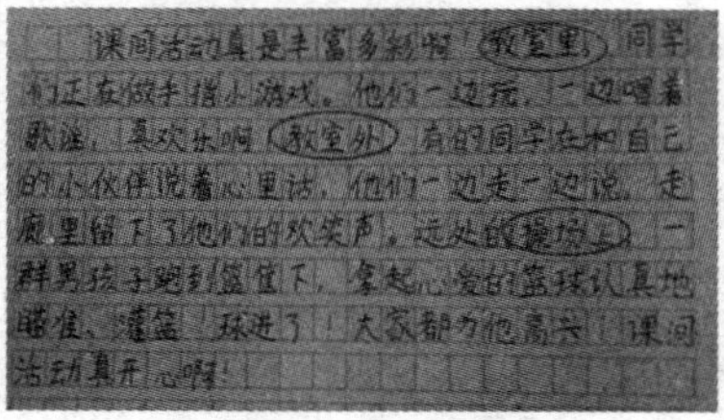 课间活动真是丰富多彩啊！教室里，同学们正在做手指小游戏。他们一边玩，一边唱着歌谣，真欢乐啊！教室外，有的同学在和自己的小伙伴说着心里话，他们一边走一边说，走廊里留下了他们的欢笑声。远处的操场上，一群男孩子跑到篮筐下，拿起心爱的篮球认真地瞄准、灌篮，球进了！大家都为他高兴！课间活动真开心啊！ 评价：这位同学按照室内、室外、操场上这三个方面，抓住参与不同活动的同学各自的特点，将课间活动的景象精彩地呈现在了我们面前。 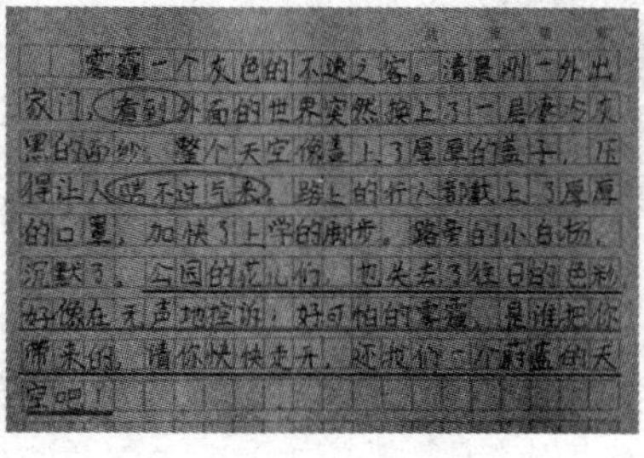 雾霾一个灰色的不速之客。清晨刚一外出家门，看到外面的世界突然披上了一层灰灰黑的面纱，整个天空像盖上了厚厚的盖子，压得让人喘不过气来。路上的行人都戴上了厚厚的口罩，加快了上学的脚步。路旁的小白杨，沉默了。公园的花儿们，也失去了往日的色彩，好像在无声地控诉：好可怕的雾霾，是谁把你带来的，请你快快走开，还我们一片蔚蓝的天空吧！	读例文学表达。 读例文学表达。	探寻反馈 探寻反馈

续表

时间	教师的教学行为	学生的学习行为	教学技能要素
	评价：这位同学关注到了我们身边的雾霾现象，通过描写他亲眼看到的，亲身感受到的，以及内心想到的，从不同角度抓住了雾霾的特点，融入了自己最真实的情感，将我们身边的雾霾现象写得如此精彩。相信，通过他的描写，会有更多的人能够关注到我们的环境问题。 总结：在描写眼前的景象时，我们就可以从不同的角度，按照一定的顺序，结合事物的具体特点进行描写，同时融入自己真实的情感，相信这样的描写一定会给读者留下深刻的印象。 【方法】 四、课后进阶练习——语言表达 课下，同学可以任选其中一个景象也可以自选景象，静静地想一想，然后写下来。今天的这节课就上到这里，谢谢大家！ 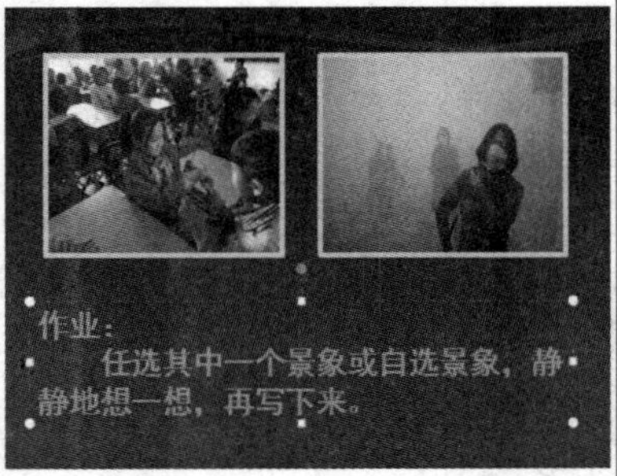 	练习语言表达。	

反思：

此次参与微格教学展示，我收获很多，了解微格教学的特点：要结合文本和学生实际情况，设置核心问题；通过问题链，引导学生解决核心问题，从中获得能力的训练和提升。

我所教的四年级学生，对于怎样把印象最深、最受感动的内容写清楚，还存在一定困难。借助教材《神奇的鸟岛》一课中的典型例段，引导领悟作者有序、精彩表达的方法；而后，激励学生迁移和运用所学表达方法，练习清楚且精彩地呈现自己眼前的生活景象。从学生表达的质量看，这节微格教学达到了预想的目标。

点评：（杨德伦　北京市密云区教师研修学院中学高级教师　北京市小学语文特级教师）

密云区太师屯镇中心小学赵鸿亮老师设计并执教的这节小学四年级语文——“怎样清楚且精彩地呈现眼前的景象”，可谓是一节十分优秀的微格教学案例。他不仅在北京教育学院与中国教育技术协会微格教学专业委员会于2015年12月举办的“新教师微格比赛”中获了奖，还在2016年初密云区全体小学四年级语文任课教师集中“专题研修培训”展示环节中赢得大家一致的热情赞誉。

从教学意义上论，教师高度关注学情和学科核心素养，紧紧抓住——“怎样清楚且精彩地呈现眼前的景象”——这个既为四年级重点教学要求，又是学生极为薄弱、亟待学习和掌握的核心问题。这个核心问题，既是贯穿案例的“中心内容”，也是这部分教学活动要达成的核心目标。

从设计特色上说，教师充分利用教材资源并正确发挥课文的“例子”功能，紧紧围绕既定的核心问题和《神奇的鸟岛》（北京市义务教育课程改革实验教材第七册）一文中的典型例段（写鸟岛“景色令人眼花缭乱”一段），用心设计出了前后承接、简明概括的问题链——①作者是怎样清楚、有序地呈现鸟岛神奇景象的？②作者是怎样具体、精彩地表达的？③作者又是怎样把鸟岛神奇景象完整、动情地呈现在人们眼前的？这个问题链，既是引导学生研读例段、领悟和发现作者表达方法的基本环节，也是引领学生掌握要领、实现学习目标的途径与方法。

从课堂情境上看教师格外重视生活和语文的密切联系，阅读和语言的有机结合，竭力突显学科的教学特点——首先借助图片，自然引出真实的生活景象以及要解决的核心问题；接着利用问题链，指引学生在默读、分工朗读、填空朗读等多种形式的阅读中，循序领会课文作者“清楚且精彩表达”的方法；而后回到课始展现的生活图景上来，并组织欣赏2名学生运用所学方法撰写的优秀片段；最后激励全体学生迁移学到的表达方法，练习把任选或自选的生活景象清楚且精彩写下来。这样，就把读写实践落到了实处，让每个学生确有实际获得。

从教师表现上讲，这名参加工作才3年的新教师，教学仪态端庄和蔼，而且举止舒展自然；设问富有启发性，而且关注学生，善于倾听和等待；课堂推进节奏弛缓适宜，讲解、指导、评价和总结切中要点，而且现代教育技术使用熟练得当；语言规范、清晰，而且饱含欣赏、激励之情；板书简洁，时机适当，而且服务于学；教师字迹优美，以身示范，而且书写连贯、迅速。

案例十一：穆英杰《小企鹅和妈妈》（北京市房山区琉璃河水泥厂学校）

学科	**语文**	**年级**	**二年级**	**教材**	**北京版**
课题	**小企鹅和妈妈**			**主要技能**	**提问技能**
前期分析					
教材分析	《小企鹅和妈妈》所处的这一单元以介绍自然现象和了解小动物为主题，主要为了培养学生热爱自然、喜爱小动物的思想情感。				
学情分析	我课前对学情进行了仔细的分析，发现二年级学生喜欢阅读童话故事，喜欢小动物。通过一年级的语文学习，他们能够借助拼音认读生字词，但对于联系上下文和生活实际理解词义的方法还没掌握。				
课标分析	《课标》要求学生能够结合上下文和生活实际了解文中词句的意思，在阅读中积累词语。在教学过程中引导学生通过上下文和生活实际理解词语“欣赏”的两层含义。				
教学目标	根据以上教材，课标和学情的分析，制定如下教学目标： 1.联系上下文和生活实际理解“欣赏”的意思，并在具体的语言环境中学习运用。 2.通过有感情地朗读，引导学生体会小企鹅第一次看到银色世界时高兴、惊奇的心情。 3.在师生互评中练习书写“欣赏”一词。				
核心问题	如何理解、运用“欣赏”？（以学习“欣赏”一词为主线，贯穿全课始终，在学习词语的过程中培养学生联系上下文和生活实际理解文中词语含义的能力并体会文中人物的情感）				
问题链	1.“欣赏”在文中是什么意思?“欣赏”还有什么意思? 2.怎样运用“欣赏”？ 3.怎么写好“欣赏”？（问题链的问题围绕核心问题提出，层层递进，引导学生理解并学会运用“欣赏”）				
讲解目标及方法	教学过程中采用了问题中心式的方法，目的是为了通过问题启发学生的思维，引导他们联系上下文和生活实际理解词语的含义。				

教学部分案例

<table>
<tr><td>教学课题</td><td colspan="6">小企鹅和妈妈</td></tr>
<tr><td>学科</td><td>语文</td><td>年级</td><td colspan="2">二年级</td><td>教学时间</td><td>9分15秒</td></tr>
<tr><td>教学目标</td><td colspan="6">1.联系上下文和生活实际理解词语“欣赏”的意思，并在具体的语言环境中学习运用。
2.通过有感情地朗读，引导学生体会小企鹅第一次看到银色世界时高兴、惊奇的心情。
3.在师生互评中练习书写“欣赏”一词。</td></tr>
<tr><td>时间</td><td colspan="3">教师的教学行为</td><td colspan="2">学生的学习行为</td><td>教学技能要素</td></tr>
<tr><td>30秒

25秒</td><td colspan="3">一、复习导入
1.同学们，今天这节课，我们继续学习《小企鹅和妈妈》，现在请你回忆一下上节课所学的内容，然后说一说这篇课文讲了一个什么故事。
2.大家发现了吗？在他说的这句话里有我们学过的一个新词“欣赏”，这个词出现在课文中的哪句话里？请你找出来读一读。（板书：欣赏）</td><td colspan="2">1.学生回忆上节课的内容，说说发生了什么故事。
2.学生读：妞妞/第一次/高兴地欣赏/这银色的世界。</td><td>新旧知识衔接</td></tr>
<tr><td>2分30秒</td><td colspan="3">二、品读词句，体会感情
（理解“欣赏”的第一层含义）
1.结合这句话，你能说说“欣赏”是什么意思吗？
2. 小企鹅妞妞看到了什么？
请你结合下文找一找答案！
你从哪儿找到的，请你来读一读！（板书：蓝色的天，白色的冰雪）
3.如果你是小企鹅，你会怎样说出这两句话？
请你带着惊奇的语气再来读一读小企鹅的这两句话。
4.小企鹅为什么感到惊奇呢？
企鹅妞妞在钻出妈妈的褶皮之前看到的是什么？</td><td colspan="2">1.学生回答：看，观看。
2.学生读下文找到小企鹅妞妞看到了蓝色的天和白色的冰雪。
3.学生带着惊奇的语气读课文。
4.预设学生回答：因为这是小企鹅第一次看到这么美</td><td>理解型问题

分析型提问</td></tr>
</table>

续表

时间	教师的教学行为	学生的学习行为	教学技能要素
	（出示南极风光图）企鹅妞妞藏在妈妈的褶皮里看到的是一片漆黑的世界。这是她第一次看到这样的美景，所以感到很惊奇，禁不住赞叹起来。 现在请你再来读一读，读出惊奇与赞叹的语气。	丽的景色。读课文。	反馈
30秒	5.看到这样的美景，你有什么感受呀？ 教师小结：对呀，其实我们就是在欣赏南极漂亮的风光。欣赏不是简单的“看”的意思，而是享受美好的事物。 （运用“欣赏”）	5.学生谈感受。	理解型提问 反馈
40秒	6. 现在我们就一起来享受一下吧!请你边看图边用“我欣赏”说一句话。 （在运用中理解“欣赏”的第二层含义）	6.学生用“欣赏”造句。	理解型提问 反馈探寻
30秒	7.同学们都很聪明，我欣赏你们特别会思考。细心的同学很快就发现，我在夸奖你们的时候又用了“欣赏”这个词。这次还是享受美好的事物吗？在这里“欣赏”是喜欢，认为好的意思。每当我们赞美他人时就可以用到。你欣赏哪一位同学，他有什么优点？ 教师小结：同学们说得都很好！我们要学会发现别人的优点，带着这样欣赏的眼光看待他人。 （区分“欣赏”与“观赏”） 8.刚才我们理解了“欣赏”一词的含义，现在老师有一游戏，需要你们闯一闯。	7.学生欣赏他人的优点。 8.学生完成练习。	应用型提问

续表

时间	教师的教学行为	学生的学习行为	教学技能要素
40秒	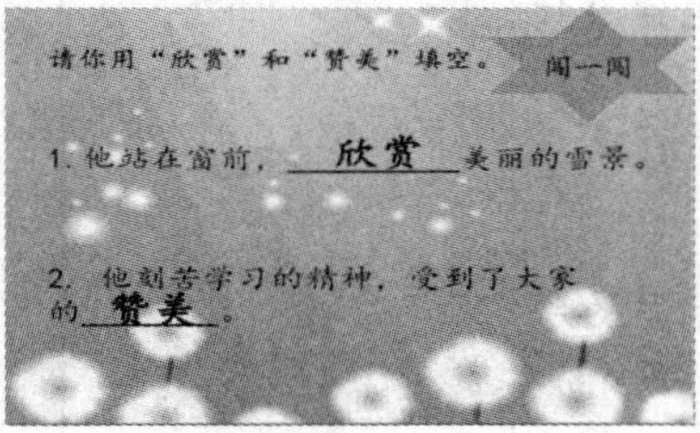 同学们都很棒，一下就闯过了关。刚才我们通过联系上下文和生活实际理解了“欣赏”这个词语的含义，而且还学会使用它。以后，每当我们遇到一个新词，手边又没有工具书的时候，我们就可以利用这样的方法理解词语的含义。 9.从小企鹅欣赏这银色的世界得知她很享受这里的风景，那我们就一起带着这种享受的心情再来读一读这句话吧！	9.学生带着高兴的心情读课文。	
3分钟	三、指导书写“欣赏” 1.现在我们不仅理解了欣赏的意思，还学会使用它了，但不会写可不行！下面我们就来学学怎么写好这两个字吧！ 田字格出示“欣赏”。 请你仔细观察这两个字，你有什么方法记住这两个字吗？ 2.怎么写好这两个字呢？请同学们仔细观察，说一说你要提醒同学们注意什么？ 3. 看，同学们多会观察呀！请你们根据同学们的提示描一个写一个，注意把字写端正、匀称，写字时要注意三个一哦！ 4.同学们写得都很认真，我	1.学生自己观察“欣赏”。 说一说记字方法。 2.说一说怎么写好这两个字。 3.学生根据提示自己书写这两个字。 4. 学生评价。	叙述性讲解

续表

时间	教师的教学行为	学生的学习行为	教学技能要素
	们一起来看看他写的字，你有什么意见吗？ 5.请你们根据同学们的提示，改一改，再写一遍。 我们来看看这位同学写的字怎么样？	5.学生改正。	明确结论
30秒	四、小结 今天，我们通过联系上下文和生活实际，理解了重点词“欣赏”的意思，感受到小企鹅妞妞第一次看到外面世界高兴的心情。还和欣赏交上了朋友。希望同学们今后能用欣赏的眼光看待他人。今天的任务是：请你对父母、同学或者朋友用“欣赏”说一句话。		总结归纳

反思：

我以“欣赏”一词为主线，贯穿本课教学始终，从品读“欣赏”开始，引导学生联系上下文和生活实际理解，品味“欣赏”一词。我通过几个问题引导学生联系上下文理解“欣赏”的第一层含义：高兴地看，又利用图片创造具体的语言环境，让学生结合图片应用“欣赏”。然后又通过教师自己的评价语言过渡，在运用中学习“欣赏”的第二层含义：赞赏别人的优点。在学习词语的过程中，不仅帮助学生理解了词语的含义，还积累了学词的方法。

依靠学生原有的知识，引导学生自主学习书写生字。通过学生的自我观察，相互提示，自我书写，相互评价，锻炼学生的自学能力，提高学生的书写技能。

本节课主要使用了提问技能，围绕“如何理解，运用‘欣赏’？”这一核心问题提出一系列问题：1.通过联系上下文理解“欣赏”在文中是什么意思？2.结合生活实际理解“欣赏”还有什么意思？ 3.怎样运用“欣赏”？ 4.怎么写好“欣赏”？核心问题和问题链的设计可以激发学生的学习兴趣，启发学生的思维，激发学生去主动思考。教师的提问技能可以帮助教师成为课堂的点拨者、引导者、激励者，好的问题还能给学生留有想象空间，培养学生的创造能力。

这节课经过多次修改才有了现在的样子，在这一过程中我明白一节好课要有主有次，有取有舍，面面俱到就如蜻蜓点水，流于浮浅。也明白一节好课，只有好的设计是不够的，应充分考虑到学生可能出现的种种情况。一个好的教师应从传统的课堂主宰地位真正走下来，把自己变为课堂上的点拨者、引导者、激励者。一个好的教师要注意时时调动学生的积极性，要让学生敢创造、会创造。

点评：（田小将　北京市房山区教师进修学校　语文高级教师）

本课表面上看只是学习了“欣赏”一个词语，但从教学设计和课堂实录细细品味，这节课设计是精巧的，内容是厚重的。本节课主要使用了提问技能，围绕“如何理解，运用‘欣赏’？”这一核心问题展开设计，并有序提出一系列问题：“欣赏”在文中是什么意思？生活中的“欣赏”还有什么意思？怎样恰当运用“欣赏”？怎么写好“欣赏”？通过问题链，引导学生从课本走向生活，从理解走向应用，从识记走向书写，体现了对学生语文核心素养的培养。

本课以学生为主体，整节课从学生复述故事开始，一直都是学生朗读，学生思考，学生回答，学生造句，学生谈感受，学生书写，学生评价，学生修改，真正把学生放在了课堂中央，保证了良好的教学效果。

正如穆英杰老师自己所说，一节好课都是在不断修改的过程中形成的。同样，一个好老师，都是在不断实践和反思的过程中成长的，期待穆老师的成长和成功。

案例十二：陈丽静《猫头鹰能当劳动模范吗》（北京市通州区潞城镇中心小学）

学科	语文	年级	二年级	教材	北京版
课题	猫头鹰能当劳动模范吗			主要技能	提问技能
前期分析					
教材分析	这是一篇寓言。写的是鸟王国要评选劳动模范，鸟儿纷纷推荐猫头鹰，凤凰国王派了乌鸦和麻雀去调查。他们调查得很不深入，乌鸦认为猫头鹰白天睡大觉，麻雀认为猫头鹰相貌又凶又丑，叫声吓人，不能当劳动模范。凤凰批评了他们，命令再去调查。在寓言的结尾处点出，调查研究要深入，要全面，不能以貌取人。 本教学片段选取第二、三自然段进行学习，这两个自然段写的是乌鸦和麻雀向凤凰报告自己的调查结果。所以在阅读此部分时，我以“乌鸦和麻雀为什么不同意猫头鹰当劳动模范？”为核心问题，步步引导学生走进文本，理解文本，并在阅读中加深对“调查”等词的理解。 另外，培养学生的朗读能力是语文课程改革特别强调的。尤其本课出现的反问句是学生第一次正式接触，读出反问句的语气成了本课朗读指导的重点和难点。				

续表

学科	语文	年级	二年级	教材	北京版
课题	猫头鹰能当劳动模范吗			主要技能	提问技能
学情分析	1.知识能力：二年级的小学生已经具备初步的识字和阅读能力，多数孩子能正确、流利地读课文，但较难做到“有语气地朗读”。尤其，本节课是学生第一次接触反问句，所以体会反问句的语气和作用也就成了学习的重点、难点。另外，学生对一些抽象字词的理解较为困难，这就需要教师带领学生一起走进文本，在课文情境中学习。 2.生活经验：小学生对小动物很感兴趣。但是，当今社会，小学生直接接触猫头鹰的机会极少，所以，对猫头鹰的相貌、生活习性等知之甚少。这正好为本课教学提供了良好的契机。 3.心理特点：二年级的小学生以形象思维为主，充满好奇心，爱听故事，喜欢表演。利用这些特点可以延长其有意注意的时间。				
课标分析	《语文课程标准（2011年版）》在第一学段的“目标与内容”中，要求学生“喜欢阅读，感受阅读的乐趣”“学习用普通话正确、流利、有感情地朗读课文”，能“结合上下文和生活实际了解课文中词句的意思，在阅读中积累词语”。因此，我们要重视对学生朗读能力和在语境中的识字能力的培养。 《课标》中还要求第一学段的学生“阅读浅近的童话、寓言、故事，向往美好的情境，关心自然和生命，对感兴趣的人物和事件有自己的感受和想法，并乐于与人交流”。为了激发学生对文本的阅读兴趣，拉近学生与文本的心理距离，营造互动交流的氛围，本节课以情境教学法贯穿整个教学过程始终，采用启发诱导、激发想象、角色扮演、直观图像等形式，营造生动有趣的课堂情境，在潜移默化中引导学生学习字词、朗读课文、理解文意。最后，以提问质疑结束本节课，引发学生深层次的思考，激发他们进一步了解猫头鹰的兴趣，也为后面的教学做好铺垫。				
教学目标	在充分钻研教材、研读课标、分析学情的基础上，确定本节课的教学目标为： 1.正确、流利、有感情地朗读课文，并初步感知反问句的作用，读出反问句的语气。 2.理解乌鸦和麻雀不同意猫头鹰当劳动模范的原因。 3.在阅读中理解和积累“调查”“耻笑”等词语。				
核心问题	乌鸦和麻雀为什么不同意猫头鹰当劳动模范呢？（因为它正是课文第二、三自然段的主要内容之所在。此问题作为核心问题能够统领这两个自然段，同时它也鲜明地指向了本节课教学的核心目标）				

续表

<table>
<tr><td>学科</td><td>语文</td><td>年级</td><td>二年级</td><td>教材</td><td>北京版</td></tr>
<tr><td>课题</td><td colspan="3">猫头鹰能当劳动模范吗</td><td>主要技能</td><td>提问技能</td></tr>
<tr><td>问题链</td><td colspan="5">1.你是从哪句话看出乌鸦不同意的态度的？（反问句）
2.乌鸦为什么不同意呢？它是怎么得出猫头鹰是懒汉的结论的呢？
3.麻雀又调查到了什么情况才不同意的呢？（又凶又丑，叫声难听）
4.乌鸦和麻雀的调查公平、公正吗？
（这几个问题与核心问题密切相关，都是围绕核心问题而设计，有条不紊，前后贯通，使所有问题成为一个整体系统，从记忆、理解、分析等不同的认知层次引导学生进行思维，逐步达成对核心问题的共识）</td></tr>
<tr><td>讲解目标及方法</td><td colspan="5">我在教学过程中运用的讲解方法主要有归纳法。“调查”一词相对抽象，小学二年级的学生理解起来稍有困难。教学时先让学生在阅读中逐步了解乌鸦和麻雀的调查结果以及它们是如何调查的，在最后水到渠成地归纳出：乌鸦和麻雀亲自去查看，还向周围邻居了解情况，它们所做的这些就叫“调查”。</td></tr>
</table>

教学部分案例

<table>
<tr><td>教学课题</td><td colspan="6">猫头鹰能当劳动模范吗</td></tr>
<tr><td>学科</td><td>语文</td><td>年级</td><td>二年级</td><td>教学时间</td><td colspan="2">10分钟</td></tr>
<tr><td>教学目标</td><td colspan="6">1.正确、流利、有感情地朗读课文，并初步感知反问句的作用，读出反问句的语气。
2.理解乌鸦和麻雀不同意猫头鹰当劳动模范的原因。
3.在阅读中理解和积累“调查”“耻笑”等词语。</td></tr>
<tr><td>时间</td><td colspan="3">教师的教学行为</td><td colspan="2">学生的学习行为</td><td>教学技能要素</td></tr>
<tr><td>15秒</td><td colspan="3">导语：同学们，刚才，通过读课文的第二、三自然段，我们已经知道乌鸦和麻雀不同意猫头鹰当劳动模范。为什么不同意呢？</td><td colspan="2">认真听</td><td></td></tr>
<tr><td>2分钟</td><td colspan="3">一、指导学习第二自然段：乌鸦不同意
1.体会乌鸦不同意的态度
启发诱导：请××来读第二自然段。其他同学边听边思考：你是从哪句话看出乌鸦不同意的态度的？
步步引导：
（1）提问：你是从哪句话看出乌鸦不同意的态度的？</td><td colspan="2">一生读
他生听
认真思考</td><td>理解型提问、停顿节奏</td></tr>
</table>

续表

时间	教师的教学行为	学生的学习行为	教学技能要素
	（指名汇报：这样一个懒汉，怎么能当劳动模范呢？）	个别答	
	（2）追问：那，这意思是能不能当呀？		
	随机出示：		
	a.这样一个懒汉，不能当劳动模范。	个别答（不能！）	
	随后出示：	齐读	探寻反馈
	b.这样一个懒汉怎么能当劳动模范呢？		
	（3）追问：那这两个句子，哪句话更能表达出乌鸦不同意的态度？你能读出来吗？		
	（4）追问：怎么不能当呢？为什么呀？从这句话找答案。（懒汉）	个别说	提问措辞 合理分配
	2.理解乌鸦不同意的原因	个别读、齐读	理解性问题
4分钟	（1）提问：哦，说它是个懒汉呀！为什么呢？乌鸦调查到了什么说人家是个懒汉？赶快找一找。	个别说	
	随机出示：		
	c.大王，我大白天查看时，猫头鹰还在睡懒觉。	自己找	记忆型问题 停顿节奏
	（2）追问：什么时候了还在睡懒觉？		
	别的小鸟在干什么呀？		
	（啄木鸟、小燕子……）		
	指导朗读：句子c	个别读	
	（3）引导：这是乌鸦亲自查看到的，光看不行，还得向周围邻居了解情况。	个别说	探寻反馈
	随机出示：		普遍联系
	d.我又向周围邻居调查情况，大家都说猫头鹰一年四季总是白天睡大觉。	齐读	合理分配
	（4）追问：周围邻居可能是谁？		讲解结构

续表

时间	教师的教学行为	学生的学习行为	教学技能要素
	（5）扮演乌鸦了解情况。 乌鸦得出结论：哦，我知道了！通过我亲自查看，还有向周围邻居了解情况，我知道，猫头鹰太懒了！这样一个懒汉怎么能当劳动模范呢？ 请××来当一当乌鸦，向凤凰大王报告！ （6）小结。 乌鸦调查到猫头鹰一年四季总是白天睡大觉，太懒了！所以它不同意猫头鹰当劳动模范。（随机板书：白天睡大觉）	个别读 个别说 角色扮演 认真听 个别读 认真听 看板书	（引导法） 合理分配 普遍联系 共同思考 明确结论
3分钟	二、指导学习第三自然段：麻雀不同意 1.提问：那麻雀又是调查到了什么才不同意的呢？请××来读一读第三自然段。 （随机板书：又凶又丑 叫声难听） 出示猫头鹰图片：哪儿凶？哪儿丑？ 播放叫声。 2.引导朗读：尤其是在黑漆漆的夜里，看到这样的长相，再听到这样的叫声，感觉怎么样？非常吓人！一起读读！ 3.追问：如果让它当劳动模范，有什么不好呢？你能用课文中的话回答吗？ 4.追问：让外国耻笑？你能给“耻笑”换个词语吗？ （预设：嘲笑、取笑、笑话……） 5.追问：那外国会笑话咱们什么呀？ 6.小结：所以麻雀也不同意猫头鹰当劳动模范。 我们一起来当麻雀，向凤凰大王报告。	个别读 个别说 个别说 入境感受 抒感齐读 个别说 个别说 个别说 认真听 齐读	记忆型问题 停顿节奏 探寻反馈 语言表达 停顿节奏 提问措辞 合理分配 理解型提问、探寻反馈 得出结论

续表

时间	教师的教学行为	学生的学习行为	教学技能要素
30秒	三、结合上下文，讲解“调查” 讲解：乌鸦和麻雀亲自去查看，还向周围邻居了解情况，它们所做的这些就叫“调查”。（随机板书：调查） 一起读读这个词语。	认真听 齐读	讲解结构（归纳法）
15秒	结语：那乌鸦和麻雀对猫头鹰的调查是否做到了公平、公正？凤凰大王同意它俩的说法吗？我们下节再讲。	思考	分析型提问、评价性提问

反思：

《猫头鹰能当劳动模范吗》是北京市义务教育课程改革实验教材第四册中的一篇课文。这是一篇寓言故事，力求通过角色转换，让孩子在做事情时要认真负责，教育学生初步懂得看问题要全面，不能光看外表。本次微格教学我主要以提高自己的提问技能为契机。通过精心备课、磨课，加上专家老师的悉心指导，使得我对语文课堂教学有了新的认识。

我感触最深的是，课堂问题设置是高效课堂的必要前提。以前我在教学中对“问题”的重视不够，问题设置多而琐碎、杂而随意。有时问题毫无价值，偏离教学目标；有时问题过大，学生不知从何下手；有时问题过小，缺乏一定的思维含量；有时问题过深，超出学生认知水平；有时问题太浅，学生根本不用思考就能回答。这些未经深究或随意而发的问题充斥着整个课堂，犹如“枪林弹雨”，让学生疲于应付，最多只能作“蜻蜓点水”“隔靴搔痒”般的肤浅思考，甚至很多枝节问题都没有思维的价值或偏离教材的内容和教学的目标。这不但不利于课程目标的达成，而且容易导致学生思维活动的随意性，甚至使学生的思维处于停滞状态，严重影响着教学质量的提高。通过准备本次微格教学比赛，我对于课堂问题的设置有了新的认识。课堂问题的设置是课堂教学师生双边活动最基本也是最重要的形式之一。“问题”是学生学习的起始，是教师教学的开端，是建构课堂的“脚手架”。研究课堂提问的有效性对提高课堂教学质量，促进学生发展至关重要。

那么课堂问题应该如何设置呢？首先，对核心问题和问题链的设计是课堂问题设置的关键。核心问题必须具备鲜明的指向性，比如，本节课中的“乌鸦和麻雀不同意猫头鹰当劳动模范的原因”作为核心问题鲜明地指向本节课的核心内容和教学的核心目标。“核心问题”是改变课堂冗长、烦琐、低效的一剂良药。其次，还要围绕核心问题设置合适的问题链。问题链与核心问题密切相关，是围绕核心问题设计不同类型的问题，有条不紊，前后贯通，使所有问题成为一个整体系统，从记忆、理解、应用、评价、创新等不同的认知层次引导学生进行思维，逐步达成对核心问题的共识。最后，还需要掌握一定提问技能。比如，运用合适的提问措辞，注意停顿节奏，让更多的学生都有回答的机会，还要及时对学生的回答给予恰当的回应。

著名教育家陶行知先生也曾说过“智者问得巧，愚者问得笨”。我们应该在实践中不断加强探索，让“课堂问题设置”在教学的百花园中绽放得越来越鲜艳！

点评：（刘志田　北京市通州区教师研修中心　高级教师）

本节微格教学课，教师以展现提问技能为主，从课前分析到教学设计，再到教学现场，都有突出的表现。

首先，教学设计精益求精，以学为本。教师在对课标、教材、学情进行深入分析的基础上确定了合理的教学目标，教学目标描述清晰，行为动词使用恰当，可操作，可检测。核心问题、问题链及讲解设计，紧紧围绕目标，并结合小学低年级学生的思维特点。

其次，教学过程生动活泼。教师很富有童心和亲和力，采用情境教学法贯穿教学始终，通过启发诱导、激发想象、角色扮演、直观图像等形式拉近了学生与文本和教师之间的距离，课堂气氛生动活泼，趣味无穷。比如，当教师扮演乌鸦进行调查时，扮演乌鸦邻居的学生们异常兴奋，课堂气氛异常活跃。再如，教师在讲猫头鹰的相貌“又凶又丑”时，巧妙地利用了猫头鹰的图片和叫声，加深了学生对猫头鹰形象的认识。此外，教师的板书也很生动，而且结构清晰，简洁大方，凸显了本课的教学目标。

最后，考虑问题比较全面。虽然本次教学只是课文第二、三自然段的片段展示，但是《猫头鹰能当劳动模范吗》这篇课文是个开放性的结尾。所以，教师以提问质疑结束本节课，引发学生深层次的思考，激发他们进一步了解猫头鹰的兴趣，也为后面的教学做好铺垫。可见，教师考虑问题比较全面，注重引发学生进行开放性的思考。

总之，本次微格教学比赛提高了教师备课、上课的水平，增强了他们进行教学反思的自觉意识。

二、以讲解技能为主的教学案例

案例一：王婷婷《盘古开天地》（北京市芳草地国际学校双花园校区）

<table>
<tr><td>学科</td><td>语文</td><td>年级</td><td>三年级</td><td>教材</td><td>人教版</td></tr>
<tr><td>课题</td><td colspan="3">盘古开天地</td><td>主要技能</td><td>讲解技能</td></tr>
<tr><td colspan="6">前期分析</td></tr>
<tr><td>教材分析</td><td colspan="5">1.知识体系：三年级上册的这篇文章是小学阶段第一次接触神话这一体裁，因此在教学中要引导学生了解神话这一文学体裁，知道神话是古代人民对自然现象和社会生活的一种天真的解释和美丽的向往。
2.单元定位：《盘古开天地》是人教版三年级下册第五单元的一篇课文。第五单元是以“灿烂的中华文化”为主题的单元，单元任务中提到，这组课文要“打开中华传统文化宝库的大门”，使学生了解古代神话故事。我认为学生需要“了解”的不仅仅是故事本身，而是中华的文化和民族的智慧，因此在教学中了解故事的同时还要激发学生对中华传统文化的兴趣，激起对劳动人民智慧的赞美之情。</td></tr>
<tr><td>学情分析</td><td colspan="5">1.朗读能做到正确、流利，但各层次学生均不能读出故事的神奇，以及盘古和天地变化的不同语气。
2.绝大部分学生不了解段落叙述的顺序，且不能按此顺序对盘古创造宇宙的过程用简短的语言进行概括。
3.对故事情节的神奇有初步感受，但对人物的品质感受不深。</td></tr>
<tr><td>课标分析</td><td colspan="5">《课标》指出：朗读是语文教学中最重要、最基本的手段和方法之一，小学语文教学必须在朗读中训练语言文字，在朗读中理解课文，在朗读中发展思维和陶冶情操。因此，本课我主要采用了“以读代讲”的教学方法，同时辅以“点拨法”等。</td></tr>
<tr><td>教学目标</td><td colspan="5">1.通过想象画面指导学生有感情地朗读。
2.通过抓住描写盘古动作的词语，体会盘古开天地的决心。
3.通过联系上下文、想象等方法理解文中语句意思，能抓住重点词语概括段落大意，了解盘古创造宇宙的过程。</td></tr>
<tr><td>核心问题</td><td colspan="5">盘古是怎样创造宇宙的？</td></tr>
<tr><td>问题链</td><td colspan="5">1.盘古做了什么，如何做的？
2.天地的变化是什么？</td></tr>
<tr><td>讲解目标及方法</td><td colspan="5">1.达成“有感情地朗读”目标，采用的是引导法，如“谁带着这样的力量读一读？”“只听一声巨响，天和地分开了”——生读；“这一‘重’一‘轻’朗读时候应该怎么区分呢？”
2.达成“概括段落大意”目标采用的讲解方法是归纳与演绎相结合的方法。如“把这两点结合起来就可以概括这个段落的内容”“下面就运用这种方法概括下一自然段的意思”。</td></tr>
</table>

续表

学科	语文	年级	三年级	教材	人教版
课题	盘古开天地			主要技能	讲解技能
	3.达成“理解词语”的目标采用的是普遍联系的方法，联系上下文、联系生活实际，“你想到一个词没有？——（生）开天辟地”。				

教学部分案例

教学课题	盘古开天地				
学科	语文	年级	三年级	教学时间	10分钟
教学目标	1.通过想象画面指导学生有感情地朗读。 2.通过抓住描写盘古动作的词语，体会盘古开天地的决心。 3.通过联系上下文、想象等方法理解文中语句意思，能抓住重点词语概括段落大意，了解盘古创造宇宙的过程。				

时间	教师的教学行为	学生的学习行为	教学技能要素
20秒	回顾课文，聚焦相关段落引出本节课的学习方向。 哪些自然段是写盘古创造宇宙的？	读课文，找到相关段落。	问题链： 直接点题
1分钟	抓住重点，学习概括。 聚焦第二自然段，找两生读。提出问题：为什么这么安排读书？	学生阅读文本，找到盘古做的事情和天地的变化。 预设：盘古抡起斧子猛劈，天地分开了。	激发学生思维。三年级是段落的教学，让学生知道段落的表达顺序。
3分钟 抓动词，体会用力之大 想象读，感受神奇	聚焦盘古部分。 1.盘古做了什么？ （提示：抓住盘古的两个动作——抡斧、猛劈） 2.聚焦重点词语，学生说感受。 3.想象朗读。 （1）想象神力朗读。 情节中感受：盘古这一抡一劈竟然把什么分开了？——天地。你有什么想法？ 读出力量：注意“抡、猛劈”，读一读。 （2）想象心情朗读。	学生汇报 生读：他见周围一片漆黑，就抡起大斧头，朝眼前的黑暗猛劈过去。 说感受，做动作，体会什么是“抡”。	创设问题 体会情境 想象画面，指导朗读。 反馈探寻

续表

时间	教师的教学行为	学生的学习行为	教学技能要素
	你们想没想过盘古为什么用这么大力气？（联系上下文理解“混沌”，联系生活实际感受急迫，体会到盘古开天地的决心） 带到文中去，加点什么——速度。	生朗读 学生齐读	合理分配
3分钟 指导读，再悟神奇	天地变化部分 1.比较“轻”和“清”。 2.聚焦反义词和近义词。 慢慢——缓缓，多么漫长的过程。同学们，这些反义词和近义词把天地分开的过程写得清清楚楚。 3.指导朗读：读出天地变化的过程，读出缓慢与艰难。	“轻”和“清”组词理解。 预设：清是清楚。 预设：清是清澈、清水。 找近义词反义词，进行圈画。 朗读。（师生配合读，男女生读）	提问、讲解、想象情境朗读
20秒 积累	积累词语：开天辟地	学生记录	积累、板书
1分钟 师概括，小结学法	师总结学法：（1）概括内容——抓住盘古的动作和天地的样子。 （2）朗读课文：想象画面，读时可以用轻重、快慢表达感情。 【对于三年级的学生学习方法、运用方法是学习的难点，要放手就要把“学习”的部分夯实，有教的“收口”才能给“放”提供可能性，提高实效性。另外概括段的意思和朗读课文是本节课的主要目标，也应在过程中进行提炼和强调】	学生倾听	总结 注意知识的衔接，明确目的，可以运用同样的方法自学第三自然段。
1分30秒	（1）天和地好不容易分开以后，盘古怕它们还会合拢，又是怎么做的？ （2）积累成语：顶天立地【板书：顶天立地】	汇报交流 学生积累	运用学习方法自学 反馈探寻

续表

时间	教师的教学行为	学生的学习行为	教学技能要素
初步感受盘古的精神	（3）交流“天每天升高一丈，地每天下沉一丈，盘古也随着越长越高”的神奇之处。 盘古这个神奇的人物在这顶天立地是一天吗？是一年吗？那是多长时间呢？ 师引读：一万年过去了，不知过了多少年。 （4）这是一个怎样的盘古？（坚持不懈）	学生接读	想象情境朗读 停顿节奏

反思：

一、对提问技能与讲解技能理解的反思

段落教学是本年级的重点，在段落表达上，2 ~ 4 自然段在段落表达的顺序上有一致之处，都是先主要写盘古做了什么，再主要写天地发生的变化，这为中年级建立段的概念，把握段落的表达顺序提供了很好的素材，在教学中我将有层次地使学生了解这样的表达，并能够通过对段落顺序的了解概括段落的意思，为复述打基础。课上我还“以读代讲”贯穿始终，读得充分，读得多样。朗读是语文教学的重要目标，在这个环节我就力求让学生在不同层次的朗读中加深对文本的理解。最后的学法总结为学生可以放手自学第三、四自然段，我们在教学中要有教有放，提升学生自学能力。

二、通过比赛对自身成长的发思

“教好书不在于教龄多长，而在于反思多深。”比赛已经结束，但细细回味，这是一次难忘的经历。从心理学的角度来说体验过程是最重要的，正所谓历练了，收获了，成长了。

这次比赛，拓宽了我的视野和眼界，也拓宽了自己的教学思路，丰富了教学经验，同时对新课程的理念有了更深刻的理解。

这次比赛，让我深刻认识到作为语文老师应该具备的专业素养，也让我充分感受到终身学习的深刻内涵。古人尚且知道“莫等闲，白了少年头，空悲切”，对于我们教师而言，要学的东西太多，而且还要经常更新。有人说，教给学生一杯水，教师应该有一桶水。这话固然有道理，但一桶水如不再添，也有用尽的时候。所以我以为，教师不仅要有一桶水，而且要有“自来水”“长流水”。因此，我们应善于主动性地学习，不让自己陷入被动。只有通过不断地学习，才能使自己永远处于充电的状态，才能保持永远的自信。

点评：（张彦兰　北京教育学院朝阳分院　中学高级教师）

欣赏着王婷婷老师的教学片段，给人一种自然、清新之感。王婷婷教学的片段展示，是以讲解技能为主的教学。

一、简简单单提问，踏踏实实朗读

在片段教学中，我们发现王老师在指导有感情地朗读时，将引导转化为提问的，意在引发学生的共同思维。这看似不经意的简简单单的提问，目的是将学生的注意力引向朗读，以读代讲。“朗读就是理解，朗读更是发现。”在课堂中，王老师突出以读代讲的教学方式，声情并茂地引导学生反复接触文本，在读中理解、感悟、发现。在指导读“轻而清的东西，缓缓上升，变成了天；重而浊的东西，慢慢下降，变成了地”时，教师的语言情感充沛，既富有感染力又不乏启发性，加上得体的肢体语言，对学生产生了强大的激励作用。在教师的引导下，学生声情并茂的朗读又何尝不是对文本理解的最好呈现方式呢？

二、扎扎实实识词，轻轻松松会意

教学中，教师抓住关键词语引导学生进入情境，角色体验，想象画面，情感朗读。如圈画、理解“抡”“劈”等动词的意思：什么是“抡”？什么是“劈”？做做动作，完成理解；结合上下文对“混沌”的理解……在对关键词语语境义的形象化阐释中，在轻松愉快的学习氛围的渲染中，学生深刻地理解了盘古因感受到环境的窘迫，而竭尽全力开天辟地的勇气、决心以及超乎寻常的毅力。再如：在讲“天地的变化是什么”时，通过圈画、品味几组近、反义词“轻和清”“重和浊”“慢慢和缓缓”“上升和下降”，将这些词语在语境中还原成生动形象的场景，生成鲜明的动态画面，把这个将天地分开的过程描写得清清楚楚的语段深深地印在了学生的头脑中，教师引导学生朗读、理解、联想、想象，令学生轻松体会了天地形成的艰难、漫长和神奇，同时又积累了鲜活的语言片段。

总之，王老师朴实地教学，真实地引领，让学生积极而扎实地掌握知识。这份回归自然的清新愉悦令人欣喜。

案例二：刘林洋　《泊船瓜洲》（北京市昌平第二实验小学）

学科	语文	年级	五年级	教材	人教版
课题	泊船瓜洲			主要技能	讲解技能
前期分析					
教材分析	人教版小学语文五年级上册第二单元的主题是思乡，目的是让学生通过读书体会作者对家乡思念的真挚情感。《泊船瓜洲》作为《古诗词三首》的第一首正是一首情意绵绵、含蓄悠远的思乡之诗，表达了作者对家乡深深的思恋和热爱。				

续表

学科	语文	年级	五年级	教材	人教版
课题	泊船瓜洲			主要技能	讲解技能
学情分析	五年级的学生能读懂本诗大意，体会作者的思乡之情，但对诗人的爱国之情，报国之志并不能准确把握和理解。				
课标分析	根据五年级学生的基础特点，参照新课标要求，以培养学生自主学习、合作探究的能力为主，突出知识与技能、过程与方法、情感态度与价值观的目标要求。主要以学生为主体，教师为组织、引导者，采用情境设置法，以学生自主学习、合作、交流、讨论为主。				
教学目标	1.理解古诗意思，结合写作背景，体会作者表达的情感，并能有感情地朗读古诗。（教学重点） 2.体会“绿”在表情达意中的作用。（教学难点）				
核心问题	作者在诗中表达了怎样的情感?				
问题链	1.初读古诗，你读懂了什么，有什么不懂的? 2.你怎么理解“绿”的意思? 3.王安石通过“绿”表达了怎样的情感?				
讲解目标及方法	1.通过讲解让学生了解写作背景，理解古诗的意思。（叙述法） 2.通过小组合作体会重点字词在表达中的作用。（归纳法） 3.通过诵读法让学生有感情地朗读古诗体会作者情感。（引导法）				

教学部分案例

教学课题	泊船瓜洲				
学科	语文	年级	五年级	教学时间	10分钟
教学目标	1. 理解古诗意思，结合写作背景，体会作者表达的情感，并有感情地朗读古诗。 2. 体会“绿”在表情达意中的作用。				

时间	教师的教学行为	学生的学习行为	教学技能要素
	提出问题：作者通过《泊船瓜洲》表达了怎样的情感?	学生思考。	提问技能（出示核心问题引发学生思考，走进古诗）
30秒	一、初读，体会思乡之情 （一）整体感知，品思乡情 1.提问: 通过自主学习你从诗中读懂了什么? （预设：读懂了王安石的家乡在钟山，读懂了思乡之情。）	学生汇报初读感受。	理解型提问（让学生在理解的基础上体会作者的情感，主要解决问题链的第一个问题）

续表

时间	教师的教学行为	学生的学习行为	教学技能要素
2分钟	2.引导学生齐读，初步体会思乡之情。 （二）再读古诗，知家近 1.提问： 谁还读懂了什么呢？ （预设：通过“一水”“只隔”体会出瓜洲与王安石的家乡钟山近在咫尺） 2.指导朗读，体会离家之近。 （三）理解诵读，懂诗情 1. 看图悟情，教师通过位置关系图，引导学生体会诗人思乡心切之情。 2. 引导齐读，感悟思乡之情。 3. 教师小结。	齐读，读出思乡之情。 学生感受离家之近。 学生诵读，体会离家之近。 学生根据位置关系图，理解思乡之情。 学生齐读，进一步体会思乡之情。	理解型提问（让学生在理解的基础上说出诗中地点的位置关系，为体会情感做铺垫） 适时性提问（继续追问，理解古诗中所蕴含的思乡之情）
1分30秒 1分钟	二、研读“绿”字，品味报国之志 （一）教师补充介绍王安石及王安石变法的相关资料 1.质疑： 我们从诗中读懂了如此多的内容，体会到了诗人的思乡之情，那你还有没有没读懂的地方呢？ 2.你不懂王安石为什么不回家？那谁能结合搜集的相关资料来介绍一下呢？ 3.教师补充资料介绍写作背景。 （二）解读“绿”字 1.提问： 明明思乡心切，明明归心似箭，明明家乡近在咫尺，听了介绍，说说王安石为什么不回家。 （引导学生理解王安石的理想与抱负） 2.过渡：思念家乡但心怀抱负，	学生提出不懂问题。 学生倾听。 学生借助资料理解王安石为什么不回家。 学生倾听，理解体会。	叙述型讲解（突破本课难点，结合写作背景，引出本课难点“绿”的含义） 理解型提问（让学生在理解的基础上体会王安石心中的理想抱负，为解决问题链的后两个问题做铺垫）

续表

时间	教师的教学行为	学生的学习行为	教学技能要素
2分钟	正因如此，王安石在表达自己内心复杂情感之时，想之又想，思之又思，斟字酌句，甚至单单一个“绿”字就换了十几次之多。 3.小组交流体会“绿”的意思。 （1）小组合作进行交流：你们怎么理解“绿”的意思？ （2）指小组发表自己的见解。 4.提问：王安石通过“绿”表达了怎样的情感？ 5.教师小结：他想化作一缕春风吹绿整个北宋的政坛，让大宋的王朝繁荣昌盛！	学生通过小组合作交流，理解“绿”的意思。 学生深入理解“绿”的含义，体会诗人内心的报国之志、爱国之情。	理解型提问（让学生在理解的基础上体会“绿”的表意及深层意思，主要解决问题链的后两个问题）
1分钟 30秒	三、融情诵读，抒发心中之情 （一）引读“春风又绿江南岸，明月何时照我还” 1.静静的夜里，王安石想到家人，只得对着春风道：“＿＿＿＿＿＿” 2.他心系着国家，为北宋王朝带来一丝绿色，不禁脱口而出：“＿＿＿＿＿＿” 3.他知道前路坎坷，仕途多艰，又觉希望充斥于胸襟，高声诵道：“＿＿＿＿＿＿” （二）范读 1.教师范读。 2.引导齐诵。 3.教师小结。 透过这首诗我们读懂了王安石的思乡之情、爱国之志，他为我们留下了这千古流传的《泊船瓜洲》。	学生齐诵，体会情感。 学生带着理解齐诵全诗，深入体会作者情感。	描绘性讲解（用优美的语言引读，让学生有感情地吟诵并达到体会作者的情感并完成有感情地诵读的教学目标）

反思：

教师要想为大家呈现一节精彩的课，就一定要有扎实而又精彩的教学设计，因此，教学设计环节的设置直接关系到了教师在课堂上能否完成自己的教学目标并达到自己预期的教学效果。这次比赛之前我时刻都在思考自己教学设计的各个环节，并不断进行调整与修改，不断地实践应用，力图使教学设计更加符合教学需求，做好预设尽可能地应对课堂上所出现的各种思考与疑问，完成教学目标达到预期的课堂效果，比赛中也确实达到了自己预期的要求，达到了理想中的课堂效果。

核心问题是引领课堂的重中之重，也是课堂的中心，整节课的所有问题链的设置都要紧紧地围绕核心问题，这样才能使课堂重点突出，各个环节紧密相连，符合教学规律和学生的认知规律，核心问题设置得是否清楚合理、重点突出直接决定了这节课学生能否掌握课上所学的内容。在备课过程中我对核心问题的理解也逐渐加深，在教学设计上也对本课的核心问题进行反复的推敲修改，逐渐符合教学需求和教学目标，也使自己的教学设计变得重点清晰、目的明确，使各个教学环节都紧密地联系在了一起，让整节课有了一条清晰的主线，也让我的心中有了明确的教学方向，让学生也能够清楚地把握课堂学习的重点，掌握课堂中所学的内容。

点评：（高春杰　北京市昌平区教师进修学校　中学高级教师）

刘林洋老师《泊船瓜洲》一课以讲解为主。整节课所有问题链的设置紧紧围绕核心问题“作者在诗中表达了怎样的情感？”展开。这样的设计使课堂重点突出，各个环节紧密相连，符合教学规律和学生的认知规律。核心问题成了这节课教学的主线。尤其是第2个问题链：你怎么理解“绿”的意思？王安石通过“绿”表达了怎样的情感？问题完全来自学生，这让学生能够清楚地把握课堂学习的重点，掌握课中所学内容。这充分体现了以学生为本，顺学而导的教学思想。

这样的比赛让刘老师获得了巨大的成长，经历了工作以来一次前所未有的磨炼。刘老师对教案环节的设置和细节的处理一遍遍仔细推敲，反复修改；导师不仅引领他挖掘着古诗文更深层的内涵，而且使他更新了教育观念，感受着深层的教育理念。

案例三：刘梦璐《我是什么》（中国农业科学院附属小学）

学科	语文	年级	二年级	教材	北师大版
课题	我是什么			主要技能	讲解技能
前期分析					
教材分析	《我是什么》是北师大版二年级下册第十三单元风和水的第二篇主体课文。该篇课文是一篇记叙性的说明文。以第一人称“我”生动形象地介绍了自然界中水的特点和与人的关系。在本课中介绍的雨、雪、雹子、霜、露珠，这些都是与下雨有关系的天气现象，再加上本课后的认				

续表

学科	语文	年级	二年级	教材	北师大版
课题	我是什么			主要技能	讲解技能
	字表中出现的雹、露，以及写字表中的雪字都是带有雨字头的字。可见认识雨字头，感知雨字头的意思是本课的教学重点。				
学情分析	二年级上学期的学生，已经积累了一些识字方法，如：加一加、减一减、换一换、想象等，并且已具备了一些自主识字能力。通过前测了解到，43%的学生在认识“雹”字上有困难；72%的学生对“下雹子”的天气现象不了解；67%的学生在书写雪字时，雨字头的第三笔横折钩写成了横折弯钩。				
课标分析	《语文课程标准（2011年版）》中指出，识字写字是第一学段的教学重点。因此本课的教学重点就是识字与写字。其次，课标强调“识字教学要注意儿童心理特点，将学生熟识的语言因素作为主要材料，结合学生的生活经验，引导他们利用各种机会主动识字，力求识用结合”。因此在识字教学过程中，我通过随文识字的方法，结合学生的生活实际，再加上图片形象直观的方法，帮助学生掌握教学重点。接着，在写字方面，课标提出第一学段学生要“掌握汉字的基本笔画和常用的偏旁部首，能按笔顺规则用硬笔写字，注意间架结构。初步感受汉字的形体美”。为了达到这一要求，我在指导学生书写本课教学重点“雪”字时，通过观察法，观察雨和雨字头的不同，以及动画演绎法为学生演示雨变化成雨字头的过程，让学生深刻体会和记忆雨字头书写的重点，即第二笔点和第三笔横折钩，使学生能够正确书写雪字。而后，通过写字小歌诀帮助学生掌握上下结构的字书写规则和间架结构特点，感受汉字的形体美。最后，通过提醒学生“写字三个一”的写字要求，达到课标要求书写时“努力养成良好的写字习惯，写字姿势正确，书写规范、端正、整洁”。				
教学目标	1.学习新偏旁雨字头，感知雨字头的意思。 2.认识带有雨字头的字“雹、露”。 3.会写带有雨字头的字“雪”。				
核心问题	“我”为什么会变？				
问题链	1.“我”都变成了什么？（抓住识记重点，找出天气现象） 2.“我”在什么时候会变成什么呢？（理清变成的现象：雪、雹等） 3.“我”为什么会变成不同的事物呢？（找出变化的原因——温度不同）				
讲解目标及方法	1.借助形象直观的图片、动画演示进行叙述性讲解（雪景、“雨”字变化成“雨字头”的过程），旨在创设情境，渗透汉字字形与字义间的关系，让学生在语境中识字并掌握汉字的特点。				

续表

学科	语文	年级	二年级	教材	北师大版
课题	我是什么			主要技能	讲解技能
	2.借助图片运用类比的方法讲解“露珠、霜”分别在什么情况下出现，目标是让学生明白温度的不同“我”就会产生不同的变化。 3.在学生观察、思考的基础上，运用归纳法讲解形声字的特点和汉字笔画避让的特点，旨在归类识字，渗透汉字的造字规律，提高识字效率，感受汉字的形体美。 4.结合学生认知经验，通过写字小歌诀帮助学生掌握上下结构的字书写规则和间架结构特点。				

教学部分案例

教学课题	我是什么				
学科	语文	年级	二年级	教学时间	10分钟
教学目标	1.学习新偏旁雨字头，感知雨字头的意思。 2.认识带有雨字头的字“雹、露”。 3.会写带有雨字头的字“雪”。				
教学重点	结合生活实际和语境学习雨字头，学会生字新词。				
教学难点	正确书写雨字头，会写“雪”字。				

时间	教师的教学行为	学生的学习行为	教学技能要素
1分钟	一、谈话导入 承上启下，提问：那么“我”还会变成什么？默读第二自然段，找一找，用笔圈出来吧。（课件出示：第二自然段）	学生在默读课文第二自然段之后，找到“我”还会变成“雨”“雹”“雪”。	提问措辞：提问引导语，进入新内容的学习。
4分钟	二、回顾带有雨字头的字“雪”，感受下雪的状态 1.结合生活实际，初步感受雨字头的意思，认识“雪”。 （1）看图练习用“雪”组词 （2）练习有感情	学生结合之前北京的几场降雪，分享降雪的感受。 学生欣赏图片，认字，组词。 学生欣赏图片，读句子。 学生在读“飘”字时会比较轻柔、缓慢。	讲解技能： 与学生已有生活经验建立普遍联系。 描述性语言，激发感情。

续表

时间	教师的教学行为	学生的学习行为	教学技能要素
10分钟	地朗读课文中的句子。 三、结合课文和图片了解天气现象“雹” 1.结合图片和课文，认识“雹”。 （1）结合图片，初步感知“雹”。 （2）你看到的冰雹是什么样子的? （3）练习有感情地朗读课文中的句子。	学生会直观地说出雹子像冰球。 学生有感情地朗读。	通过语言描述，帮助学生理解下雹子的样子。
	四、识记“雹、露、霜”，巩固学习雨字头 1.识记“雹”“露”“霜”。 （1）自读第三自然段，边读边圈画。 （2）你是怎么认识这三个字的？学生分享自主认识“雹”“露”“霜”的方法。 2.运用形声字的特点认识“雹”。 （1）说一说你是怎么认识“雹”字的? （2）同学们能用形声字的特点来认识这个生字，真是个好方法。让我们再来读一读它吧。	学生在默读课文第三自然段之后，找到“我”还会变成“露”“霜”。 结合之前的学习方法，学生能很快用形声字的方法识记生字。	分析提问： 联系之前的识字方法，自主识字，巩固识字方法。 理解提问 总结、概括

续表

时间	教师的教学行为	学生的学习行为	教学技能要素
	五、了解天气现象“露”“霜” 1.结合图片和课文，理解“露”“霜”天气现象。 （1）结合图片感知“露”“霜”。 （2）什么样的早晨可以见到露珠？什么时候又能见到霜呢？再读第三自然段，找一找你发现了什么？	学生边听老师介绍边欣赏图片。 学生通过自读课文，找出关键词语“凉爽”“寒冷”。	课件展示： 借助图片，激发学生学习兴趣。 描述讲解： 通过生动形象的语言描述，激发学生学习热情。
	六、结合课文，理解雨字头的意思 1. 出示所有天气现象，什么情况下“我”会有这些不同天气现象的变化呢？再读二、三自然段。 当“我”碰到冷空气的时候，温度不同，“我”就会有这么多不同的变化了。（课件出示：碰到冷空气） 2.结合课文分析雨字头的意思。 （1）观察，找出带有雨字头的汉字。 （2）想一想雨字头表示什么意思呢？ （3）雨字头表示与天气现象有关。	学生通过再读课文，找到关键短语“碰到冷空气”“凉爽”“寒冷”。 预设： 有的同学说，雨字头表示和下雨有关。有的同学说雨字头表示和雨水有关。	分析提问 分析提问： 对偏旁进行分析，理解教学重点。 归纳概括 理解课文提问： 引导学生理解课文词语的意思。

续表

时间	教师的教学行为	学生的学习行为	教学技能要素
	七、学写雨字头 1.观察雨字头，分析重点笔画。 “雨”和“雨字头”有哪里不同？ 2.结合汉字书写规则，分析雨字头的书写特点。 （1）结合你们之前学习写字的经验分析，为什么雨字头有这样的变化？ （2）总结归纳雨字头的书写重点。	学生找出雨字头第二笔是点，第三笔是横折钩。 预设1：学生会说雨字头是偏旁，和雨字不会完全一样的。 预设2：学生会说雨字头写在合体字里就要给另一个部分留地方。	分析提问 归纳讲解： 通过准确、简洁的总结，加深对教学难点的理解。 叙述讲解：加深教学重点记忆。
	八、学写带有雨字头的字“雪” 1.观察字的结构，找出重点笔画。 2.师生书写“雪”字。 3.学生练习书写，老师巡视。 4.结合写字歌诀，分析“雪”字。 5.学生练习，老师巡视。 6.小老师作业展示，结合歌诀进行评价。 7.学生结合例子分析自己的作业，进行修改。 8.再次书写。	学生和老师一起背诵歌诀。 学生在生字本上描红，自练一个字。 学生自己再描红，练习写一个。	语言字诀强化 描述讲解： 强化教学难点。 板书：帮助学生记忆教学难点。 分析提问： 生生互评，加深记忆。 书写动作强化记忆。

反思：

根据课标、教材的要求，以及对学生进行的前测，我把教学目标设计为：1. 联系生活实际和语境学习新偏旁雨字头，感知雨字头意思。2. 认识带有雨字头的字“雹、露”。3. 会写带有雨字头的字“雪”。通过两个大的步骤：会认带有雨字头的字，会写带有雨字头的字，来逐步引导孩子掌握教学重难点。通过整体设计，我认为基本上达到了教学设计时的教学目的。

在进行教学设计时，核心问题对于这节课的设计是至关重要的。在确定核心问题后，围绕核心问题，结合前测中学生出现的教学重难点而提出一系列的辅助核心问题的问题链，能更好地帮助学生逐步、清晰地完成教学目标，或突破难点，或掌握知识点，或理解课文内容。这样教师在进行教学设计时就会更有目的性，所设计出来的问题也能具有针对性和明确性。在我起初进行教学设计时，由于没有确定好核心问题，教学设计比较零散，处处都想顾及，却发现最终处处都没有顾好。而后来先对核心问题进行了确定之后，整个教学设计目标更明确了。

通过这次展示，我对于教师的提问和讲解技能也有了更进一步的了解。以前的课堂，我的提问有时会有重复或是提问过碎、过于细致的问题。这并不利于学生的思考和对教学重难点的理解。因此在教学设计时，教师就应该提前根据核心问题和问题链将问题设计好，用词要精准，多余或重复的话不说。并且在恰当的时机去提问，例如，学生在思考出现停滞的时候，教师应该及时提出有思考价值的问题，引导学生。另外，在提问后，应该给予学生充分的思考时间，让学生能够结合自己的生活实际或前文的学习，对问题进行自己的思考和理解。

在对教学重难点进行讲解时，要始终围绕教学目标。选择的讲解方法也要适合学生的认知规律。例如，我所教授的是二年级 7 ~ 8 岁这个年龄段的学生，低年级的学生思维活跃，喜欢色彩丰富、有意思的图案，注意力集中能力较低。因此，在进行教学重难点的讲解时，我结合了丰富的图片、动画等学生喜欢的学习方法，帮助学生增强注意力，从而能够有效学习。其次，结合学生已有的生活经验可以帮助学生更快地学习。例如，本课中学生通过回忆北京下雪时的情境，理解课文中“飘”字的含义，从而更好地指导学生朗读。教学的最后，我对本课的教学重点又进行了一次梳理，帮助学生回顾课堂知识的同时，也加深了学生的记忆。

点评：（王珍荣　中国农业科学院附属小学　小学高级教师）

刘梦璐老师的微格教学片段主要技能是讲解技能。刘老师能够依据学情分析确定教学目标和重难点。教学过程中，有意识地使用多种手段，创设多种情境，帮助学生解决学习的难点。比如，教师创设图片情境，拉近了学生与文本的距离，唤醒了他们对“雨、雪、雹、露、霜”这些天气现象的认识，从而理解雨字头这个偏旁所表示的意义——与天气现象有关。除了创设图片情境之外，教师还用优美的语言，把学生带入到文本的情境中，感受“雪”的轻，“雹”的重……实现了在语境中认字的目的。此外，教师在解决雨字头的书写这一难点的时候，采用了多种方式，比如动画演绎、教师范写等，调动学生学习的积极性，让学生发现“雨”字和“雨字头”的不同，在不断强化的基础上，这个笔画的难点被突破。在如何将“雪”字写好的问题上，教师巧妙地出现了一句口诀——“上下对正纵向短，横向只有一处宽”，让学生感受到汉字书写的魅力。经过两个层次的指导，学生书写的水平是有显著提高的。

刘老师语言表达流畅，具有亲和力；板书规范、漂亮。教学设计能够关注学生学习的起点，学习的过程能够体现他们自主探究的意识，较好地实现了教学目标。

案例四：李海云　《声母j、q、x与韵母ü相拼规则》（北京市石油学院附属小学）

学科	语文	年级	一年级	教材	北师大版
课题	声母j、q、x与韵母ü相拼规则			主要技能	讲解技能
前期分析					
教材分析	北师大版一年级语文上册教材中，第八单元到第十二单元是拼音专题教学单元，其中第九单元《字与拼音（二）》涉及声母j、q、x的学习。对学生来说，识记与书写声母j、q、x易于掌握，但是掌握声母j、q、x与ü的相拼规则对学生来说有难度，因为这一相拼规律本身具有特殊性，识记困难，容易混淆。虽然在这一单元的语文天地中，对这一内容进行了反复的练习，但学生的学习效果并不令人满意。针对这一情况，我将这节课的教学重点落在：理解j、q、x与ü相拼时两点省略规则的原因，帮助学生理清规则、掌握规则，最终做到熟练使用规则。				
学情分析	一年级学生的思维能力以形象思维为主，看到j、q、x与ü相拼，绝不会想到要写成ju、qu、xu，这一不同写法给学生识记造成障碍，使得学生容易出现以下四种问题： 1.容易忘记写ü上的两点；（规则不清，拼写错误） 2.不知为什么要省写ü上的两点；（规则原因不明） 3.省掉两点后又将ü读成u，造成拼读错误；（误读问题） 4.学会了省写规则后，又将其他声母（如n、l）与ü相拼时也去掉ü上两点。（规则错套问题） 针对这一情况，我将本节课的教学难点定在：运用多种方法解决省略后易出现的误读问题和规则错套问题。				

续表

学科	语文	年级	一年级	教材	北师大版
课题	声母j、q、x与韵母ü相拼规则			主要技能	讲解技能
课标分析	《义务教育语文课程标准（2011年版）》中要求低年级段学生“学会汉语拼音。能读准声母、韵母、声调和整体认读音节。能准确地拼读音节，正确书写声母、韵母和音节。认识大写字母，熟记《汉语拼音字母表》”。对学生来说，准确拼读音节，首先面对的拦路虎就是特殊拼读规则，在本课中，我带领学生主动探究，通过多种方法使学生掌握了此特殊拼读规则，实现了课标要求。				
教学目标	1.理解j、q、x与ü相拼时两点省略规则的原因，并掌握这一规则。 2.运用多种方法解决省略后易出现的误读问题和规则错套问题。 3.培养学生自主探究自主发现的能力。				
核心问题	声母“j、q、x”与韵母“ü”相拼有哪些规则？				
问题链	1.“j、q、x”与韵母“u”相拼会怎样？ 2.“j、q、x”与韵母“ü”相拼为什么可以去掉两个点？ 3.其他声母（如“n、l”）与韵母“ü”相拼时能去掉两个点吗？				
讲解目标及方法	1.借助形象直观的图片，运用叙述法讲解故事，生动形象地描述了拼音规则（“j、q、x”与韵母“ü”相拼时要去掉两点），将抽象的规则进行游戏化处理，增强了学习的趣味性。其间，教师十分注重讲解的技巧，语言生动形象，通过讲解，让学生们在生动有趣的故事中掌握知识。 2.在观察、体验、实践（自编口诀）的基础上，适时运用归纳法进行拼读规则和拼写规则的讲解，强化了记忆，形成对知识结构化的认识。让学生在玩中实践，玩中巩固，最终攻克学习难点。				

教学部分案例

教学课题	声母j、q、x与韵母ü相拼规则				
学科	语文	年级	一年级	教学时间	10分钟
教学目标	1. 理解j、q、x与ü相拼时两点省略规则的原因，并掌握这一规则。 2. 运用多种方法解决省略后易出现的误读问题和规则错套问题。 3.培养学生自主探究自主发现的能力。				

时间	教师的教学行为	学生的学习行为	教学技能要素
30秒	一、复习导入，引出主题 出示声母 出示韵母i、u、ü 点明教学内容：声母j、q、x分别与韵母	全班齐读声母。 生回顾思考。	旧知识导入，能承上启下，使学生有准备，有目的地进入新课的学习。同时创设拼音王国的情境，调动学生的学习兴趣。

续表

时间	教师的教学行为	学生的学习行为	教学技能要素
4分钟	i、u、ü相拼。 二、自主探究，挖掘原因 1.出示第一组音节：看，j、q、x 遇到了小i，谁来读一读。 j—— ī ——jī q—— ī ——qī x—— ī ——xī 2.出示第二组音节：同学们，i和j、q、x相拼，你们掌握得特别棒，那u与j、q、x相拼，你能读好吗？请你自己试一试。 j—— ū ——jū q—— ū ——qū x—— ū ——xū （1）谁能给大家拼读一遍？ （2）你遇到了什么问题？ （3）师出示结论：j、q、x不能与u相拼。 （4）总结口诀： j、q、x淘气，从不和u在一起。 3.出示第三组音节：我们来开火车读吧，谁来？ n—— ǚ ——nǚ l—— ǚ ——lǚ j—— ǚ ——jǚ q—— ǚ ——qǚ x—— ǚ ——xǚ	1.生拼读音节。 2.生尝试拼读，遇到困难。 3.生思考。 1.生拼读。 预设：无法拼读。 师引导：我们在学习的过程当中，还有不能拼的呢，我们可要记住啊！ 2.生记口诀，巩固知识。	启发学生的思维，不直接告诉学生j、q、x与u不能相拼，而是放手让学生去尝试，在尝试中遇到困难，自己总结出j、q、x与u不能相拼的规则。使学生的学习方式从“接受学习”向“教师指导下的发现学习”转变。 j、q、x与ǚ相拼的情况，采用启发探索式教学，先引导学生发现问题，然后让学生自由讨论为什么会有这样的不同？在这里并不给

续表

时间	教师的教学行为	学生的学习行为	教学技能要素
	（1）引导思考：仔细观察这5组拼音，你发现了什么问题？ （2）探究为什么会有这样的不同？ （3）师引导学生自主发现，寻找答案：到底为什么会有这样的不同呢？这是你们拼读中遇到的一个大问题，咱们一起研究研究，解决一下。 （4）故事讲解： 哥哥小u和弟弟小ü是一对双胞胎，它们最大的区别就是弟弟头上多了顶小帽子，妈妈告诉哥哥和弟弟，这顶小帽子弟弟绝对不能摘下来，不然朋友们就不认识它们了。后来，它们家附近来了新邻居——三个大哥哥j、q、x、它们和弟弟关系特别好，总是凑在一起拼出新字给小朋友们认识，但说来也怪，哥哥小u却和三个新邻居关系不太好，根本拼不出一个字来，慢慢地它们也就不再接触了。就这样，拼音王国里的人都知道了j、q、x和弟弟小ü是特别特别好的朋	1.生观察，思考。 2.生交流问题。 3.生自主探究。 预设原因： （1）生认为是书写错误。 （2）生认为是自身的特殊规律。 4.生听故事并思考。	学生明确的答案，而是通过讲故事的方法，引导学生在故事中发现答案，自主解决问题。让学生明白一个道理：在学习中遇到了问题没关系，可以尝试用多种方式解决问题。

续表

时间	教师的教学行为	学生的学习行为	教学技能要素
	友，小ü跟它们在一起时摘掉帽子，也不会被认错。从此，三个大哥哥j、q、x一看到小ü就会把小帽子给摘去，好带着小ü去晒晒太阳呢。 （5）引导交流：同学们，现在你们明白了吗？	5.交流原因，解决问题。	
2分钟	三、总结规律，夯实新知 1.出示规则： 原来，因为j、q、x和u不能相拼，所以为了书写方便，当j、q、x与ü相遇，上面的小帽子就自动摘去了。 2.编口诀。 （1）小组合作编口诀。 老师给你第一个口诀了，那你能试着说出第二个口诀来吗？ （2）交流口诀。 （3）记忆口诀。 师板书：你们最喜欢哪一个口诀，自己记一记吧！ 3.强调读的规则： 同学们，写的规则你们记住了，读的规则你们记住了吗？这个小ü摘掉帽子还是小ü，所以同学们千万不能把它	1.生编口诀。 2.生交流口诀。 预设1：ü是它们的好朋友，凑在一起把两点去。 预设2：小ü，小ü不淘气，见到j、q、x，脱帽敬个礼。 预设3：它们和ü来相拼，见到帽子就摘去。 3.生自读自记最喜欢的口诀。	解决问题还不够，最后我们要把解决问题的方法归纳出来，把它变成规律性东西，于是在发现问题、解决问题之后，我还带领学生归纳问题。我组织学生模仿之前出示的口诀，创编新的口诀。在这里我充分尊重学生的个性，学生创编出了各式各样的口诀，对知识进行了深加工，真正将所学知识纳入到自己的知识系统。

续表

时间	教师的教学行为	学生的学习行为	教学技能要素
	念成u哦。记住了这个规则，就来读读它们的四声吧！ 4.练读四声： jū jú jǔ jù qū qú qǔ qù xū xú xǔ xù	生练读四声。	
3分钟	四、挑战游戏，突破难点 1.游戏一：出示大苹果，我出一个，你拼一个。 gū jú qǔ xū dù nǔ fù lǔ 2. 游戏二：归类找朋友。找两个同学来帮小u和小ü找找朋友。 3. 同学们，你们看，这里呀，还有两个大苹果，你再来读一读：lǚ nǚ nu——nǚ lu——lǚ 4.总结规律。 小ü没遇到j、q、x，而是遇到其他声母，小帽子不能摘掉。 5.编口诀。	1.生拼读音节。 2.生自主分类。 3.生思考，学会区分，避免规则错套。 4.生编口诀。 预设1：小ü遇到n和l，头上小帽要戴好。 预设2：小ü小ü，记性好，没遇jqx，小帽要戴牢。	运用游戏的形式，提高学生参与的兴趣。同时，运用了两次类比，第一次类比：归类找朋友的游戏，使学生学会区分音节中的韵母是u还是ü。第二次类比为：nu—nǚ，lu—lǚ的类比，解决了问题链中“其他声母与韵母ü相拼时需要注意些什么？”的问题，帮助学生克服学习难点。
30秒	五、课后拓展，复述新知 把这节课的内容讲给爸爸妈妈听，并问问爸爸妈妈他们是怎样记住这些规则的。	生复习课内知识。	复习巩固。

反思：

刚刚拿到比赛要求时，我深深地疑惑：作为小学语文学科，有其深深的学科特点，适合于讲解的知识点少之又少，那么如何确立带有小学语文学科特色的知识点呢？又如何挖掘核心问题呢？在这第一步我就遇到了瓶颈。恰逢此时，我们一年级组为突破拼音教学的教学难点，展开了专题的拼音教学研讨，我们坐在一起梳理了学生在拼音学习方面的普遍问题及学习难点，共同分析原因，结果我们发现：在拼音教学中，由于课时及教材知识容量的限制，我们对于一些特殊拼读规律的讲解并不够透彻，以至于学生的学习难点并未突破。基于此，我将讲解的知识点定位于拼音的特殊规则，随后确立了：《声母 j、q、x 与韵母 ü 相拼规则》这一专题，并进行了深入的研究，形成了较为成熟的教学流程。感谢这次微格教学展示活动，让我在发现了学生的真问题后，做到了实实在在地解决学生的真问题，解决了困扰学生存在已久的难题。

点评：（柏春庆　北京市海淀区教师进修学校　中学高级教师）

萧伯纳曾说："我不是你的教师，只是你的一个旅伴而已。你向我问路，我指向我们俩的前方。"在师生相伴学习的过程中，李老师着眼学生发展需要，立足于拼音教学中学生不易理解、容易出错的内容进行设计，巧设桥梁，和学生一起经历了一场愉快的学习之旅。

整体设计中，教师作为学生学习的促进者，注重激活学生的最近发展区，确定的知识点明确、清晰，核心问题选择恰当，问题链环环相扣，各环节与核心问题息息相关，学习过程循序渐进，关注学生的实际获得。以最接近学生的起点，带领学生走向最远的终点；以最轻松的方式，让学生得到最有分量的收获。

教学中，教师灵活运用多种教学策略，创设情境，调动学生参与的积极性，学生在玩中学，玩中实践，玩中巩固，最终突破教学难点。教学技能要素突出，教师带领学生"发现问题—解决问题—归纳问题"，在课堂上完成了一套完整的智力动作，使学生思维得到启迪，学科素养得以有效提升。

案例五：王杨　《问小草，问小花》（北京市大兴区兴华中学）

学科	语文	年级	一年级	教材	北京版
课题	问小草，问小花			主要技能	讲解技能
前期分析					
教材分析	《问小草，问小花》是一年级上册的一篇课文。本课是一首短小优美的对话式儿童诗，充满了童真童趣。全诗描写了大自然中的一种现象：太阳升起来，小草、小花上的露珠蒸发了。 诗歌简单易懂，贴近学生生活。前后两小节的结构相同，适合学生朗读。作者巧妙地运用了叠词，描写出许多颗晶莹剔透的露珠挂在叶子上的样子。				

续表

学科	语文	年级	一年级	教材	北京版
课题	问小草，问小花			主要技能	讲解技能
学情分析	课文简单易懂，语言优美。尤其是诗歌中的几个叠词增强了作品的画面感和韵律美，适合学生品味、朗读。小学一年级的学生已经能够结合语境理解诗中叠词的意思。但是，学生还不能主动地关注到叠词的表达效果。				
课标分析	语文课程应激发和培养学生热爱祖国语言文字的思想感情，引导学生丰富语言积累，培养语感，发展思维，初步掌握学习语文的基本方法，养成良好的学习习惯。本节课就是在朗读、联系、讨论、运用中培养学生的语感，引导学生对语文产生兴趣，爱上祖国的文字。				
教学目标	帮助学生掌握正确的朗读方法是低年段语文教学的重点内容之一。本文是一首儿童诗，适于学生练习朗读。学生可以在朗读中体会诗歌的画面美，感受作者传达的情感，感知诗歌的韵律美。 此外，作者巧妙地使用叠词，增强了诗歌的表现效果。教师引导学生关注叠词的意思及表达效果，并拓展积累类似的词语，可以丰富学生的语言、增强其语言表现力。 因此本课目标是： 1.能正确、流利、有语气地朗读课文。 2. 理解“亮晶晶”“水灵灵”“一串串”“一颗颗”“羞羞答答”这些叠词的意思，积累这些词语。				
核心问题	在语境中理解叠词的意思，体会其表达效果并尝试运用。				
问题链	1.作者是怎么形容小露珠的？（聚焦叠词） 2.这些词有什么特点？“一颗颗”换成“一颗”行吗？ 3.在生活中你见过亮晶晶、水灵灵的东西吗？谁能用这样的词说个句子？				
讲解目标及方法	1.借助图片、结合学生的生活实际，运用生动的语言讲解生活中还有亮晶晶、水灵灵、一片片、一颗颗的事物，创设情境体会叠词在生活中的运用，为学生准确运用这些词语拓展了空间。 2.运用对比的方法启发学生体会“一颗”和“一颗颗”的区别，适时、适度地讲解“一片片”“一颗颗”等叠词形容事物数量多且形象生动的特点，并引导学生主动思考。 3.通过举例子，运用归纳法讲解叠词的表达效果，将枯燥的知识融入形象的讲解中，增强了语言的形象感。				

教学部分案例

<table>
<tr><td>教学课题</td><td colspan="5">问小草，问小花</td></tr>
<tr><td>学科</td><td>语文</td><td>年级</td><td>一年级</td><td>教学时间</td><td>10分钟</td></tr>
<tr><td>教学目标</td><td colspan="5">1.能正确、流利、有语气地朗读课文。
2.理解“亮晶晶”“水灵灵”“一串串”“一颗颗”“羞羞答答”这些叠词的意思，积累这些词语。</td></tr>
<tr><td>时间</td><td colspan="2">教师的教学行为</td><td colspan="2">学生的学习行为</td><td>教学技能要素</td></tr>
<tr><td>2分钟</td><td colspan="2">一、创设情境，激趣导入
1.同学们，通过上节课的学习，咱们已经把《问小草，问小花》这一课的字词已经基本认识了，那么它们都什么时候出现在你的生活中呢？上完这节课，你们就会知道。今天咱们来继续学习第12课《问小草，问小花》。请大家美美地读一遍课文！注意读准字音，读通句子，速度要自然。

2. 课文中有很多的词语朋友就羞羞答答地藏在诗歌中，请你用“____”把它们画出来吧！

3.现在，这些词语小朋友大大方方地排起队，找你们来了。你们能准确地读出来吗？</td><td colspan="2">听老师讲解，回顾课文内容，正确流利地朗读课文。
和老师一起书空课题，复习课题涉及的汉字。

用铅笔在文中寻找词语，用横线画出来。

快速读出老师出示的词语。</td><td>讲解目标
普遍联系

停顿节奏

PPT词语展示</td></tr>
<tr><td>3分钟</td><td colspan="2">二、在语境中学习词语
1.理解：亮晶晶、水灵灵
（1）老师觉得这两个词语很有意思，请大家跟老师一起书空。为什么这两个词语有意思呢？老师把它们放在句子中大家感受一下，读一读。</td><td colspan="2">读带亮晶晶、水灵灵的句子，感受老师说的话。
展示读句子</td><td>核心问题
问题链：主问题1</td></tr>
</table>

续表

时间	教师的教学行为	学生的学习行为	教学技能要素
	（2）这几句话是在写什么？小草挂着的，小花捧着的到底是什么呢？自己读一读这几句话。同桌间说一说。 （3）谁说说啊？ 你说得真好！这几句话就是在写小花和小草的叶子上、身上挂着许多露珠，看，它们水灵灵的、亮晶晶的多美啊！ 体会亮晶晶和水灵灵的表达效果。 （4）同学们在生活中见过亮晶晶的什么呢？ 是啊，生活中还有很多亮晶晶的东西：亮晶晶的钻石、星星、雪花。 （5）生活中什么是水灵灵的呢？ （6）作者说露珠是水灵灵、亮晶晶的多美啊！自己读一读，边读边想象那美丽的露珠。	思考问题。 同桌之间说一说。 思考回答问题：这几句话是在写小露珠！ 说说在生活中见过亮晶晶的什么呢？ 预设：1.亮晶晶的宝石。2.亮晶晶的钻石。 说说在生活中见过水灵灵的什么呢？ 边想象边有感情地朗读句子。	问题链：主问题1 共同思维 引导法 讲解语言 PPT展示图片 问题链：主问题2 提问措辞：提问用语 讲解目标 普遍联系：学生的生活实际 核心问题 问题链：主问题2

续表

时间	教师的教学行为	学生的学习行为	教学技能要素
3分钟	2.理解：一串串、一颗颗 （1）你们读得真美，老师奖励给两幅漂亮的图片。 （2）如果课文这样描写，你觉得好吗？自己读一读，谈一谈自己的想法。 （课件出示改后的课文） 对啊！一串串、一颗颗这样的词语写出了数量多的样子。 （3）你还能说一个这样的词语吗? （4）大家的词汇量真丰富啊！老师这里也有一些这样的词语。 一片　一片片 一朵　一朵朵 （5）老师能用这样的词语说一个句子。比如：山坡上有一片片野花。谁还能接着说? 一群群山羊在草地上吃草。 一朵朵白云在天空中舞蹈。 咱们一起看一看第三个句子描写的图片吧！多美啊！用上了这样的词语，不仅让数量变得更多了，还让句子变得更美了！	学生观看图片 感受读句子 预设： 1.我觉得这样写不好，草地上不可能只有一颗露珠或者一串露珠。 2.一颗、一串没有写出许多小露珠的样子。 说一说类似的表示数量的叠词。 预设：一群群、一棵棵 读老师出示的词语，体会表示数量的叠词的效果。 体会读句子 预设：草地上有一群群小羊。 体会词语的表达效果。	PPT图片展示 引导法 类比法 停顿节奏 问题链：主问题3 问题链：次问题1 普遍联系：学生已有知识 PPT词语展示，积累词语 问题链：次问题2 讲解目标

续表

时间	教师的教学行为	学生的学习行为	教学技能要素
	(6)这些词语可真神奇，作者用它们来描写小露珠，把小露珠写得多漂亮，快来读读吧！	再读课文，练习有语气地朗读课文。	提问措辞 核心问题
1分30秒	3.理解：羞羞答答 (1)最后一个四字词语朋友出现了！你认识它吗？读一读。 (2)这个词语藏在了句子中，你们能读一读这个句子吗？ (3)羞羞答答是什么样子？你在生活中有过羞羞答答的时候吗？	读一读“羞羞答答”。 读带“羞羞答答”的句子。 预设：有一次我的叔叔夸我真是个懂事的孩子，我觉得特别害羞。我那时的样子就是羞羞答答的。	PPT词语展示 提问措辞 普遍联系 讲解目标 普遍联系 问题链：主问题4
30秒	三、回归全文，总结归纳 露珠是大自然中的一种自然现象，作者把这一自然现象竟然描写得如此妙趣横生。我们的生活藏着很多有趣的事物，只有会观察、爱学习的孩子才能发现，希望孩子们都做生活中的有心人。	通读课文。 意识到我们的生活很美好，只要做一个会观察爱学习的孩子就能体会到大自然的美妙。	得出结论

反思：

这次比赛使我深刻地体会到：在日常教学中教师需要有张有弛地调控自己的课堂。只有这样，预设的教学重点才能真正得到解决。这都得益于微格教学的特定形式。微格教学的时间较短——10 分钟左右。参赛教师要根据教学目标和知识点的难易程度合理地分配好时间，不要机械地平均分配，要有一定的弹性和灵活性，切实做到具体问题具体分析。对于关键的知识点和学生容易出错的地方要舍得花时间去讲述，切忌一笔带过。这和日常教学要给学生充分的时间去思考、交流一样。教师要让学生的思维呈现清晰的过程，从而在规定的时间内扎实地完成教学任务。

这次比赛还让我认识到写备课详案的重要性。为了能在比赛中有更好的表现，我熟读（背诵）教材，将上课的语言都写了下来，审词酌句地修改教学语言，预设可能会出现的问题。在比赛中，我发现自己的语言规范多了，面对生成资源的应对也从容多了。这让我认识到，日常备课时也应该仔细琢磨教学中的关键语句，全面预设学生可能会出现的问题，从而保证在课堂上能得心应手地引导学生学习。

点评：（王瑜 北京市大兴区教师进修学校 小学高级教师）

《问小草，问小花》一课的教学过程以讲解为主。教师围绕核心问题“在语境中试着理解叠词的意思，体会其表达效果并尝试运用”展开教学。每个提问互相呼应，层次清晰。

本课设计特点可以用三个词语来概括：学生、学习、习得。本课设计突出特点在于教师的学生观。在教学中，学生处于学习活动的主体位置。教师通过预设问题来激发学生主动思考，在交流中发现自己不曾认识或者认识不清晰的问题。比如：学习“水灵灵、亮晶晶”这两个叠词时，教师问学生：“在生活中见过哪些这样的东西?”这个问题的价值在于唤醒学生的生活积累，将课上学习与实际生活联系起来。学生在联系过程中，眼前会出现相应的画面，同时经历理解词语、体会效果的过程。在这个过程中，回忆、交流的主体是学生。教师的任务是提供方向、点拨思考。

其次，本课设计依据预设的教学内容选择了不同的学习策略。本课预设的学习内容是“理解叠词、体会效果、尝试运用”。课文中出现了三类叠词：“亮晶晶、水灵灵”表状态，“一串串、一颗颗”表数量，“羞羞答答”表神态。学习表状态的叠词时，教师引导学生联系生活理解意思、体会效果。在学习表数量的叠词时，教师采用对比理解词意，运用体会效果的学习方法。在学习表神态的叠词时，教师引导学生说一段话，在运用中理解词语、体会效果。不同的学习方法与不同的学习内容相呼应，取得了课堂实实在在的学习效果。

本课教学设计实现了学生在教师的引领下主动、有法地学习。在这个过程中，学生认识了一个类型的词语，体会了它们的表达效果，在初步运用中加深了认识。这就是学生语言习得的过程。

案例六：吴晨 《白杨》（北京市丰台区丰台第一小学）

学科	语文	年级	五年级	教材	北京版
课题	白杨			主要技能	讲解技能
前期分析					
教材分析	《白杨》这篇课文是京版实验教材第九册第七单元的一篇精读课文。本文写的是一位边疆建设者在火车上向子女们介绍生长在戈壁滩上的白杨，借以表达自己服从祖国需要、为建设边疆做贡献的志向以及希望子女也能扎根边疆、建设边疆的愿望。文章写于1961年，写作背景距离学生较远，通过品读文中重点词句，联系课外资料，帮助学生感悟边疆建设者的特点是教学的重点。				
学情分析	在教学的第一课时，学生已经整体把握了文章内容，梳理清课文的表达顺序，并聚焦第十三自然段，通过互文阅读的方法认识了白杨树高大挺秀、适应性强、生命力顽强的特点。结合爸爸介绍白杨树的语句，引导学生进行了质疑，归纳了这样三个问题：①1961年的新疆是个怎样的地方？②爸爸妈妈为什么是自愿去新疆工作？去那里做什么？③为什么接孩子去新疆？ 由于本文的写作背景距离学生较远，学生单纯利用文中的语句解决这三个问题，进而全面准确地理解“爸爸借白杨树表白着自己怎样的心”，在此基础上认识“借物喻人”的写作方法，存在着一定的难度。因此，在课前让学生查阅了与课文背景相关的资料，并对资料进行了整理。本节课，引导学生综合运用文本和阅读资料的信息，自主探究，解决疑问，使学生认识到爸爸借白杨树来表达自己服从祖国需要，为建设边疆做贡献的志向，并希望自己的子女也能扎根边疆的愿望；通过拓展延伸，深入理解“借物喻人”的写法及表达效果，这是教学要突破的难点。				
课标分析	1.《语文课程标准》要求五年级的学生“能联系上下文和自己的积累，推想课文中有关词句的意思，辨别词语的感情色彩，体会其表达效果”。本节课的教学力求通过对重点词句的把握，引导学生体会爸爸（边疆建设者）的人物品质。 2.《课标》还指出：在阅读中了解文章的表达顺序，体会作者的思想感情，初步领悟文章的基本表达方法。通过本节课的学习，学生能够初步理解借物喻人的写作手法，体会其表达效果。				
教学目标	1. 整合图文资料中的相关信息，自主释疑领悟建设者特点，揭示借物喻人的表达方法。 2. 借助不同体裁、不同题材的文段，加深对借物喻人表达方法的理解。				

续表

学科	语文	年级	五年级	教材	北京版
课题	白杨			主要技能	讲解技能
核心问题	爸爸借白杨树想表白自己怎样的心呢？（理解“借物喻人”的写法）				
问题链	1.爸爸是怎样向孩子们介绍白杨树的呢？ 2.借助资料和文本的描写，你觉得爸爸在借白杨树表白着自己怎样的一颗心呢？ 3.白杨树的特点与边疆建设者之间有什么相同之处呢？ 4.同样的事物可以喻不同的人，同样的人能不能用不同的事物来赞美呢？				
讲解目标及方法	1.在对文本内容的概括中，运用归纳法讲解“借物喻人”写法的内涵，使学生初步感知这种写法的特点。 2.运用演绎法进一步讲解“借物喻人”写法的特征、表达效果及作用。 3.运用类比法拓展“借物喻人”写法（歌词）的例子，并借助学生的习作经验（贺卡），运用变式呈现的方法，深化学生对“借物喻人”写法的理解。				

教学部分案例

教学课题	白杨				
学科	语文	年级	五年级	教学时间	8分钟
教学目标	整合图文资料中信息，自主释疑领悟建设者特点，揭示借物喻人的表达方法。 借助不同体裁、不同题材的文段，加深对借物喻人表达方法的理解。 重点：通过品读文中重点词句，联系课外资料，帮助学生感悟边疆建设者的特点。 难点：拓展延伸，深入理解“借物喻人”的写法及表达效果。				

时间	教师的教学行为	学生的学习行为	教学技能要素
1分钟	一、回顾白杨树特点，聚焦质疑问题 我们通过刚才的学习，了解了白杨树高大挺秀、适应性强、生命力强的特点。文中，爸爸是怎样对孩子们介绍白杨树的呢？ 请同学们轻声地读一读课文的相关段落。	学生读相关段落。	新旧知识衔接

续表

时间	教师的教学行为	学生的学习行为	教学技能要素
	二、整合信息，自主释疑，理解爸爸的心		
	1.对于这些内容，在第一课时的学习中我们替孩子们问了很多问题，还记得吗？轻声地来读一读。	回顾第一课时的质疑问题，轻声读。	回忆
	2.针对这些问题，我们共同努力搜集了许多资料。 请同学们浏览课文、阅读资料，思考：（1）哪些信息能帮助你解决问题，进行标记，把这些信息找全。（2）将找到的信息联系起来解答刚才提出的问题。	浏览课文、阅读资料，提取信息，综合运用信息思考问题。	点拨 探寻
	3.全班交流。 讨论解决第一个问题： （1）引导学生结合课文语句，理解新疆环境恶劣。	学生结合课文语句及阅读资料理解：新疆环境恶劣；新疆是我国经济、军事战略都特别重要的地方。	反馈 确认
4分钟	（2）引导学生从资料1中理解：新疆是我国经济、军事战略都特别重要的地方。	预设：学生不能综合运用信息来解决问题。	
	（3）引导：看来，一个信息不足以解决第一个问题，谁能尝试着用上一组关联词把他们几个找到的信息联系起来回答第一个问题。	在教师的指导下，尝试运用关联词语来把找到的信息联系起来解答问题。	归纳 演示 强调 小结
	小结：将所有的信息联系起来，这样能够更加全面准确地解答问题。	小组合作学习，在交流讨论中发现更多的信息，来解答疑问。	
	讨论第二个问题： （1）解决这第二个问题需要寻找更多有用的信息，先来小组合作学习，大家一起从资料1、2和3中去发现相关的信息，来共同解答这个问题。	全班交流讨论，综合运用信息来解决问题。	强化 反馈 确认

续表

时间	教师的教学行为	学生的学习行为	教学技能要素
	（2）小组合作讨论。 （3）全班讨论，整合信息理解：新疆是经济、军事战略非常重要的地方，爸爸妈妈是响应党的号召自愿来到新疆，去建设新疆的，他们为建设新疆奉献自己的一分力量。		强调 确认 肯定
	看着这些图片和文字，你还发现了哪个问题的答案？	学生读课文及阅读资料解答问题。	探寻
	讨论第三个问题： 学生联系课文和资料理解： （1）新疆还十分荒凉贫瘠，需要一代又一代人去付出，去奉献。		强化 反馈 确认
	（2）爸爸是希望自己的孩子长大以后继续扎根边疆，建设边疆，成为新一代的边疆建设者。	学生朗读重点段落。	
	4.望着白杨树，正是想到了这些，爸爸对孩子们说出了这样的话，一起来读一读。 5.爸爸不仅仅是在介绍白杨树，他也在表白着自己的心。你们读懂爸爸的心声了吗？	学生综合学习的结果，理解：爸爸借白杨树表白了自己扎根边疆、建设边疆的，奉献精神，赞扬了边疆建设者的奉献精神。	焦点化 反馈 确认 归纳 强化
2分钟	三、理解白杨树与建设者的相似之处，领悟“借物喻人”的写法		探寻
	1.我们读懂了白杨树，也读懂了爸爸的心。爸爸就是借白杨树来赞美边疆建设者的，这是一种怎样的写法呢？	学生思考：这是一种怎样的写法？	
	2.谁能联系着板书来说一说，什么叫借物喻人？ 3.是的，这种借助一类事物的特点来比喻人的品格的写法，	交流理解：借白杨树的特点来比喻人的品格。	探寻 反馈 讲解 强化

续表

时间	教师的教学行为	学生的学习行为	教学技能要素
	叫作“借物喻人”的写法。很多作者在表达自己对某类人的赞美时都喜欢使用这种写法，你看，这是——一首歌，这首歌词中同样是写白杨树，作者又在借白杨树赞美谁呢？ 4.袁鹰是借白杨树赞美边疆建设者，歌曲是借白杨树赞美边防军战士，为什么能借同样的白杨树来赞美不同的人呢？ 强调：白杨树与作者想要赞美的这些人有相似的特点。	学生聚焦并思考：白杨赞美边防战士。 学生在教师的启发下抓住本质，提升认识：白杨与作者要赞美的人有相似的特点。	探寻 探寻 点拨 反馈 强化
1分钟	四、拓展延伸，加深理解 1.同样的事物可以来喻不同的人，同样的人能不能用不同的事物来赞美呢？ 2.出示教师节贺卡，猜想这张贺卡用什么事物来写老师的？ 强调：这些事物虽然不同，但它们与所要赞美的人之间有着相似的特点。 3.每次当老师读这段话时，心中特别感动，这是为什么呢？ 理解：借物喻人的写法能够让要表达的感情更加含蓄，令人回味无穷。 希望你们在将来的写作中也能尝试运用这样的写法。	学生从另一个角度思考，加深对“借物喻人”写法的认识：同样的事物还可喻不同的人。 师生交流，感悟“借物喻人”的表达效果：表达的感情更加含蓄，令人回味无穷。	探寻 反馈 点拨 归纳 讲解 探寻 反馈 归纳 讲解

反思：

在教学设计形成之初，我深入研读了文本，基于对文本的理解，初步形成了大致的教学方向。在课程标准的要求下，在对学生前测的基础上，我制定了这一教学设计。在比赛时的实际效果基本上与设计预期一致，但是经过专家的点拨我发现，这一教学设计所展现的教学环节稍显复杂，而有些内容学生仍旧可以通过自读自悟感受到，并不需要按照原设计由教师一步步引导。在后期的教学实践中，我对教学设计进行了一些修正，使之更适应学情。

在微格教学展示中，核心问题作为整个教学设计的统领，而在实际课堂中，核心问题也是整节课的问题核心和线索问题。这一问题引导学生按照一定逻辑顺序学习课文，体会作者的思想感情。但是这一问题应该如何提出呢？从这次事件来看，我认为这一问题是在充分分析学情的基础上得出的，这一问题必须能贯穿始终，必须是学生确实想问的问题，像屋脊一样撑起所有问题的脉络并且所有问题最终都指向这一核心问题。

作为青年教师，我缺乏老教师的教学经验，对课堂把控力上较为欠缺，所以提问技能和讲解技能就直接关乎整节课是否能顺利进行。如何提有价值的问题？怎样提出问题？学生能够回答到什么程度上？如果学生回答偏颇怎么办？等等问题在最初预设时都要想好，这样才能做到心中有数，应对自如。然而有了预设还不够，驾驭课堂的能力需要一节课一节课地磨炼，经验需要一点一点地积累。

点评：（陈力强　北京市丰台区第一小学　教学主任）

吴晨老师作为一名踏上讲台刚满三年的年轻教师，能够在北京市的比赛中取得理想的成绩，与他辛勤的付出是分不开的。从区里的动员大会开始，磨课这件事就成为他每日必修课。无数次对课文文本的解析，无数次对微格教案的推敲，无数次对展示课件的修改……加之同伴的相助，吴老师的虚心好学才有了今天的成绩。

吴晨老师在充分分析教材特点与学生原有认知水平的基础上制定了教学目标：整合图文资料中信息，自主释疑领悟建设者特点，揭示借物喻人的表达方法。借助不同体裁、不同题材的文段，加深对借物喻人表达方法的理解。目标制定全面、准确、适度，可操作，可检测。教学设计立足于学生语文素养的形成，着眼于学生的“最近发展区”，面向学生实际，恰当地选择教学方法，根据教学内容合理安排教师的行为与教学环节，以学生为主体，顺学而导。教学重难点突破有过程。

核心问题：爸爸借白杨树表白自己怎样的心呢？这是一种怎样的写法？这个问题既触及了教材的思想内涵又引导学生思考课文的写作特点。核心问题为学生自主提出，教师在引导学生学习的过程中应努力避免将问题抛给学生，而是引导学生自己发现问题，提出问题。针对自己感兴趣的问题进行阅读理解。之后的问题链紧紧围绕核心问题展开。通过师生、生生互动，让学生带疑读书，以文本为载体引导学生抓住关键词句、潜心会文、披文入情，既积累丰富的语言又感悟高尚的思想感情，把握课文的价值取向。

在突破教学重难点的过程中，通过查阅搜集资料、合作讨论，培养学生综合运用多个信息来全面准确地解答疑问的学习能力。借助不同体裁，不同题材的文段，巩固对借物喻人表达方法的理解。拓展延伸使学生对课文内容有了进一步的理解。正是在这个过程中，学生基本的语文素养得以形成。

吴晨老师教态沉稳又富有激情，课堂上恰如其分地运用手势、动作渲染课堂气氛，促进学生的理解，加深学生的印象。特别是有较强的朗诵功底，对学生的朗诵有较强的指导作用。

希望吴晨老师在今后的工作中保有一位年轻教师的热情与活力，富有童心，开朗乐观、充满生活的机智。逐渐形成自己独特而鲜明的个性，熏陶和感染自己的学生，让他们形成对生命的感悟，对人生的信念。

案例七：郭桂芝《找不同》（北京市房山区交道中心小学）

学科	语文	年级	一年级	教材	北京版
课题	找不同			主要技能	讲解技能
前期分析					
教材分析	本书教材为北京市义务教育课程改革实验教材《语文》第二册，本册教材要求认识常用汉字469个，会写其中的235个。继续学习按笔画、按部件记字。初步体会汉字音形义三位一体的特点。在学习过程中感受祖国语言文字的优美，产生热爱祖国语言文字的思想感情。对学习语文有兴趣，能集中注意力。因此本课聚焦于培养学生区分形近字的方法。				
学情分析	本节微课适用于学习完北京版语文一年级上册的复习课，在学习本节微课之前，学生们已经对“日、白、自”三个字有所了解，能够做到单个生字会读、会写，但是学生们对这三个字易混淆、不会应用。同时，一年级小朋友的特点是活泼好动、注意力不集中、易分散。				
课标分析	课标要求第一学段的学生有喜欢学习汉字，主动识字、写字的愿望，初步感受汉字的形体美。要求识字教学注意儿童心理特点，将学生熟识的语言因素作为主要材料，结合学生的生活经验，引导他们利用各种机会主动识字，力求识用结合。要运用多种识字教学方法和形象直观的教学手段，创设丰富多彩的教学情境，提高识字教学效率。因此本节微课聚焦于利用学生熟悉的生活信息，通过观察、比较、理解、运用来教授学生易混淆的知识点，同时激发学生主动识字的兴趣。				
教学目标	1.引导学生从字音、字形、字义三方面区分“日、白、自”三个字。 2.学生能够根据区别这三个字的方法，学习灵活运用。 3.通过学习区分形近字的方法，培养学生分类识字的习惯。重点是掌握区分形近字的方法，知道遇到形近字可以从字形、字义两方面区分。				

续表

学科	语文	年级	一年级	教材	北京版
课题	找不同			主要技能	讲解技能
核心问题	核心问题　如何区分“日、白、自”这三个形近字并能正确应用?				
问题链	1.“日、白、自”三个字有何区别?(观察) 2.“日”与“白”有何区别,“白”与“自”有何区别?(比较) 3.“日、白、自”三个字的意思是什么?(理解) 4.如何正确运用“日、白、自”三个字?(运用) (问题链的问题由观察、比较、理解、应用四个方面展开,层层递进,最终指向核心问题)				
讲解目标及方法	教学过程中主要运用引导法、归纳法和叙述法进行了讲解。首先抛出本节微课的问题,然后层层递进引导学生从字音、字形、字义三个方面进行梳理,最后和学生一起进行方法归纳,从而达到本节微课最终的教学目的,即学生能够区分“日、白、自”这三个形近字并能正确应用。在讲解“日、白、自”的字义时,在图片演示和教师的肢体语言的辅助下,叙述了字的起源,并结合学生的生活实际,让学生形象地理解了字义,区分了字形。				

教学部分案例

教学课题	找不同				
学科	语文	年级	一年级	教学时间	9分钟
教学目标	1.引导学生从字音、字形、字义三方面正确区分“日、白、自”三个字。 2.学生能够根据区别这三个字的方法,学习灵活运用。 3.通过学习区分形近字的方法,培养学生分类识字的习惯。				

时间	教师的教学行为	学生的学习行为	教学技能要素
20秒	教师以游戏形式导入新课。 同学们大家好,今天我们来做一个小游戏,游戏的名字叫作找不同。这个找不同不是找“我”的不同,也不是找“你”的不同,而是找汉字的不同。 首先,郭老师带来了三位老朋友。快看看,它们有哪些不同? 教师根据学生答案书写板书。[字音]	学生思考并回答三个字在字音上的不同。 这三个字分别是“日”“白”“自”。	创设问题情境 新旧知识衔接

续表

时间	教师的教学行为	学生的学习行为	教学技能要素
40秒	教师引导学生从字形上直观区分“日、白、自”三个形近字。 除了字音，同学们再看看这三个字还有哪些不同？ 教师根据学生的回答进行课件展示。 教师根据学生的回答板书。［字形］ 刚才我们找到了这三个字在字形上的不同，请你伸出小手和老师一起书写。	学生思考并回答。 发现三个字在字形上的差异。 先看“日”和“白”这两个字，“白”字比“日”字多了一撇，再来看，“白”和“自”这两个字，“自”比“白”多了一横。 有的同学可能也会提到“自”比“日”多了一撇和一横。	理解型提问 反馈探寻
4分钟	找到了在字音和字形上的不同，还有其他不同的地方吗？ 教师根据学生的回答板书。［字义］ 教师根据学生记忆，借助图片、甲骨文等引导学生总结“日、白、自”三个形近字的字义。 你还记得“日”是什么意思吗？ 日  针对学生难掌握的“白”和“自”两个字教师进行强调 你还记得“白”是什么意思吗？	学生思考并回答三个字在字义上的不同 学生对“日”这个字的意思掌握比较好，能一下子反映出“日”和“太阳”有关系，但要强调“日”可以表示时间。 学生对于“白”和“自”这两个字的字义容易混淆，“白”这个字要强调	理解型提问 反馈探寻 叙述性讲解 与已有知识联系，学生联系已学知识加

续表

时间	教师的教学行为	学生的学习行为	教学技能要素
	白 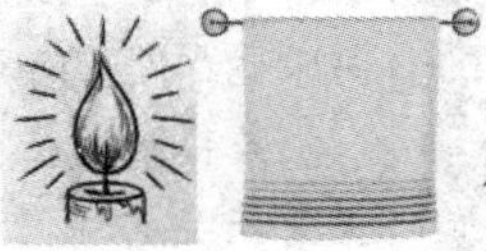 颜色 你还记得“自”是什么意思吗？ 自 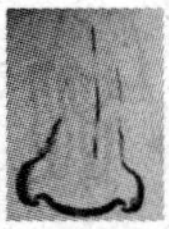 自己	除了可以表示颜色，本义是明亮的意思。 “自”常常用作指示代词“自己”。	深对三个字的理解，形成长时记忆。
3分钟	教师带领学生总结方法，检测学生学习成果。 同学们，我们区分了字音和字形，还逐个回忆了这三个字的字义，现在你们可以区分这三个汉字了吗？让老师来考考你们吧！ 第一关，请你来组词。老师也送给你们一些词语，咱们一起来读读吧！ 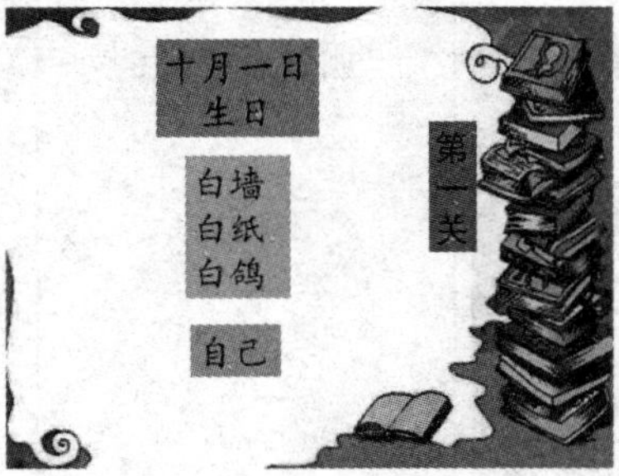 顺利通过第一关，恭喜你们来到第二关，请你把刚才组好的词语带到句子中吧！	学生独立思考、辨别并回答问题、进行检测。 学生对于第一关组词难度不是很大，根据原有基础能够组出很多词汇，例如“生日、日光、白纸、白墙、自己”等，在此基础上教师出示一些词语。 在第一关基础上，由词语带回到句	总结回顾 应用型提问

续表

时间	教师的教学行为	学生的学习行为	教学技能要素
	 第二关也没难倒你们，终极第三关，请你根据图片，和我们刚才第二关中的句子来尝试说一段话吧！	子当中，这一关多数同学也都没有问题。 紧接着第三关根据前两关的积累，再结合图片，让学生们尝试说出一段话语，这一关难度比较大。	
1分钟	教师总结，布置课后提高性任务。 同学们，回想一下我们再遇到形近字时可以怎样区分呢？ 我们可以通过先读准字音、再观察字形，最后了解字义的方法来进行区分。 好啦，郭老师相信同学们已经学会了这项新的技能啦，快来看看今天的小任务吧。 	学生思考。 在教师引导下梳理学习方法。 明确提高性任务。	明确结论

反思：

在预设本节微格课学生存在问题时，如何区分“日、白、自”这三个形近字的字义这一问题是我认为学生会出现问题的地方；但在实际教学中三个形近字的应用仍是最大的问题。这说明除了对字义的理解之外，学生的生活体验也是非常重要的。

在设计本节微格课的核心问题与问题链时，做到了问题链由浅入深，由具体的字音、字形到抽象的字义，层层递进，并且直指核心问题。因此在教学过程中能够做到结构清晰，学生理解起来也更具有整体性。

在此次微格课中，我重点使用了提问与讲解技能，但还存在许多问题。提问的类型过于单一，可以通过不同的认知层次引导学生进行思考，逐步达成对核心问题的共识。因此在提问过程中，可以采用记忆型提问、理解型提问、应用型提问与创新型提问的结合；在措辞方面应该更灵活一些。在讲解过程中虽然做到了比较清晰、系统地讲解，但是讲解语言还应更简洁、语速快慢要有适当的调整。

点评：（田小将　北京市房山区教师进修学校　语文高级教师）

教学设计科学合理，以“如何引导学生区分‘日、白、自’这三个形近字并能正确应用”为核心问题，在此基础上，分别从观察字形、理解字义和正确应用三方面设计问题链，从具体的字音、字形比较，到抽象的字义理解，继而到正确应用，循序渐进，体现了教学的层次性和完整性。

充分体现了学生的主体地位，通过游戏导入、观察比较、通关应用等环节，在问题链的引导推动下，学生主动参与，积极思考，从识记字形、理解字义、正确应用等方面，都能体现出学生的主体能动性。

由于核心问题明确，问题链设计合理，教师的提问中规中矩，有条不紊。美中不足的是提问的方式略显单一，在反馈探寻方面，对学生的回应语言不够丰富，对生成性的问题追问不够。当然，作为一名从教两年的语文教师，郭桂芝老师的基本功是扎实的，教学效果是良好的，整体表现是优秀的。希望在今后的课堂教学中多积累经验，多反思得失，在课堂实践中不断丰富提问语言，提高教学技能。

【问题与思考】

1. 如何根据不同文体的特点以及学生的认知层次设计核心问题和问题链？根据你的经验，尝试梳理出几条具体的方法。

2. 你经常采用的讲解方法有哪些，分别针对什么样的教学内容和学生？

3. 分析自己曾经教学某一篇课文某一部分内容时的核心问题和问题链的设计（或讲解的内容、方法），找出不足并尝试根据教学内容和学情分析重新设计，在教学实践中对比教学效果，并反思原因。

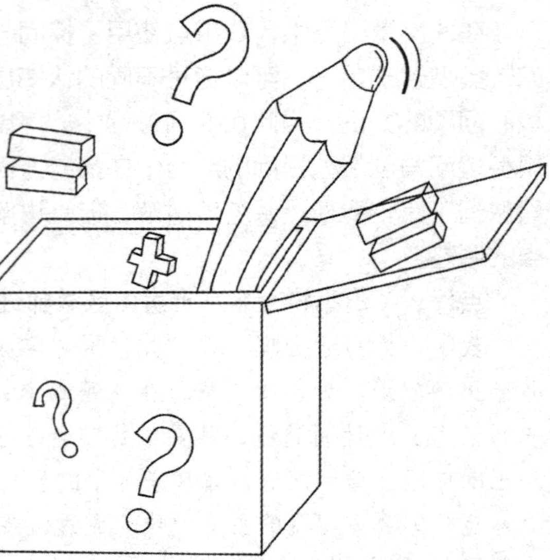

第四章　数学学科案例分析

学习目标：

学习本部分示例的内容，希望达到如下的学习目标：

1. 学习案例设计内容，并能够运用提问和讲解两个技能要素分析案例。

2. 对通过教材分析和学情分析构建核心问题和问题链有所认识理解。

3. 通过对数学示例的研讨，提高明确并准确描述一节课中的核心问题的能力，提高利用问题链解决核心问题的能力；实现课程目标中数学思考、问题解决的培养目标。

4. 能够尝试着进行微格教学片段的设计。

一、以提问技能为主的教学案例

案例一：李伟瑛《平移和旋转》（北京市密云县果园小学）

<table>
<tr><td>学科</td><td>数学</td><td>年级</td><td>二年级</td><td>教材</td><td>北京版教材
第三册</td></tr>
<tr><td>课题</td><td colspan="3">平移和旋转</td><td>主要技能</td><td>提问为主</td></tr>
<tr><td colspan="6">前期分析</td></tr>
<tr><td>教材分析</td><td colspan="5">《平移和旋转》是北京版义务教育课程改革实验教材小学数学第三册的教学内容。平移和旋转现象在学生的生活中并不陌生，学生也都经历过，而作为新课程中新的教学内容则是学生第一次接触。因此，将本节课的重难点定为：学会正确判断平移和旋转的运动现象。</td></tr>
<tr><td>学情分析</td><td colspan="5">此教学内容是在学生学会了观察物体之后学习的内容。生活中有大量的平移和旋转现象，学生对此已有比较感性的认识，但对好多现象的判断还有些模糊，不能用数学的眼光来抓住运动方式的本质。</td></tr>
<tr><td>课标分析</td><td colspan="5">1.运用多种直观化方式，深化学生理性认识。
2.调动多种感官参与活动，激发学生学习兴趣。</td></tr>
<tr><td>教学目标</td><td colspan="5">1.观察生活中的大量事例，感知平移与旋转的现象，并能区别这两种运动方式。
2.培养分类、概括能力，建立空间观念，渗透变换的数学思想方法。
3.用数学的眼光去观察周围世界，感受数学与生活的紧密联系。</td></tr>
<tr><td>核心问题</td><td colspan="5">平移、旋转运动方式的特点。</td></tr>
<tr><td>问题链</td><td colspan="5">1.仔细观察，边说边演示物体是怎样运动的？
2.你能根据这些物体运动方式的不同给它们分分类吗？
3.在平移的运动过程中喜羊羊什么变了，什么没有变？
4.经过旋转的灰太狼什么变了？什么没有变呢？
这些问题引导学生经历看一看、说一说、动一动等活动，有助于体会平移和旋转的运动特点。</td></tr>
<tr><td>讲解目标及方法</td><td colspan="5">采取多媒体演示法和讨论法进行教学。
1.低年级学生以直观形象思维为主，教学中从生活实例入手，充分利用多媒体辅助教学。在大量感知的基础上，体会和发现平移和旋转的运动特点，学会分辨平移和旋转现象。
2.在感知过程中，我设计了看一看、说一说、动一动等一系列多种感官参与的活动。有助于感知的全面与精确，从而促进思维与记忆。同时顺应了儿童好动的天性，有利于提高学习的兴趣。</td></tr>
</table>

教学部分案例

教学课题	平移和旋转				
学科	数学	年级	二年级	教学时间	10分钟
教学目标	1.观察生活中的大量事例，感知平移与旋转的现象，并能区别这两种运动方式。 2.培养分类、概括能力，建立空间观念，渗透变换的数学思想方法。 3.用数学的眼光去观察周围世界，感受数学与生活的紧密联系。 教学重点 观察生活中的大量事例，感知平移与旋转的现象，并能区别这两种运动方式。 教学难点 理解两种运动方式的本质，即运动过程中变与不变。				

时间	教师的教学行为	学生的学习行为	教学技能要素
2分钟	一、创设情境，初步感受平移与旋转 孩子们，喜欢运动吗？其实咱们身边的许多物体也会运动，不信你们仔细看！		导入技能 问题情境引起学生注意，激发兴趣。
	播放课件：吊起物体的运动	观察思考	
	说说被吊起的物体是怎样运动的？能用手势给大家演示一下吗？	说一说 用手势模拟物体的运动方式。	引起学生的思考
	被吊起的物体就是沿着直线这样运动的。请大家都这样做一做。		新旧知识衔接 对新知识有所指引
	播放课件：电风扇转动 扇叶是怎样运动的？	说一说 做一做	
	对呀！扇叶就是围绕着一个点这样（手势）运动的。大家一起做一做。		

续表

时间	教师的教学行为	学生的学习行为	教学技能要素
	下面请同学们仔细观察，边说边演示物体是怎样运动的？ 课件依次出示：转动的摩天轮、上下运动的电梯、转动的风车、斜上斜下的索道。	随着课件播放用手势模拟物体运动方式。	
2分钟	二、分类 1.讨论分类 同学们，（边说边出示课件）刚才的这些物体都在运动，它们的运动方式都一样吗？ 你能根据这些物体运动方式的不同给它们分分类吗？ 同桌之间互相说说！ 谁来说说你是怎么分类的？ 为什么1、3、5是一类？ 是的，被吊起的物体、爬楼的电梯、滑下的缆车都是沿着一条直线运动的，像这样的直直的运动，我们把它叫作平移。 为什么2、4、6是一类？ 是的，电风扇、风车都是围绕一个点转动的，像这样的（手势）一圈圈转的运动，我们把它叫作旋转。 揭示题目：今天我们就来研究一下生活中的平移与旋转。 2.试一试 （出示六张小图片） 刚才我们是用手势演示它们的运动方式，现在你能用我们刚学过的两个新词来描述它们的运动方式吗？ 教师总结：真了不起，被吊起的物体、爬楼的电梯、滑下的缆	认真观察 独立思考 同桌交流分类： 1、3、5是一类 2、4、6是一类 说一说 说一说 说一说	理解型提问 分析型提问 分析型提问 理解型提问 叙述性讲解

续表

时间	教师的教学行为	学生的学习行为	教学技能要素
	车都是沿着一条直线（手势）运动的，所以是平移；电风扇、风车都是沿着一个点（手势）转动的，所以是旋转。		
4分钟	三、深入研究——平移、旋转 1.深入研究平移 请你当小指挥官，让喜羊羊在黑板上做平移运动。 你发现在运动过程中喜羊羊的什么变了，什么没有变？ 你的小眼睛真亮，喜羊羊的大小、形状、方向都不变，但它的位置发生了变化。（教师用手比画） 也就是说当物体在做平移运动时，物体的方向、形状、大小都不变，只有物体的位置变化了。（板书：位置改变）（板书：形状、大小不变） 2.深入研究旋转 灰太狼也来了！哟，倒了！这样多不舒服呀！谁来帮帮它？ 你可真了不起，成功解救了灰太狼。	预设： ①向左平移 ②向右平移 ③向上平移 ④向下平移 ⑤斜上平移 …… 预设： ①大小不变 ②形状不变 ③方向不变 ④位置改变 旋转灰太狼 说一说	理解型提问 提问的语速节奏 理解型提问 提问的语速节奏

续表

时间	教师的教学行为	学生的学习行为	教学技能要素
	经过旋转的灰太狼什么变了？什么没有变呢？ 对呀，也就是说当物体做旋转运动时，物体的形状，大小都不变，但物体的方向变化了。（板书：方向改变，形状、大小不变） 3.对比平移旋转运动方式的特点 比较平移旋转，这两种运动方式，你有什么发现？ 对，物体在做平移和旋转运动时，形状、大小都不变。但平移运动，物体的位置改变；旋转运动，物体的方向改变。	说一说	分析型提问 整理思路明确结论
2分钟	四、运用新知，解决问题 1.判断下面物体的运动方式 播放课件： 推拉窗子的运动是平移； 钟表指针的转动是旋转； 方向盘的运动是旋转； 拉抽屉的过程是平移； 拧水龙头的运动是旋转，水流的运动是平移。 观察得真仔细，拧水龙头的运动是旋转，水流的运动是平移。看来一个物体中可以有多种运动呢！ 2.举例说出生活中的平移和旋转现象 同学们真了不起，举了这么多的例子，你们都有一双善于观察的眼睛。	说一说 生举例	

续表

	拓展延伸 图形的平移 播放课件 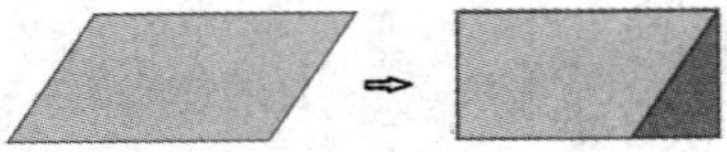 你有什么发现 图形的旋转 播放课件 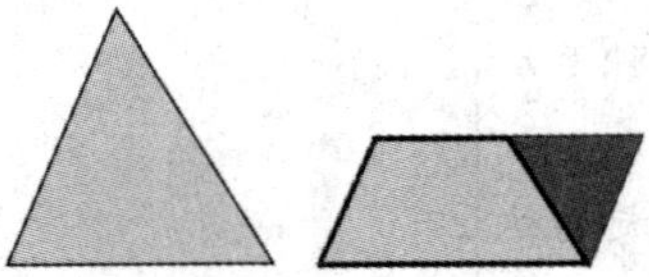 你有什么发现	预设： ①三角形平移 ②平行四边形变成长方形 预设： ①小三角形旋转 ②大三角形变成了平行四边形	理解型提问

反思：

“平移和旋转”是两种基本的图形变换，也是学生在日常生活中经常看到的现象。本节课的设计以活动为载体，让学生在具体的情境中理解新知，力求体现从学生已有的数学知识和生活经验出发，让学生亲身经历将枯燥的数学概念在生活实际中加以应用的过程。

为了让学生很好地理解平移和旋转这两种运动方式，多媒体演示转动的摩天轮、上下运动的电梯、转动的风车、斜上斜下的索道等，引导学生进行观察、比较、分类，从而形成表象。通过提问，引导学生一边观看屏幕一边用手势表示这些物体的运动方式，并根据运动方式分类。学生在直观形象的感知以及亲身的体验中，理解了物体的两种运动方式：平移和旋转。

在感知过程中，设计了两个活动：先让喜羊羊在黑板上做平移运动，并抛出问题：你发现喜羊羊在平移运动时什么变了、什么没变？引导学生总结出物体做平移运动的特点；再故意将灰太狼反着放，激发学生的好奇心和疑问，思考发现只要让灰太狼做旋转运动就可以，进而抛出问题：灰太狼在做旋转运动时什么变了、什么没变？引导学生总结出物体做旋转运动的特点。

通过本次活动，我深刻地体会到，要上好一堂课是很不容易的，必须深入钻研教材，准确理解教材的编排意图，还要根据班级学生的生活实际和学生的认知规律，再重新组织教材，重新建构教学过程。在重点难点的突破中还要多下功夫，一堂好课还是需要多研、多磨！

点评：（钱艳　北京市密云区教师研修学院　小学高级教师）

李伟瑛老师在进行设计前研读了教材和学生，在掌握学生学情和所教学内容的基础上进行有效的教学设计。本节课的设计突出体现在以学生熟悉的游乐场为切入点，引导学生观察运动方式、比画运动轨迹、讨论运动特征、比较两者异同，使学生在轻松愉悦的数学活动中感知平移和旋转的含义，初步建立两种运动方式的数学模型。

在教学重点和难点环节，李老师通过设计核心问题，引发学生思考，通过层层递进的问题，在观察“什么变了，什么没变”的过程中，促使学生独立思考、互动交流，掌握所学知识，及时内化新知，成为学习的真正主人。

在现场说课展示环节中，李伟瑛老师展示出成熟教师的良好状态，和蔼可亲，语言亲切自然，能关注到全体学生，讲解过程中能运用语言突出重点，过渡自然，有较好的时间把控能力。李老师能够很好地运用肢体语言，示范规范、准确，通过微格教学片段的展示，很好地将教学设计得到落实。

在课后反思中，李老师不但关注反思成功之处，更关注反思通过一节课的研磨，自己的收获和感受，反思真实、有效。

此次微格教学展示活动，对于李老师这样比较成熟的青年教师来说，是一次展示自己成长的机会。通过此次展示活动，李老师在课堂教学活动中的教材研读、环节设计、提问技能运用、语言锤炼等方面有了进一步提升的机会，更快地朝着优秀教师的行列前进。

案例二：张倩　《鸡兔同笼》（北京市密云区太师屯镇中心小学）

学科	数学	年级	五年级	教材	京版教材
课题	鸡兔同笼			主要技能	提问为主
前期分析					
教材分析	《鸡兔同笼》是京版教材五年级上册数学百花园的内容，通过教学，一方面使学生了解古人解决此类问题的巧妙思路，激发学生对数学的学习兴趣；另一方面，通过对多种解题方法的探索和对比，使学生体会到解决策略的多样性，促进学生逻辑推理能力的发展，让学生亲历列表、图示、假设等解题的过程，体会解决问题的一般策略。				
学情分析	五年级学生具备了一定的数学学习能力，能从问题中抽象出数及简单数量关系。在解决问题过程中能进行简单的有条理的思考。但“鸡兔同笼”问题对学生来说，离其日常生活较远，非常抽象。学生单从文字上很难理解并解决问题。本节课使用画图法，变抽象为具体，为学生的探究活动铺路搭桥，成为学生学习数学和解决问题的强有力辅助工具。帮助学生形象地理解题意，理解假设法，建构解决“鸡兔同笼”问题的数学模型，运用学到的解题策略解决生活中的实际问题。				

续表

学科	数学	年级	五年级	教材	京版教材
课题	鸡兔同笼			主要技能	提问为主
课标分析	新的《课标》由“双基”变成“四基”“双能”变成“四能”。通过数学学习，不仅要提升学生的思维，还要培养孩子实事求是、敢于坚持、乐于思考、勇于质疑、善于表达、乐观向上、学会合作、欣赏他人、感恩生活，数学学习要给学生留下思考、思维、思想、意识、经验、方法、习惯、自信、快乐，让他们喜欢数学、享受数学，为学生的可持续学习和发展奠定基础。				
教学目标	1.初步认识“鸡兔同笼”的数学趣题，了解有关的数学史。能用列表法和图解法解决相关的实际问题，结合图解法渗透假设的方法解决“鸡兔同笼”的数学问题。 2.通过列表枚举法、画图等不同的方法、策略解决“鸡兔同笼”问题，培养学生解决问题的策略，体会数形结合的方便性，体验解决问题方法的多样化，提高解决实际问题的能力。 3.在现实情境中，使学生感受到数学思想的运用与解决实际问题的联系，提高学生解决问题的能力和自信心，进而让学生体会数学的价值。				
核心问题	如何利用假设思想解决“鸡兔同笼”问题？ 学生画图、动态演示都是为理解假设法服务。有形有数、数形结合中突破了课堂难点，让学生在数形结合的推理思考中建立起正确的数学模型，促进了学生对假设思想方法的体验与感悟。				
问题链	1.怎样列表尝试，解决“鸡兔同笼”问题？ 2.给6个头添腿时，可以怎样假设？ 3.除了给头添腿，还可以怎样画一画解决问题？ 这三个问题层层递进，分别引导学生通过列表、画图、抬腿法解决“鸡兔同笼”问题，而三种方法都是应用一种数学思想，也就是本节课的核心问题——假设思想的应用。				
讲解目标及方法	《数学课程标准》指出：“学生的学习内容应当是现实的、有意义的、富有挑战性的，这些内容要有利于学生主动地进行观察、实验、猜测、验证、推理与交流等数学活动。动手实践、自主探索与合作交流是学生学习数学的重要方式。”所以，我把学法定为：自主探索、合作交流、学生扮演。对照学法制定教法，在教学中主要采用探究发现法、讨论交流法和活动教学法，以问题引领学生进行尝试、探究、交流。				

教学部分案例

<table>
<tr><td>教学课题</td><td colspan="5">鸡兔同笼</td></tr>
<tr><td>学科</td><td>数学</td><td>年级</td><td>五年级</td><td>教学时间</td><td>11分钟</td></tr>
<tr><td>教学目标</td><td colspan="5">1.初步认识鸡兔同笼的数学趣题，了解有关的数学史。能用列表法和图解法解决相关的实际问题，结合图解法渗透假设的方法解决“鸡兔同笼”的数学问题。
2.通过画图分析、列表举例、假设计算等方法理解数量关系，体会数形结合的方便性，体验解决问题方法的多样化， 从而获得学习数学的乐趣。
3.在现实情境中，使学生感受到数学思想的运用与解决实际问题的联系，提高学生解决问题的能力和自信心，进而让学生体会数学的价值。</td></tr>
<tr><td>时间</td><td colspan="3">教师的教学行为</td><td>学生的学习行为</td><td>教学技能要素</td></tr>
<tr><td>1分钟</td><td colspan="3">1.开门见山：
这节课老师给大家带来了两只小动物，这是什么？从数学的角度我们来观察：鸡有几个头？几条腿？小兔呢？
我们也可以用一个椭圆表示鸡的头，用两条小线段表示鸡的两条腿。同样道理，用一个椭圆表示兔的头，用四条小线段表示兔的四条腿。
师：这节课老师给大家带来了一道鸡兔同笼的题目。
师：请看投影：鸡兔同笼一共有6个头，一共有16条腿。 鸡和兔各有几只？</td><td>从数学角度观察鸡和兔，感受“鸡兔同笼”问题。</td><td>提出与生活贴近的问题，激发学生兴趣。</td></tr>
<tr><td>2分钟</td><td colspan="3">2.师：自己轻声读读！教师板书：鸡兔同笼。
这6只小动物全是鸡，可能不？
预设一：鸡兔同笼（师：你是从题目中的文字分析的）
预设二：6只都是鸡有12条腿，题目中有16条腿，所以不可能全是鸡。
同样的道理不可能全是兔。
面对一道纯文字的应用题，我们可以把它转化一下，6个头用6个椭</td><td>独立思考。</td><td></td></tr>
</table>

续表

时间	教师的教学行为	学生的学习行为	教学技能要素
	圆表示，16条腿可以用16条小线段表示，静静地观察，让我们求鸡、兔各有几只？你打算用什么方法？ 3.教师提示方法： （1）我们可以在表格中试一试 展示学生所列表格，引导学生运用跨越式思维，缩小试验范围。	列表尝试，解决问题。	培养学生解决问题的策略。
3分钟	（2）除了列表实验我们还可以画一画。 我们用6个椭圆代表六只小动物，这6只动物正好添多少条腿？有什么办法？能不能列出算式？ ①假设全是兔。  我们还可以给小动物圈腿，现在有16条腿，应该圈出几只小动物？ ②假设全是鸡——并身法。  展示添腿及圈腿过程，并展示如何运用算式解答。		
3分钟	（3）介绍抬腿法，让学生感受抬腿法的巧妙 师：假设所有动物抬起两条腿，这时每只鸡会怎样？每只兔呢？ 生：鸡坐在地上，兔子两腿站立。 师：这时抬起多少条腿？ 生：共抬起12条腿，还剩4条腿。 师：而这4条腿都是谁的腿？兔子现在几只脚站立？也就是说有几只兔子？ 生：四条腿都是兔子的，而兔子两腿站立，说明有2只兔子，4只鸡。 师：你能列出算式吗？	独立思考。 根据方法列出算式。	分析型、评价型提问。 提高解决实际问题的能力。

续表

时间	教师的教学行为	学生的学习行为	教学技能要素
2分钟	黑板上已经展示了我们共同探索的列表、添腿、圈腿、抬腿法，请同学们想一想每种方法有什么特点，你喜欢哪种方法？ 师：正像大家说的那样，这几种方法各有各的特点，列表法简单、画图法直观、抬腿法巧妙。但如果动物的只数特别多，比如几千只，几万只，用列表、画图就不太方便了；但是我们通过画图找到了解决问题的办法，并从中能够列示解答，这就是数学学习。今后大家可以根据题目的特点，灵活选择适当的方法进行解答。	比较三种方法，针对不同问题能够选择合适的方法。	体验解决问题方法的多样化。

反思：

1.“鸡兔同笼”是一道传统的趣味数学题，在设计上我从学生的角度安排教学过程、呈现学习内容、提供操作材料，把学习的主动权交给学生，让学生在合作学习的活动中主动完成认知结构的建构过程。学生获得亲自参与探究学习的积极体验，主体意识和探究精神得到培养，创新潜能得到开发。

2. 在片段展示中介绍了三种方法：列表法、画图法、抬腿法。其中抬腿法虽然巧妙，但相对来说比较抽象，而且抬腿法的列式方法与添腿法的列式相同但意义不同，在课上还要注意两种算式的区分，培养学生用多种策略解决问题的能力。

3. 问题是数学课堂的重要组成部分，好的问题是数学课精华所在，本次展示我以“如何运用假设思想解决‘鸡兔同笼’问题”为核心，分层次地展开教学，围绕核心问题设计不同类型的问题，有条不紊，前后贯通，使所有问题成为一个整体系统，从不同的认知层次引导学生进行思考，逐步达成对核心问题的共识，使学生能够运用列表、画图、抬腿法等一系列假设方法来解决“鸡兔同笼”问题。

4. 本次展示让我明白在课堂上提问技能的重要性，教师在提问过程中的语言应用，包括提问导引语、提问用词、表述问题等。提出的问题得当，可以激发学生的求知欲，提高学生的学习积极性和主动性，教学效果才能有质的飞跃！

点评：（张永　北京市密云区太师屯镇中心小学　小教高级教师）

一、注重内容深刻理解，学情把握准确

“鸡兔同笼”这一教学内容，解决问题的策略方法非常多，有假设法、画图法、金鸡独立法、代数法、列表法等，学生之前也有一些经验。面对这样的问题，我们老师该如何进行把握呢？教学是从学生已有的知识经验水平出发？还是把学生已经掌握的给硬逼回原点，从零开始呢？张老师细细地、全面地解读教材，明确这些方法之间的内在联系——假设法、画图法等与列表法并不是孤立的、互不相干的，它们都是在应用假设的数学思想，是相互关联的，从而找到了核心问题：如何利用假设思想解决“鸡兔同笼”问题？

围绕核心问题的突破，教师围绕三种方法设计了环环相扣的问题。“怎样列表尝试解决‘鸡兔同笼’问题”引导学生观察思考，发现规律；“给6个头添腿时，可以怎样假设”是对尝试列表的一种验证，在直观的验证过程中关注学生理解的层次性；“假设所有动物抬起两条腿，这时每只鸡会怎样？每只兔呢”帮助学生理解假设思想。在有形有数、数形结合中突破了课堂难点，在推理思考中建立起数学模型，促进学生对假设思想方法的体验与感悟。三种方法层层递进，一切都是为了核心问题，渗透给学生用假设这种思想解决问题。

二、注重思维能力培养，思想渗透合理

用数学语言清晰地表达自己的想法是培养学生思维能力的重要途径。从课初的随意猜想到表格中的有序猜想，从一般验证到表格中数据变化规律的发现，从列表法很快自然联想到画图法、假设法。通过教师的引导和讲解，学生不但理解了三种方法之间的关系，而且思维也经历了从无序到有序、从特殊到一般、从借鉴到创新、从肤浅到深刻等方面的巨大变化。学生的思维能力随之得到了提升。

由于上课的经验少，青年教师最欠缺的就是课堂调控技能。从整节课的执行中我们可以到，张倩老师没有做作的表演，一个个眼神，举手投足间看到的是教师对于学生真诚的投入，真正发自内心的尊重和理解。她为学生找到更好的解决问题的策略而兴奋，她带领学生抬腿，金鸡独立，表演游戏间理解解决问题的不同策略。现场的游戏演示、课件直观演示，向我们展示了一个以学生为主体，充满活力的课堂。

纵观整节课，教师所表示出对于教学内容的深刻理解，对于学生情况的从容调控，让我们感受到一位年轻教师的激情与活力。能够平心静气地研究一节课，长此下去，定会有不凡的表现。

案例三：李然《三角形内角和》（北京市密云区第六小学）

学科	数学	年级	五年级	教材	北京义务教育教科书
课题	三角形内角和			主要技能	提问技能
前期分析					
教材分析	《三角形内角和》一课是京版教材五年级上册第三单元的内容，隶属空间与图形的教学领域。北京版和人教版教材介绍了量拼的方法，北师大版教材介绍了量拼折三种方法，但是动手操作难免有误差，所以本节课的教学重点是：用多种方法验证三角形的内角和是180°，使学生获得这一结论。				
学情分析	此时的学生已具备了量角的技能，掌握了角的分类等知识。个别学生已经从一些渠道知道了三角形内角和是180°，但只是知道这一结论而已；甚至有的学生还认为大三角形的内角和大，小三角形的内角和小。所以本节课的教学难点是：用推算的方法得出三角形的内角之和是180°。				
课标分析	通过动手操作采用撕拼折的方法培养学生的几何直观能力。通过推算培养学生的逻辑推理能力。				
教学目标	1.通过学生动手测量、撕拼、巧折、推算等有意义操作活动，理解并掌握三角形内角和是180°，运用所学知识解决简单的实际问题。 2. 在学生的有意义操作中，培养学生的观察、发现、猜想、验证、概括、归纳等能力，积累数学活动经验。 3.在教学过程中，体会探索知识的乐趣，激发学生的学习兴趣，增强对数学的好奇心和探究欲。				
核心问题	是不是所有的三角形内角和都是180°？				
问题链	有什么方法验证三角形内角和是180°？ 能不能用推算的方法验证三角形的内角和是180°？ 三角形的内角和与形状大小有关吗? 循序渐进，从动手操作，到动脑思考，从具体到抽象，从特殊到一般。				
讲解目标及方法	注重基本知识，又注重数学思想、方法的渗透，本节课由学生熟悉的三角板引出猜想，再到多种方法进行验证，得出结论再到应用于实践，这种学习方法会伴随学生的整个学习过程。				

教学部分案例

<table>
<tr><td>教学课题</td><td colspan="5">三角形内角和</td></tr>
<tr><td>学科</td><td>数学</td><td>年级</td><td>五年级</td><td>教学时间</td><td>9分钟</td></tr>
<tr><td>教学目标</td><td colspan="5">1.通过学生动手测量、撕拼、巧折、推算等有意义操作活动，理解并掌握三角形内角和是180°，运用所学知识解决简单的实际问题。
2. 在学生的有意义操作中，培养学生的观察、发现、猜想、验证、概括、归纳等能力，积累数学活动经验。
3. 在教学过程中，体会探索知识的乐趣，激发学生的学习兴趣，增强对数学的好奇心和探究欲。</td></tr>
<tr><td>时间</td><td colspan="3">教师的教学行为</td><td>学生的学习行为</td><td>教学技能要素</td></tr>
<tr><td>40秒</td><td colspan="3">1.介绍内角。
教师课件出示一只学生用的三角板。
师：请看屏幕，这是我们数学课中经常使用的三角板，它的外形是三角形的，在它的内部有三个角，我们把它叫作三角形的内角。
板书：三角形的内角
2.引出猜测。
师：你们了解三角板吗？每个角分别是多少度？
师：这两个三角形的内角和都是180°，那这些三角形呢？是不是所有三角形三个内角的度数和都是180°呢？</td><td>计算三角板内角和，猜想是否所有三角形内角和都是180°？</td><td>导入技能
问题情境引起注意
知识衔接
目标指引形成期待</td></tr>
<tr><td>3分20秒</td><td colspan="3">引导学生验证：
用量的方法验证。
用撕拼的方法验证。
用折一折的方法验证。
推算的方法。
刚才我们都在动手，现在我们动动脑，看看我们能不能用以前学过的知识解决今天的问题。
（1）直角三角形内角和180°。
课件出示一个长方形。
同学们开动脑筋，利用长方形怎样能算出三角形内角和的度数呢？</td><td>动手操作，通过测量、撕拼、折拼、推算的方法验证三角形内角和是180°。</td><td>创新型提问</td></tr>
</table>

续表

时间	教师的教学行为	学生的学习行为	教学技能要素
	课件演示：分成两个大小、形状一模一样的直角三角形 你知道其中一个直角三角形的内角和吗？怎么算的？ 用这种方法我们推算出直角三角形内角和是多少度？ 由此我们也能得出一个结论：直角三角形中，两个小锐角的度数和是多少度？ (2) 推算钝角三角形内角和是180°。 刚才我们推算出直角三角形内角和是180°，想想如果是一个钝角三角形我们怎样推算出它的三个内角和是多少度？怎样找到钝角三角形与直角三角形之间的联系？ 3.学生借助推算钝角三角形内角和是180°，推算锐角三角形内角和。	应用型提问 理解型提问 创新型提问	
3分30秒	深化理解，概括性质（神奇三角形）： 同学们，我们用推算的方法进一步验证了直角三角形、钝角三角形和锐角三角形内角和是180°。 同学们请看屏幕，这有一个神奇三角形，看它会72变，我们让电脑显示这个三角形的度数。（电脑点击得出度数）内角和多少度？拖动一个角的顶点，每个角的度数发生了变化，内角和是多少？ 得出结论：三角形内角和是180°，与大小和形状无关。	通过观察什么变了什么没变，思考三角形内角和与三角形形状和大小无关。	根据内容选择媒体。 出示媒体把握时机。
20秒	4.及时应用，拓展延伸。 应用我们刚才学习到的内容解决一些小问题：我们知道了三角形内角和是180°，那四边形、五边形、六边形内角和是多少度呢？	通过思考解决四边形、五边形、六边形的内角和。	应用型提问

反思：

本节课由学生熟悉的三角板引出猜想，再到用多种方法进行验证，通过学生的动手操作，让学生在操作中感知三角形内角和，得出结论再到应用于实践。

由于学生动手操作难免有误差，所以三角形内角和是 180° 更需要用推算的方法理解，由简单直观到深度地动脑思考。为此设计问题链：有什么方法验证三角形内角和是 180° ？能不能用推算的方法验证三角形的内角和是 180° ？三角形的内角和与形状大小有关吗？循序渐进，从动手操作到动脑思考，从具体到抽象，从特殊到一般。

通过推算的方法得到结论后，为了让学生更加深刻地体会三角形的内角和与形状、大小、位置无关，应用软件，通过拖动三角形的顶点改变三角形的大小、形状和位置，让学生直观地观察到无论怎样变化三角形内角和始终是 180° 。软件的应用更激发了学生的兴趣，增强了好奇心和探索欲。

点评：（王海军　北京市密云区教师研修学院　小学高级教师　张书敏　北京市密云区第六小学　小学高级教师）

《三角形内角和》这节课李老师紧紧围绕“是不是所有三角形的内角和都是 180° ？”这个核心问题以提问为主展开教学。三个问题链接：“有什么方法验证三角形内角和是 180° ？能不能用推算的方法验证三角形的内角和是 180° ？三角形的内角和与形状大小有关吗？”为学生自主探究提供了时间和空间。李老师给学生充分的动手操作的时间帮助学生积累活动经验，通过量一量、折一折、撕一撕等活动，让学生的视觉、听觉、触觉等多种感官协同参与活动。紧接着教师运用“推算”的方法把结论推广到局部，活动到此还没有止步，教师引入几何画板通过拖动让学生感受到无穷多个三角形内角和都是 180° 。媒体出示恰在最合适的时机，真正做到从局部到整体的推理。至此，学生心中的问号彻底被擦除，他们课上斩钉截铁地说：“不论三角形的大小、形状怎样变化，内角和就是 180° 。”学生这样经历从个别现象中发现规律进行归纳概括的过程，有利于学生形成牢固、完善的认知结构，使学生有较多机会通过观察、操作、分析、推理等方式，从多种角度认识事物，从而发展空间想象力。

在李老师的课堂上和谐、融洽气氛贯穿始终。教师努力为学生创造宽松、活跃、民主、和谐的学习环境，使学生敢想、敢说、敢于表达自己的数学观点，调动了学生的行为参与和情感参与。教师讲解时语言清晰、术语准确，提问时机恰当，能对学生的回答给予激励性评价。板书设计合理，既体现重点知识又使数学思想方法（猜想、验证的方法；变与不变的思想）留下痕迹。

李老师的课后反思深入、具体，既看到了自己的设计优势，又找到了自己努力的方向，从反思可以看出她对自己的课堂教学逐渐由感性认识上升到理性认识。前三年是教师发展的关键阶段，组委会组织这样的大赛活动对于各个区县有潜质的青年教师是一次重大洗礼，对于迅速提升青年教师的专业素养和学科水平起到了推波助澜的作用。

案例四：王骄阳《周长的计算》（北京市密云区第三小学）

学科	数学	年级	三年级	教材	北京版教材
课题	周长的计算			主要技能	提问为主
前期分析					
教材分析	这部分内容是北京版教材三年级上册第六单元的知识，教材中呈现的例题是计算画框周长，突出长正方形周长计算的方法多样性并总结出通常使用的计算方法。而本节课是在学生理解了周长的计算方法的基础上的一节练习课。因此我确定了我的教学重点如下。 教学重点：进一步深化理解周长的概念，巩固周长的计算方法。				
学情分析	学生已经准确地认识了周长，掌握了长正方形周长的计算方法，能熟练计算规则图形的周长。但是遇到不规则图形时很难做到主动运用平移这种巧妙的方法把复杂问题转化成为简单问题来解决。 教学难点：理解并运用平移与转化的数学方法和思想。				
课标分析	三年级学生要能做到结合实例认识周长，并能测量简单图形的周长，探索并掌握长方形、正方形的周长公式。 由于本节课是在学生已经能够熟练运用公式计算周长的基础上进行执教的，因此整节课是以复习的形式进一步掌握长正方形的公式。				
教学目标	1.借助一张变化的长方形纸，引发思考，进一步巩固长正方形周长的计算方法。 2.学生借助直观图，在观察、猜想、探究、验证、交流中体会平移与转化的数学方法和思想。 3.在探究过程中体会数学的应用价值，和语文的学科整合，激发学生的学习兴趣。 目标确立原因： 本节课目标的确立是希望孩子在学会计算长正方形周长的基础上掌握一些有效的思想方法。				
核心问题	剪的位置变了，所形成图形的周长也跟着变了吗？ 原因： 本节课是一节长正方形周长的练习课，学生已经掌握长正方形周长的计算方法。因此本节课的核心就落在了当图形变化的时候，图形的周				

续表

学科	数学	年级	三年级	教材	北京版教材
课题	周长的计算			主要技能	提问为主
	长产生的变化，运用数学思想和方法把它转化成为我们学习过的知识来计算。因此，核心问题的设定就是为了引导学生体会图形周长的变化，发现计算不规则图形的有效方法。				
问题链	1.这是一个长30厘米，宽20厘米的长方形，你能想办法求出它的周长吗？ 2.我从这张纸长边正中间剪下一个边长为10厘米的正方形，变出了一个图形，看到这个图形，你想到了哪个汉字呢？ 3. 凹字图形周长与原来长方形的周长比，会发生怎样的变化呢？ 4.如果剪的位置变了，不知道这两条边的具体长度，那它的周长还能计算吗？ 5.看到这个图形，你又想到了哪个汉字？ 这个凸字形和刚刚研究的凹字形的周长相比，哪一个比较长呢？ 6. 我们把这两条短边向两边平移，把这两条短边向上平移，看一看，形成了一个什么图形呢？ 7.如果我把凸字图形上面的正方形进行左右平移，整个图形的周长有没有变呢？ 8.今天我们研究了一张纸中的周长问题，如果用两张纸拼，能拼出什么图形？ 问题链之间的关系： 问题链是从利用一张纸练习计算周长、熟悉公式，到把这张纸进行剪裁，形成不规则图形来计算，再进行拼摆形成新的不规则图形，最后拓展到两张长方形纸进行拼摆作为课下的拓展延伸。问题链中的每个问题紧密连接，让学生的思维一步一步地由浅入深。 如何指向核心问题： 问题链中的问题有的直接指向核心问题，如问题链中的问题3、4、6、7。问题1、2、5是为理解核心问题而做的必要铺垫，通过对旧知识的复习，以及给予学生一句正确的引导会让学生对核心问题的理解更清楚。问题8则是在学生对核心问题有了一定的理解与体会的基础上对知识有一个开放性的拓展，有助于学生开拓思维。				

续表

学科	数学	年级	三年级	教材	北京版教材
课题	周长的计算			主要技能	提问为主
讲解目标及方法	讲解方法： 运用到了有效提问、总结方法、直观模型、动态课件、渗透数学思想等讲解方法。 原因与目的： 本节课研究的是图形的计算，因此整节课只有操作学生看得见的直观模型和动态的课件才能让学生清楚地看到每条边是如何变化的，而且直观模型能够激发学生的学习兴趣；课堂上的有效提问是拓展学生思维的最有效方式，问题中的语言要精准，甚至精确到每一个字才能给予学生最正确的引导；数学的方法与思想是整节课的魂，数学课只有上升到这两个层面，下课以后学生才有真正留给自己的收获。				

微格教案

教学课题	周长的计算				
学科	数学	年级	三年级	教学时间	10分钟
教学目标	1.借助一张变化的长方形纸，引发思考，进一步巩固长正方形周长的计算方法。 2.学生借助直观图，在观察、猜想、探究、验证、交流中体会平移与转化的数学方法和思想。 3.在探究过程中体会数学的应用价值，和语文的学科整合，激发学生的学习兴趣。				

时间	教师的教学行为	学生的学习行为	教学技能要素
40秒	一、复习引入，巩固方法 用一张长方形纸引导同学们回忆上节课学习的长正方形周长的计算方法。 引入新课。 1.同学们，这是一个长30厘米，宽20厘米的长方形，你能想办法求出它的周长吗？ 2.如果我从这张长方形纸上折出一个最大的正方形，像这样，正方形的边长是多少厘米呢？ 3.那么它的周长怎么计算呢？ 今天我们就继续来研究周长的计算。	学生思考 计算长正方形周长： （30+20）×2=100 20×4=80	导入技能 演示技能 有效提问技能 板书技能

续表

时间	教师的教学行为	学生的学习行为	教学技能要素
3分20秒	二、研究“凹”字图形周长计算 1.我从这张纸长边正中间剪下一个边长为10厘米的正方形，变出了一个图形，看到这个图形，你想到了哪个汉字呢？  2.描一描：快来描一描这个凹字图形的周长，大家可以伸出手指和他一起描一描。 3.猜一猜：快来猜一猜，凹字图形周长与原来长方形周长比，会发生怎样的变化呢？这是你们的猜想，快动笔计算验证一下吧。 4.讲解多种计算“凹”字图形的方法，并着重渗透平移与转化的方法和思想。	认真观察，思考。 回答问题：“凹”。 动手描图形周长。 估测图形周长的大小并动笔计算。 10×5+20×2+30=120 （30+20）×2+20=120	提问技能 评价技能 演示技能 讲解技能 转化思想技能
2分钟	三、拓展到凹字其他图形，引发思考 1.我刚刚从长方形长边的正中间剪下了这个正方形，如果剪的位置变了不知道这两条边的具体长度，那它的周长还能计算吗？ 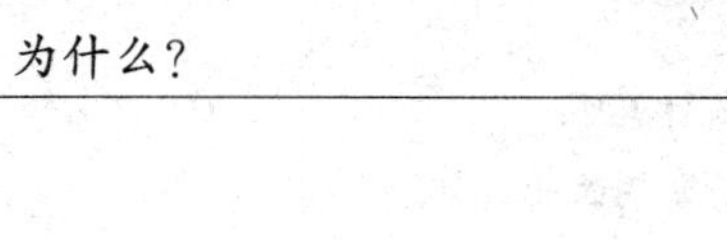 2.如果我从顶点的位置剪，剪出了这样的图形，它的周长还是120厘米吗？为什么？	认真观察，思考。 计算“凹”字图形周长。 可以计算，因为尽管图形变了，但是还可以运用平移的方法把它转化成长方形计算，所以周长不变。	提问技能 讲解技能 评价技能 转化思想技能 教学语言技能

续表

时间	教师的教学行为	学生的学习行为	教学技能要素
	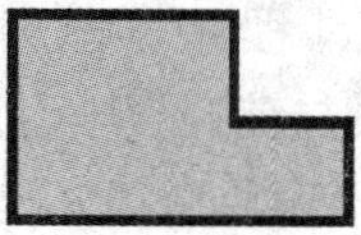 3.总结方法，突出平移与转化的方法和思想能让计算更加便捷。	不是120厘米，因为通过平移没有多出来边，就是100厘米。	
3分钟	四、探究“凸”字图形的周长计算 1.老师把刚刚剪下的小正方形拼在这个长方形正中间，又变成了一个组合图形。看到这个图形，你又想到了哪个汉字？ 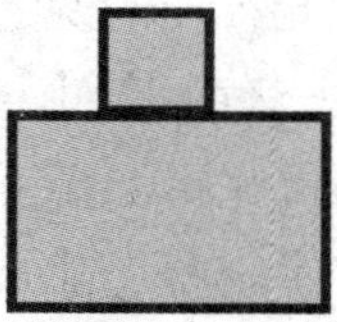 2.猜一猜：我们再来猜一猜，这个“凸”字形和刚刚研究的“凹”字形的周长相比，谁比较长呢？ 3.算一算：又产生猜想了，那快算一算验证一下吧。 4.讲解“凸”字图形周长的不同计算方法。 5.试想：如果我把“凸”字形上面的这个正方形进行左右平移，（黑板演示）它的周长有没有变呢？	认真观察，思考。 估测图形周长的大小并动笔计算。 没有变，因为图形变了也可以通过平移把它转化为正方形，周长不变。	提问技能 教学语言技能 讲解技能 评价技能
1分钟	五、总结提升，课后延伸 1.今天我们通过玩一张长方形纸，进行了折—剪—拼，感受了平移、转化巧妙的数学方法和思想。还利用科学的探究问题方法。在猜想、验证的过程中，发现了很多有价值的数学问题。 2.我们研究了一张纸中的周长问题，如果用两张纸拼，能拼出什么图形？请你课下去拼一拼、算一算。下课！	学生思考。	教学语言技能

反思：

本次微格教学展示比赛结束后，我从多个方面对本堂课进行了反思：

从实际的教学效果方面：由于执教的过程中，教师对课堂的可控性强，因此，我在上课的时候反映出的实际效果与我的教学设计差异不是很大。

为准确设定核心问题，我在上课之前对教学内容进行了更深入的思考。由于清楚本节课的重点，课堂的把控也有了支点。本节课的问题链设计由浅入深，一环扣一环，让整堂课基本达到了预期的教学目标，教学效果良好。课前把一系列的问题链设计出来，让我对自己在课堂上提出的每一个问题负责，语言要精准，逻辑要正确，每个问题之间都有一定的递进关系，让整堂课非常自然地呈现出来。

这次比赛让我对提问技能和讲解技能有了更深入的理解，作为老师，站在讲台上所说的话都对学生有一定的引领作用，因此，我们说的每一句话都要经过深思熟虑，提出的问题要语言精准，有逻辑性，有指向性，很多时候一字之差就能把学生的思维引导到非预想的轨道上。而且整堂课每一个问题之间要呈现一个完整的系统，对核心问题要有指向性。对于讲解技能，我们需要运用不同的方式来呈现，如借助直观模型、借助课件演示、借助学生互相讲解。当然，一定要注意的是讲解过程中语言的逻辑性很重要。

点评：（宋怀海　北京市密云区教师研修学院　小学高级教师）

《周长的计算》一课是在学生已经学习了长正方形周长基础上安排的。这节课紧紧围绕一张 A4 纸展开，充分体现了学科之间的整合，落实课程改革理念，学生在解决问题的同时感受到数学思想、方法的重要性。

一、问题设计精准，体现以学生为本

本节课教师根据内容确定了核心问题，围绕核心问题设计了 8 个小问题形成问题链贯穿整节课。核心问题的设计紧紧围绕教学重难点展开，重在体会“转化”“变与不变”思想方法，学生在活动中能够逐步感悟到数学的本质。问题链的设计体现“由浅入深”的原则，以满足不同层次学生的需求。在课堂上学生思维的火花不断碰撞，在解决周长问题时，学生能够自主想到不同的解决问题的方法，真正实现算法多样化。在变化过程中又进一步感受到数学思想方法的重要性，真正实现了以学生为主体。

二、基本素质突出，驾驭课堂能力强

虽然工作还不满两年，但在比赛中却表现出难得的成熟、稳定、自然、机智……一点不逊色优秀教师。王老师基本功扎实，教态亲切自然，语言表达自然有亲和力，与学生交流自然、顺畅。课前对学生情况进行了调研、分析，本着尊重学生主体地位的原则设计教学过程，在课堂上能够灵活机智处理生成问题，高质量地完成了课前制定的教学目标，课堂教学效率高。

三、善于反思学习，活动中积累经验

反思是教师成长发展的必由之路，对一名新教师来说尤为重要。在这次比赛后，王老师能够及时进行反思。既看到了自己的进步，也认识到自己的不足，明确了今后进一步发展努力的方向和目标。在本次活动中，王老师积累了丰富的活动经验，这个经历是她走向成熟必不可少的。

四、借助展示平台，展现自我提升水平

本次青年教师微格教学大赛，为新教师提供了很好的交流展示的平台，使一批素质高、能力强的教师涌现出来，有助于教师后备队伍的建设。特别是对参加工作不满两年的王老师就有这样一个参加市级比赛的机会，在活动中展现了自己的扎实基本功，并在活动中不断进步、提升。对教师而言结果并不是那么重要，更重要的是准备过程中不断学习、修改、实践、反思，以及在这个过程中，教师对课标的理解、教材的把握、学情的分析……全面得到提升。

总之，通过这次比赛，王老师展现了自我，积累了丰富的经验。有了这种经历，能促使王老师更快、更好地发展。

案例五：徐博　《分数的初步认识》（中国人民大学附属小学）

学科	数学	年级	三年级	教材	北京师范大学出版社
课题	分数的初步认识			主要技能	提问技能
前期分析					
教材分析	分数初步认识是学生认识分数的起始课。学生第一次认识分数，第一次表征分数，这是分数概念教学中最基础、最重要的一部分。在教材中可以看到，不仅体现阴影部分与整个图形的关系，而且启发学生无论大小、形状，都表示平均分成4份中的1份，像这样刻画部分与整体的关系是这节课分数传递的数学本质。				
学情分析	当我们拿着一个苹果问学生“平均分给两个人，每个人得到多少个”的时候，学生到底有没有想过，我为什么要平均分？表示的结果跟平均分成几份有多大的关系？为了找到学生思维的起点，暴露思维的路径，我对75名学生进行了调查。在反馈中，用“一半”“0.5”这样直接表达分的结果的学生占到38.7%，能够写出“1除以2”或者“画图”表示出分的过程的学生占56%。如果换一种问法，“把一个蛋糕奖励给你们小组（自由组合，人数不同），每个人得到多少？”有66名学生关注到自己小组的人数，考虑了要分成几份，而且人人都遵守公平的原则进行平均分，同时也暴露出存在个别不关注人数的学生。				

续表

学科	数学	年级	三年级	教材	北京师范大学出版社
课题	分数的初步认识			主要技能	提问技能
	如果学生没有主动分的需求，就不会关注到整个苹果，更不会关注到部分与整体的关系。第二种提问方式增加了学生主动分的需求，转变了学生的角色，从被动表达，到主动思考。思考我们组有多少人就要分成多少份是个难点。学生喜欢简洁的画图来表示复杂的逻辑关系。对于抽象的数学概念，直观图形能够丰富学生的表象，帮助学生理解分数的意义。面积模型对理解分数起到很大的支撑作用。				
课标分析	分数的意义非常丰富，作为教学任务贯穿三到六年级，整体把握分数的意义可以有以下四条主线：把一个单位平均分之后的一份或几份，表示部分与整体的关系，这是常见的份数的定义；把分数看作两个整数相除的商，分数作为运算结果，像这样商的定义；两个数量比的形式；公理化的定义。 本课作为起始课，体现了分数表达部分与整体的关系。在不断理解分数意义的同时，发展数感，为之后的深入学习和应用奠定基础，培养学生的数学素养。 理解分数的意义，学生的需求在于从“要我分”转变为“我要分”，有了主动分的需求，才会经历分的过程，理解分数的意义，在活动中积累经验。				
教学目标	1.结合具体情境和直观操作，初步理解分数的意义，体会学习分数的必要性，能读、写分数，知道分数各部分的名称。 2.结合折纸、涂色的活动，利用面积模型表示简单的分数，引导学生关注和理解部分与整体的关系，发展学生的数感和几何直观。 3.在丰富的生活背景中激发兴趣，在解决问题的过程中积累活动经验。				
核心问题	分数是怎么得到的，分数的意义是什么？				
问题链	1.把一块长方形的巧克力分给你们小组，你能得到多少？ 2.你能把自己得到的部分用一个数表示吗？ 3.大小、形状各不相同的图形都能表示吗？ 4.你还能找到其他分数吗？ 5.你能用桌面上这些图形表示出其他的分数吗？ 6.认识了分数，你还想了解和研究哪些问题？				
讲解目标及方法	1.分巧克力，分数产生的需求，由“分”产生“份”，感受分数的必要性。				

续表

学科	数学	年级	三年级	教材	北京师范大学出版社
课题	分数的初步认识			主要技能	提问技能
	2.创作分数，初步感受分数意义，借助直观的图形，理解分数的本质。 3.还原游戏，继续理解分数意义，逆向思考，把握“部分—整体”关系。				

教学部分案例

教学课题	北师大版三年级上册《分数的初步认识》				
学科	数学	年级	三年级	教学时间	11分钟
教学目标	1.结合具体情境和直观操作，初步理解分数的意义，体会学习分数的必要性，能读、写分数，知道分数各部分的名称。 2.结合折纸、涂色的活动，利用面积模型表示简单的分数，引导学生关注和理解部分与整体的关系，发展学生的数感和几何直观。 3.在丰富的生活背景中激发兴趣，在解决问题的过程中积累活动经验。				

时间	教师的教学行为	学生的学习行为	教学技能要素
30秒	一、经历分的过程，由整体到部分 1.情境引入，激活思维 师：老师给大家带来一些巧克力，准备给每个小组1块。你觉得你能得到多少？ （出示长方形巧克力）	思考、交流、补充 预设： 生1：我能得到一小块。 生2：我能得到一半的一半。	明确教学活动的目标和任务，启发学生思考，激发学生兴趣，形成学习期待，促进学生参与。
30秒	2.动手分巧克力 师：看来我们需要亲自动手分一分，就拿你手里的这张A4纸代替这块巧克力，请你动手分一分，涂出你能得到的部分。	动手操作探索： 借助长方形纸分巧克力，表示每人得到多少。（需要考虑小组人数，确定份数）	形成问题情境，活动要求清晰明确，鼓励学生经历分的过程，启发学生思维，激发学生分的需求。

续表

时间	教师的教学行为	学生的学习行为	教学技能要素
3分钟	3.初步交流平均分 师：孩子们，老师收集了几个作品，咱们来看看这样表示，你觉得可以吗？ （展示学生表示的作品） 师：谁听懂他的想法了？再来说一说。为什么可以这样表示？ 师：用词很准确。 （板书平均分） 师：你还看懂了哪幅作品？ 师：你真是一个善于思考的孩子。老师这儿还有一个作品，你们猜猜他为什么这样分？ （出示学生表示的作品）	交流、辨析 预设： 生1：我觉得可以，因为这样分每个人得到一样多，也就是公平。 生2：我也认为这样可以，因为他是平均分的。 生3：我看懂了第三种方法，他就是把巧克力平均分成了4个大小一样的小三角形。 生4：我猜到了，因为他们小组只有3个人，所以要平均分成3份。	有效利用学生资源，学生根据不同小组人数分成相应的份数，明晰平均分的原则和要素。 教学语言技能： 用简明的语言引导学生反思和判断，条理清晰，层层深入，表情神态配合学生的表现，及时评价学生。
2分钟	4.认读分数各部分名称 师：那你能把自己得到的部分用一个数表示吗？动笔写一写。 师：谁来把你写的数写在黑板上？你为什么这么表示呢？你知道怎么读吗？它各部分的名称呢？ 师：真棒！这种方法被全世界广泛应用了。请你跟老师再写一遍。今天我们认识的新朋友就叫作“分数”。	尝试用符号语言表达。 预设： 生：我用来表示。表示把巧克力平均分成4份，拿出其中的1份。 认读分数各部分名称。	板书技能： 书写认真流利，字迹工整规范，布局合理，板书和讲授相结合，语言精练，强化分数各部分的名称和含义。

续表

时间	教师的教学行为	学生的学习行为	教学技能要素
	（板书分数的写法和课题）		
2分30秒	二、创作分数，初步理解分数意义 1.不同图形表示 师：长方形你们会分，其他的图形你们也会分吗？请你打开学具袋（正方形、圆形、三角形），选择一种你喜欢的图形表示出它的并写在上面。 （出示学生作品） 师：我们仔细看一看，这些图形都能表示吗? 师：黑板上这些的大小、形状都不相同，都可以用分数表示吗? 师：这里还藏着其他的分数吗？说一说你怎么得到的。 还真是数出来的分数。	探索用不同图形表示。 预设： 生1：我反对第三种方法，因为它不是平均分，不能用分数表示。 生2：就算每个都不一样，但只要表示把图形平均分成4份取1份，就能用分数表示。 生3：其他的3份也都是。 生4：2份，我接着数，3份就是。	反馈和强化技能： 利用学生反馈的信息调节教学活动，关注理解缓慢的学生，追问分数表达的部分与整体的关系，推动学生进一步思考，促进学生理解分数的意义。
1分钟	2.用图形表示不同的分数 师：分数大家庭里还有那么多的成员，你能用桌面上这些图形表示出其他的分数吗？ （展示学生作品） 师：你能看懂这两位同学表示的是几分之几吗？你们还有不同的分数吗？那现在就看看你同桌表示的是几分之几。	用图形表示任意不同分数单位的分数。 预设：	组织教学技能： 关注全体学生的参与和掌握的情况。

续表

时间	教师的教学行为	学生的学习行为	教学技能要素
1分钟	三、深度思考，由部分回到整体 师：同学们对分数有了一定的认识，想不想挑战难一点的问题？这是一个图形的，你能猜出它以前什么样吗？请你在学习单上动手画一画。完成的同学可以先跟同桌交流。 （学生边汇报，边示范） 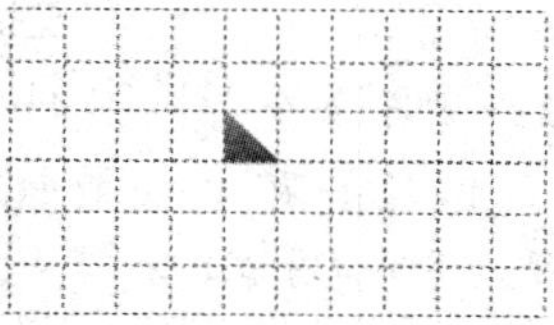	反向思考，交流碰撞不同的思维路径。	演示技能： 借助多媒体资源，配合学生讲解，示范操作，还原学生的思维路径，进一步理解分数的意义。
30秒	四、小结归纳，提出新问题 师：同学们，这节课我们认识了分数，那关于分数你还想了解哪些问题呢？ 师：会提问的孩子真会学习，我们以后会继续学习分数。	发现和提出问题。 预设： 生1：我想知道分数是不是也有加减法呢？ 生2：我在生活中找一找，看看有没有分数。	结束技能： 聚拢学生思路，引发学生回想学习过程，帮助学生构建系统的知识体系和逻辑关系，增进学生对数学的热爱，培养提出和发现问题的能力。

反思：

本节课中的核心问题是理解分数的意义，具体来讲就是刻画部分与整体的关系。为突破难点，设计了问题链。

“把一块长方形的巧克力分给你们小组，你能得到多少？”在分巧克力的活动中，由“分”产生“份”，学生明确了分数需要平均分的原则和必要条件。当老师提到“你能把自己得到的部分用一个数表示吗？”时，学生对表示分数产生了浓厚的兴趣和主动性，简单的一句“这样的表示方法你觉得可以吗？为什么？”学生踊跃地尝试读懂他人的想法，在交流中进行了更深入的思考。教师则适时讲解并揭示了分数各部分的名称和含义。

"大小、形状各不相同的图形都能表示吗？"启发学生进行新一轮的思考。学生最终明晰虽然大小不同、形状各异，但只要表示平均分成 4 份中的 1 份就能用 1/4 表示。"你能用桌面上这些图形表示出其他的分数吗？"学生开始自由创作分数，借助直观图形应用分数表示部分与整体的关系，培养学生发现和提出问题的能力。

"已知一个图形的 1/4，你能还原出它原来的样子吗？"需要学生逆向思考，已知部分求整体。"你还想了解和研究哪些问题？"学生提到分数的大小、计算、应用等问题，给学生打开了更广阔的学习空间。

点评：（石秀荣　中国人民大学附属小学　小学高级教师）

一、让学生从头想起，顺应学生思维展开教学

该教师的教学设计以"分数的意义"为核心问题，契合本节课的重难点，积累了前期充分的教材分析和学生调研，设计出符合学生认知水平和思维层次问题链。从动手分巧克力，感受产生分数的必要性，再到借助直观图形感悟、理解分数的本质，最后逆向思考训练，把握部分与整体的关系，整个教学过程体现了数学本质和学生的需求。

该教师的教学以问题为主线，提问的时机恰当、用词准确。如创设情境之初将问题设定为"你觉得你能得到多少"，学生原汁原味地呈现出对分数的"感觉"。随后顺应学生思维，自然过渡到"你能把自己得到的部分用一个数表示吗"这个核心问题上，让学生尝试对分数进行"表征"，表示分数的过程就是"分"的过程，也就是学生对分数意义的理解过程。随着"你得到巧克力的 1/3，他们组每人得到巧克力的 1/4，不同小组的同学怎么得到的不一样呢？"进一步追问，环环相扣的问题链使教学顺应学生思维而展开。教师能够根据问题类型设定不同的等待时间，如当学生用不同图形表示相同分数时，对于这个教学难点教师通过"真的吗""你听懂了吗""谁再来说一说"三个追问拉长了学生的思考时间。教师做到对学生的回答有反馈和引导。

二、教学基本功扎实，极具教学潜质

该教师教态端庄、大方，具有亲和力，语言简洁流畅。教学过程中给予学生充分的关注，积极调动学生思维。板书有设计，有结构，利于目标达成。教学用具的设计和使用合理巧妙，PPT 设计清晰有层次，达到了辅助和促进教学的作用。时间分配合理，节奏紧凑，内容完整。

可以看出该名青年教师教学基本功扎实，对教学充满热情和钻研精神。作为青年教师能够以课程标准为首要依据，深入学习和体会教学目标和育人目标，有效结合数学专业知识进行深入的思考。并且能够以学生为本，巧妙激发和培

养学生发现问题和解决问题的能力。从青年教师的发展角度建议该教师在今后的教学中适当调整语速，教学过程中兼顾更大范围的学生。

案例六：张强《圆的面积（一）》（清华大学附属小学）

学科	数学	年级	六年级	教材	北师大版义务教育教科书•数学
课题	圆的面积（一）			主要技能	提问为主
前期分析					
教材分析	纵向梳理教材，我们发现学生从三年级到五年级，从最开始对面积的认识，到长正方形面积、平行四边形面积，再到三角形面积、梯形面积的学习，积累了大量的直线图形面积度量的经验。其中，数方格是学生重要的度量面积的策略，贯穿学生学习的始终。并且，转化的思想和不规则图形的经验也为研究曲线图形（包括圆）打下基础。进一步，本课的“化曲为直”思想又为后续圆柱表面积的学习做好铺垫。 横向对比北师大版、苏教版、人教版、浙教版教材，我们发现这四个版本都凸显了在估计猜测的基础上，先将圆分割、再拼合转化，进而找到关系、推导公式这样的解决路径。 因此，本课的教学重点在于经历将圆分割、拼合的探究过程，并且适时渗透转化思想。				
学情分析	教材如此安排，学生能想到这种“分割—拼合”的方法吗？为此，我们对学生进行了前测调研。调研目的有两个：第一，了解学生原始的解决圆面积的认知经验；第二，发现学生解决圆面积的障碍点。调研题目为“请你求出这个圆的表面积”，为了方便学生的测量和计算，我们将圆的直径给定为8厘米。 调研结果发现，75%学生能借助已有经验（数方格或分割成原来学过的图形）寻找求解圆面积的方法，而且方法多样，富有层次，是可利用的、宝贵的课堂资源。但是，这些方法得到的结果也仅是近似，离圆真正面积之间存在距离，一定程度反映出跨越这个鸿沟是困难的。虽然有25%学生尝试用公式法，但正确的仅占18%。对这18%后续访谈，也是别人告知的，而且真正理解仅有2人。因此，“分割—拼合”法对学生来说，很难被想到，并且不易理解！ 于是，不难看到学生的难点，也就是教学难点，在于怎么将圆转化为学过的基本图形。				

续表

学科	数学	年级	六年级	教材	北师大版义务教育教科书•数学
课题	圆的面积（一）			主要技能	提问为主
课标分析	与之前的课标（大纲）对圆面积教学要求（“认识圆面积公式”“掌握圆面积计算公式”）不同，2011年版课标对圆的面积教学提出新要求——“探索并掌握圆面积公式”。探索并掌握圆面积公式的含义是指经历圆的面积公式的探究过程，发现圆的面积公式与其他平面图形面积公式的联系与区别，寻求解决问题的思路，获得理性的认识。由此可见，课标（大纲）对圆的面积公式的教学要求在不断提高，更加重视探究过程和问题解决。 圆的面积的求解，对学生具有挑战性，也是难得的探究解决的机会。我们不妨以“学生发展”为本，以“活动探究”为主线展开教学和学习过程。				
教学目标	教材如此安排，学生如此学情，仅仅通过一课时的学习很难达成教材的要求，另一方面学生面对陌生问题所闪现出的智慧火花是那么难能可贵。因此，我们便思考如何充分利用学生的智慧火花，一步步达到教材期望，让学生的思维在起点处生长。				
核心问题	于是，我们对本节课的目标进行了调整，圆面积的公式推导不作为本课时的学习目标。本课时仅有两个学习目标：第一，在已有经验基础上，经历将圆分割、拼合的探究过程，积累研究图形面积的经验；第二，在动手操作、交流分享的过程中，体会转化思想，了解极限思想。我们把本课的教学重点放在“经历将圆分割、拼合的探究过程”，教学难点是“将圆转化为学过的基本图形”。				
问题链	核心问题是教学过程的诸多问题中最具思维价值、最有利于学生思考以及最能揭示事物本质的问题。这节课紧紧围绕“如何将圆转化为学过的基本图形”这个核心问题展开，这一核心问题的锁定是建立在教材分析和学情调研基础之上的。				
讲解目标及方法	着眼于核心问题，本课设计以下教学环节：①数方格，认识圆的面积；②分割圆，碰撞不同方法；③拼合圆，建立图形联系。这三个环节分别解决四个小问题：①圆的面积是什么？②怎么将圆进行分割？③怎么将分割后的图形拼合？④拼合后的图形与圆有什么关系？四个问题串联成线，层层递进，直指核心问题和学习目标。				

教学部分案例

教学课题	北师大版六年级上册《圆的面积（一）》				
学科	数学	年级	六年级	教学时间	9分钟
教学目标	1.在已有经验基础上，经历将圆分割、拼合的探究过程，积累研究图形面积的经验。 2.在动手操作、交流分享的过程中，体会转化思想，了解极限思想。 教学重点：经历将圆分割、拼合的探究过程。 教学难点：将圆转化为学过的基本图形。				

时间	教师的教学行为	学生的学习行为	教学技能要素
2分钟	昨天我们进行了预学，在求这个圆的面积时，同学们的方法精彩纷呈，让我们一起来看看。 一、数方格，认识圆的面积 （呈现学生作品） 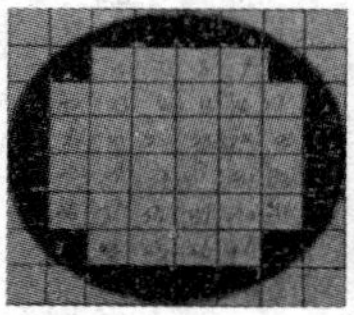 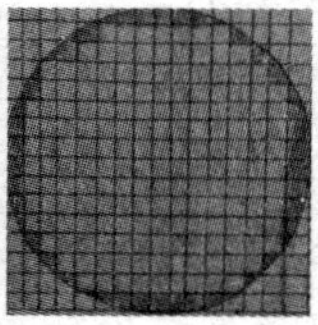 独立思考： ①他们用什么方法解决？ ②哪种更接近圆的面积？为什么？ ③如果想更接近呢？（呈现学生作品） 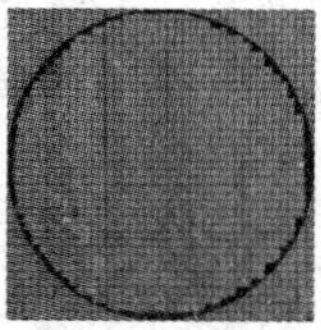 能想到数方格真了不起，圆的面积和以前学过的平面图形一样，都是一个一个面积单位的累加。而且，方格分得越细，越接近圆的面积。	观察读懂同伴作品，对比判断哪种更接近圆面积，思考分析其原因，总结方法。 预设： ①数方格。 ②第三种，因为分得越细，被估的地方越少，越接近圆的面积。 ③得把格分得更细，这样需要估的地方更少，更接近圆的面积。	理解型、分析型、评价型提问 反馈探寻 反馈 与已有知识联系

续表

时间	教师的教学行为	学生的学习行为	教学技能要素
4分钟	二、分割圆，碰撞不同方法 （呈现学生作品） 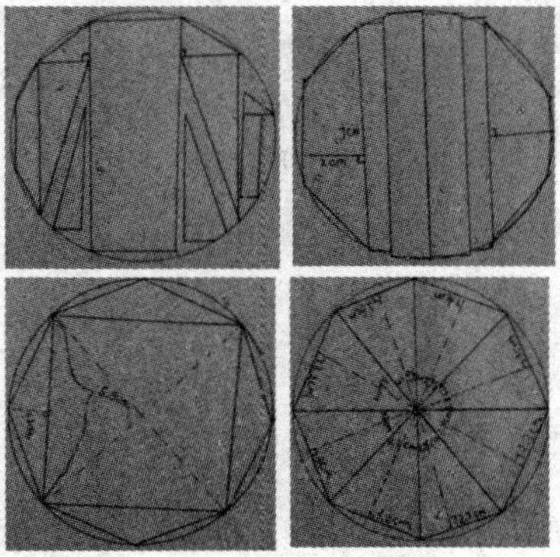 独立思考，小组交流： 他们的方法有什么共同之处？这样做有什么好处？ 这些同学的想法非常棒！当遇到一个新问题时，他们能够把它转化为我们学过的已有知识来解决问题。 这位同学的方法和其他方法有什么不同？你对他有什么改进建议？ 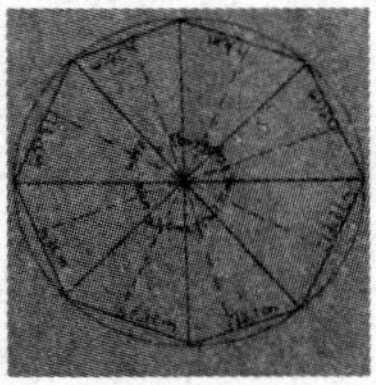 （呈现学生作品）	观察读懂同伴作品，思考发现方法的共同之处，并尝试分析背后的原因。 预设： ①都是把圆分割成一块一块的。 ②每一块的面积都能求，把每块的面积相加就可以求出圆的近似面积。 观察思考，优化。 预设： ①都转化为同一个图形。 ②每个三角形都应相同，这样只要计算出一个，乘以个数就可以知道圆的近似面积了；三角形份数再分得多一些。	分析型、评价型提问 反馈 分析型、评价型提问

续表

时间	教师的教学行为	学生的学习行为	教学技能要素
	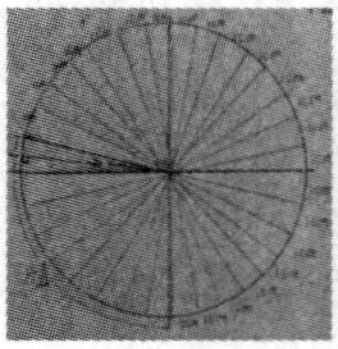 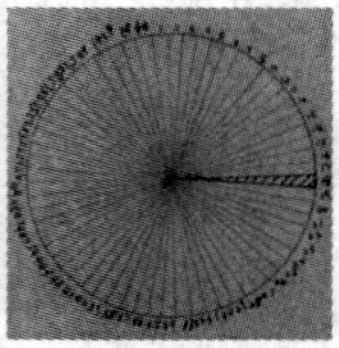 你觉得哪种分法的计算结果更接近圆的面积？为什么？ 分得越细，三角形的面积越接近圆的面积。这是真的吗？ 现在请同学们闭上眼睛接着想象继续细分的过程，有一个圆呈现在我们面前，把它等分成64份、128份、256份，把它等分成无数份。这个时候，每个小扇形就是一个小三角形。	比较判断，分析。 预设：第三种，因为分得越细，三角形的面积越接近扇形的面积。 闭上眼睛，随着老师的叙述进行想象。	评价型提问 探寻反馈 与已有知识联系
3分钟	三、拼合圆，建立图形联系 印度人就是用这种“切西瓜”法找到求圆面积方法的。那我们能不能在“切西瓜”的基础上将圆转化为学过的基本图形呢？ 现在，请同学们借助手中的学具动手摆一摆，并思考以下问题： ①将圆转化成了什么图形？ ②圆的面积与转化后的图形面积有什么关系？  现在，请一个小组汇报。	学生利用手中的学具进行操作，并合作交流两个问题。 汇报分享，呈现拼合过程结果。 预设： 	讲解目标 创造型、分析型提问 与已有知识联系 了解学生思维

续表

时间	教师的教学行为	学生的学习行为	教学技能要素
	追问：它的这条边可不是直的，而是由一条一条的小弧线组成的，这是平行四边形吗？	①平行四边形。 等分的份数越多，弧线越接近直线，当把圆等分无数份时，拼出的图形就是平行四边形了。	反馈探寻
	课件及几何画板演示（将圆不断细分的过程） 同学们，至此我们已经差不多解决了一个曾经耗费人类无数精力和心血的难题：化圆为方。 除了面积相等以外，圆和平行四边形之间还存在着哪些联系？只要你找到它们之间的关系，那你就往推导圆面积公式的目标又迈进了一大步。 圆的面积公式是怎么推导出来的？圆能不能转化成其他学过的图形？这两个问题留作课下思考，我们下节课继续来探讨圆的面积。	②圆的面积等于平行四边形的面积。	明确结论

反思：

这次经历给予我很多方面的收获、成长与反思，其中最突出的就是体悟到核心问题和问题链的设计对课堂教学的作用。当代美国著名数学家哈尔莫斯说过：问题是数学的心脏。一个好问题之于数学教学的重要性已经不需多言。所谓好问题通常是学生不能立即作答的，需要思维活动参与、并需付出努力而最后获解的疑难。

核心问题，不但要符合好问题的特征，还要满足教学的需要。核心问题，也就是中心问题，是教学过程中的“根”与“魂”“线”与“索”，是诸多问题中最具有思维价值、最有利于学生思考及最能揭示事物本质的问题。它是教学过程中，为学生更好地理解和掌握新知、更好地积累学习经验和方法，针对具体教学内容，提炼而成的中心问题。牢牢把握核心问题，对于展开教学，落实教学目标，有“四两拨千斤”的绝妙之处。这是我深有感触的第一点。

那么，核心问题怎么来？通过这次经历，我领会到首先要准确把握教学内容，也就是弄明白“教什么”，课标怎么定位的，不但要关注教材显性的信息，也要关注教材隐性的价值。其次，要准确把握学生的学情，分析学生的难点到底在哪儿，障碍点是什么，合理地确定教学重点和难点，以此确立核心问题。这是我深有感触的第二点。

一节课的核心问题，通常要分解为几个子问题。如何设计子问题，如何铺排问题链，更是一门学问。以本节课为例，围绕着核心问题“如何将圆转化为学过的基本图形”设计了四个子问题：1. 圆的面积是什么？ 2. 怎么将圆进行分割？ 3. 怎么将分割后的图形拼合？ 4. 拼合后的图形与圆有什么关系？四个问题串联成线，就是要在激活学生已有经验的基础上，从已知中孕育出新知，完成对圆面积公式推导的认知建构。几个子问题的设计，与学生的认知节点吻合，也要与概念的建构过程契合。这是我深有感触的第三点。

核心问题和问题链的设计，似乎让我找到了课堂教学的抓手，让数学教学更有方向、更有条理、更加顺畅、更有活力，生成一种更开放、更灵活，多线分层并进的教学结构。我将努力在课堂教学中进一步研究和实践。

点评：（许淑一　清华大学附属小学　中学高级教师）

本节课的教学过程以提问为主，核心问题和问题链的设计是这节课的最大特点和亮点。核心问题怎么提炼呢？本课给予了很好的示范，教师首先梳理了教材知识点，知道教材讲了什么，需要学生掌握哪些知识，形成哪些能力，感悟哪些数学思想方法等。不止如此，教师还分析了课标对本节课的教学要求，这样教学重点就明确了。在充分把握教材的基础上，教师对学生进行了前测调研，细致分析了学生的情况，准确找到障碍点和难点。这些为核心问题的确定打下基础。教学过程，也是学生逐步认知建构的过程。教师通过几个问题的铺排，留给学生思考时间和空间，或动手操作，或动脑想象，引导学生在感悟、交流、讨论中达成目标。这几个问题逻辑关系紧密，是核心问题解决的必要节点，其实也就构成了一条问题链。正因如此，学生才有思考方向、思考深度和思维成长。

本节课另一个突出特点，就是在学生的思维起点处展开教学，不忽视学生的认知经验。教师充分运用学生预学时求解圆面积的作品，引导学生拾级而上，一步步突破求解圆面积过程中的难点，在分割和拼合中渗透“化曲为直”和极限思想，使学生在已有的知识和经验中学习新知，这些均体现了以学生为本。

总之，这次经历对青年教师的成长有深刻的教益，能够帮助他树立良好的学生观、课堂观、教学观，提高教学基本功，开展更扎实、更有深度的课堂教学。

案例七：肖新颖《摆一摆　想一想》（北京市朝阳区第二实验小学）

前期分析	数学	年级	一年级	教材	人教版
课题	摆一摆　想一想			主要技能	提问技能
前期分析					
教材分析	这是一节“综合与实践”的主题活动课。通过让学生把一定数量的珠子分别摆在数位表的十位和个位，得到不同的数的活动过程，巩固学生对100以内数的认识，体验位值制思想。同时，让学生有所发现，并利用发现的规律解决一些简单的问题，教材从1颗珠子开始，再次渗透位值思想，而从3颗珠子开始，随着珠子数量的不断增加，摆全所有的数对于学生来说有难度，需要有序思考。可以看出，这一活动综合性强，可以很好地培养学生的形象思维、抽象思维能力。				
学情分析	学生在100以内数的认识学习中，已经多次接触计数器模型，能看模型写数，还能根据数拨出或画出对应的计数器模型，这些内容的学习，使得学生心目中已经有了初步的位值感悟。结合学生的学习情况和本节课的教材，在用1颗和2颗珠子摆数的过程中，学生已经明白什么叫用珠子摆数，但是从3颗珠子开始，怎样能够不重不漏地摆出所有数，对于学生来讲有难度，需要教师的指导和讲解。				
课标分析	新课标中提出，“通过实践活动，感受数学在日常生活中的作用，体验运用所学的知识和方法解决简单问题的过程，获得初步的数学活动经验”，在本节课中，通过实际操作使学生深刻体会到：同样数量的珠子摆在不同数位上，表示的数不同，从而加深学生对数位及位值概念的理解。在摆数的过程中，渗透有序思考。				
教学目标	通过学情分析和本节课的教材分析，学生在学习了100以内数的认识之后已经初步有了位值思想，本片段希望通过学生的动手实践活动，在学生原有的认知基础上，认识规律，体会有序思考，因此，本片段的教学目标确定为：在珠子数量递增的拼摆与思考中，巩固100以内数的认识，体会有序思考的价值，感受位值思想。				
核心问题	本片段一直在围绕着学生动手活动的过程，让学生体会同一颗珠子放在不同的数位上，所表示的意义不同；在摆的过程中发现好方法，体会有序思考的价值。因此，本片段的核心问题确定为：用几颗珠子可以摆出哪些不同的数？				
问题链	1.1颗珠子摆出2个数，2颗珠子摆出3个数，3颗珠子我们可以摆出几个不同的数？ 2.这3位同学的方法，哪种让你看得最清楚、最明白？ 3.为什么大部分同学选了移的方法？				

续表

学科	数学	年级	一年级	教材	人教版
课题	摆一摆 想一想			主要技能	提问技能
	这3个问题链是递进的关系，通过学生的动手实践操作，发现相同的珠子放在不同的数位上，所表示的数不同，利用学生的资源发现拼摆的好方法，而随着珠子数量的不断增多，抽离出有序思考在其中的重要性，从而运用到摆珠子的过程，再次指向核心问题，体现有序思考的价值及其优越性。				
讲解目标及方法	在教学过程中，主要运用的是教师适时的指导讲解和点拨，巩固100以内数的认识，体会有序思考的价值，感受位值思想。虽然从3颗珠子开始对于学生来说有难度，但是通过教师适时提问、指导，学生能够发现其中的规律，培养学生的动手操作能力以及发现问题、解决问题的能力。				

教学部分案例

教学课题	摆一摆 想一想				
学科	数学	年级	一年级	教学时间	10分钟
教学目标	在珠子数量递增的拼摆与思考中，巩固100以内数的认识，体会有序思考的价值，感受位值思想。 通过探究珠子个数与所摆出的数的关系，使学生发现规律，并能用发现的规律解决一些简单的问题。 重点：发现规律 难点：有序思考				

时间	教师的教学行为	学生的学习行为	教学技能要素
30秒	1.同学们，刚才你们用1颗珠子很快就摆出了2个数，用2颗珠子也很顺利地摆出了3个数，继续研究，该几颗了？ 对啦！猜猜，3颗珠子可以摆出几个不同的数呢？ （板书展示1颗珠子和2颗珠子摆出的数） 2.哦，我听到了，有说3个的，还有人说4个、5个的！	有根据地推测。（3颗） 根据学习经验进行猜想。	引导语：引起学生注意并激发学生思考。 核心问题和问题链： 通过板书展示1颗和2颗珠子所摆出的数，理解用珠子摆数的过程，同时启发学生对摆出几个不同的数的结果进行猜想。

续表

时间	教师的教学行为	学生的学习行为	教学技能要素
3分钟	问题探讨1：那么3颗珠子到底能摆出几个不同的数呢？请你动手试试吧。 组织学生动手操作，初步猜想和验证。 用视频展示学生拼摆过程。 到底3颗珠子能摆出几个不同的数？我们摆出了几个数？ （板书展示：3、30、12、21） 这几位同学的，谁摆全啦？ 问题探讨2：这3位摆全了同学的想法，谁的让你看得最清楚、最明白？ 学生独立思考。 组织学生交流探讨。 1.大家认为这两种方法让你看得又清楚、又明白，那你们看懂他们是怎么想的了吗？谁看懂了？来讲讲。（通过视频展示，适时对学生进行评价） （引导学生学会学习，培养学生倾听和表达能力） 2.这两种方法好吗？好在哪儿了？ 3.哦，看来交换位置，和固定在一个数位上再移，都能让我们不重不漏地摆出所有数。 （板书：交换位置、固定数位移）	预设1：3个 预设2：4个 预设3：5个 动手实践证明自己的猜想。 预设1：无序汇报 预设2：有序汇报 预设1：我觉得第3个同学的方法比较清楚。 预设2：我认为最后一位同学的更清楚。 学生观察并用自己的语言表达出其他同学的做法。 预设1：这样做能把所有数都摆出来。 预设2：这样摆不会重也不会漏，而且很清楚。	核心问题及问题链：此问题具有学生思考的空间，因此采用先让学生在动手实践中证明自己的猜想。 停顿节奏： 提出问题后适时地给学生思考问题的时间和空间。 问题链： 问题抛出后，根据观察和学生的认知找出在摆数的过程中能够有序摆出所有数的方法，开放性问题。 反馈探寻： 在学生表达清楚想法之后对学生进行恰当的表扬。 讲解结构： 语言行为配合： 在讲解的过程中配合板书和动作帮助学生强化有序思考的方法。

续表

时间	教师的教学行为	学生的学习行为	教学技能要素
3分钟	多棒的方法呀！接着研究，该几颗了？那就选择一种方法，用你手里的4颗珠子，试试吧！ 4颗珠子能摆出几个不同的数？ 我们把它请到黑板上来吧！ 第一个数是？（4）还有呢？（13） 继续（22）接着（31）最后是？（40） （板书：4、13、22、31、40） 能和老师说说你是怎么摆的吗？你呢？你们呢？ 问题探讨3：咦？怎么大部分同学都用移的方法，不交换位置呢？ 小结：看来珠子多了，我们更喜欢把所有珠子都放在一个数位上再移到另一个数位上的办法，这样更清楚。 （适时总结）	有根据地猜测。（4颗） 预设：5个 学生有序汇报 4.13.22.31.40 预设1：我是把所有珠子都放在个位上再一个一个移的方法。 随着深入的探究感受选择方法的重要性。	停顿节奏： 抛出问题后，给出学生选择方法和尝试的时间，在实践中选择能快速不重不漏摆出所有数的方法。 合理分配： 面向全体学生。 问题链： 学生在动手实践验证下选择不重不漏摆出所有数的好方法，体会有序思考的价值。
3分钟	这种方法你们学会了吗？继续研究，该几颗了？ 那我们就用这种方法摆一摆，看看5颗珠子可以摆出几个不同的数？ 组织学生动手摆或写。 5颗珠子你们摆出了几个不同的数？我们一起来看看！ 多媒体展示摆数过程。 多媒体珠子和数位表消失。 刚才这个过程你们记住了吗？我们来一边想一边说说。	有根据地猜测。（5颗） 学生动手实践。 学生汇报：5、14、23、32、41、50	提问措辞： 适时表示惊讶，通过语气引起学生注意，引发学生思考，示意对他们的回答很感兴趣。

续表

时间	教师的教学行为	学生的学习行为	教学技能要素
	（从形象思维到抽象思维的过渡） 板书展示：5、14、23、32、41、50 多好的方法！不摆了，我们一起来想一想，6颗珠子能摆出几个不同的数？ （板书：6、15、24、33、42、51、60） 你们太了不起了，不仅发现了两种好办法，还选择了一个好用的，最厉害的是，现在已经不用动手摆了，凭着想象就能不重不漏地摆出所有数了。 7、8、9任选一个，想一想，写一写。再看看黑板上我们用不同珠子摆写出的数，你是不是能有新的发现？	学生汇报：6、15、24、33、42、51、60 学生在体会到有序思考的价值之后，根据学习经验完成不同数量珠子的摆数活动，并为本节课的下一环节做出铺垫。	得出结论： 提问措辞： 利用语气激发学生思考珠子数量和摆出数之间的关系以及数的特点。
30秒	总结回顾：课讲到这里，马上就要结束了，这是一节“综合与实践”的讲授片段，希望通过我的设计，不仅能让学生在动手实践尝试中感受到学习的快乐，体验到数学的神奇有趣，还能深刻体会到有序思考在解决问题中的作用。		

反思：

这次比赛，让我更加清楚提问技能和讲解技能，一次次的磨炼，让我清楚地知道了两者的区别，并且能够在正确的时机运用相应的技能，这是能力的提高，也让我在教学设计上有了一个突破和进步，同时在我的课堂上，对于掌控学生资源也有了一定的进步。

在这个过程中，我的收获很多，成长了不少。这其中，我进步最大的有两点：其一是说课，其二是教学技能，特别是语言。

通过这次比赛的准备，让我对说课的流程及衔接更加清楚，也让我对说课的每一个环节说什么、怎么说、凭什么这么说有了一个清晰的思路。比如《新课标》，以前的说课，我认为课标就是理论依据，只要找到合适的内容放在固定的位置就好，并不知道它有什么作用。通过这次的学习，我深知了它的重要性，它是说课的魂，明确其重要性不言而喻，我们要找到和本节课相对应的实质性的内容，其意义才是真正指导本节课内容的理论依据，一字一句都是关键。另外，设计教学目标、如何突破重难点、每个环节的衔接语等，这些内容的学习，更是让我对说课有了很大的兴趣，让我跃跃欲试。

内容准备好了，既然是展示，那PPT是重要的展示途径，要把我们想展示的内容展示出来并不难，但是，既然是数学课，就要有数学课的味道，做出一个完全体现我们思路的幻灯片，给我们的展示加分的幻灯片似乎也不是一件容易的事情，因此，我开始研究和学习PPT的制作，这个边学边运用的过程，也是让我有了很多的意外收获，从中学习的技能不光支撑我完成了一个我自认为还比较完美的PPT以外，也让我掌握了很多技能，让我完成了以前我认为很难、很耗时，现在却能轻松完成的任务。

点评：（苗沐霖　北京教育学院朝阳分院　中学高级教师）

本片段的教学过程以提问为主，提问技能表现出色，具体来讲有这样四个特点。

一、教学定位准确

本片段是“综合与实践”主题活动课《摆一摆　想一想》的一个片段，教学目标是：“在珠子数量递增的拼摆与思考中，巩固100以内数的认识，发现规律，体会有序思考的价值，感受位值思想。”教学活动分为明暗两条线，明线是发现规律，暗线是在活动中体验位值制，体会有序思考的重要性。这一定位以学生自主参与为主，促进学生对数学的全面理解，充分体现了“综合与实践”领域的要求，说明教师对《数学课程标准》、教材、学生情况分析到位。

二、问题引领探索

教学活动的设计以问题为载体开展，引领学生的参与和思考。在学习本片段之前，学生已经通过1颗珠子和2颗珠子了解了摆数的方法，初步感受了位值。因此，活动主要分为两大环节，其中第一个环节用3颗珠子摆数是重点。教师所设计一连串的问题，不但让学生进一步感受位值，感受所摆出数之间的关系，也体会不同方法之间的区别，感受有序思考的价值。

三、不同层次提问

教师所提出问题的层次不同，既有低认知水平的问题，也有高认知水平的问题。评价型提问“这两种方法好吗？好在哪里？”促使学生思考，体会无序与有序的区别，认识有序思考的重要性。问题之间前后贯通，成为系统。在第二个环节摆4、5、6、7个数，每次的提问都有所不同，层层递进，从形象到抽象，引领学生思考，发现其中的规律。

四、提问措辞合理

教师的提问不但用词准确、清晰、易懂，而且使用不同的语气，激发学生对问题答案的探求思考。例如，“咦？怎么大部分同学都用移的方法，不交换位置呢？”不但使学生在选择保证不重不漏方法的基础上，明确摆放方法之间的差异，也促进学生对问题的思考。

此外，教师在关键之处的讲解，帮助学生梳理总结出有序思考的方法；对关键词语“固定数位”“移”的板书，有利于学生理解方法；结构性板书也便于学生发现总结规律。正是由于准备充分，教学片段展示过程中教师的表现很出色。

肖老师的反思，反映了自身教学技能的发展提升过程。第一，技能的提高不是一日之功，而是一个反复训练提升的结果。开始时没有语气，经过“不断地演练，不断地改正”，才变为“有语气”。第二，技能提高需要合理的训练方法。语气语调是教师平时不太重视的地方，训练不够。为了能用不同的声调表达疑问，促进学生的思考，表达感叹惊喜，对学生鼓励赞许，教师使用录音机“反复录音反复听”，发现自己存在的问题，并有效地改进。第三，技能的背后是对教材的深入理解，对学生的准确把握。语速节奏的提高，需要训练快慢轻重缓急，掌握语言技巧，但更重要的是“哪儿快、哪儿慢、哪儿轻、哪儿重”。这就需要从内容出发，从学生的角度考虑。希望教师能从一个教学片段的训练中得到技能的发展，应用到一整节课，再到每一个教学片段，每一节课。

青年教师的发展离不开机遇，更离不开自身的努力。机遇是留给有准备的人的，当你面对机遇时不努力，实际也就放弃了机遇。肖老师秉持“不逼自己一把，你永远也不知道自己有多优秀”的理念，抓住了机遇，得到了发展。个人的发展就需要自己“逼”自己。在任务驱动下，肖老师获得了发展，感受到成长给自己带来的快乐。如果能从“他律”走向“自律”，努力实现个人理想、抱负，发挥个人的能力到最大限度，就能获得真正的发展。

案例八：张佩仪《两位数减一位数的退位减法》（北京市第二实验小学朝阳学校）

<table>
<tr><td>学科</td><td>数学</td><td>年级</td><td>一年级</td><td>教材</td><td>北师大版</td></tr>
<tr><td>课题</td><td colspan="3">两位数减一位数的退位减法</td><td>主要技能</td><td>提问为主</td></tr>
<tr><td colspan="6">前期分析</td></tr>
<tr><td>教材分析</td><td colspan="5">已学过的相关内容
一年级上册
●20以内数的加法、不退位减法及其应用
一年级下册
●20以内数的退位减法及其应用
●100以内数的不进位加法、不退位减法及其应用
➡
本单元的主要内容
●100以内数的仅为加法，退位减法
●解决有关简单实际问题
➡
后续学习的相关内容
二年级上册
●100以内数的连加、连减、加减混合运算
二年级下册
●万以内的加减法

本节课内容是学生掌握了20以内数的进位加法和退位减法以及100以内数的不进位加法和不退位减法的基础上进行教学的，它是多位数四则运算的基础。有研究表明：多位数四则运算的错误，大部分都出在两位数加一位数的进位加法和两位数减一位数的退位减法上。因此，两位数减一位数的退位减法对于学生的后续学习，特别是“借一当十”这一算理起着至关重要的作用。能够正确掌握两位数减一位数的退位减法计算方法，理解算理是本节课的重点。</td></tr>
<tr><td>学情分析</td><td colspan="5">学习本内容之前，学生在第一单元已经学习了口算20以内的退位减法，知道个位不够减要借十位上的1来减，能正确口算十几减几的退位减法题，这些都是学习本教学内容的重要基础。但是十几减几的退位减法题，被减数十位上都是1，借就借1，借走了也就不用再考虑十位了。但是现在，被减数十位上不止有1，十位上借走1后，还有剩下的，这些都是学生要面对的新问题。教学时要充分利用学生原有知识，注意“20以内退位减法”计算方法的迁移，引导学生感受新知在原有知识基础上发生、发展的过程，为后续学习做好准备。
另外，本节课是学生第一次用竖式计算退位减法，是学生学习的难点。学生需要将直观的操作过程和抽象的笔算过程相对应，真正理解算理。因此，教学时通过合作探究、互相启发等途径，让学生发现和总结计算方法。让学生通过摆小棒去掌握“两位数减一位数退位减法”的计算方法，引导学生从摆小棒的过程中得到启示，加深对“两位数减一位数退位减法计算方法”的理解，加强学生对这一计算方法学习和掌握。</td></tr>
<tr><td>课标分析</td><td colspan="5">关于小学第一学段“数的运算”，课标中是这样描述的“能计算两位数和三位数的加减法”，由此可见，本节课学习的“两位数减一位数的退位减法”这一内容是学生必须掌握的。因此本节课将“掌握两位数减一位数的计算方法”和“理解竖式每一步的意思，能用竖式计算两位数减一位数的退位减法题”作为教学重难点，结合操作过程帮助理解算理，真正做到“能计算两位数和三位数的加减法”。</td></tr>
</table>

续表

学科	数学	年级	一年级	教材	北师大版
课题	两位数减一位数的退位减法			主要技能	提问为主
教学目标	教学目标： 1.经历探索两位数减一位数退位减法计算方法的过程，理解算理，掌握计算方法。 2.经历把操作过程与竖式计算过程对应沟通的过程，理解竖式每一步的意思，掌握用竖式计算的方法。 重点：掌握两位数减一位数退位减法的计算方法，理解算理。 难点：掌握两位数减一位数退位减法的计算方法。				
核心问题	30−7，个位上0−7不够减，要从十位借一当十来减。 “借一当十”是算理，更是后续学习的基础。所以教学中教师以此为核心问题，并将紧扣此核心用提问的方法进行强化。				
问题链	问题1：这个减法计算题给我们设置了什么困难？ 问题2：30−7，个位上0−7不够减怎么办？ 问题3：竖式怎样计算30−7这个问题呢？ 通过问题1，引导学生自主发现这个减法和我们之前学习的减法不同，被减数的十位不够减了。通过问题2，给予学生空间，让学生自主探索解决办法。通过操作过程，理解“借一当十”。通过问题3，在有了操作经验的基础上，将操作过程和竖式计算建立联系，会用符号表示“借一”，并且能够用竖式正确计算。三个问题，从发现被减数十位不够减这个问题，再到结合操作过程理解算理，再到将算理符号化，明确用竖式计算的方法，逐步突破重难点。				
讲解目标及方法	为了帮助学生理解“借一当十”的算理，课上，在学生自主探究汇报完，教师以“启发式讲解”的方法，对学生的方法进行提问。以帮助学生突破重难点。（比如，为什么要拆开一捆小棒？拆开以后就变成了什么？拆完以后还剩下几个十？）				

部分案例

教学课题	两位数减一位数的退位减法				
执教者	张佩仪	学校	北京第二实验小学朝阳学校		
学科	数学	年级	一年级	教学时间	10分钟
教学目标	经历探索两位数减一位数退位减法计算方法的过程，理解算理，掌握计算方法。 经历把操作过程与竖式计算过程对应沟通的过程，理解竖式每一步的意思全掌握用竖式计算的方法。 重点：掌握两位数减一位数的计算方法，能用竖式计算。				

续表

时间	教师的教学行为	学生的学习行为	教学技能要素
	难点：理解竖式每一步的意思，能用竖式计算两位数减一位数的退位减法题。		
2分钟	问题1：这个减法计算题给我们设置了什么困难？ 两位数减一位数，同学们已经不陌生了吧，那心里试着算一算，你在计算的过程中遇到了什么困难？	学生调用相同数位上的数相加减的知识心里试算，发现障碍是什么。	核心问题和问题链： 通过这个问题不但能激活学生已有的知识，还能起到制造认知冲突，突出本课要研究的问题的特点和作用。
8分钟	问题2：30−7，个位上的0不够减7怎么办呢？ 请学生借助小棒或者计数器摆一摆、拨一拨尝试解决问题。 30−7，个位上的0不够减7怎么办呢？你可以借助小棒摆一摆，也可以利用计数器拨一拨，尝试着解决这个问题。 组织汇报交流。 交流顺序：先小棒再用计数器 （教师播放学生摆小棒的视频） （1）30−7，30个位上的0不够减7怎么办这个问题，借助小棒是怎么解决的？为什么拆一捆小棒？这一捆小棒表示什么？拆完就变成了什么？那么这个解决问题的过程简单点说就是拆什么当什么？ 播放学生拨计数器的视频。	利用已有知识，借助小棒或者拨计数器解决个位上0不够减7怎么办的问题，得到30−7的计算结果。 学生在回答问题的过程中关注借一当十这个关键点，并在小棒的情境下初次感受一个十变十个一的过程。尝试概括方法。	核心问题和问题链： 紧紧抓住核心问题，让学生借助小棒和计数器充分理解借一当十。 这一片段的设计，要让学生重点体会个位不够减向十位借一当十的过程。因此，对每一种算法都进行了有针对性的提问。帮助学生理解算理。

续表

时间	教师的教学行为	学生的学习行为	教学技能要素
	（2）30−7，30个位上的0不够减7怎么办？这个问题，借助计数器是怎么解决的？为什么要从十位退掉1颗珠子？为什么退掉十位上的1颗珠子后你马上又在个位上拨上了10颗珠子？	学生依然关注的是借一当十这个关键点，并在计数器的情境下感受一个十变十个一的过程。	提问表达 及时追问： 本环节学生发言后，教师及时追问。突破重难点，帮助学生理解算理。
	（3）总结概括 想一想，我们无论是摆小棒还是拨计数器，要想解决0−7不够减这个问题，我们都需要把一个十变成十个一。我们把这个过程就叫作“借一当十”。	感受摆小棒和拨计数器之间的联系，明确解决0−7不够减这个问题的核心办法。	及时概括： 在具体情境下，引导学生概括，为最后的概括提炼做好准备。
	问题3：用竖式怎样计算30−7这道题呢？ （1）教师板演列出竖式。 列竖式的时候要注意什么？ （2）如何表示借一当十。 从哪位算起？个位上是几减几？个位上0−7不够减我们怎么办来着？这个过程在竖式上怎么表示呢？ （3）组织汇报交流。 （4）总结并介绍退位点。 从十位借一我们就在被减数十位数字的上面点一个点，它叫退位点。	学生独立思考或与同学商量。 学生说自己创造的表示的方法。	适时板书： 板书学生说的关键词，如一个十、十个一等，帮助学生更好地理解算理。 适时总结： 在两种方法都解决了0−7不够减这个问题后，教师借助板书，适时总结解决办法，就是“借一当十”。
	这个退位点的意思和我们刚才摆小棒和拨计数器时的哪个过程是一样的啊？	学生把摆小棒和拨计数器的操作过程，和退位点相联系。再次明确退位点的意义。	教师没有直接告知学生应该如何用竖式计

续表

时间	教师的教学行为	学生的学习行为	教学技能要素
	（5）教师在与学生交流中，讲解竖式的计算方法。	明确竖式计算的正确方法。	算，而是让学生先自己创造表示借一当十的方法。揭示退位点后，让学生结合摆小棒和拨计数器的过程，再次明确退位点的意义。
	（6）总结梳理。 咱们刚才研究的这个减法计算题有什么特点？（教师板书课题“两位数减一位数的退位减法”） 当被减数个位上的数不够减减数的时候怎么办?	回顾整节课的重点知识。	通过教师清晰的讲解，明确退位减法的竖式中，个位和十位分别如何计算。 适时总结： 教师最后有明确的结论。针对核心问题再次强化追问，感受借一当十的重要性。
	（7）巩固练习。 还有两种书我们不知道他剩了多少本。请你选择其中一种书，并且尝试着用竖式计算出结果。	独立计算。	

反思：

每一堂课都离不开“问”与“讲”。这也正切合了本次比赛的两个主要技能。“提问技能”和“讲解技能”。教师的精准设问，简洁明了的讲解，都直接影响着一堂课的教学目标是否能够达成，学生是否学得明白。记得最开始设置本节课的核心问题时，没有抓手，我不知道核心问题到底应该设为什么。当时觉得，每个问题都是学生迫切需要解决的，每个问题都重要。通过指导老师的细心辅导，我对核心问题如何设置逐渐清晰。我之前所认为的每个重要的问题，它们最终都指向一个问题，这也就是这节课的核心问题。因此，我将核心问题最终设置为“30−7，个位上0−7不够减，要从十位借一当十来减。”课上，无论是引导学生发现新算式和之前学习的算式的区别，还是利用摆小棒、拨计数器等操作活动解决问题，还是学习竖式计算，他们都帮助学生解决了这个核心问题。同样，当我们找到这堂课的核心问题后，也相当于这堂课有了抓手，后面所有的环节设置和设问总结，都要围绕着这个核心问题。因此，有了核心问题和问题链，便会让我们的教学思路更加清晰。

点评：（苗沐霖 北京教育学院朝阳分院 中学高级教师）

本教学过程是以提问为主，有以下三个特色。

一、核心问题准确

《两位数减一位数的退位减法》属于计算课。计算课都有一个问题，那就是如何处理算理和算法的关系。在一个教学片段之中，只有明确了重点、难点，才能找准核心问题。经过对教材和《数学课程标准》的研读，对学生情况的分析，本片段最终将算理作为重点，从而准确确定了本片段的核心问题“借一当十”。对于算法的学习，不再是单纯的探索算法，而是在研究算法时，将退位点和摆小棒、拨计数器的操作过程相对应，明确每一步的含义，沟通算法和算理之间的关系。

二、问题链有层次

为引导学生理解算理“借一当十”，教师设计了一连串有逻辑关系的问题。通过提问，学生找到和以前不一样的地方，明确了所遇到的困难，自然提出要解决的问题“个位上的0不够减7怎么办？”进而想到借助学具操作解决问题。在学生汇报用小棒解决问题的时候，教师用提问引导学生的汇报，“你是怎么解决的？”“为什么这样做？”为强化重点，在关键处连续追问，帮助学生明确算理，“为什么要拆一捆小棒？”“一捆小棒表示什么？拆完表示什么？”让学生体会“一个十”变为“十个一”的过程。在学生汇报用计数器解决问题时，再次通过提问让学生明确退位减法的算理，并顺势总结概括“要解决不够减的问题，就要把一个十变为十个一，这一过程叫借一当十。”

这一连串问题不但与核心问题“借一当十”密切相关，构成一个整体系统，而且也是有层次的。不但有理解型提问、应用型提问，也有分析型提问，如“为什么要拆一捆小棒？”这些不同层次的问题引导学生的思考，保证学生达成对“借一当十”的共识。

三、提问、讲解、板书有机结合

本片段不但重视问题的设计，展现教师的提问，也注意了讲解，做到讲解与提问结合。例如，“退位点”的写法是数学中的一种规定，属于事实性的知识。教师采用解释性讲解，“从十位借一我们就在被减数十位数字的上面点一个点，它叫退位点”。教师还注意通过提问“这个退位点的意思和我们刚才摆小棒和拨计数器时的哪个过程是一样的？”把这一新知和已有知识（算理）联系起来，解决学生的困惑。此外，教师在提问后小结的时候及时板书关键词“一个十”“十个一”“借一当十”。当后面再次用到时，教师边指着板书，边提问或讲解，便于学生记忆理解。

张老师的反思，真实反映了教师提问技能的学习提高过程。开始设计核心问题时，教师认为每个问题都很重要。这反映出教师是在凭借经验教学，缺乏设计思考。后来才认识到，其实这些问题都指向一个核心“借一当十”。这种逆向认识过程，使教师认识到核心问题的重要性。那么，核心问题是怎样得到的？难道是先有一连串问题，才有的核心问题吗？恰恰相反，核心问题是根据教学重点、难点得到的，再根据核心问题设计问题链。用张老师的话说，“有了核心问题和问题链，教学思路就更加清晰”。

值得肯定的是，张老师的提问技能已经初步形成，她在常态教学中，也在不断反思，“一堂课是否有明确的核心问题，设计的环节是否能够解决这个核心问题”。这是对微格教学技能的展示，对这种任务驱动式培训的认可。教师在设计实践指导反思的过程中获得了提高。

案例九：张晨旭《估算解决问题》（北京市芳草地国际学校民族校区）

学科	数学	年级	三年级	教材	人教版
课题	估算解决问题			主要技能	提问为主
前期分析					
教材分析	纵观小学六年，估算教学始终伴随：一年级注重培养学生的估测意识和积累估测的经验；二年级下册《万以内数的认识》中两位数加三位数是估算教学的起点；三年级上册在《万以内的加法和减法（一）》中三位数加三位数是对加法估算的延伸，依据Case在1985年所提出的估算发展理论，此时的学生应处于加法维度中的向量发展阶段，能同时协调两个或两个以上参与运算的本质成分。在三年级上册的第六单元教材首次编排了简单的乘法估算，这次编排的主要意图有二：一是让学生能在原有知识的正迁移下进行几十乘几的口算乘法；二是让学生能依据不等式的传递性探究估算的策略。即：要根据实际情境的需要，利用不等式的性质，将数据往大估或往小估来进行推理判断。而估算这部分内容到了五年级上册《小数乘法》这一单元还会进一步地把问题复杂向综合化推进。				
学情分析	对学生进行了如下前测：请你用自己喜欢的方式解决这个问题。  				

续表

<table>
<tr><td>学科</td><td>数学</td><td>年级</td><td>三年级</td><td>教材</td><td>人教版</td></tr>
<tr><td>课题</td><td colspan="3">估算解决问题</td><td>主要技能</td><td>提问为主</td></tr>
<tr><td></td><td colspan="5">
对三年级两个班共计68名同学进行了测试，结果如下：
<table>
<tr><th>方法</th><th>人数</th><th>所占 %</th></tr>
<tr><td>精算</td><td>14人</td><td>20.6%</td></tr>
<tr><td>估算29×10</td><td>9人</td><td>13.2%</td></tr>
<tr><td>估算30×8</td><td>45人</td><td>66.2%</td></tr>
</table>
通过前测发现学生对估算的方法及其支撑此方法背后的含义的理解和感悟存在着一定的困难。究其原因：一是学生估算的意识还比较薄弱，在以往的学习中接触的大部分题都是精算解决的，已经习惯了精算。二是学生会根据二年级的经验通过四舍五入的方法找到这个数的近似数从而进行整十整百或几百几十的相加减的估算，对如何估算更合理考虑不周，说明学生对方法背后的深层次含义没有领悟。这也是估算教学中亟待解决的问题。
在这近70%正确的学生当中，还有近一半学生能够结合实际情境将估算的内涵阐释清楚。那这部分学生的提升点在哪儿呢？也值得我思考。
</td></tr>
<tr><td>课标分析</td><td colspan="5">
《数学课程标准》在“内容标准”中明确指出：“应重视口算，加强估算。”也对估算教学提出了明确的目标和要求：“在小学第一学段要求学生能结合具体情境进行估算并解释估算的过程。”同时在“课程实施意见”中也指出：“估算在日常生活与数学学习中有着十分广泛的应用，培养学生的估算意识，发展学生的估算能力，让学生拥有良好的数感，具有重要的价值。”
本节课创设日常生活中学生熟悉的、感兴趣的情境，教学时结合资源，适当渗透，使学生逐步体会估算的优越性，让学生感受生活中处处有数学，从而增强估算意识。通过两个问题链的设计，让学生依据数值大小，结合数轴图梳理逻辑关系，进而理解估算的内涵，感悟如何估算更合理。
</td></tr>
<tr><td>教学目标</td><td colspan="5">
1.结合具体情境，让学生理解如何应用不等式的传递性通过估算解决问题，并能进行合理解释。
2.根据乘法的意义，帮助学生体会可以根据数据的特点来进行估算。
确定此目标原因：一是基于对课标和教材的解读，教学中让学生用估算解决问题，理解估算的价值，掌握用估算解决问题的基本策略（往大估、往小估），并能根据具体情境灵活应用。二是基于对学情的分析，部分学生对估算的方法及其支撑此方法背后的含义的理解和感悟存在着一定的困难；还有部分学生不仅具有估算的意识还能有相应的方法指导自己的估算行为。
</td></tr>
</table>

续表

学科	数学	年级	三年级	教材	人教版
课题	估算解决问题			主要技能	提问为主
核心问题	核心问题：你是怎么估算的？为什么这么估？ 教学中始终让学生阐述估算的方法和原因，监控学生是否能理解估算的内涵：即：往小了估都不够，那肯定不够。往大估都够，那就一定够。在理解估算内涵的基础上体会如何估更合理。即：在估的时候尽量不要变小的数，实际上变小的数之后与精确值的差距反而会大。				
问题链	问题1：你能利用数轴图把估算的想法表达清楚吗？目的是依据数值大小，结合数轴图来帮助学生梳理逻辑关系，感受逻辑的严密性。 问题2：估算的时候怎么估就能离精确值更近，从而使我们的估算更合理呢？目的是依据乘法含义，让学生结合数轴图感悟估算精确性的要素。从而帮助学生明确估算的内涵，感知如何估更合理。				
讲解目标及方法	本次教学以乘法的含义为依托，以数轴图为支撑，通过数形结合的方式，提问点拨的方法，帮助学生梳理逻辑关系，明确“为什么往大估都够就一定够（往小估都不够就一定不够）”的道理；感知估算精确性的要素；体会有时候估算确实比精算更简便，从而培养学生估算的意识，发展学生的估算能力和推理能力。				

教学部分案例

教学课题	估算解决问题				
学科	数学	年级	三年级	教学时间	8分钟
教学目标	教学目标： 1.结合具体情境，让学生理解如何应用不等式的传递性通过估算解决问题，并能进行合理解释。 2.根据乘法的意义，帮助学生体会可以根据数据的特点来进行估算。 教学重点：理解如何应用不等式的传递性通过估算解决问题，并能进行合理解释。 教学难点：体会可以根据数据的特点来进行估算。				

时间	教师的教学行为	学生的学习行为	教学技能要素
3分钟	问题探讨一：你能利用数轴图把估算的想法表达清楚吗？ 同学们，最近我们一直在学习估算，发现有时候利用估算能让问题解决更简便，现在张老师遇到一个问题，你能帮忙解决吗？ 问题1：请你先自己静静地审	出示问题后，	核心问题和问题链：

续表

时间	教师的教学行为	学生的学习行为	教学技能要素
	题，然后独立解决，一会儿我们一起交流思考过程。 1.课件出示题目  2.学生独立思考 3.组织交流 4.结合学生回答板书： 92×8≈720 90 ∵92×8>720 又∵700<720 ∴不够 问题2：他们说的都很有道理，你们听明白了吗？什么叫往少了估，钱都不够，700元肯定不够呢？看看用图能说明你们的意思吗？ 问题3：结合你们刚才解答的过程能说说这三个数量之间的关系吗？ 5.PPT演示帮助学生理解 将92人看成90人就是将总人数往小估——那么直接后果就是这是所需的钱数一定小于实际的钱数——而这个小于实际的钱数还比给定的700元要多——所以肯定不够。 小结：同学们真了不起，不需要精算，只要估算就能很快地解决这个问题，并且能将数量之间的关系清晰地表达出来，真正做到了知其然而知其所以然。	学生独立思考，互相交流，充分表达自己的想法。 学生知道把92看成90，90×8=720元，720元比700元多所以不够。 学生能在数轴图上找到92×8的大概位置并说明理由。 学生结合数轴图理性地理解逻辑关系，清晰内涵：往小了估都不够，那肯定不够。	问题链： 问题提出后，学生先独立思考，然后小组交流，结合数轴图帮助理解估算的内涵，让学生更理性地分析估算的结果。 停顿节奏： 提出问题后需要停顿，留给学生思考的时间，并适时出示课件，以支撑学生的思维过程。

续表

时间	教师的教学行为	学生的学习行为	教学技能要素
4分钟	问题探讨二：估算的时候怎么估就能更精确呢？ 问题1：刚才我们很快地判断出了700元不够？那800元够吗？快和小伙伴互相说说。 1.PPT出示问题 2.学生独立思考、互相交流 3.板书： 92×8≈800 ↓ 100 ∵800大于实际的钱数 又∵800＝800 ∴够 问题2：这位同学也是往大了估，却出现了不够的情况，都是往大了估怎么一个够一个不够呀？我听到有的同学说差得太多了，是什么意思呀？两个同学可以互相说一说。 4.学生独立思考、互相交流 问题3：我们利用图来看看是怎么回事吧。 5.学生讨论后表达自己的想法。 问题4：那谁离精确值更近一些呢？现在能结合图说说“差太多”是什么意思了吗？ 6.PPT演示帮助学生理解 7.结合学生回答板书： 8×8=64 92×2=184 小结：那你说说怎么才能估得离精确值更接近呢？	部分学生估算正确，并能将估算的内涵诠释清晰即：往大估都够那就一定够；部分学生出现把8看成10，92×10=920，所以800元不够的情况。 部分学生能判断出把8看成10这么估是不对的，但是说不清楚原因。 部分学生能够体会到：是2个92和8个8差得太多了。 学生能结合数轴图感知到：在估的时候尽量不要变小的数，实际上变小的数之后与精确值的差距反而会大。	讲解结构： 依据乘法含义，结合数轴图感悟估算精确性的要素，设计了两个追问，利用数形结合的方法以引导学生体会估算的时候要关注数据的特点。 反馈探寻： 合理分配。 这个问题要引发学生的思考，一是有一定的难度，二是学生不知道如何表达，因此发问和探寻答案都需要放慢语速并利用图来外化学生思维，通过互相讲解加深理解，既考虑到面向全体，又关注不同层次。

续表

时间	教师的教学行为	学生的学习行为	教学技能要素
1分钟	通过今天的学习你有什么收获？ 总结：看来我们在用估算解决问题时要能根据实际情况合理选择到底是往大了估还是往小了估，同时还要关注数据的特点，使我们所估的值尽可能地靠近精确值，这样能帮助我们正确地做出判断解决问题。	给学生表达的空间。 帮助学生梳理本节课的要点。	帮助学生系统地梳理全课要点。

反思：

一、初步接触——为今后课堂教学带来了启示

微格教学是一个缩小了的、可控制的教学环境，它不仅使教师有可能集中掌握某一特定的教学技能和教学内容，而且提供一个练习环境，使日常复杂的课堂教学得以精简，并能使练习者获得大量的反馈意见。它是建筑在教学理论、视听理论和技术基础上，系统培训教师教学技能的方法。对微格教学的了解给我指出了努力的方向，使我茅塞顿开：如果把自己日常教学的每个环节分解开来，化整为零，那么教学目标会更清晰；改进方向会更明确；教学技能会提升更快。这样距离自己数学课的完善不就更近了吗？

二、深入了解——为今后课堂教学带来了方法

微格教学是一种将复杂的教学过程中的各种教学技能进行科学的分类，并把不同的教学技能、技巧单独进行训练的教学方法。例如，本片段以提问技能为主，教师就要思考核心问题，设计问题链，并能保证落实核心问题，还要在提问措辞、停顿节奏、合理分配等方面有所关注。

我在片段设计中没有因为一个学生答对了估算的结果就进行下一个环节的教学，而是追问学生“为什么这么估？你是怎么想的？”“谁听明白他的想法了？”发散了学生的思维，使学生敢说、会说，在说理的过程中监控学生是否明确估算的内涵，让学生在解决实际问题中进一步体会不同的估算策略，从而会运用不同的估算策略解决实际问题。在今后的教学中，我们也可以就教学内容设计行之有效的问题，让学生在教师的一个个追问中掌握数学知识，理解概念的本质。

三、精益求精——为今后改进教学明确了方向

微格教学的时间虽然短，但是参与过程中，教师们体验了教师、学生、评委等不同的角色，站在不同的角度提出问题、分析问题、解决问题，同时让我

们对自身存在的问题更加清楚。

例如，我在讲课过程中语速比较快，问的问题学生不知如何回答，那上课的时候就要注意语言清晰简洁、条理清楚、问题明确、快慢适合学生。又如：起初在设计“如何估算能合理？”这一问题时，只是想依据乘法的意义说明道理，但是个别学生不能很快地接受，我便利用数形结合的方法，外化学生的思维，直观示范，以引导学生体会估算的时候要关注数据的特点。总之通过微格教学的训练和比赛的洗礼，我知道了：备课中要找到重难点，教学中要掌握优缺点；还要能看到自己教态是否自然大方，语言是否流畅，情感是否亲切，板书是否工整……

点评：（曹艳　北京教育学院朝阳分院　中学高级教师　李冉　北京市呼家楼中心小学　中学高级教师）

在张老师的教学片段中，我们不难看出这个微格教学片段是偏重于提问技能展示的。作为教师的我们都深知，如果没有前期对教学内容的理解和深入挖掘就无法设计出精准且高效的提问。张老师基于精准对教材的把握—设计出具有针对性的前测题目—对数据充分的分析—找到学生知识的生长点—设计出全课的核心问题：你是怎么估算的？为什么这么估？在这个核心问题的基础上依据学生的学习进程又设计出具有认知层次的问题链。

教师在充分了解教材与前测的基础上将核心问题准确定位后又依据学生的认知将核心问题在后续的教学中拆分成具有层次感的两个小问题：结合数轴理解逻辑关系和依据乘法意义感悟估算精确性，既发展学生的估算能力也培养了学生的推理能力。

在张老师的微格教学过程中，我们觉得很好地做到了两个“结合”，将问题的提出与释疑完美地呈现。下面逐一诠释。

一、问题的提出：动态与静态相结合

【案例再现】问题探讨一：你能利用数轴图把估算的想法表达清楚吗？

同学们，最近我们一直在学习估算，发现有时候利用估算能让问题解决更简便，现在张老师遇到一个问题，你能帮忙解决吗？

问题1：请你先自己静静地审题，然后独立解决，一会儿我们一起交流思考过程。

课件出示题目。

出示问题后，学生独立思考，互相交流，充分表达自己的想法。学生知道把 92 看成 90，90×8=720 元，720 元比 700 元多所以不够。学生能在数轴图上找到 92×8 的大概位置并说明理由。学生结合数轴图理性地理解逻辑关系，清晰内涵：往小了估都不够，那肯定不够。

【分析】在问题的提出之时张老师给足学生思考的时间，使学生在“静”中思，随着教学过程的深入，逐渐理解了估算的方法和内涵后教师运用数轴演示让学生在“动”中悟，这一静一动之间将问题从提出到理解，从唤醒到感悟，显示出教师的“有心”与“用心”。

二、问题的释疑：主动与促进相结合

【案例再现】问题探讨二：估算的时候怎么估就能更精确呢?

师：刚才我们很快地判断出了 700 元不够？那 800 元够吗?

（1）出示情境，审读信息

如果现在是 92 人参观，还是 8 元 / 人，700 元够吗?

（2）独立解决，灵活选择

预设① $92\times8\approx720$　∵ 720 小于实际的钱数

又 ∵ $700<720$

∴不够

预设② $92\times8\approx800$　∵ 800 大于实际的钱数

又 ∵ $700<800$

∴不够

师：这样做可以吗？你有想法吗?

预设：92 人往大估估成 100 人，差得“太多了”

监控：差得“太多了”是什么意思？（使学生理解到估算时不要把数估得相差太多）

（3）对比分析，优化方法

（课件出示）还是 92 人参观，还是 8 元 / 人，给出 700 元大家判断是不够，那如果给你 800 元你能快速判断够还是不够呢？

$92\times8\approx800$　　∵ 800 大于实际的钱数

又∵ $800=800$

∴够

师：同样都是买票的事，为什么一会儿是往小估，一会儿往大估呢？

小结：看来我们在用估算解决问题时要能根据实际情况合理选择到底是往大了估还是往小了估，同时还要关注数据的特点，使我们所估的值尽可能地靠近精确值，这样能帮助我们正确地做出判断解决问题。

【分析】在这个问题的教学中教师进行了合理的布局，我们清晰感受到教师分三个小的层次来引导和监控：出示情境，审读信息—独立解决，灵活解决—对比分析，优化方法，在这三个层次中教师将学生的学习探究欲望最大限度地挖掘并且适时激发使学生能主动地探究“700 元够不够？800 元够不够？为什么一会儿是往小估，一会儿往大估呢？”。在学生主动探究的过程中教师适时采用了有效地促进学生进一步思考的策略，教师在提问过程中的语言具有浓浓的激发兴趣的“味道”，如：怎么一会儿往大估？一会儿又往小估呢？你们的方法真多，快上来说一说，听完后你觉得哪个更有道理呢？……

张老师在提问导引语、提问用词上时时展现出真诚的邀请：老师有疑惑，你能积极参与，让我们一起解惑吗？可见除了在问题的设计上要为学生留出主动探究的空间，在具体实施过程中教师的导引语、提问用词也要注意语气的运用，促进学生将兴趣有效而持久地激发。

案例十：王智威《平行四边形的面积》（中国传媒大学附属小学）

学科	数学	年级	五年级	教材	人教版五年级上册
课题	平行四边形的面积			主要技能	提问技能
前期分析					
教材分析	平行四边形的面积是人教版小学数学五年级上册第五单元的学习内容。对于这部分知识，教材进行了如下编排，先是引导学生借助数方格的方法得到平行四边形的面积，接下来利用转化的数学思想，借助割补的方法将平行四边形转化成学生熟悉的图形，利用熟悉的图形相关知识推导出平行四边形的面积公式。 我所展示的片段是这节课中利用转化思想推导出平行四边形面积计算公式的探索环节，因此我制定了如下的教学重点：经历猜想、验证、推理、概括的探究过程，探索并掌握平行四边形的面积公式。				

续表

学科	数学	年级	五年级	教材	人教版五年级上册
课题	平行四边形的面积			主要技能	提问技能
学情分析	我对五年级两个班的学生，共63人进行了问卷调研，并根据问卷反馈进一步访谈调研。 问卷调研内容：PPT出示学情调研单，即一个平行四边形，要求：借助量一量、画一画、算一算的方法求出平行四边形的面积 调研时间：平均时间6分钟，最短时间3分钟，最长时间9分钟。 调研结果：7.93%的学生表示无法解决此问题，由此可以看出这些学生对于之前所学有关计算图形面积的相关知识印象不深刻；自主迁移知识的能力较弱。66.67%的学生认为平行四边形的面积像长正方形面积计算方法一样，即用相邻的两条边的长度相乘的方法。由此可以看出这些学生受到长正方形面积计算公式的负迁移影响，单纯地认为求图形的面积是用邻边相乘，而忽略了两条邻边角度的关系。25.4%的学生认为平行四边形的面积＝底×高。对于这样的调研结果我进行了进一步的访谈，通过访谈我发现认为平行四边形的面积＝底×高的25.4%的学生中，有50%的学生知道平行四边形面积的计算公式是底×高，但不知道为什么这样计算。另外50%的学生能够利用割补法将平行四边形转化成长方形，感受到两个图形间的联系，进而求出平行四边形的面积。 根据学情分析，我认为该教学片段的难点在于：运用转化思想将平行四边形转化成熟悉的图形，理解图形变化前后的联系。				
课标分析	课标指出平行四边形的面积属于第二学段（四至六年级）图形与几何中有关图形测量的知识领域，要求学生探索并掌握平行四边形的面积公式。 因此，我在该片段的教学中，引导学生经历了大胆猜想、合作验证、交流研讨、集体汇报、总结概括、辨析深化的自主探究学习过程，从而落实课标对于“学生在观察、试验、猜想、验证等活动中，发展合情推理能力，能进行有条理的思考，能比较清楚地表达自己的思考过程与结果，并体会一些数学的基本思想”的要求。				
教学目标	基于以上的一系列思考和准备，我制定了该片段的教学目标： 1.经历猜想、验证、推理、概括的探究过程，探索并掌握平行四边形的面积公式。 2.在操作、探究、验证的过程中，培养观察、分析、比较、推理、归纳、概括的能力。 3.在活动中体验成功的乐趣，逐步形成善于思考、乐于探究、积极与他人合作交流的良好品质。				

续表

学科	数学	年级	五年级	教材	人教版五年级上册
课题	平行四边形的面积			主要技能	提问技能
核心问题	通过前期的教材分析、学情分析以及课标的研读，我认为在该片段的教学活动中，核心问题是“平行四边形面积计算公式的推导过程”。若只关注平行四边形面积公式本身，则部分学生的思维能力没有得到提升，且学生记住的只是结论而不知缘由，对日后的学习造成负面影响。若只关注平行四边形面积为什么等于底×高，则部分学生的思维会产生断层，形成思维障碍，产生消极情绪。综上所述，把“平行四边形面积计算公式的推导过程”作为核心问题兼顾这两个方面，同时也是整个片段的核心内容。				
问题链	为了能够更好地达成学习目标，突破教学难点，我围绕核心问题设计了以下几个辅助问题，即问题链： 1.猜一猜平行四边形的面积公式是什么？ 2.在探究验证过程中，你是怎么做的？得到了什么结论？怎么得到这个结论的？ 3.用底×邻边能否计算出平行四边形的面积？ 4.为什么要沿着平行四边形的高进行裁剪？ 不难看出，问题1和2是将核心问题细分成学生可操作的小问题，目的在于引导学生经历完整探究过程。学生可根据小问题“拾阶而上”，得到正确的结论。同时，这样的设计便于学生回顾探究过程，形成感性认识。问题3和4是对核心问题的辨析和补充，根据学生的易错点和思维难点，设计这样的两个小问题，意图在于引导学生通过辩论的形式由感性认识上升到理性认识，并逐步完善理性认识，从而突破教学难点，落实课标要求。				
讲解目标及方法	由于该片段的知识所提到的转化思想及等积变形等词汇是学生在小学阶段的首次呈现，并且对之后各种图形的测量等探究活动起到了至关重要的作用，因此我采用了以提问为主、辅助讲解的教学方法。 在我的片段教学过程中，我为学生准备了丰富的学具，学生通过“剪、移、拼”的动手操作活动，直观感受转化前后面积始终不变的特点，及平行四边形底和高与所转化图形各部分之间的关系。与此同时，我给予学生充分的交流研讨时间，并通过提问的方式促进生生对话，使其在发言讨论的过程中解决核心问题。				

教学部分案例

<table>
<tr><td>教学课题</td><td colspan="5">平行四边形的面积</td></tr>
<tr><td>学科</td><td>数学</td><td>年级</td><td>五年级</td><td>教学时间</td><td>10分钟</td></tr>
<tr><td>教学目标</td><td colspan="5">1.经历猜想、验证、推理、概括的探究过程，探索并掌握平行四边形的面积公式。
2.在操作、探究、验证的过程中，培养观察、分析、比较、推理、归纳、概括的能力。
3.在活动中体验成功的乐趣，逐步形成善于思考、乐于探究、积极与他人合作交流的良好品质。</td></tr>
<tr><td>时间</td><td colspan="3">教师的教学行为</td><td>学生的学习行为</td><td>教学技能要素</td></tr>
<tr><td>1分钟</td><td colspan="3">刚才，我们通过数方格的方法，可以数出平行四边形的面积。
问题链：除了数的方法，还有什么方法可以得到平行四边形的面积啊？
老师听明白了，你们是想像长方形、正方形那样，用公式计算出平行四边形的面积，对吗？
问题链：那你觉得平行四边形的面积公式是什么呀？
预设：
平行四边形的面积＝底×邻边
平行四边形的面积＝底×高
问题链：平行四边形的面积如何来计算呢？接下来我们就一起研究一下。
为了配合你们的研究，王老师为每个小组准备了丰富的学具。
接下来请各研究小组借助手中的学具，问题链：探究并验证平行四边形面积的计算方法，在探究验证过程中请你关注下面几个问题：
1.你是怎么做的？
2.你得到什么结论？
3.你是怎么得到这个结论的？</td><td>回忆通过数方格的方法得到平行四边形的面积。
回忆已经学过的平面图形面积计算公式。
猜想平行四边形的面积计算公式。
学生认真倾听，明确问题和要求。</td><td>通过音调高低或语气的变化，既强调“数”的方法，又引导学生寻求解决问题的其他途径。
用词准确，适当停顿。
清晰、准确地阐述核心问题。
借助问题之间的逻辑关系；引导学生进行有序思维，渗透思考及表达的方式和步骤。
核心问题中没有提示具体的探究方法，意在给学生提供充分的思考空间。</td></tr>
</table>

续表

时间	教师的教学行为	学生的学习行为	教学技能要素
	组织学生进行探究活动，加入学生的探究活动，行间巡视的同时倾听学生讨论并参与到讨论当中，通过质疑引导学生发现核心知识。（此环节以几秒钟的等待略过）	分组探究活动：学生以组为单位，合作探究并验证平行四边形面积的计算公式，在讨论和交流的过程中培养有序思维、乐于探究、积极与他人合作交流的良好品质。	以倾听参与的身份加入学生活动，并在交流过程中，对学生的研讨有引导和反馈，维护良好的探究氛围。 搜集并梳理学生资源，用于之后的汇报交流。
7分钟	同学们，刚才你们的研究氛围太热烈了，接下来我们就一起分享一下你们的收获吧！ 预设： 学生1（学具演示）： 我们借助了平行四边形框架，发现平行四边形的面积不能用底×邻边来计算。 因为这个平行四边形在变化的过程中，底和邻边的长度都没有变化，但是面积却越来越小，所以平行四边形的面积≠底×邻边。 学生2（表述）： 底的长度和邻边的长度都没有变，如果按照我们的猜测，平行四边形面积应该也不会变。但是在刚才的操作过程中，我们发现面积明显变小了，所以平行四边形的面积不能用底×邻边来计算。 问题链：用底×邻边能否计算出平行四边形的面积？	成果： 学生借助学具进行讲解。 全体学生认真倾听，直观感受在相邻两边长度不变的情况下，平行四边形的面积发生了改变，进而验证平行四边形的面积≠底×邻边。 认可他人的发言并给予补充。	暴露学生资源：组织学生将探究验证过程进行表述。 恰当有效地进行实物展示。 对于学生表述的过程，适时使用手势帮助全体学生理解。 手势辅助语言，适时、自然、恰当。 讲解方法符合学生认知规律，有学生参与。 关注全体学生的倾听习惯及理解程度，尽可能

续表

时间	教师的教学行为	学生的学习行为	教学技能要素
			地为每一名学生提供交流研讨的机会。
	老师听明白了，大家看，这个平行四边形相邻两条边的长度不变，接下来的过程中，你们发现面积怎么样了？继续观察，面积怎么样了？这说明什么？——平行四边形的面积≠底×邻边。		适时地进行提问和追问，关注学生对于重点知识或步骤的理解程度。
	问题链：平行四边形的面积到底如何来计算呢？ 预设： 学生1（板演割补）： 我们是把这个平行四边形做出一条高，沿着它的高剪下来，然后这样拼成一个长方形。 （边说边拼） 因为长方形的长相当于原来平行四边形的底，长方形的宽相当于原来平行四边形的高。 长方形的面积用长×宽来计算，那么平行四边形的面积就用底×高来计算。 学生2（表述）： 我们是沿着平行四边形任意一条高剪下来，然后拼成一个长方形。 在整个过程中，平行四边形面积没变，和长方形面积相等。 长方形的长相当于原来平行四边形的底，长方形的宽相当于原来平行四边形的高。 长方形的面积＝长×宽 所以平行四边形的面积＝底×高		根据问题类型有不同的等待时间。 注意提问用词的准确，并给予学生思考的时间，适时等待。 及时恰当地评价学生的发言。

续表

时间	教师的教学行为	学生的学习行为	教学技能要素
	学生3（表述）： 我们是沿着平行四边形任意一条高剪下来，然后平移拼在一起，通过测量发现拼成了一个正方形。 在整个过程中，平行四边形面积没变，和正方形面积相等。 正方形的一条边长相当于原来平行四边形的底，正方形的另一条边长相当于原来平行四边形的高。 正方形的面积＝边长×边长 所以平行四边形的面积＝底×高 教师借助教学课件演示各种割补方法，并利用手势引导学生回顾平行四边形面积公式的完整探究过程，引导学生关注变化前后的联系。		
1分钟	问题链：那你们怎么想到都沿着平行四边形的高来剪的呢? 预设： 因为沿着平行四边形的高来剪，可以出现直角，然后一拼，就形成了四个角都是直角的长方形。 组织学生进一步探讨，感受转化思想在探究平行四边形面积公式中的重要性。	学生感悟沿着高进行裁剪是为了形成直角，在后续的拼接过程中能够形成长方形或正方形，进而感悟转化思想。	对学生的回答情况给予适当的评价，表情和蔼、亲切。 关注全体学生的倾听习惯及理解程度，尽可能地为每一名学生提供交流研讨的机会。
1分钟	回顾与小结： 在刚才的探究过程中，我们把平行四边形沿着任意一条高剪下来，平移补到另一边去，这种方法叫作“割补”。割补前后面积不变，长方形的长相当于平行四边形的底，长方形的宽相当于平行四边形的高，因为长方	学生通过教师讲解和课件演示，回顾探究验证的全过程。明确转化前后面积不变的特点，发现长方形的长	教态端庄、大方，有走动，具有亲和力。 讲解有明确的结论。术语准确，语言精简，无语法错误。

续表

时间	教师的教学行为	学生的学习行为	教学技能要素
	的面积＝长×宽，所以平行四边形的面积＝底×高。 同时，在整个探究过程中，用到了一种很重要的数学思想：那就是转化。我们把新的问题转化成了旧的知识，接着找到转化前后之间的联系，利用旧的知识，把新的问题解决了！这种思想在我们今后的学习中还会继续帮助我们探究到更多的新知识。	相当于平行四边形的底，长方形的宽相当于平行四边形的高，能够根据长方形的面积＝长×宽，推导出平行四边形的面积＝底×高。	发音准确、清晰，音量适中，张弛有度。 讲解过程有板书、媒体、肢体语言等的配合。 板书有设计，有结构，利于目标达成。 教学媒体使用恰当，时间把握合适。

反思：

我所展示的教学片段是《平行四边形面积的推导》。经过一次又一次的试讲和修改，我深刻地认识到：核心问题与问题链的设计对探究性课堂教学有着至关重要的作用。“问题”被称为“建构课堂的脚手架”，对数学学习起着决定性的作用，它决定了探究的方向，指引着思维的导向。通过此次比赛活动，我深深体会到，为一堂课创设一个核心问题，并以此核心问题的解决为主线，统领整个教学活动，这样的“问题教学”能够更有效地引领学生深入思考、积极探索，有利于实现知识的自主建构，提高课堂教学质量。

在准备初期，我对于该教学片段所设计的核心问题是“你知道平行四边形面积的计算公式吗？”，意图是让学生自主探索出“平行四边形的面积＝底×高”，但探究效果与我的设想大相径庭。于是，我立刻进行了问卷调查来了解学情，才明白探究效果不好的原因所在，如下图：

类型	人数	百分比	说明
无思路	5人	7.93%	对于之前所学有关计算图形面积的相关知识印象不深刻；自主迁移知识的能力较弱。
邻边相乘	42人	66.67%	受到长正方形面积计算公式的负迁移影响，单纯地认为求图形的面积是用邻边相乘，而忽略了两条邻边角度的关系。

续表

类型	人数	百分比	说明
底×高	8人	12.7%	能从多种途径获取数学知识，知道平行四边形面积的计算公式是底×高，但不知道为什么这样计算。
底×高	8人	12.7%	能够利用割补法将平行四边形转化成长方形，感受到两个图形间的联系，进而求出平行四边形的面积。

由此可见，单一的核心问题设计让基础薄弱的学生产生畏难情绪而退缩，让能力较强的学生产生了优越感而缺乏挑战。因此，核心问题的设计要准确，并且要面向全体学生，更要将核心问题分解为相对独立又相互关联的一“串”问题，引导不同能力水平的学生步步深入，进行多元的、多角度的、多层次的探索学习。在与指导教师一起针对教学内容本质、教材整体背景、学生经验积累、学生能力培养等做了深入的理解和思考之后，我确定了该教学片段的核心问题“平行四边形面积计算公式的推导过程”，并围绕这个核心问题设计了如下问题链：

1. 猜一猜平行四边形的面积公式是什么？

2. 在探究验证过程中，你是怎么做的？得到了什么结论？怎么得到这个结论的？

3. 用底 × 邻边能否计算出平行四边形的面积？

4. 为什么要沿着平行四边形的高进行裁剪？

从调整之后的试讲效果不难看出，学生对于数学问题的认识是一个由浅入深、从现象到本质的过程，设计问题时要讲究循序渐进，由简单到复杂、由已知到未知、从具体到抽象。问题链的设计使得不同层次的学生均获得了充分的思考空间，并且经历猜想、验证、概括、辨析的探究过程。学生每解决一个问题，就爬上一层台阶，问题解决完了，思维便爬至顶点，预定的学习任务也就圆满完成了，也充分地完成了预设的教学目标。在这样的教学过程中，教师真正作为一个引导者，尽力给学生提供思考、猜想、实践、论证的机会，学生顺着问题链的引导，通过体验发现的乐趣，自主完成知识的建构。通过对核心问题引领教学、问题链引导学习的实践思考，我有了进一步的体会。

核心问题之所以称为“核心”，是因为它体现了数学知识的本质、是学生知识学习和能力发展的关键所在，是因为它指引教学的方向、引领教学的进程。核心问题的提炼体现了教师对教学内容的认识、对学生情况的把握、对数学教学的价值追求。围绕核心问题的问题链，是解决课堂散、浅、逻辑性不强等症结的有效方式，是核心问题统领教学落到实处的有效尝试，它使课堂的学习主线更明确，使学习进程的层层递进更具逻辑性。所以，实施以核心问题为引导的教学，准确的设计核心问题，并围绕核心问题设计条理清晰的问题链，在很大程度上能够改变教师的教学思维方式，提升教师的教学能力。

与此同时，问题解决能力是判断学生数学素养高低的重要指标。以核心问题为引导的教学，改变教师琐碎提问、垄断提问的教学状态，让学生积极参与问题的提出和解决。通过创设问题情境、引发认知冲突，激发学生的问题意识。学生在学习过程中产生质疑或困惑的心理状态能够极大地激发学生的学习积极性，促使其不断提出问题、解决问题。这一过程不仅有利于提高学生的问题意识和问题解决能力，也有利于学生探究精神的培养和良好个性的发展，从而提升学习能力。

可见，基于问题，让教学设计的方向更准确；问题引领，让探索的目的更明确；问题驱动，让学生的思维更具深刻性。基于问题的“探究教学”是数学课堂教学的一种有效方式，在培养学生的思维能力，帮助学生树立追根溯源的探索精神等方面都有着积极的意义。

点评：（曹艳　北京教育学院朝阳分院　中学高级教师　常震玲　北京市白家庄小学　中学高级教师）

我们不难看出王老师微格教学片段是以提问为主线展开自己的设计。从本次设计上看有很多亮点，值得学习与借鉴。

一、注重学情调研，尊重学生，以学生为本

在设计之初，王老师认真研读了教材和教参，多方查阅资料，确定了本片段的核心问题“你知道平行四边形面积的计算公式吗？”意图是让学生自主探索计算公式。围绕这个问题展开自己的教学过程。为了能够设计出符合学生的教学过程，王老师在自己的前期思考后，组织了对学生的调研，通过数据分析，发现学情与预测不符，这时教师及时调整核心问题设计了如下问题链：

猜一猜平行四边形的面积公式是什么？

在探究验证过程中，你是怎么做的？得到了什么结论？怎么得到这个结论的？

用“底 × 邻边”能否计算出平行四边形的面积？

为什么要沿着平行四边形的高进行裁剪？

不难看出，问题（1）和（2）是将核心问题细分成学生可操作的小问题，目的在于引导学生经历完整探究过程。学生可根据小问题“拾阶而上”，得到正确的结论。同时，这样的设计便于学生回顾探究过程，形成感性认识。问题（3）和（4）是对核心问题的辨析和补充，根据学生的易错点和思维难点，设计这样的两个小问题，意图在于引导学生通过辩论的形式由感性认识上升到理性认识，并逐步完善理性认识，从而突破教学难点，落实课标要求。

教师在自己研读教材的基础上，注重调研，尊重学生的学情，设计教学过程，环节设计准确，重难点突出，效果很好。

二、教师基本素质过硬，教学基本功扎实

听了很多选手的说课设计，感觉王老师的教学基本功特别过硬。从形象上看，王老师阳光帅气，具有很强的亲和力；声音富有磁性，吐字清晰，台风稳重，作为一名数学教师术语准确，语言精简。本设计教师自己制作了精美的PPT，同时还有精致的教具演示，现代教学媒体与传统教具的恰当制作与使用，给我们留下了深刻的印象，相信这样的教师会是学生喜欢的教师，这样的课堂会是学生期待的课堂。

三、虚心好学，及时反思，成长迅速

从教师的角度看，不论一堂课有多么精彩，多么成功，疏漏与缺憾在所难免，在教学中通过其他教师以及学生的评议、自身的总结中反思为何会出现这样的问题。王老师在说课结束后，及时与指导教师一起反思总结，从自己的设计到说课的台风、细节的把握，及时总结、记录自己说课的成功之处，为自己这个内容设计得再完善搜集资料，为自己的后续学习与发展积累素材。王老师通过这个活动，更加明确了“核心问题、问题链”的设计思路与流程，感受到“核心问题、问题链”在教学中的作用，王老师的虚心好学，及时反思与总结，给老师们留下了深刻的印象。

一分耕耘一分收获，历时一个多月的学习、思考、研读、设计、修改，教师在学习过程中不断成长，一举手一投足的细微提示，一个教学环节的把握，一个问题的推敲，王老师在不断地成长。期待王老师在今后的教学中，更加深入地研究教材，不但能看懂教材，还能看透教材，而且能看到教材背后的知识，能结合班级学生的实际情况，能带给我们既符合时代要求、符合课标要求、也符合学生需求的新课堂。

案例十一： 刘璐《周长的认识》（北京市城北中心三街小学）

学科	数学	年级	三年级	教材	北京版义务教科书
课题	周长的认识			主要技能	提问为主
前期分析					
教材分析	《周长的认识》它属于图形与几何领域的测量中的内容。学生在直观认识了立体图形、平面图形，学习过线段、长度及长度单位以及长正方形的特征的基础上来继续学习的。同时又是为进一步学习图形周长的计算和解决生活中的实际问题打下基础。				

续表

学科	数学	年级	三年级	教材	北京版义务教科书
课题	周长的认识			主要技能	提问为主
学情分析	在现实生活中，学生所见到的多以立体图形和平面图形为主，而周长是从这些图形中抽象出来的一条线段的长度。需要抽象概括能力，这也是目前三年级学生所欠缺的。通过课前调研发现，学生对边线和一周的认识比较清晰，但他们在指的时候往往不能很规范地从起点指回到终点；在他们的心目中周长是以一个形状的方式出现，不能想象出周长是一条直直的线段。				
课标分析	对《图形与几何》的教学中，课标中特别强调了要培养学生的空间观念。教学过程中，抓住周长的本质，通过观察、操作（指、描）、想象、表达概括等方式，帮助学生建立周长的表象，建立周长的概念，培养学生的空间观念。				
教学目标	1.结合具体实物或图形，通过观察、比较等活动使学生初步感知什么是平面图形的周长，能正确指出、描出各种平面图形的周长，理解周长的含义。 2. 通过指一指、描一描、想一想、画一画等活动使学生感知周长展开之后是一条直直的线段，渗透化曲为直的数学思想，培养学生的空间观念，同时积累基本的活动经验。 3. 通过创设生活情境，感知周长与实际生活的联系，体会数学的学习价值。				
核心问题	什么是图形的周长?				
问题链	1.指一指、描一描什么是图形的一周? 2.比一比，哪个图形边线一周最长? 3.图形的边线展开是什么样? 4.什么是图形的周长?				
讲解目标及方法	教学过程中，采取了描述法、引导法进行讲解。通过教师的引导和描述性讲解，使学生在经历认识学习过程，逐步形成周长的表象，建立形成周长的概念。				

教学部分案例

教学课题	周长的认识				
学科	数学	年级	三年级	教学时间	9分钟
教学目标	1. 结合具体实物或图形，通过观察、比较等活动使学生初步认识什么是平面图形的周长，能正确指出、描出各种平面图形的周长，理解周长的含义。				

续表

<table>
<tr><td>教学课题</td><td colspan="5">周长的认识</td></tr>
<tr><td>学科</td><td>数学</td><td>年级</td><td>三年级</td><td>教学时间</td><td>9分钟</td></tr>
<tr><td></td><td colspan="5">2. 通过指一指、描一描、想一想、画一画等活动使学生认识周长展开之后是一条直直的线段，渗透化曲为直的数学思想，培养学生的空间观念，同时积累基本的活动经验。
3. 通过创设生活情境，感知周长与实际生活的联系，体会数学的学习价值。</td></tr>
<tr><td>时间</td><td colspan="3">教师的教学行为</td><td>学生的学习行为</td><td>教学技能要素</td></tr>
<tr><td>2分钟</td><td colspan="3">一、直观感知，初步建立周长概念表象
1.从“一圈”抽象到“一周”
（1）情境引入：森林运动会开始了，比赛的规则是要绕着操场跑一圈，谁最先跑完，谁就获胜。
（2）课件演示，在辨析中初步感知“一周”的概念。
（3）小结：只要从操场的一点出发，沿着操场的边线跑，最后又跑回到起点，就是操场的一周。
2.出示数据
（1）操场的一周有多长？
（2）小结：这200米就是操场的周长。
3. 揭示课题：周长的认识。</td><td>学生观察、交流、发表关于三种不同跑步路线的意见。
学生初步计算操场一周的长度。</td><td>媒体应用技能：帮助学生认知。
讲解技能：语言简洁、明确。</td></tr>
<tr><td>6分钟</td><td colspan="3">二、建立“图形的周长是一条线段的长度”这一表象
1.巩固图形的边线
（1）描一描学生手中图形的边线。
</td><td>学生动手操作、交流、讨论，进一步感知图形的边线在哪儿。</td><td>强化技能：动作自我强化。</td></tr>
</table>

续表

时间	教师的教学行为	学生的学习行为	教学技能要素
	（2）（出示三角形、正方形、圆形）指一指这三个图形的边线。 （3）小结。 2. 体会周长的本质 （1）猜一猜三角形、正方形、圆形周长哪个最长? （2）动手操作，验证三个图形的边线展开后是什么样? （3）小结：图形大小不同，形状不一，它们的周长展开后都是一条直直的线段。 （4）学生想象手中的图形周长展开后什么样子？用手比画出来。	学生猜测几个图形的周长哪个最长? 学生观察、操作，认识图形周长展开是一条线段。 学生进行想象，进一步认识周长展开是一条线段。	提问技能：理解型提问、分析型提问。对比归纳总结，进行思维的沟通。
1分钟	（三）形成周长的概念 1. 视频演示图形的周长展开之后都是一条直直的线段。 2. 视频演示围成图形边线的长度，就是图形的周长。 3. 揭示周长的概念：围成图形边线的长就是它的周长。	学生观察、交流、讨论，形成周长的概念。	媒体应用技能：强化学生认知，形成概念。

反思：

“周长的认识”是北京版小学数学三年级上册的一节概念课。新教材将认识周长和周长计算分成两课时来进行教学，足以见只有对周长的概念做到真正的理解，才能对周长的测量、计算及应用有更好的理解认识。

为了更好地把握学生的原有认知，我对学生进行了课前调研，主要以指、想、画、说这四个活动来进行。通过调研发现：学生对边线和一周的认识比较清晰，但是他们往往不能很规范地从起点再指回到起点；在他们的心目中周长是以一个形状的方式出现，不能想象出周长实际是一条直直的线段。

充分了解学生的认知，知道他们的盲点，所以我将核心问题设置为：什么是图形的周长？主要帮助学生知道尽管形状不同、大小不一的图形的周长展开都是一条直直的线段，真正认识到周长的本质。

针对核心问题，我设置了问题链："指一指、描一描什么是图形的一周？图形的边线展开是什么样？什么是图形的周长？"在指一指、描一描等活动中，强化学生对边线的认识，学生可以规范地从起点指回起点，一点不多，一点也不少才是图形的一周，直观感知周长，初步建立周长的概念。为了打破学生心目中周长是一个图形的原有认知，采取将图形的边线取下来这一环节，直观上建立图形的周长是一条直直的线段。运用想象、动手操作的方式让学生真正认识到周长的本质。最后，利用视频的方式将图形的周长展开，都是一条直直的线段，再一次加深印象。用线段再去围成图形，围成图形一周的长度就是这个图形的周长。

这次比赛的准备过程虽然很艰苦，但是收获颇丰。从原来对教学设计总是把握不到位，到如今知道在备课前要充分了解学生的已知和困惑，针对学生的情况调整教学安排，做到循序渐进，由易到难，有梯度，有方向。更为重要的是只有准确把握住核心问题，针对核心问题设置有梯度的小问题，才会让这节课有明确的方向，学生也会更容易地接受新知。

点评：（孟宪卫　北京市昌平区城北中心小学　高级教师）

《周长的认识》这节课，教师采取了以提问为主，辅之以教师讲解的方式，通过有效的学习活动引领学生认识图形的周长。这节课的教学设计突出了以下两点。

一、明学情，巧联系，问题环环相扣

周长是属于"图形与几何"领域中测量的内容，是指围成图形边线一周的长度。要让学生理解周长的概念，需要学生明确"边线"和"一周"，尽管学生是第一次认识周长，但是对于边线和一周的概念并不陌生，教师在教学前，针对学生进行学情调查，明确学生的学习基础，了解知识的生长点，依据学生已有知识经验进行设计。

教学设计中教师围绕着"什么是图形的周长"这一核心问题，设计了环环相扣、层层递进的问题，以认识"一周"作为学生已有的知识经验与认识周长联系点和认知起点。通过"什么是一周"这一问题，让学生调动原有认识经验，从而明确从任一点沿着边线再回到这一点，就是一周。在认识一周的基础上，让学生理解"边线的一周展开是什么样"帮助学生建立周长是一条线段的长度的表象，最后通过总结提问什么是周长，为学生建立完整的周长的概念。

二、抓本质，巧设计，建立周长概念

对于周长概念，教师理解得比较深入。教材中周长就是围成图形的一周的边线。但周长的核心应该是围成图形边线一周的长度。吴正宪老师说过："周长是一条线段长度，应该要用一个具体的长度进行刻画。”因此本节课教师抓住周长是图形边线一周长度这一核心，巧妙设计了学生的学习活动，通过指一指、比一比、想象等学习活动，采取让图形边线从图形上走出来、再展开这种比较直观、新奇的手段，将不同的图形的一周都转化成了直直的线段。引导学生经历“直观操作—形成表象—抽象概念”的过程，不仅使学生认识到无论是什么样的图形，不管这个图形有几条边，也不论它的边是直的还是弯曲的，它边线的一周展开都是一条线段，这条线段的具体的长度就是图形的周长，加深了学生对周长的理解。同时也让学生积累了活动的经验。

教学过程中，教师教态落落大方，语言清晰自然，师生沟通自然流畅。教师提问用词准确到位，能够引发学生的思考，具有一定的思维价值。教师的讲解清晰明了，小结及时准确，概括性强，具有一定的总结提升作用。

这次的课堂教学微格教学展示活动，不仅是为青年教师搭建了展示的舞台，同时也是青年教师提升自己、逐渐成长的重要经历。这个经历对刘璐老师这个初登讲台的新教师，是一个学习、成长的过程。刘老师在经历了一次次的设计、试讲，推翻、修改、再试讲，调整、再试讲的循环磨课过程中，不断成长。在数学知识的把握、研读分析教材、教学的策略方法以及教师的语言表达、与学生的沟通交流等多方面都有很大的进步。

案例十二：陈静《除法的初步认识》（清华大学附属小学昌平学校）

学科	数学	年级	二年级	教材	北师大版
课题	除法的初步认识			主要技能	提问为主
前期分析					
教材分析	本节课是北师版二年级上册第七单元《分一分与除法》第四课时的内容。通过对不同版本教材的比对，其共性是从情境中抽象出除法算式，认识并理解除法算式的意义。在这之前，学生已经学习了乘法，本课也为后续学习分数与比的认识打下坚实的基础。				
学情分析	根据布鲁纳多元表征理论，学生通过前三课时的积累，积累了一定的分物经验，对平均分有了具体感知。为了了解学生对平均分问题的解决策略，我对我校二年级117名学生进行了前测，其中有8%的学生列出了正确的除法算式。通过前测发现，学生在前期动作表征的基础上，已经形成了形象表征，具备了符号化的意识。				
课标分析	《课标》明确指出：学生需结合具体情境，体会整数四则运算的意义，并经历与他人交流格子算法的过程，运用数及数的运算解决生活中的简单问题，并能对结果的实际意义做出解释。在课程设计中，从具体绘本情境到抽象算式，学生讨论计算方法以及达成一致，都在落实课标中的具体要求。				

续表

学科	数学	年级	二年级	教材	北师大版
课题	除法的初步认识			主要技能	提问为主
教学目标	基于以上对教材和学情的分析，我从三个维度制定了以下教学目标： 1.在具体情境中抽象出除法算式，初步理解除法的意义。 2.认识除法算式及各部分的名称，建立除法模型。 3.应用除法模型，初步感受除法与生活的密切联系。				
核心问题	本节课的核心内容是将分物过程符号化，这也是学生的困惑所在。围绕这个核心内容，确定了核心问题：除法的意义。				
问题链	1.12块点心，每份同样多，你想怎么分？ 2.你能设计一个平均分的新算式吗？ 3.你能说说这个除法算式的意义吗？ 4.你能用除法算式帮助欧利与他的懒弟弟解决问题吗？ 问题链层层深入，指向明确，为解决核心问题做铺垫，从具体情境到抽象的算式，再回到具体情境进行了巩固练习，结构层次螺旋上升。				
讲解目标及方法	如何能将抽象的概念变得形象生动、易于学生接受呢？我设想，如果有一个完整的故事情境能将几次不同的分物过程串联起来，一气呵成，学生学起来是不是会更加有兴趣呢？经过思考，我选择了“数学绘本阅读”这一形式，以绘本为载体，发挥其情境优势，保持学生持续的探究热情，同时，以学生为主体，采用小组合作的学习方式。				

教学部分案例

教学课题	北师大版二年级上册第七单元第四课时《除法的初步认识》				
学科	数学	年级	二年级	教学时间	10分钟
教学目标	1.在具体情境中，抽象出除法算式，初步理解除法的意义。 2.认识除法算式各部分的名称，建立除法模型。 3.应用除法模型，初步感受除法与生活的密切联系。				

时间	教师的教学行为	学生的学习行为	教学技能要素
30秒	一、情境创设 （出示绘本《欧利与他的懒弟弟》） 同学们，今天我们一起来阅读绘本《欧利与他的懒弟弟》。看，他们就生活在这个小村子里，你能从图中找到他的懒弟弟吗？ 没错，弟弟正躺在草地上睡	观察思考	引起注意 激发兴趣

续表

时间	教师的教学行为	学生的学习行为	教学技能要素
	懒觉呢。 哥哥欧利既勤劳又乐于助人，而弟弟懒惰，还有点贪心。		
2分钟	二、学生活动 活动1：分一分 一天，村子里的魔法师来跟兄弟俩借一根鸡毛，作为报答，送给他们一些饼干。 12块饼干，每份同样多，可以怎么分？ 用你喜欢的方法在作业本上圈一圈、画一画。 我在下面找了几位同学的作品，你能读懂他们的想法吗？ 有的同学把饼干分成了几份，也有的同学按每几个一份来分的。 你们的方法多种多样，那你们想看看欧利是怎么分的吗？ 谁和他的方法不谋而合呀？ （图片展示分物过程）	画一画、圈一圈、分一分  预设1：12块饼干平均分给两个人，每人分得6块饼干。 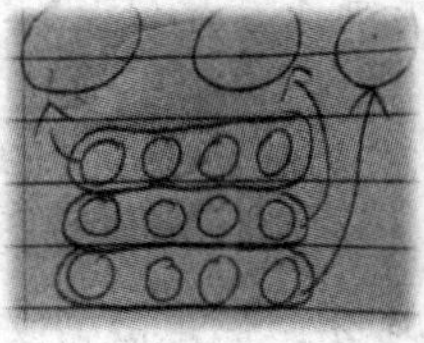 预设2：12块饼干平均分到三个盘子里，每个盘子分4块。  预设3：12块饼干，每4块分一份，一共分给了3个人。	理解型提问 呈现感性材料 理解型提问 呈现感性材料 呈现感性材料

续表

时间	教师的教学行为	学生的学习行为	教学技能要素
5分钟	活动2：认识除法算式，理解除法意义 欧利把12块饼干平均分给两个人，每人分得6块。你能设计一种新的算式来表示平均分吗？ 谁愿意到黑板上来写一写啊？ 同学们，你们太有创意了！我得来采访一下，这是谁设计的啊？你能跟大家说说你的想法吗？ 这位同学用分蛋糕来表示平均分，是不是特别形象？ 同学们，如果你有你的符号，我有我的符号，尽管都是表示平均分，但是总需要向别人解释你的想法，这样是不是太麻烦？我们能不能用一个统一的符号来表示平均分呢？你们看，欧利正在给他的弟弟讲除号的故事呢，我们一块来听听吧。 原来除号是这样来的呀。伸出你的小手指，我们一起来写一写。 我们通常用这个符号来表示平均分，它称作除号。 同学们，你能试着读一读这个算式吗？ （领读）十二除以二等于六。 注意：是“除以”。 我们再来一起读一读。	聆听思考 设计符号 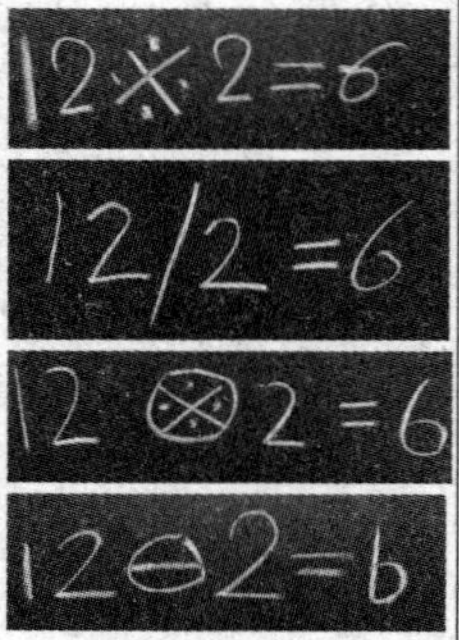 预设：我设计的符号就像把蛋糕分成两半，每份同样多。 思考回答 小组讨论 预设：12表示有12块饼干，2表示平均分给2人，6表示每人分得6块。 预设：把12块饼干平均分给两个人，每人分得6块。	创新型提问 利用设计算式体会其背后除法的意义。 语言动作强化 理解型提问 进一步理解除法的意义。 理解型提问 从局部到整体的理解。 动作强化

续表

时间	教师的教学行为	学生的学习行为	教学技能要素
	这是一道除法算式，是我们今天认识的新朋友。我们知道乘法算式中各部分都有自己的名称，像乘数、积；那在除法算式中，12称为被除数，2称为除数，6称为商。 谁能说说算式中的每个数分别表示什么意思？ 真棒，说得很清楚。谁再来说说？ 谁能连起来，完整地说说这个算式表示的意思吗？你要说得既完整又准确。 让我们全班一起来说说。 你能跟小组的伙伴们再说一说吗？别忘了加上手势啊！		
2分钟	活动3：学生小组阅读绘本，解决问题 接下来，故事又发生了什么？ 请同学们带着问题，小组阅读绘本。 1.欧利与他的懒弟弟遇到了怎样的麻烦？ 2.你能用除法算式帮助他们解决问题吗？ 请用你今天学到的方法记录在本上。 嘀嗒嘀嗒，闹钟响了。	绘本阅读 思考记录 小组汇报 24÷4=6(匹)	理解型提问 及时反馈

续表

时间	教师的教学行为	学生的学习行为	教学技能要素
	同学们，刚才老师抓拍了几个算式，哪个小组能说一说，这些算式分别解决了什么问题？ 原来你们小组发现，24根萝卜，每4根分给一匹马，一共分给了6匹马。 可帮兄弟俩解决了大问题啊！ 还有哪个小组的同学再来说说？ 同学们，除法算式可真神奇，不仅帮助小马解决了身上长斑点的难题，还让小鸡们都满意地住进了鸡笼。 兄弟俩的日子也越过越好。	预设1：魔法师给了欧利24根萝卜，每四根分给一匹马，一共分给了6匹马  预设2：欧利的弟弟因为懒惰，没有把胡萝卜平均分给马儿，导致马儿长得奇奇怪怪，魔法师给了30片解药，平均分给6匹马，每匹马分得5片。  预设3：欧利和弟弟给小鸡做鸡笼，21只鸡，每7只分到一个笼子里，需要3个鸡笼。	提问分布 选择不同层次学生
30秒	三、小结 同学们，看完这个故事，你觉得欧利的弟弟还“懒”吗？在哥哥的帮助下，他已经变成了一个勤劳的小伙子啦！ 在生活中，我们应该做一个怎样的人呢？	思考讨论 分享收获	结束 激发情感

反思：

为了从根本上撬动学习方式，我确定了以绘本为依托，完成数学知识的教授。我按照预期的大体思路进行了学习和备课，但试讲的效果并不好，问题也越来越多：为什么要用绘本？绘本到底是载体还是内容？绘本的分量到底有多重？如何能把教学重点恰到好处地融入绘本中？学生需不需要人手一册绘本？自我阅读时间多长合适？小组讨论的结果如何呈现？十分钟的展示时间，如何才能把每个环节都展示清晰利落？绘本结局怎么收口？怎样评价学生自主学习的效果？学生的学习样态如何展现？面对这么多突如其来的问题，我很茫然，不知道怎么修改，接下来该怎么办！

老教师们牵着稚嫩的我，手把手带着我摸着石头过河，帮我细细解决教学过程中遇到的每一个问题，听我一遍一遍地讲，一次一次地告知我讲解的技巧，一个字一个字地帮助我修改教案。特别是专家老师给我的建议，指明了课程的指导思想是布鲁纳多元表征理论，从学生最初具有的动作表征和图像表征，抽象到符号表征和语言表征。有了突破的方法，我围绕核心问题“除法的意义”，设计问题链，按照儿童的发展过程，每一个设问逐一深入，让绘本学习不再肤浅，从生活情境到数学知识的过渡自然有效，从解决学生的困惑出发，把抽象的数学概念变得形象生动、易于学生接受。

点评：（董彦　清华附小昌平学校　小教高级）

陈静老师的《除法的初步认识》是一堂以提问为主的概念教学课。全课以数学绘本故事贯穿始终，构思精妙。教师针对“如何理解除法算式意义”的核心问题，设计了有条不紊，前后贯通的一系列问题链，却又不露痕迹。学生在倾听故事情节，帮助主人公解决问题中自然而然地突破了本课的重难点。

课堂上，教师充分尊重学生：用你喜欢的方法圈一圈、画一画？你能设计一种新的算式来表示平均分吗？这是几位同学的作品，你能读懂他们的想法吗？既发展了学生的创造力，也充分体现出了学生站在课堂正中央的教学理念。教师语言清晰，问题明确，提问时机恰到好处，对学生的回答及时反馈与引导。

案例十三：王禹心《厘米的认识》（北京市昌平区前锋学校）

学科	数学	年级	二年级	教材	北京版二年级上册
课题	厘米的认识			主要技能	提问技能
前期分析					
教材分析	“厘米”是学生在小学阶段接触的第一个长度单位。它是建立在一年级“比长短”的基础上进行学习的，同时也是进一步学习长度单位“米、分米”等相关知识的基础。 透过教材可以看出，本内容编排共分两个层次教学重点：认识长度单位厘米，建立1厘米的实际长度概念。 教学重点：认识长度单位厘米，建立1厘米的实际长度概念。				

续表

学科	数学	年级	二年级	教材	北京版二年级上册
课题	厘米的认识			主要技能	提问技能
学情分析	1.二年级学生有“长短”的生活经验，但对具体长度认识模糊。 2.知道尺子能用来测量物体长度，但对尺子上的详细信息没有准确的认识。 3.学生没有亲自测量的经验，没有自主测量意识。 4.本课的学习是学生第一次认识长度单位，第一次接触长度的测量。 教学难点：正确建立1厘米的实际长度观念，形成表象。				
课标分析	在现实生活中人们经常会遇到有关测量问题与解决测量的问题，为此，数学课程标准把“图形的测量”内容作为“空间与图形”领域中四个维度之一，通过课堂上一系列“测量”活动的开展，以培养学生的空间观念、几何直觉、推理能力，以及认识生存的现实空间，这充分表明“测量”学习的数学价值与应用价值。 《标准》强调建立度量单位的重要性，结合生活实际，经历用不同方式测量物体长度的过程，体会建立统一长度单位的必要性。注重量及度量单位的实际意义，重视估测及其在现实生活中的作用，同时明确要求学生在测量过程中，学会根据实际问题选择合适的测量方法、工具和度量单位。 教学目标中体现： 1.使学生初步经历长度单位的形成过程，体会统一长度单位的重要性，知道长度单位的作用。 2.在实践操作中，使学生认识长度单位厘米（cm），初步建立1厘米的表象。清楚1厘米和几厘米的关系；初步学会用刻度尺测量物体的长度（限整厘米）。				
教学目标	1.创设情境，在实践活动中，体会统一长度单位的必要性。 2.在认识直尺中，认识长度单位厘米，建立1厘米的实际长度概念。 3.初步培养学生的单位思想和测量意识，感受数学与现实生活的密切联系，体验学习的乐趣。 依据：维果茨基的“最近发展区理论”表明，教学就是人为的发展，教学在儿童发展中的决定作用表现在发展的方向、内容、水平和智力活动的特点以及发展的速度上，即教学要建立在学生已有知识经验基础之上。 根据已有的生活经验引出新知识，是教学目标确定的主要根据。				

续表

学科	数学	年级	二年级	教材	北京版二年级上册
课题	厘米的认识			主要技能	提问技能
核心问题	核心问题："1厘米有多长？" 依据：根据对学生学前的调研分析，学生在学习中，对"1厘米到底有多长？"是思维认知上的盲点，对1厘米实际长度并不了解。 "1厘米有多长？"是课堂提问问题设计的主线，突破这个问题也解决本课的教学难点。				
问题链	①"同样是2拃，为什么不一样长？"（分析型提问） ②"1厘米有多长？"（理解型提问） ③"5厘米里面有几个1厘米？"（理解型提问） 问题①，让学生体会统一长度单位的重要性；问题②认识直尺和长度单位厘米，进而形成1厘米的表象；问题③清楚1厘米和几厘米的关系。 问题链与核心问题密切相关，环环相扣，都是围绕核心问题"1厘米有多长"设计不同类型的问题，既前后贯通，又给学生思考的空间，使所有问题成为一个系统整体。通过问题链引导学生从初级的感官认知，到最后思考认知，清晰、准确地阐述了核心问题，进而完成教学目标，突破教学难点。				
讲解目标及方法	讲解方法：描述法、演示法、类比法 讲解目标：根据知识的类型，选择符合学生认知律的讲解方法。 1."描述法"——学生体会统一单位的必要性。 2."演示法"——认识直尺，认识1厘米。 3."类比法"——尝试测量，巩固1厘米。				

教学部分案例

教学课题	北京版二年级上册《厘米的认识》				
学科	数学	年级	二年级	教学时间	10分钟
教学目标	1.创设情境，在实践活动中，体会统一长度单位的必要性。 2.在认识直尺中，认识长度单位厘米，建立1厘米的实际长度概念。 3.初步培养学生的单位思想和测量意识，感受数学与现实生活的密切联系，体验学习的乐趣。				

时间	教师的教学行为	学生的学习行为	教学技能要素
3分钟	一、创设情境，体会统一长度单位的必要性 1.情境引入：在熊猫商店，小松鼠要买2拃长的彩带。		

续表

时间	教师的教学行为	学生的学习行为	教学技能要素
	2.结合图片和学生已有经验，介绍什么是“一拃”。（PPT图片）  3.任务布置：让学生当小小售货员，为小松鼠量出2拃长的彩带，并要求每量1拃在彩带上做一个标记。 4.选取2名学生和老师量的彩带进行展示，引导学生通过观察、比较。 思考：同样是2拃，为什么3条彩带的长度不一样？是什么原因造成的？  小结：3个1拃的长度不一样，是因为测量的标准不统一。要想使测量的结果相同，就必须要统一标准。	结合图片理解“一拃”的含义。 动手测量出2拃长的彩带。 观察、讨论、交流。认识到测量结果不同的原因是3个“1拃”长度不一样造成的。 体会统一长度单位的必要性。	导入技能 问题情境引发思考 新旧知识衔接 分析型提问 形成学习期待
4分钟	二、认识厘米，建立1厘米实际长度概念 1.观察交流，认识直尺。 （1）引导学生观察交流，认识直尺上的刻度线、刻度及0刻度。		

续表

时间	教师的教学行为	学生的学习行为	教学技能要素
	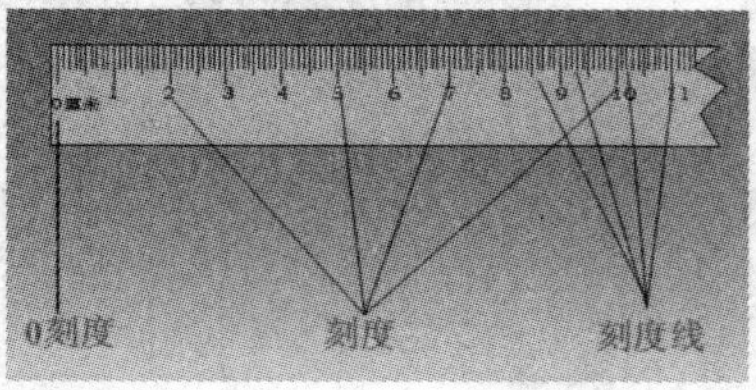 提问：①尺子上面有什么？ ②“0刻度”表示什么意思？ （2）认识长度单位——厘米（cm）。 2. 认识1厘米，形成表象。 （1）借助直尺，初步感受1厘米的长度。 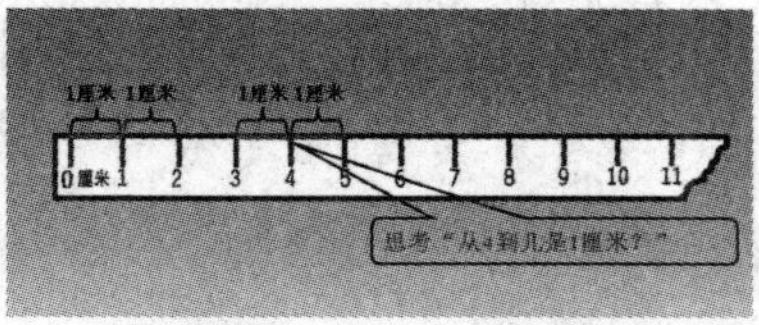 ①引导学生在尺子上找到1厘米，感受1厘米的长度。 ②观察与交流：说一说尺子上“从几到几就是1厘米？”“从4到几是1厘米？” ③思考。 总结提升：尺子上每相邻两个刻度之间的长度是1厘米。 （2）直观演示，认识到不同尺子上1厘米长度相同，渗透单位思想。 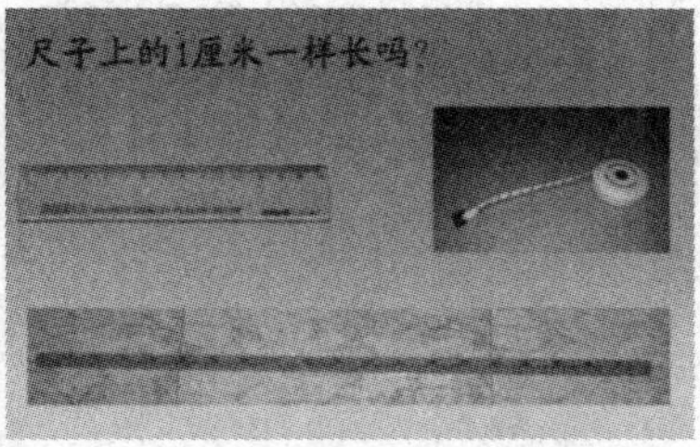 	观察、交流。认识尺子上的刻度线、刻度及长度单位——厘米（cm）。 借助直尺，动手感受1厘米的长度。 小组合作，讨论交流。明确尺子上每相邻两个刻度之间的长度都是1厘米。 体会长度单位的守恒性。	媒体强化学生认知 连续追问，引导学生思考 及时总结结论

续表

时间	教师的教学行为	学生的学习行为	教学技能要素
	 （3）借助1厘米小棒模型，建立1厘米实际长度概念。 ①1厘米有多长？——尺子测量1厘米小棒学具的长度。 ②借助1厘米小棒模型，通过用两个手指之间的距离表示1厘米长度的活动，引导学生建立1厘米实际长度概念。 （4）生活中的1厘米 ①“生活中哪些物体的长度大约是1厘米的？” ②“自己手上从哪到哪的长度大约是1厘米？”	借助学具，在观察、操作、验证中感受1厘米实际长度概念，形成表象。 发现生活中、自己身体上的“1厘米”，感受数学与现实生活的密切联系，体验学习的乐趣。	围绕核心问题提问 理解型提问 及时反馈 理解型提问
3分钟	三、尝试测量，巩固1厘米实际长度概念 1. 任务布置：重回熊猫商店，为小松鼠量出5厘米长的彩带。 2. 选取学生不同的作品，展示不同测量方法与结果。	学生用自己的方法，尝试测量出5厘米长的彩带。	

续表

时间	教师的教学行为	学生的学习行为	教学技能要素
	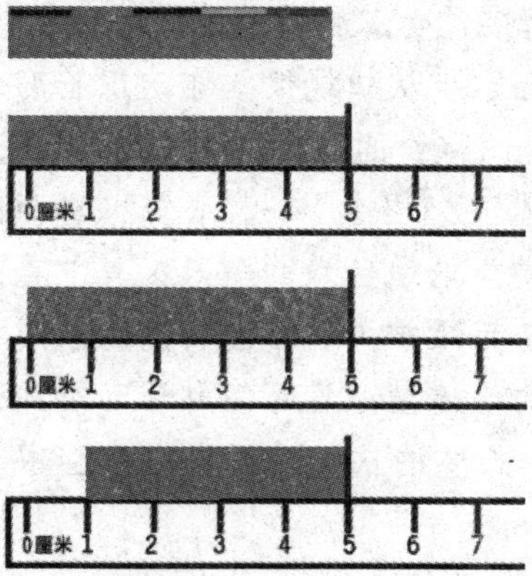 3.讨论交流： 认真观察4名同学的测量结果，谁的彩带正好是5厘米呢？为什么？ 小结：第一幅和第三幅作品的彩带正好是5厘米，5厘米是由5个1厘米组成的。	观察思考。 讨论交流。通过辨析，初步掌握测量方法。理解5厘米是由5个1厘米组成的，体会长度计量单位的累加性。	媒体直观演示强化 及时反馈

反思：

从心理学的角度来说体验过程是最重要的，正所谓历练了，收获了，成长了。本次活动我有了更深刻的思考：

①拓宽了自己的视野和眼界，也拓宽了自己的教学思路，丰富了教学经验，同时对教学技能、微格教学有了更深刻的理解。

②充分感受到“终身学习”的深刻内涵，深深感觉到自己应该多抓住机会锻炼，更好地体悟学生，感悟课堂，积累教学实践，从教学思想、教学方法、教学手段和教学创新能力等方面不断地提升自己、充实自己。

“课堂应是向未知挺进的旅程，随时都有可能发现未知的通道和美丽的风景，而不是一切都必须遵循固定路线而没有激情的旅程。”一次一次的挑战和机遇才成就了那么多的名师，我倍加珍惜这次难得的锻炼机会，以后我还会把握住这样的机会。

点评：（路玉环　北京市昌平区前锋学校　教学副主任）

王禹心老师的微格教学《厘米的认识》获得北京市青年教师教学技能大赛一等奖，我觉得有以下几方面的原因。

首先，以“1厘米有多长”为核心，突出重点，用问题链贯穿全过程，在提出问题、解决问题的过程中引领学生探索“1厘米到底有多长”，建立1厘米的表象，形成长度观念。整个过程衔接紧凑、层层递进。

其次，以生为本，整体设计符合学生认知规律。在认识长度单位“厘米”之前，借助“师生分别为小松鼠剪出2拃长的彩带”的情境创设，引导学生积极参与，在观察、比较的基础上发现“3个2拃不一样长”，进而感受到“统一长度单位”的必要性。接着，引导学生借助熟悉的学习工具“直尺”认识长度单位“厘米”。在此基础上，结合二年级学生的年龄特点，采用在直尺上用手比一比、在手上找一找、用一厘米的小棒量一量等多种活动形式，引导学生观察、操作、感悟，强化对“1厘米”长度的认识，逐步在头脑中形成表象，初步建立起1厘米的长度概念。

最后，端庄大方，充分展现其自身特色。10分钟的微格教学展示过程，王老师始终以端庄大方、自然亲切的教态、张弛有度、准确清晰的声调与现场的“学生”进行着默契的交流。无论是多媒体教具的操作，还是“1厘米”小棒模型的运用，都是流畅而自如，时间节奏的把握也恰到好处。

通过本次对新任教师参加此次微格教学比赛过程的指导和对本次大赛的全程的观摩，作为一名老教师，深深感受到这些优秀年轻教师集体所具备的优势，良好的个人素质和心理品质，较强的信息技术运用手段，强烈的求知欲和自我展示的需求，为我们的教师队伍注入了新鲜的活力，是教师队伍发展的希望和未来。但是，他们自身专业素养的提升、意志品质的磨炼还需要一个长期的培养过程。本次“微格教学”比赛，为新任教师搭建了一个很好的锻炼平台。

案例十四：刘驰 《乘法分配律》（北京市通州区台湖镇中心小学）

学科	数学	年级	四年级	教材	北京版 义务教育教科书 四年级上册
课题	乘法分配律			主要技能	提问技能
前期分析					
教材分析	本节课是在学生学习了加法、乘法的交换律和乘法的结合律之后，学习的一种新的运算定律。既是本单元的重点，也是难点。为下一课时整数乘法分配律简算、五年级小数乘法分配律简算，甚至初中完全平方公式的学习奠定了基础。因此根据以上分析我制定了如下教学重点：结合具体情境理解乘法分配律。				
学情分析	学生已经学习过加法和乘法的交换律、结合律，并能应用这些运算定律进行一些简便计算，同时学生也已经初步具备探索和发现运算定律和应用运算定律进行简便计算的基本经验，这为学习新知识奠定了基础。				

续表

学科	数学	年级	四年级	教材	北京版 义务教育教科书 四年级上册
课题	乘法分配律			主要技能	提问技能
	并且新知识在学生已经学习的知识中也有所体现，只是没有揭示这个规律罢了。比如： （1）17×12就是2个17再加上10个17 （2）周长=（长+宽）×2 周长=长×2+宽×2 （3）实际问题一题多解 另外，从学生平时的表现来看，他们的概括、归纳能力还比较薄弱。学生理解乘法分配律的意义比较困难。因此，根据以上内容，我制定了本环节的教学难点：理解乘法分配律的意义。				
课标分析	课标指出学生应当有足够的时间和空间经历观察、实验、猜测、验证、推理、计算、证明等活动过程。教师教学应该以学生的认知发展水平和已有的经验为基础，面向全体学生，注重启发式和因材施教，为学生提供充分的数学活动的机会。同时注重数学与生活的联系。 因此，在教学中我创设学生熟悉的情境，结合学生已有知识经验，并给予他们充分的时间去猜想、验证、推理，并以启发式教学策略贯穿始终。				
教学目标	根据教材分析和学情分析，以课标为指导思想，以培养学生的“四基”为目的，我制定以下教学目标： 1.学生在具体情境中经历探索乘法分配律的过程，理解乘法分配律。 2.学生在观察、比较、分析和验证中尝试归纳乘法分配律，并实现符号化表达。 3.通过参与教学活动，体验数学问题的探索性，培养学生的观察和分析能力。				
核心问题	核心问题是理解乘法分配律的意义。 乘法分配律的理解既是本课的教学重点也是难点，本课的最终目的是让学生能够理解乘法分配律的意义，因此将其作为核心问题。				
问题链	观察等号两边的算式，它们有哪些相同点和哪些不同点？ 观察黑板上这些算式，等号左边有什么特点，等号右边有什么特点？ 所有符合这种特点的算式都相等吗？				

续表

学科	数学	年级	四年级	教材	北京版 义务教育教科书 四年级上册
课题	乘法分配律			主要技能	提问技能
	谁能用自己的话说一说什么叫乘法分配律？ 这些问题链是循序渐进的，从具体事例逐步抽象到文字表述和字母表达式，这些问题链为帮助解决核心问题搭建了台阶，起到了引导作用。				
讲解目标及方法	启发式教学：从生活情境引入，通过列式计算观察、举例、验证等方式，引导学生发现规律并认识乘法分配律。 归纳法：结合学生已有的知识经验，尝试概括并理解乘法分配律，抽象出字母表达式。				

教学部分案例

教学课题	乘法分配律		
学科			
教学目标	1.学生在具体情境中经历探索乘法分配律的过程，理解乘法分配律。 2.学生在观察、比较、分析和验证中尝试归纳乘法分配律，并实现符号化表达。 3.通过参与教学活动，体验数学问题的探索性，培养学生的观察和分析能力。		
时间	教师的教学行为	学生的学习行为	教学技能要素
4分钟	师：上周学校为同学们补订了校服，其中上衣55元一件，裤子45元一条。咱们班总共30名同学补订。 帮老师算一算，一共要收多少钱呢？ 师：老师发现同学们有这么4种做法。 （1）55+45=100元 100×30=3000元 （2）（55+45）×30=3000元 （3）55×30=1650元 45×30=1350元	学生认真听、仔细看、分析已知条件。 学生理解题意，列式计算。	情境引出 解释性讲解

续表

时间	教师的教学行为	学生的学习行为	教学技能要素
	1650+1350=3000元 （4）55×30+45×30=3000元 师：我们可以看出（1）、（2）的思路是一样的，（3）、（4）的思路是一样的，只是列式形式不同。		
	小结：所以这道题的方法可以分为两种： 1.（55+45）×30=3000元 2. 55×30+45×30=3000元 师：谁来说说你的列式思路？ 师：这样的两种算法，思路不一样但是结果相同，所以我们可以写成下面这种形式： （55+45）×30=55×30+45×30 师：观察等号两边的两个算式你发现哪些相同点和哪些不同点？	生： （1）（55+45）×30=3000元。 先算出一套的价钱，再乘30算出30套的总钱数。 （2）55×30+45×30=3000元 分别求出上衣花的钱和裤子花的钱再加起来求出一共的钱数。 其他同学认真听。 生： （1）等号两边都有乘法和加法。	

续表

时间	教师的教学行为	学生的学习行为	教学技能要素
	师：看来同学们发现不少特点。这里面会不会有什么数学问题呢？	（2）左边有一个30，右边有两个30。 （3）左边的30代表30套，右边的30分别代表30件上衣和30条裤子； （4）左边是先算出一套校服的价钱，再求30套一共的钱数。右边是分别算出上衣的钱和裤子的钱，再加起来。 （5）左边是两个数的和与一个数相乘。右边是把左边的两个加数分别与另外的数相乘，再将结果相加。	
1分钟	师：第二天，有两位同学决定不订校服了？上边的这组算式要怎么变化？	生： （55+45）×28=55×28+45×28	理解型提问
2分钟	师：生活中还有许多成套出现的东西，你能举一个这样的例子吗？ 那你能编一道与上面类似的实际问题吗？ 找学生列出算式。	生： （1）买4套桌椅，桌子80元一张，椅子50元一把。 （80+50）×4=80×4+50×4 （2）求长方形周长。 （长+宽）×2=长×2+宽×2 ……	及时反馈

续表

时间	教师的教学行为	学生的学习行为	教学技能要素
2分钟	师：观察黑板上这些算式，等号左边有什么特点，等号右边有什么特点？ 所有符合这种特点的算式都相等吗？ 师写左侧算式（25+50）×4。符合上述特点吗？为什么？ 师：谁能根据左侧算式，写出右侧的算式？ 学生判断是否符合右侧形式。 师：是否相等呢？	学生观察回答。 生：左边都是两个数相加的和再乘另外一个数。 学生回答。 学生计算。 计算	理解型提问 在深入之处追问 分析型提问 追问
2分钟	师：像这样形式的算式你能够举得完吗？ 谁能用之前学习的方式表达出所有符合这种条件的算式？ 师：刚才我们发现的这些算式就是我们今天要学习的知识：乘法分配律。（板书）	生： 不能。 $(a+b)\times c=a\times c+b\times c$	应用型提问

反思：

提问技能与讲解技能是教师应具备的最基本的两个技能，刚刚接触微格时我就在想，提问讲解有什么难的？事实上，提问不应该是盲目的，而是有目的、有策略的，盲目地提问对学生没有任何益处。为此，需要把握核心问题。核心问题是一节课最重要的问题，所有的问题都是为了解决核心问题而设计的。核心问题的解决往往是有难度的，而问题链可以很好解决这一难题，一组好的问题链能够起到事半功倍的效果。

讲解技能也不是单纯地说，而是有针对性、有方法、有联系地讲解，针对不同类型的内容使用不同的讲解方法，才能更有效地进行教学。这些是一名优秀教师应该具备的能力，也是我今后要努力的方向。

点评：（董立生　北京市通州区教师研修中心　一级教师）

“问题是数学的心脏”，是推动学生数学思维活动的主要动力，是提高课堂教学效率的有效保障。

本节课的问题设计环环紧扣，从解决简单问题入手，到提出新的问题，发现特点，形成观点，总结规律，再到迁移运用，充分体现了“数学学习过程是一个不断发现问题、提出问题、分析问题和解决问题的过程”。问题链的设计不但激发了学生数学学习兴趣，引领学生进行探究活动，促进学生数学思考，引导学生在自主学习与合作交流中经历知识的形成与应用过程，而且优化了课堂结构，提高了课堂教学效率，更为重要的是发展学生在学习过程中发现问题、提出问题、分析问题和解决问题的能力，培养学生实践精神与创新意识。刘驰老师在这些方面做得都很到位。

在课堂表现上，可以看到教学方式的转变及师生角色的转换，教师和学生共同成了课堂的主人。刘老师教学基本功扎实，态度严肃认真，仪表端庄、自然大方，语言表达富有激情与活力，充分展现了良好的精神风貌。板书设计合理，书写工整，课堂组织有序，特别是在课堂提问方面，启发性强，层层深入。语言简洁、准确、规范、有感染力。

案例十五：郗莎《重叠问题》（北京市丰台区丰台第一小学）

学科	数学	年级	四年级	教材	北京版
课题	重叠问题			主要技能	提问技能
前期分析					
教材分析	本教材是北京版小学数学教材四年级上册，数学百花园中的内容，以解决“参加活动的学生人数一共多少”这个问题为载体，使学生发现生活中的重叠现象，分析并解决生活中的重叠问题。				
学情分析	重叠问题渗透的是分类的思想。早在低年级的时候，学生就接触了分类。只不过，按照一定的规则进行分类后的结果都是并列的关系。在这节课中，分类的结果出现了重叠，甚至包含的关系。所以本节课重点需要引导学生探究出如何把这种重复的现象准确清晰地表达出来。这也是本节课的教学难点。				
课标分析	在这节课的教学过程中，设计有梯度的、相关联的情境问题，将分类的三种结果都呈现出来。让学生自行发现三种情况的不同点，通过已有的知识探究解决新的问题。在整节课的过程中，以提问的方式引发学生思考，在必要的时候进行点播，使学生经历自主发现、自主探究、自主解决的完整学习过程。				

续表

学科	数学	年级	四年级	教材	北京版
课题	重叠问题			主要技能	提问技能
教学目标	1.通过解决实际问题，认识生活中的重叠现象，学会解决重叠问题。 2.经历用集合圈表现报名参赛的过程，使学生在独立思考、合作交流中学会用集合圈来表现重叠现象，理解各部分含义，利用集合圈运用多种方法解决问题。 3.在解决问题中，使学生体会知识之间的联系，感受数学的价值。				
核心问题	核心问题是“准确清晰地表现出（2）班同学参赛的情况”。 选这一问题作为核心问题是因为学生把（1）班的情况进行分类后会发现，（1）班的分类结果是并列的情况，这是他们已有的知识。而从（2）班开始，分类的情况就出现了重叠现象。学生通过探究，解决了（2）班分类的结果后，（3）班的情况只是在这之上的一个延伸（包含关系）。因此，选这一问题作为本节课的核心问题。				
问题链	在提出“请你想办法准确清晰地表现出（2）班同学参赛的情况”这一问题后，学生运用已有的知识来解决问题，然后将学生的方法一一展示出来，并提出问题“仔细观察同学们创造的表示方法，你觉得哪一种能准确、清晰地表示出（2）班同学报名参赛情况？说说你的理由”，让学生发现最简便的表达方式，并且引出“韦恩图”这一知识点。在达成共识以后，进一步提出问题“列式计算出（2）班有多少人参加了比赛？并结合图说一说算式的意思”。学生通过多种列式解决问题，理解“韦恩图”。				
讲解目标及方法	主要运用的讲解方法是启发性讲解。如果学生表述得不够清晰明了，可以采取提问启发的方法引导其他学生的思考，引导学生清晰地表述出思维过程。在讲授“韦恩图”这部分知识的时候，由于韦恩图也是引导学生自己探究出来的，采取叙述法讲解，使知识点焦点化，引起学生的注意，并且塑造学生自己能够创造出和数学家一样的图标的自豪感，使学生对数学学习建立信心和兴趣。				

教学部分案例

教学课题	重叠问题				
执教者	郗莎	学校	丰台一小		
学科	数学	年级	四年级	教学时间	12分钟
教学目标	1.通过解决实际问题认识生活中的重叠现象，学会解决重叠问题。经历用集合圈表现报名情况的过程，使学生在独立思考、合作交流中学会用集合圈来表现重叠现象，理解各部分含义。				

续表

<table>
<tr><td>教学课题</td><td colspan="5">重叠问题</td></tr>
<tr><td>执教者</td><td>郗莎</td><td>学校</td><td colspan="3">丰台一小</td></tr>
<tr><td>学科</td><td>数学</td><td>年级</td><td>四年级</td><td>教学时间</td><td>12分钟</td></tr>
<tr><td></td><td colspan="5">2.在解决问题中使学生感悟知识之间的联系，体验集合圈的重要，感受数学的价值。</td></tr>
</table>

时间	教师的教学行为	学生的学习行为	教学技能要素
2分钟	一、创设情境，呈现并列，唤起旧知		
	1.最近学校组织了跳绳和踢毽子的比赛，咱们学校四年级一共有3个班。我们首先来看看四年级（1）班参赛的情况。（出示集合圈）说一说你得到了哪些数学信息，能提出什么数学问题。 2.嗯！你得到信息很准确，你提出的问题也非常恰当。那么你能试着解决自己提出的数学问题吗？ 3.同学们，她解决得对吗？ 非常好，这是我们之前所学过的知识。这两个圈分别代表两个类别。若想求出总和，只要将两部分相加就可以了。这就是（1）班参加这项比赛的情况，其他班是不是也是这样呢？	预设： 我得到的数学信息是参加踢毽子的有6人，参加跳绳的有5人。我提出的问题是四年级（1）班一共有几人参加比赛？ 6+5=11（人） 对。 是，不是。	设计问题情境 鼓励学生提出问题 及时反馈
1分钟	二、情境设障，初识重叠，引发思考		
	1.我们一起来看看（2）班的情况（出示集合圈）说一说，你得到了哪些数学信息，你能够提出什么样的数学问题？ 2.嗯，真好，那么（2）班和（1）班一样，一共有11人参加，是这样的吗？	参加跳绳的有6人，参加踢毽子的有5人。2班一共多少人参赛？ 不是。 因为有人两项都参加。	鼓励学生提出问题 提问措辞 反问

续表

时间	教师的教学行为	学生的学习行为	教学技能要素
	3.你观察得真仔细。（ppt圈出重复的人）这两个同学重复参加了两项比赛，（板书）今天我们就来探究重叠问题。		
	4.刚才（1）班没有两项都参加的同学，但是现在（2）班，有的同学两项都参加，所以再用这种方式表示，就不能够让我们一下子看出有多少个同学参加了比赛。对吗?	对。	诱导提问
3分钟	三、借助情境，建构圈圈，表现重叠		
	1.你有什么办法，准确清楚地呈现出信息，让我们清晰地看到有多少名同学参加了比赛呢?现在请你自己动手画一画。	1.  2. 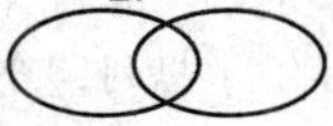	创新型提问
	2.（巡视）我发现，咱们班的同学们都非常有自己的想法。我认为，大家都能看懂，但是赞同的方法才是好方法。所以接下来我们一起来评价评价。（展示预设一）你认为他画的这个图是什么意思呢?	1.第一个圈代表仅参加跳绳的同学。第二个圈代表仅参加踢毽子的同学。第三个圈代表两个都参加的同学。	提问分配
	3.你认为这样表示可以吗?	可以。	追问
	4.嗯。这个同学运用了三个集合圈来表示数学信息。谁和他一样呢?有没有办法，只用两个集合圈就可以表示出来呢?我们一起来看看，另外一种表示的方法可以不可以?（出示图2，接近韦恩图）		诱导提问
	5.请你分析分析，这个图，每部分表示什么意思。注意引导学生说全面。	说每部分表达的意思。	
	6.同学们，她的这个图准确吗?	准确。	

续表

时间	教师的教学行为	学生的学习行为	教学技能要素
	7.那么这两种办法，哪个更好呢？ 8.好！这个方法同学们都认为非常清晰。嗯！这种方法简洁明了，仅仅用两个交叉的集合圈，就可以表示清楚所有的数学信息。谁和她的表达方式是一样的呢？你们真棒！	第二个。 同学们说出图的意义。	评价型提问
3分钟	四、深入理解，明确含义，探究算法		
	1.你们和大数学家韦恩想到一块去了。我们一起来了解一下。（出示课件）100多年前，数学家韦恩率先用这样的图来表示这种重叠关系。（板书重叠）韦恩47岁的时候才想到，今天10岁的你们就发现了！你们真了不起！我们再一起来看看，同学们的图是什么样的。（边说边出示ppt）		叙述性讲解
	2.我先用一个椭圆表示参加跳绳的同学，再用一个椭圆表示参加踢毽子的同学。那两个参加两项的同学该填在哪呢？ 3.左边这个月牙中该填谁呢？ 4.左侧椭圆里的人都参加跳绳比赛，那他们有什么相同呢？ 5.那么同理右边的月牙，填什么呢？代表什么意义呢？ 嗯！那么现在，每部分的意义你都理解了吗？请你与同桌之间互相说一说。 6.同学们都说得不错，那么接下来，你能够根据这个图的意义，运用算式方法列式计算吗？	中间剩下的三个人左边只参加跳绳比赛，中间的人两项比赛都参加。 只参加踢毽子比赛的人。	启发性讲解

续表

时间	教师的教学行为	学生的学习行为	教学技能要素
	7.对照图，说一说，你的算式表示什么意义。 8.你是将图分成三部分来看，还有不同的方法吗? 9.同样是把图分成两部分来看，还有不同的角度吗? 10.同学们的思维真发散，我们根据图，想出了这么多的办法。集合图多么有价值啊！可以帮助我们用多种办法解决问题！	1．3＋2＋4＝9（人） 2．6＋5－2＝9（人） 3.6+（5−2）=9（人） 4.（6−2）+5=9（人）	反馈探寻
1分30秒	五、情境创疑，运用经验，解决包含		
	以上是（2）班参加比赛的情况。接下来我们一起来看看（3）班还会有什么样的情况发生呢? 练习一： 1.ppt出示。请你仔细观察，你发现了什么? 2.同学们真聪明，一下子就发现了，参加踢毽子比赛的同学，都是参加跳绳比赛那些里的。那，这种情况我们该怎么表示呢?快自己动手试一试。 3.同学们都解决完了。是这样的么?每部分什么意思呢?重叠的部分在哪里呢? 4.（3）班有多少名同学参加了比赛呢? 5.我们一下子就看出了有多少人参加了比赛！这个图太好了！ 好了，这就是（3）班参加比赛的情况。	参加踢毽子比赛的同学都参加跳绳比赛。 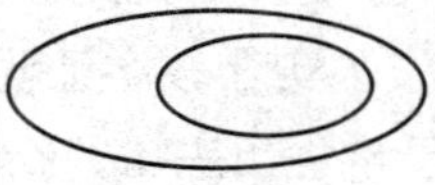 同学们说图每部分的意思。 重叠的部分在里面那个小圈。 6人。	

续表

时间	教师的教学行为	学生的学习行为	教学技能要素
1分30秒	六、回顾情境，综合运用，深化理解		
	我们一起来回顾一下，咱们年级这3个班的同学参加比赛的情况。（ppt出示3个班的参加情况）我们可以看到，人数最多的是哪个班？人数最少的呢？什么情况下，咱们年级参赛的同学最多呢？什么时候最少呢？请你带着思考，在课下帮体育老师来解决解决下面这个问题。 练习二： 体育老师要给参赛的选手发参赛号码。同一个同学使用一个号码就可以了。那么体育老师最多准备多少个参赛号码呢？最少呢？ 谁来谈谈你的收获？		追问

反思：

核心问题是学生突破的关键，解决了核心问题也就学会了新的知识。本节课的重点在于引导学生探究出如何将重叠现象表达出来，由此确定核心问题“准确清晰地表现出（2）班同学参赛的情况”。问题链，就是帮助学生解决核心问题的“拐杖”和“路引”。“哪种表达方式最清晰”引出了“韦恩图”。有了韦恩图，学生“看图列式解决问题”既对韦恩图有了一个深入的理解，又能够找到解决重叠问题的计算方法。实际教学证明：这种围绕核心问题，提出相应问题链的设计思路非常有助于学生自主探究新知，收到了很好的课堂效果。

通过这次的比赛，我对所有的提问和讲解技能有了一个详细的了解，知道了提问技能都有哪些，每一个具有什么样的特点。在后续的备课过程中，我重点对照着提问技能，看看自己哪些问题应该运用什么样的技巧。在教学中，我将这些不同的问题运用不同的技巧提问出来，课堂变得更加有趣、更加高效。

点评：（乔静　北京市丰台区丰台第一小学　高级教师）

《重叠问题》这一设计对教材的理解准确有深度，从整体上把握教材，抓住了重叠问题的本质是分类。这样既准确地找到了学习的出发点：学生已经初步会分类，能够把并列关系的分类清晰地表达出来，也确立了重点和难点：怎样把分类中出现的相交关系和包含关系准确清晰地表达出来。基于这样的认识，制定的教学目标准确，可操作、可检测。教学过程选择了学生熟悉的生活事件让学生在情境中解决问题、解释问题。所设计的核心问题准确、清晰，紧紧围绕着教学重点、难点不断深入，真正成了这节课的核心所在。

教师设计了以促进学生思维发展为暗线，以解决问题为明线的问题链。问题链中的问题清晰准确地阐述了核心问题，问题与问题之间逻辑关系合理，给予了学生一定的思考空间，使学生在“跳一跳”的过程中能够解决。在解决问题的过程中，在追问与互动交流的过程中学生解决问题的能力得到提升，思维得到发展。

案例十六：张文《平行四边形的面积》（北京市宣武师范学校附属第一小学）

学科	数学	年级	五年级	教材	人教版
课题	平行四边形的面积			主要技能	提问为主
前期分析					
教材分析	小学阶段学习的几种图形面积计算方法是有内在联系的，平行四边形的面积在这一知识序列中具有承上启下的作用，它将知识技能和数学思想完美结合，核心地位毋庸置疑。 研读教材，我发现各个版本的编排都呈现了以下几个层次： 第一层次，借助网格图数出图形的面积。我认为，编排的目的之一在于突出求面积的本质——也就是计算面积单位的个数。其目的之二在于想借助学生不同的数法，感受只有将图形转化成长方形，才能方便地看出图形里包含了几个面积单位。事实上，这也是平行四边形的面积为何要“割补”转化的理论基础。 第二个层次，演绎面积公式的推导过程。推导面积公式的关键是平行四边形的高，小学多版本教材均呈现了平行四边形转化成长方形推导面积公式的过程，而中学教材中，平行四边形面积却是用两组邻边的积乘夹角的正弦值来求得的（$S_{平行四边形}=ab\times\sin\alpha$）。由公式可以看出，平行四边形的面积和两条邻边的乘积是有关系的，只要再知道两条邻边的夹角，就可以求出面积。利用三角函数对这种方法进行分析，其实$b\times\sin\alpha$是在计算夹角的对边的长度，也就是平行四边形的高。当所夹的角度发生变化时，直接会引起平行四边形的高发生变化，底不变的情况下，平行四边形面积的变化是由高的变化引起的。由此可见，中学的求面积方法其实也是在变相求出平行四边形的高。高是平行四边形面积的核心要素。 不同版本的教材，为何会在编排上出奇的一致呢？我想，编者的意图都是要告诉我们，在教学时要突出的重点是转化思想，在转化中要突出的重点是隐性的条件——高。				

续表

<table>
<tr><td>学科</td><td>数学</td><td>年级</td><td>五年级</td><td>教材</td><td>人教版</td></tr>
<tr><td>课题</td><td colspan="3">平行四边形的面积</td><td>主要技能</td><td>提问为主</td></tr>
<tr><td>学情分析</td><td colspan="5">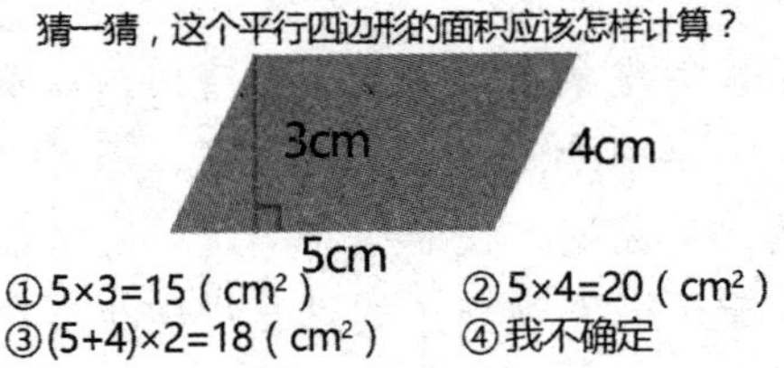

测试结果如下：知道平行四边形面积应该用底×高计算的占到了50%。通过进一步了解，大部分只局限于会算，但说不清道理。40.6%的学生是用邻边相乘，这种想法是学生受到了长方形面积公式的影响。还有少部分的学生将面积和周长的概念混淆在了一起或者认知茫然，没有自己的观点。测试的结果暴露了学生真实的思维状况，也给我的教学带来了思考和灵感。</td></tr>
<tr><td>课标分析</td><td colspan="5">课堂上，让学生在教师指导下独立探索，先由教师启发引导，然后让学生自己去分析。学生始终处于主动探索、主动思考，但又离不开教师事先所创设的情境。教师在整个教学过程中点拨，对学生建构意义的帮助却很大，充分体现了教师指导作用与学生主体作用的结合。把“自主探究”教学思想引入课堂中，激活学生的思维，唤醒学生的潜能，加快学生的自主发展，让学生高质量地学习。</td></tr>
<tr><td>教学目标</td><td colspan="5">（一）使学生理解平行四边形的面积是由底和高决定的。
（二）通过操作、观察、比较，帮助学生理解平行四边形的面积与底和高有关。
（三）培养学生在学习过程中善于交流、反思的好习惯。
之所以确定这样的教学目标是因为学生现有认知水平不同，要找到教学的起步点，就要关注全体学生的共同需求，即平行四边形面积公式背后承载的道理。课堂上不仅要让学生明白平行四边形的面积是如何推导出来的，还应该借用数方格，使每排的方格数与底的长度建立起联系；使有这样的几排与高建立起联系，使全体学生的认知统一到“底×高=面积”的层次上。
教学中要凸显“高”的价值。高在图形中是隐性条件，求面积时只有将图形转化，隐性的条件才会变成显性的条件。学生在头脑里将隐藏的高外显的过程，其实就是将知识内化的过程。设计教学时，要围绕“高”这个要素，含而不露地帮助学生在思维上不断拔节。</td></tr>
<tr><td>核心问题</td><td colspan="5">平行四边形的面积是由哪些因素决定的？</td></tr>
</table>

续表

学科	数学	年级	五年级	教材	人教版
课题	平行四边形的面积			主要技能	提问为主
问题链	哪一种解决的方法是正确的？ 为什么邻边相乘不是平行四边形的面积？ 平行四边形的面积真的与底和高有关系吗？				
讲解目标及方法	我利用叙述法导入新知，围绕核心问题进行提问，让学生进行分析，展现学生原有认知。利用叙述、引导、演绎等方式，解决为什么平行四边形的面积不能用邻边相乘的方法来计算。通过一系列的提问，与学生思维进行沟通，引导学生认识到平行四边形的面积 是由底和高两个因素决定的。带领学生一起梳理、总结和归纳，以得到明确的结论。				

微格教案

教学课题	平行四边形的面积				
学科	数学	年级	五年级	教学时间	8分30秒
教学目标	1.使学生理解平行四边形的面积是由底和高决定的。 2.通过操作、观察、比较，帮助学生理解平行四边形的面积与底和高有关。 3.培养学生在学习过程中善于交流、反思的好习惯。				

时间	教师的教学行为	学生的学习行为	教学技能要素
30秒	上课前，同学们尝试着求这个池塘的面积，我们来看一看同学们试做的情况。	学生倾听。	利用叙述法导入新知。
3分钟	有不少同学认为平行四边形的面积是两条相邻的边相乘，到底对不对呢？ 请同学们仔细观察，在拉动框架的过程中，什么变了，什么没变？能说明什么？	面积变了，周长没变。两条邻边的乘积不会发生变化，所以两条邻边相乘不是面积。	利用叙述、引导、演绎等方式，解决为什么平行四边形的面积不能用邻边相乘的方法来计算。
3分钟	既然两条邻边相乘不是平行四边形的面积，那是不是真的与底和高有关呢？请观察黑板上展示的一组图形，看一看高和面积是怎样变化的？	我发现高变大了，面积也跟着变大，高变小了，面积也跟着变小。	通过一系列的提问，与学生思维进行沟通，引导学生认识到平行四边形的面积是由底和高两个因素决定的。

续表

时间	教师的教学行为	学生的学习行为	教学技能要素
1分钟	想象一下，如果高不变，底变大了，面积会怎么变？ 通过观察与讨论，我们可以发现平行四边形的面积与底和高有关。	面积也会随之变大。	
1分钟	我们一起来回顾一下，我们学习的过程。	引导学生反思学习过程。	带领学生一起梳理、总结和归纳，以得到明确的结论。

反思：

回味短短的教学时空，在学生收获的同时，也带给我无限的收获。

第一点感触是要给学生的认知留门缝，备课中始终萦绕在我心头的是邻边相乘到底有没有它的道理。课堂上如果一句话就去否定邻边相乘的观点，从学生发展的角度看，这样做真的好吗？利用邻边不是不能求面积，只能说现在的我们解决起来还很困难。不能把这种想法轰到九霄云外去，而是先封存起来，妥善保管，等待时机成熟了，再去唤醒。花未全开月未圆，为认知的大门留个“门缝”，让如今看似无理的思考，在未来彰显价值。

第二点感触是我与学生共发展。回忆自己当年数学的学习，很多画面早已模糊不清，留在脑海中的只有一片一片的公式，它们的内涵我也从未想过。大学毕业后，我又回到了小学，也给了自己一次“回炉”的机会。研磨教学的过程，实际上也是给自己不断地研究和学习的机会。我感恩学生的陪伴，也深深地感受到，我的教学之路上，始终是学生在培养着我成长。

点评：（冉梅　北京市宣武师范学校附属第一小学）

本节课充分体现教师用工匠精神满足学生的真实需求。学生的真实需求是“平行四边形面积与图形自身什么条件有关”，课堂教学围绕这个核心问题展开研究。

教师工匠精神在于，让学生经历猜想、证实、推理、结论的全过程，带领学生先进行实物直观的感知，再大胆猜想，提出研究的问题。通过动手操作、小组探究，让学生感受到平行四边形的面积和底、高有关系，从而将本节课的核心问题聚焦到平行四边形的高上来。

学生核心问题得以解决，随之产生新的问题，“高与底”的变化会对平行四边形面积大小产生影响吗？在动态图形变化中，学生看到：底不变，高的变化和高不变，底的变化都会引发图形面积大小的变化，在变化中再次印证平行四边形面积与底和高有关，其中任何一个条件的变化都会引发图形面积大小的变化，使学生对平行四边形面积公式的意义有了深层次的认识。

把学生需求当成核心，把核心问题引深做透，让学生的认识“接地气”，让学生的问题“真落地”，这正是教师的“工匠精神”。

案例十七：蔡蕊《解决问题》（北京市昌平区城关小学）

<table>
<tr><td>学科</td><td>数学</td><td>年级</td><td>二年级</td><td>教材</td><td>北京版
二年级下册</td></tr>
<tr><td>课题</td><td colspan="3">解决问题</td><td>主要技能</td><td>提问为主</td></tr>
<tr><td colspan="6">前期分析</td></tr>
<tr><td></td><td colspan="5">为了解学生的思维困惑，对二年级90名同学进行了前测，如下：
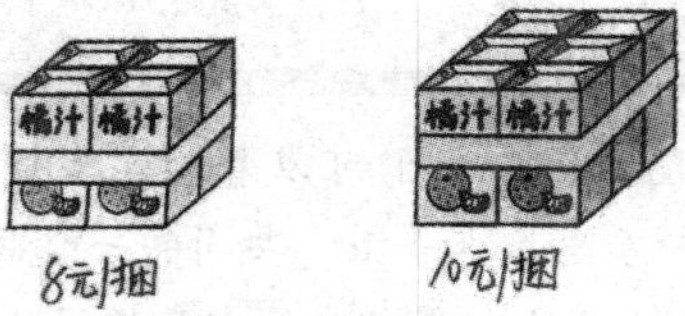

要买24盒橘汁，怎么买便宜？需要花多少元？
1.想一想、圈一圈、画一画你看懂了什么？有不明白的吗？
2.描一描、写一写你有解决的方法吗？</td></tr>
<tr><td>教材分析</td><td colspan="5">学生在二年级已经认识了除法并理解了除法的意义，能够分析简单的数量关系，并且已经熟练掌握了除数是一位数的计算方法，为本课的学习做好了铺垫。但学生还不能准确地分析数量关系，掌握解决问题的方法。</td></tr>
<tr><td>学情分析</td><td colspan="5">前测一：

<table><tr><td rowspan="3">理解题意</td><td>困难</td><td>学生示例</td><td>百分比</td></tr><tr><td>不理解“捆”</td><td>(8元/捆)　(10元/捆)</td><td>64%</td></tr><tr><td>不理解“便宜”</td><td>要买24盒橘汁，怎么买便宜？需要花多少元？</td><td>29%</td></tr></table>
结果分析：如图所示，64%的学生不理解“捆”字的含义；29%的学生不理解“便宜”的意思。由此可见，重点词语的不理解，会直接影响对整道题的理解。</td></tr>
</table>

续表

<table>
<tr><td>学科</td><td>数学</td><td>年级</td><td>二年级</td><td>教材</td><td>北京版
二年级下册</td></tr>
<tr><td>课题</td><td colspan="3">解决问题</td><td>主要技能</td><td>提问为主</td></tr>
<tr><td></td><td colspan="5">前测二：
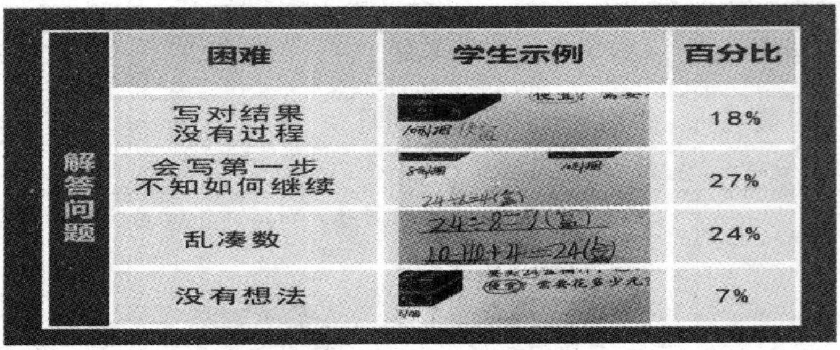
结果分析：如图所示，我们可以看出学生们的思维水平是不一样的，但不管处在哪一层思维水平上，共同的一个问题是：学生没有一个完整、有序的解题思路。也就是学生缺少分析问题、解决问题的方法。</td></tr>
<tr><td>课标分析</td><td colspan="5">1.了解分析问题和解决问题的一些基本方法，知道同一个问题可以有不同的解决方法。这节课就通过比较总价格和比较单价两种不同的方法来解决问题。
2.体验与他人合作交流解决问题的过程。本节课通过圈一圈、画一画等方式，先在小组内交流想法，再和全班同学进行交流。
3.尝试回顾解决问题的过程。这节课的结尾回顾了解决问题的过程，并在过程中总结方法：读图识大意，重点析词句，边读边想象，画图出理解。</td></tr>
<tr><td>教学目标</td><td colspan="5">1.通过读图识大意、重点析词句，让学生真正理解题意。
2.通过想象、画图等活动，梳理解题思路，总结解题方法。
3.让学生经历解题的思维过程，在过程中体会解题的方法，感受学习数学的乐趣。
为什么确定这样的教学目标？
调研的结果让我清楚了学生的问题，而学生的问题也折射出我们教师的教学问题：我们让孩子们去读题、审题，但孩子们真正读懂题了吗？我们让孩子认真思考、分析问题，但孩子有分析问题、解决问题的方法吗？我们注重解决问题的结果是否正确，但注重解决问题的过程了吗？解决问题教学的重点应该放在帮助学生寻找解决问题的方法，培养学生解决问题的能力上！</td></tr>
</table>

续表

学科	数学	年级	二年级	教材	北京版 二年级下册
课题	解决问题			主要技能	提问为主
核心问题	核心问题：买哪一种便宜？需要花多少钱？ 整节课将围绕这一核心问题展开教学，并通过对核心问题的解决感受波利亚的《怎样解题》的四个步骤，和学生一起探讨、发现、总结解决问题的方法。				
问题链	你看懂了什么？还有哪些问题？ 圈一圈、画一画，你有什么想法吗？ 按照你的想法能列式解答吗？ 你有哪些收获？ 通过以上问题链层层深入引导学生利用波利亚怎样解题的四个步骤总结解决问题的方法。				
讲解目标及方法	通过对本题的讲解使孩子经历完整的解题过程，感受波利亚怎样解题的四个步骤，最终总结出解决问题的方法。				

教学部分案例

教学课题	解决问题				
学科	数学	年级	二年级	教学时间	10分钟
教学目标	1.通过读图识大意，重点析词句，让学生真正理解题意。 2.通过想象、画图等活动，梳理解题思路，总结解题方法。 3.让学生经历解题的思维过程，在过程中体会解题的方法，感受学习数学的乐趣。				

时间	教师的教学行为	学生的学习行为	教学技能要素
3分钟	一、弄清题意 1.读图识大意： 请你静静地看图、读题，你看懂什么么了？ 2.重点析词句： 你还有什么不明白的地方吗？ 3.提出问题：同样的橘汁有两种不同的卖法，买哪一种便宜呢？要花多少钱呢？	看图读题，初步了解题意。 理解“捆”“便宜”的含义。 理解题意，展开思考。	理解型提问

续表

时间	教师的教学行为	学生的学习行为	教学技能要素
3分钟	二、拟订计划 1.引导学生独立思考： 请你静静地独立思考，买哪一种橘汁便宜呢？ 2.组织学生小组交流： 在小组内交流你的想法，通过圈一圈、画一画，把你们组的想法展示出来。 3.组织学生集体交流： （1）交流比单价的思路。 （2）交流比总价的思路。 （3）交流更多想法。 （4）交流生活经验。 4.小结：我们通过读题、画图梳理出两种方案：一种是先算出一盒橘汁的价钱，判断出谁便宜，再计算买24盒一共花多少钱；另外一种是，算一算8元一捆的买24盒需要多少钱，再算一算10元一捆的买24盒需要多少钱，再进行比较，这样不但知道谁便宜还知道了一共花了多少钱。	学生独立思考。 学生小组内交流，把自己的想法用图形表示出来。 画图说思路。  画图说思路。 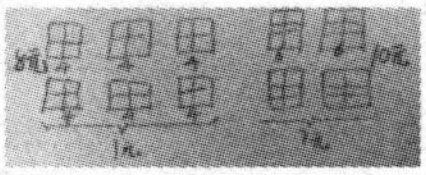 理解图意。  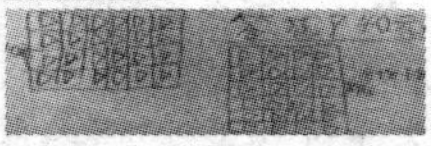 交流自己的生活经验。	明确核心问题 提供感性材料 得出结论
2分钟	三、实施计划 1.组织学生将自己通过画图梳理出来的思路，用算式表达出来。 2.组织学生汇报交流。	学生根据自己的思路图，列式计算。 讲解算式的意义。	

续表

时间	教师的教学行为	学生的学习行为	教学技能要素
	方法一：比单价图——列式计算。 方法二：比总价图——列式计算。 3.小结：不管是比较一盒的价钱，还是比较24盒的价钱，我们都得到了答案：买10元一捆的便宜，共花了40元钱。孩子们，你们发现了吗？通过画图帮我们理清思路以后，列式计算就简单多了。		得出结论
2分钟	四、回顾反思 1.总结方法：同学们，让我们回过头来看一看，我们是怎样解决这个问题的？ 2.总结全课：同学们太了不起了，不但成功地帮助小明解决了问题，而且在解决问题的过程中，我们还总结出了解决问题的方法。那让我们用这样的方法去解决更多的实际问题吧！	通过探讨、交流，总结出解决问题的方法。 体验成功，乐享学习的快乐。	启发性讲解

反思：

尊重学生，从了解开始。要想讲好一堂课最重要的就是了解学生，要清楚地知道他们的困难点是什么，不然就会像鱼牛的故事里小鱼，想象出来的样子还是一条鱼。不是小鱼（学生）的理解能力有问题，而是青蛙（教师）没有完全了解小鱼（学生）。

开始的时候，我只是想当然地以为学生会这样，学生会那样。对二年级90名同学做的调研，给了我很大的触动。原来学生的问题不仅是数量关系，而是从看图、审题就出现了问题，对于“捆”字不理解的学生竟然达到了64%，如果连题目都没有理解清楚，还谈何解题呢！调研的第二个问题“描一描、写一写你有解决的方法吗”可以看出孩子们的思维水平是不一样的，但不管处在哪一层思维水平上，共同的问题是学生没有一个完整、有序的解题思路，也就是缺少分析问题、解决问题的方法。

调研的结果让我知道了学生的问题，而学生的问题也折射出教师的教学问题。我们总是让孩子去读题、审题，但孩子真正读懂题了吗？我们让孩子认真思考、分析问题，但孩子有分析问题、解决问题的方法吗？我们注重解决问题的结果是否正确，但注重解决问题的过程了吗？经过这一系列的思考，我决定把解决问题的教学重点放在帮助学生寻找解决问题的方法，培养学生解决问题的能力上。

本节课始终围绕“怎么买便宜，需要花多少钱”这一核心问题展开教学，并通过问题链层层深入，最终解决问题总结方法。

本次的微格教学让我清楚地知道了在平时的备课中也要充分地了解学生。只有了解，才有理解。本次比赛也有许多令我感到遗憾的地方，比如我的语速过快，前面的说课环节不够流利等。但也正因为有遗憾，所以也更有了前进的动力，我要多锻炼、多提升，潜心研究，更加努力地去完善自己。

点评：（王丽娜　北京市昌平城关小学　中学高级教师）

蔡蕊老师的微格教学，另辟蹊径，从一道课后习题入手，调研思考、反思实践，以小窥大，效果甚好。

一、课前调研，找准学生的思维困惑

“为什么许多同学都做错了呢？”“为什么会这样呢？”带着这些疑问，蔡老师对二年级学生做了课前调研，结果发现学生对诸如“捆”“便宜”等重点词语的不理解，从而导致对整道题理解得不到位。紧接着，蔡老师要求学生用圈一圈、画一画的方法尝试着去解决问题，发现学生没有一个完整、有序的解题思路，也就是学生缺少分析问题、解决问题的方法。找准了学生的困惑，也就找准了课堂教学的起点。

二、课堂放手，激发学生的思维火花

蔡老师的微格教学紧紧围绕“买哪一种饮料便宜？需要花多少钱”这一核心问题展开，通过“你看懂了什么？还有哪些问题吗？圈一圈、画一画，你有什么想法吗？按照你的想法能列式解答吗？回顾全课，你有哪些收获呢”这样的问题链，交流碰撞出思维的火花引领学生探索的步步深入。

三、课后总结，梳理解决问题的方法

回顾总结，是学习过程中的重要环节。在解决问题的过程中，体会波利亚的《怎样解题》的四个步骤：弄清题意，拟订计划，实施计划，回顾反思。并在实际解决问题的过程中，学生总结出自己的方法：读图识大意，重点析词句，边读边想象，画图出理解。

二、以讲解技能为主的教学案例

案例一：周畅　《9的乘法口诀》（北京市密云区第一小学）

学科	数学	年级	二年级	教材	北京版二年级上册
课题	9的乘法口诀			主要技能	讲解为主
乘法口诀对学生来说并不陌生，但有规律的记忆并能灵活运用还是存在一定问题。					
教材分析	《9的乘法口诀》是北京版义务教育课程改革实验教材二年级上学期第五单元表内乘法和除法（二）中的教学内容。乘法口诀是表内乘法、除法计算最基础的知识之一，对今后进一步学习乘法、除法计算具有重要的作用。9的乘法口诀是在学习1至8的乘法口诀的基础上进行教学的。这样安排有助于学生利用迁移规律学习新知。教材引导学生自己编制乘法口诀，在探索数学知识的过程中获得成功的体验，促使学生不断增强学好数学的自信心，同时注重培养学生的推理能力和应用数学的意识。				
学情分析	学生已经学过1到8的乘法口诀，具备了自己总结9的乘法口诀的能力，并能对口诀中简单的规律进行归纳总结。尽管如此，这是学生第一次接触完整的9的乘法口诀，口诀的数目大，容易混淆，学生熟记口诀并能灵活运用存在一定困难。 教学重点：熟记9的乘法口诀并能运用口诀进行计算。 教学难点：初步探索9的乘法口诀的规律。				
课标分析	1.教学活动激发学生兴趣，调动学生积极性。 2.以学生的认知发展水平和已有经验为基础，面向全体学生，注重启发式和因材施教。				
教学目标	1.引导学生理解9的乘法口诀，在探索规律的过程中逐步熟记口诀，并能准确、较灵活地运用。 2.培养学生初步的迁移能力，引导学生有序的观察，发现9的乘法口诀的规律并能将多种记忆口诀的方法归纳总结，渗透数学学习的方法。 3.在总结规律的过程中，让学生体会数学的趣味性，感受中国的传统文化，使学生在愉快的氛围中学习数学知识。				
核心问题	9的乘法口诀蕴藏着哪些规律？				
问题链	你用什么方法看出五角星有几颗的？ 在刚才写的过程中，你有什么发现？ 9的乘法算式与减法有什么关系呢？ 观察这列算式，你发现了什么规律？ 为什么因数从上往下依次多1而积却多了9？ 再按照从上往下的顺序观察积的数字特征，你有什么发现？ 再仔细观察，你还有什么发现？				

续表

学科	数学	年级	二年级	教材	北京版二年级上册
课题	9的乘法口诀			主要技能	讲解为主
讲解目标及方法	讲解方法以启发性讲解为主。二年级学生已经学过1～8的乘法口诀，对口诀有一定的了解。所以本节课，主要以引导学生自主探究为主。在探索规律的过程中，引导学生观察五角星与方格的关系，总结出9的乘法算式与整十减法的关系，让学生先对乘积有了初步感知；进而，再引导学生总结乘法算式和积的特征，真正做到把课堂留给学生。				

微格教案

教学课题	9的乘法口诀				
学科	数学	年级	二年级	教学时间	10分20秒
教学目标	1.引导学生理解9的乘法口诀，在探索规律的过程中逐步熟记口诀，并能准确、较灵活地运用。 2.培养学生初步的迁移能力，引导学生有序地观察，发现9的乘法口诀的规律并能将多种记忆口诀的方法归纳总结，渗透数学学习的方法。 3.在总结规律的过程中，让学生体会数学的趣味性，感受中国的传统文化，使学生在愉快的氛围中学习数学知识。				

时间	教师的教学行为	学生的学习行为	教学技能要素
1分钟	一、《九九歌》引入 老师给大家带来了一首《九九歌》，会读的孩子跟着一起读一读。 《九九歌》中有数，出现最多的是几？这节课我们就一起来学习9的乘法口诀。	观察《九九歌》特点。	情境引入
50秒	二、总结9的乘法口诀 根据我们之前的经验，请你思考9的乘法口诀有几句？ 说一说我们之前学习的哪些口诀是与9相关的口诀？ 这7句是我们学过的跟9有关的口诀。（贴磁力贴） 还差几句？有人已经迫不及待地把它们请出来了，一起说一说。	1.根据之前学习口诀的经验，知道9的乘法口诀有9句。 2.回忆已经学过的1～8的乘法口诀中与9相关的口诀并总结完整9的乘法口诀。	启发性讲解

续表

时间	教师的教学行为	学生的学习行为	教学技能要素
	现在，我们得到了完整的9的乘法口诀，请你自己把这些口诀读一读。		
2分40秒	三、将乘法与减法算式建立联系 1.9这个数比较特殊，它是最大的一位数，在往上数就是10了，9跟10离得很近。我们这里有些方格，数一数，一共有几个？  2.那么，你能一眼看出同图形中的星星有几颗吗？ 你怎么这么快就能说出同图形中的星星有多少颗呢？ 讲解：这一行有10个方格，而☆比方格少一个，就是10—1，那这1个9还能用哪个乘法算式来表示呢？ 3.现在有多少颗星星？你能列个乘法算式吗？  与图中的星星相同的个数比方格少两个，也就是20—2。 4.接下来是3个9，你能自己试着列两个算式吗？  照这个样子，请你自己往下写一写，拿出你的学习单，把你的发现填在上面。	1.学生经历9的乘法算式与图形和减法算式结合的过程，对9的乘法算式的积有了初步感知。 2.在经历完成学习单的过程中，学生更加清晰地明白了9的乘法算式与减法之间的关系。 3.学生会分析并能完整表达出9的乘法口诀乘积的特点，即几个9就是几十减几。	提供感性材料 启发性讲解 引导学生比较

续表

时间	教师的教学行为	学生的学习行为	教学技能要素
	（学习单见附件） 相信大家都能顺利说出来，选择你最喜欢的一句说一说。 最后9个9我们一起来说一说。 5.小结 在你刚才写的过程中，你有什么发现? 看来，9的乘法口诀真是与众不同!		引导学生分析比较
2分钟	四、探究9的乘法口诀的规律 1.算式的规律 你知道吗？在所有的口诀里，9的乘法口诀很神奇！我们再来找一找其中的奥秘! 观察乘法算式，你发现了什么规律? 追问：积为什么从上往下依次多9? 你解释得可真清晰！因为多出的是1个9! 大家真的是火眼金睛，发现了这么多的规律。 2.积的数字特征 从积的数字特征看，你有什么新发现? 你还有什么发现? 这9的口诀中还有这么多有趣的知识呢，现在请你运用这些知识记一记口诀!	1.有序观察9的乘法口诀。 预设： ①因数都有9。 ②第二个因数从1到9。 ③积从上往下依次多9。 2.发现因数和积的规律。 预设： ①个位从9到1，十位从1到8。 ②个位与十位交换了顺序。 ③积的个位与十位数字之和是9。 3.尝试完整表达，运用总结出的规律，记忆口诀。	提供感性材料 启发性讲解 引导学生对所研究对象进行比较、分析

续表

时间	教师的教学行为	学生的学习行为	教学技能要素
1分30秒	五、手指记忆口诀 要想记住9的乘法口诀，还有个好办法呢！我们灵巧的双手就可以帮助我们！ 看看大屏幕，你看懂了吗？我们一起来摆一摆。 1.讲解一九得九 请你张开双手，掌心面向自己。以从左往右的顺序，是几九就弯曲第几根手指，比如一九就是弯曲左边的第一根手指，也就是左手的大拇指，右边有九根手指是9，所以一九得九。 2.提问二九十八如何做手势 如果是二九，请你自己摆一摆。 追问：二在哪？十在哪儿？八又在哪儿？ 这个手势就代表着二九十八。 这种方法你学会了吗？请你边做手势，边把9的乘法口诀记一记。	1.学习手指记忆口诀。 2.利用自己的手指再次记忆9的乘法口诀。	解释性讲解
	六、学科整合，课外延伸 1.介绍《九九消寒图》 9的乘法口诀在生活中有着广泛的应用。 还记得课前老师给大家介绍的九九歌吗？ 2.讲解《九九消寒图》与生活联系 从冬至这天起就代表进九了。在冬至汉族民间有贴绘九九消寒图的习俗。 画上一枝梅花，枝头上画梅花9朵，每朵梅花上有9片花瓣，	1.回忆《九九歌》，认真听《九九消寒图》的故事。 2.了解了《九九消寒图》的画法，并能运用自己学习的9的乘法口诀计算，几九染上几片花瓣。	叙述性讲解

续表

时间	教师的教学行为	学生的学习行为	教学技能要素
1分30秒	一朵花就代表一个九，一片花瓣就代表一天，每过一天，就用颜色染上一个花瓣。 今年的冬至是12月22日，而今天是入九的第五天，那么就要画上5片花瓣。染完9瓣就过了一个九。 请你想一想，如果4朵梅花绽放，就是过了几九？也就是入九多少天？试着列个乘法算式。你用的是哪句口诀啊？ 大家真了不起！不仅学会了9的乘法口诀，还能将它运用到我们的生活中解决问题！ 等到9朵梅花都绽放的时候，寒冷的冬天就过去了，温暖的春天就来了，那时，我们就会看到，耕牛遍地走。	3.感受中国传统文化的博大精深，对节气又有了新的认识。	

学习单

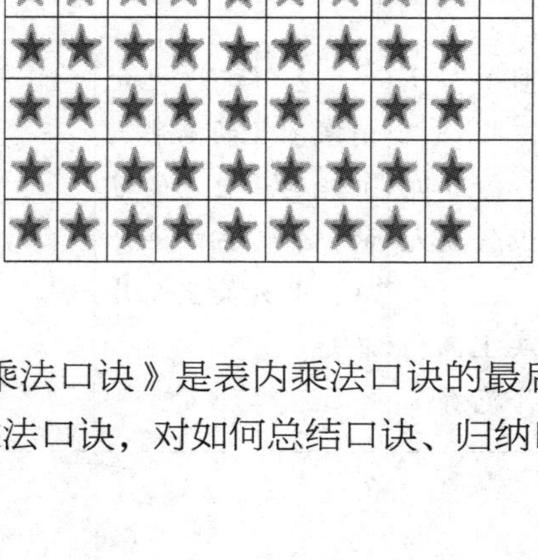

9×1=9 ⟹ 10-1

9×2=18 ⟹ 20-2

9×3=27 ⟹ 30-3

9×4=□ ⟹ 40-□

9×5=□ ⟹ 50-□

9×6=□ ⟹ 60-□

9×7=□ ⟹ □-□

9×8=□ ⟹ □-□

9×9=□ ⟹ □-□

反思：

《9的乘法口诀》是表内乘法口诀的最后一部分内容，之前学生已经学过1～8的乘法口诀，对如何总结口诀、归纳口诀中蕴藏的规律、如何记忆口诀都有了一定感知，但完整记忆也存在一定的困难。所以，我把重点放在了通过多种方法帮助学生总结规律，从而达到熟练记忆口诀、运用口诀的目标。

一、激趣引入，增强学生学习兴趣

用《九九歌》引入激发学生学习兴趣的同时，让学生意识到“数学知识从生活中来”。让学生先猜测 9 的乘法口诀有几句，再说一说自己知道的与 9 相关的乘法口诀，激发学生学习兴趣，主动参与学习过程。

二、注重启发，引导学生主动思考

有效的数学活动需要学生通过动手实践、自主探索和合作交流来获取经验。因此，我在出示口诀后，提供感性材料——方格图，通过启发性的语言，引导学生观察、讨论，总结出 9 的乘法口诀的乘积与整十数减法的关系，让学生对乘积有了初步感知，为接下来总结规律做好铺垫。在总结规律过程中，再次通过启发性的语言，引导学生发现 9 的乘法口诀本身的规律：算式的规律、乘积的特征。在此基础上再引入手指记口诀的方法，解释性讲解使学生理解记忆口诀的方法，多种感官记忆也为本来枯燥的口诀增强了趣味性。

三、联系生活，传统文化融入课堂

课尾再次运用《九九歌》，达到首尾呼应，将《九九消寒图》融入课堂，叙述法讲解传统文化。恰好比赛当天 12 月 26 日已经入九，结合这个实际，将其也纳入课堂，让学生真切地感受到数学与生活的联系。并追问：请你想一想，如果 4 朵梅花绽放，就是过了几九？也就是入九多少天？试着列个乘法算式。你用的是哪句口诀？巧妙地将其与学习的《9 的乘法口诀》联系，它并不以练习题的形式出现但达到了练习的目的，一举两得。

点评：（钱艳　北京市密云区教师研修学院　小学高级教师）

周畅老师进行微格展示的《9 的乘法口诀》一课，从教学设计看，教师能够根据本班学生的认知基础，设计符合学生认知水平和认知规律的教学环节，同时本节课注重与优秀的传统文化相结合，使学生在数学学习的同时感受传统文化的魅力。本课伊始，教师运用学生学习过的《九九歌》导入新课，引发学生的学习兴趣，同时基于学生的已有认知基础，9 的乘法口诀由学生自主编出；接着提供方格图中星星数量这一感性材料，通过一系列问题，引导学生进行有序观察、有序思考，从而发现 9 的乘法口诀中存在的规律，发展学生的观察能力、概括能力；周老师采用解释性讲解用双手帮助记忆口诀的方法，指出方法的关键；采用叙述性讲解《九九消寒图》，激发学生学习的主动性和实效性。

在现场展示环节中，周畅老师教态亲切自然，语言清晰流畅，前后衔接紧密，过渡自然，时间把控准确，能突出重点地展示所做教学设计，示范规范，能与学生进行充分的互动，展示出良好的职业状态。

在此次微格教学展示活动中，青年教师的课堂教学技能得到了迅速的提高。周畅老师在这个活动中，认真研读课标、教材，研读学生，学习讲解技能，研磨教学设计，通过不断地尝试、修改、完善教学设计，使自己在专业技能方面迅速成长起来。

【问题与思考】

1. 什么是核心问题？什么是问题链？请你结合上面的任意一个实例谈谈你的认识。

2. 下面是案例6《圆的面积》和案例11《周长的认识》中的核心问题和问题链。这两个核心问题和问题链之间的关系一样吗？问题链中的问题是怎样设计出来的？请你总结一下，问题链有哪些设计方法？再仿照例子，设计问题链。

	核心问题	问题链
圆的面积	如何将圆转化为学过的基本图形？	1.圆的面积是什么？ 2.怎么将圆进行分割？ 3.怎么将分割后的图形拼合？ 4.拼合后的图形与圆有什么关系？
周长的认识	什么是图形的周长？	1.指一指、描一描什么是图形的一周？ 2.比一比，哪个图形边线一周最长？
	核心问题	问题链
		3.图形的边线展开是什么样？ 4.什么是图形的周长？

3. 下面是案例14《乘法分配律》中围绕核心问题分解的问题链。在上课的时候教师是通过10个问题实现的，问题链和课上的10个问题具有怎样的关系呢？

《乘法分配律》的问题链

观察等号两边的算式，它们有哪些相同点和哪些不同点？

观察黑板上这些算式，等号左边有什么特点，等号右边有什么特点？

所有符合这种特点的算式都相等吗？

谁能用自己的话说一说什么叫乘法分配律？

《乘法分配律》课上10个问题

1. 帮老师算一算，一共要收多少钱呢？

2. 观察等号两边的两个算式你发现哪些相同点和哪些不同点？

3. 同学们发现不少特点，这里面会不会有什么数学问题呢？

4. 有两位同学决定不订校服了？上边的这组算式要怎么变化？

5. 你能编一道与上面类似的实际问题吗？

6. 观察黑板上这些算式，等号左边有什么特点，等号右边有什么特点？

7. 所有符合这种特点的算式都相等吗？

8. 左侧算式符合上述特点吗？为什么？你能根据左侧算式，写出右侧的算式吗？它们是否相等呢？

9. 像这样形式的算式你能够举得完吗？你能用之前学习的方式表达出所有符合这种条件的算式吗？

10. 谁能用自己的话说一说什么叫乘法分配律？

4. 案例6《圆的面积》中教师谈到，把核心问题确定为“如何将圆转化为学过的基本图形”是经过反复思考的。请分析他是怎样设计出核心问题的？与教材分析和学情分析有怎样的关系？你能总结确定核心问题的方法吗？请按此方法，选择一课确定核心问题。

第五章 英语学科案例分析

学习目标:

学习本部分示例的内容,希望达到如下的学习目标:

1. 学习案例设计内容，并能够运用提问和讲解两个技能要素分析案例。

2. 通过案例研讨，提高通过教材分析和学情分析明确一节课中的核心问题的能力，并加强利用问题链的设计解决核心问题的能力。

3. 能够尝试着设计微格教学片段，设计中能够体现技能要素。

一、以提问技能为主的教学案例

案例一：张盈 《Happy Halloween》（北京市昌平第三实验小学）

<table>
<tr><td>学科</td><td>英语</td><td>年级</td><td>五年级</td><td>教材</td><td>北京版</td></tr>
<tr><td>课题</td><td colspan="3">Unit3 lesson 11 Happy Halloween</td><td>主要技能</td><td>提问技能、讲解技能</td></tr>
<tr><td colspan="6">前期分析</td></tr>
<tr><td>教材分析</td><td colspan="5">1.本课为北京版小学英语五年级上册第三单元的第三课时对话教学。
2.教学内容为Lesson 9 Listen and say，本篇对话主要内容就是Mike向Maomao介绍西方传统节日——万圣节。
3.本课主要的语言点就是介绍西方传统节日万圣节的时间及相关活动。在北京版教材四年级下册教材中出现过此类节日话题，同时在本册教材第三单元前两课时中以中国传统节日为主，也涉及了一些节日的相关知识和表达方法。e.g. When is the Mid-Autumn Festival? Can you tell me more about it? What do people do? 这些为本节课的呈现做了一定的铺垫。</td></tr>
<tr><td>学情分析</td><td colspan="5">1.五年级的学生活泼好动，对英语学习有着浓厚的兴趣，乐于参与学习活动。
2.学生在四年级下册及本单元前两课时中学习了询问中国传统节日时间及相关活动表达，如什么时间吃什么做什么。但学生对于本课即将学习的万圣节文化及相关的语言表达上比较生疏，本课我会通过参与体验、图片支撑等方式给予关注。</td></tr>
<tr><td>课标分析</td><td colspan="5">《英语课程标准》中指出：在基础教育阶段英语课程的任务是激发和培养学生学习英语的兴趣，强调学习过程，重视语言学习的实践性。在本课中通过trick or treat活动，关注情境语言，注重语言学习的实践性，在情境中体验情境语言。
同时课标中还指出要注重丰富课程资源，拓展英语学习渠道。在本节课中创造性地设计学生喜爱的教学活动——节日嘉年华活动，丰富课程资源，引导学生主动参与动口、动手、动脑，调动学生的多种感官参与，完成学习任务。</td></tr>
<tr><td>教学目标</td><td colspan="5">在教学活动后，学生能够：
1.能够理解对话，提取关于万圣节日期、活动等相关信息，并能正确朗读、尝试复述对话内容。
2.能够理解、认读aliens，superheroes，enjoy，trick or treat；能用“When is the...” “Can you tell me more about...”等句型询问传统节日的日期、相关活动信息并做出相应回答。</td></tr>
</table>

续表

学科	英语	年级	五年级	教材	北京版
课题	Unit3 lesson 11 Happy Halloween			主要技能	提问技能、讲解技能
	3.通过参与体验、拓展阅读等活动了解西方万圣节文化，丰富文化背景知识。				
核心问题	Halloween				
问题链	What do you know about Halloween? What do you want to know about Halloween? When is Halloween? What do children do? Can you tell me more about Halloween? How do they feel? How will you celebrate Halloween?				
讲解目标及方法	讲解技能： 1.图示法讲解，通过图片帮助学生理解单词含义。 2.情境体验法讲解，通过课堂表演体验万圣节活动文化。 3. 梳理归纳总结讲解，通过思维导图帮助学生复述对话内容。				

教学课题	Unit3 lesson 11 Happy Halloween				
学科	英语	年级	五年级	教学时间	9分58秒
教学目标	在教学活动后，学生能够： 1.能够理解对话，提取关于万圣节日期、活动等相关信息，并能正确朗读、尝试复述对话内容。 2.能够理解、认读aliens，superheroes，enjoy，trick or treat；能用"When is the..." "Can you tell me more about..."等句型询问传统节日的日期、相关活动信息并做出相应回答。 3.通过参与体验、拓展阅读等活动了解西方万圣节文化，丰富文化背景知识。				

时间	教师的教学行为	学生的学习行为	教学技能要素
30秒	Step 1： Warming up& Leading in Play a movie and ask Ss: What's the movie about?	Enjoy the movie and feel about the Halloween. It's about Halloween.	导入技能：观看视频提出理解性问题，直接指向核心问题

续表

时间	教师的教学行为	学生的学习行为	教学技能要素
	What do you know about Halloween? 预设： 1）If Ss know something about Halloween，teacher asks Ss： Can you tell me more about it? 2）If Ss don't know about it，teacher asks Ss： What do you want to know about it?	Think and say. 预设： Pumpkin. Children dress up. 预设： When is Halloween? What do children do?	提问技能： 1.记忆型提问，调动学生个性化原有认知 2. 对学生的回答有反馈和引导 提问技能： 培养学生自主提问意识
6分钟	Step 2：Presentation 1.Ask Ss to observe the picture. 2.Play the video and ask Ss： What are they talking about?	Observe the picture and talk about the picture I see ... I think ... Listen and summary： It's about Halloween. Perform and experience the key expressions： 体验语言：Hooray! Halloween is coming.	提问技能： 理解型提问

续表

时间	教师的教学行为	学生的学习行为	教学技能要素
	3.Play the video and find the answers of questions from Ss. When is Halloween? What do children do? （图文支撑、在情境中体验帮助理解dress up，knock on doors and say "Trick or treat"，get candy）	Listen and find: I can find question ... It's on October 31st. Children dress up at night. They knock on doors and say "trick or treat". They get candies. Perform and experience the key expressions: 体验活动：knock on doors and say "Trick or treat"，get candy	提问技能： 理解型提问，培养学生通过听获取信息的能力 讲解技能： 讲解目标明确，利用图片进行讲解
	4.Ask Ss to read the dialogue and discuss in the group. What do children enjoy（like）on that day?（出示图片帮助理解superheroes，aliens） What do you enjoy dressing up as? How do you feel? Mike feels the same. What does he say?	Read and discuss: Children enjoy dressing up as superheroes or aliens. I enjoy dressing up as... （Student dresses up in class） Perform and experience the key expressions: 体验情境语言"sounds exciting!"	讲解技能： 情境体验法讲解，通过课堂表演体验万圣节活动文化 提问技能： 记忆型提问
	5. Guide Ss summary the dialogue. Can you tell me more about Halloween?	Retell the dialogue	讲解技能： 引导学生梳理归纳总结

续表

时间	教师的教学行为	学生的学习行为	教学技能要素
1分钟	Step 3： Practice 1.Play the video and ask Ss to repeat 2.Set two tasks 1）If Ss read the dialogue in role， teacher gives two candies. 2）If Ss retell the dialogue, teacher gives three candies. 3）Summary and ask： How will you celebrate Halloween?	1.Read the dialogue after the computer 2. Read the dialogue in role or retell the dialogue 3.Think and say： 预设： I will make a Jack–o'–lantern. I dress up as...	提问技能： 创新型提问，通过创设情境，引发学生积极思维
2分28秒	Step 4：Production Ask Ss： What other festivals do you know? Would you like to share the other festival in groups? Have a World Festivals Carnival Show some materials about festivals Ask Ss to do a group work： 1.Read the material 2.Choose one way to introduce 3.Introduce the festival to others 4.Ask Ss： Which group do you	Think and say： Dragon Boat Festival... Group work： 1.Read the material by yourself 2.Choose one way to introduce A. Make a poster B.Make a picture book C.Act it D.Others 3.Introduce the festival to others 4.Give candies to the group they think is the best. Homework： 1.Read or retell the dialogue 2.Watch the movie teacher recommend <CASPER>	提问技能： 通过记忆型提问调动学生个性化原有认知 提问技能： 通过评价型提问引导学生认真聆听其他组的展示活动，同时有助于提升学生的交流能力

续表

时间	教师的教学行为	学生的学习行为	教学技能要素
	think is the best? Show homework to Ss		

反思：

本课教学设计中，体现了重视语言学习的实践性和应用性的理念，在语境中接触、体验和理解真实语言。教学导入环节引导学生观察主题图，关注非文本信息，体验情境语言，如“Hooray，Halloween is coming.”然后在对话理解过程中，以图文、在情境中体验等多种形式帮助学生理解难点语言。如体验“Sounds exciting”，理解“knock on doors for candies”。

同时注重培养学生自主提问的意识与能力，充分调动学生思维参与课堂。另外本节课的设计中还体现了丰富课程资源、拓展英语学习渠道的理念。本课中最后拓展环节，给学生提供了丰富的中西方节日材料资源，使学生通过阅读产生信息差，然后互动、交流主动运用语言进行有意义的交流。

点评：（顾金侠　北京市昌平教师进修学校　中学高级　教研员）

教师教态大方自然，语言表达清晰明确，教学热情高，积极感染学生，从而使学生感受到了万圣节的快乐氛围。

本课教学突出提问技巧，核心问题设计明确，问题链支撑合理。提问类型多样，时机合理，在不同教学环节用了不同类型问题，通过开放性问题设计培养学生的个性开放思维，关注学生的原有认知和意愿，体现了以学生为本的思想理念。呈现了学生在教师的引导下从原有认知到感知理解新知，再到应用拓展的知识能力生成过程。

教师反思能够针对本课的设计特点，即强化感知、体验、理解及提问设计进行合理分析。对教师未来教学是个积极的引导与促进。

教学过程体现了新课标小学英语的教学理念。

1. 突出学生感知体验，在感知体验中理解语言、感受西方文化。万圣节是西方孩子最爱的节日，在什么时间、如何欢度这个节日、为何孩子如此喜欢此节日是本节课的重点。教学中，教师不但清晰梳理了万圣节的相关节日信息，而且重在让学生参与体验，在体验中理解语言，感受文化。学生通过穿戴上万圣节服饰、演绎“Trick or treat”，从老师手里拿到万圣节糖果的过程，体验到了此节日的快乐之处。 也理解了万圣节文化的奇妙之处，提高了学生的跨文化意识。

2. 体现单元备课思想，整合单元各个课时信息拓展输出。作为单元的最后一课，在教学中的语言输出环节，教师设计了“节日嘉年华”活动，让学生选择了本单元中自己最喜欢的节日，通过拓展阅读，丰富此节日的信息。继而利用信息差进行组际交流，学生在信息差的驱动下积极交流，丰富了学生文的化视野。

案例二：邢伟《The Double Ninth Festival》（北京市昌平区马池口中心小学）

<table>
<tr><td>学科</td><td>英语</td><td>年级</td><td>五年级</td><td>教材</td><td>北京版</td></tr>
<tr><td>课题</td><td colspan="3">The Double Ninth Festival</td><td>主要技能</td><td>提问为主</td></tr>
<tr><td colspan="6">前期分析</td></tr>
<tr><td>教材分析</td><td colspan="5">通过分析，本课是北京版小学英语五年级上册第三单元第二课时 Lesson 10，本单元主要谈论中西方传统节日话题。本课学习的是有关重阳节的时间、传统食物和传统活动的内容。
基于以上分析，本课的教学重点是：1.理解对话并提取重阳节时间、传统食物及活动等信息，能正确朗读并复述对话。2.能够围绕重阳节进行交流。</td></tr>
<tr><td>学情分析</td><td colspan="5">本班的学生在四年级的下册及本册上一课时都对中国传统节日进行了学习，如端午节、中秋节等。学生对重阳节的活动了解不够清晰，对重阳节的孝文化了解不够深入，通过梳理重阳节的相关信息，学生能深入了解重阳节文化并通过小组合作，进行节日实践策划。
本班的学生对于节日话题非常感兴趣，对重阳节具有好奇心。
基于以上分析，本课的教学难点是：学生能够体会中国传统文化中的以孝为先的思想，增强孝的意识，并通过分组活动，学生进行生活实践策划。</td></tr>
<tr><td>课标分析</td><td colspan="5">《小学英语新课程标准（2011）》课程性质中指出，义务教育阶段的英语课程具有工具性和人文性双重性质。就人文性而言，英语课程承担着提高学生综合人文素养的任务，即学生通过英语课程能够开阔视野，丰富生活经历，增强爱国主义精神，发展创新能力，形成良好的品格和正确的人生观与价值观。
本课通过对重阳节时间的了解、分析重阳糕的内涵、了解在重阳节的各种活动，体现了新课标的人文性的性质。工具性和人文性统一的英语课程有利于为学生的终身发展奠定基础。</td></tr>
<tr><td>教学目标</td><td colspan="5">基于教材分析、学情分析及课标分析，所以制定以下教学目标：
1.知识与技能
在教学活动后，学生能够：
（1）理解对话，提取重阳节时间、传统食物及活动等信息，能正确朗读并复述对话。
（2）围绕重阳节进行交流，如重阳节的时间、传统食物及活动等。</td></tr>
</table>

续表

<table>
<tr><td>学科</td><td>英语</td><td>年级</td><td>五年级</td><td>教材</td><td>北京版</td></tr>
<tr><td>课题</td><td colspan="3">The Double Ninth Festival</td><td>主要技能</td><td>提问为主</td></tr>
<tr><td></td><td colspan="5">2.态度情感价值观目标
能够体会中国传统文化中以孝为先的思想，增强中国文化中的“孝”的意识，并通过分组策划重阳节活动，学生能够在实际生活中进行实践体验。</td></tr>
<tr><td>核心问题</td><td colspan="5">核心问题是What is the Double Ninth Festival?
把它作为核心问题的原因是本课的教学重点是重阳节的时间、食物及活动；本课的教学难点是学生能够体会中国传统文化中的以孝为先的思想，增强孝的意识，并通过分组活动，学生进行生活实践策划。
因此设定此核心问题的原因是：
1.能够概括总结重阳节的内容，使学生将原本孤立的知识点进行归纳总结，有意识地引导学生对知识进行分析和比较，从而形成系统的、结构的知识脉络。
2.能够层层递进深入探讨人们庆祝重阳节的原因，进而学生进行重阳节的活动策划。通过一系列由浅入深的问题组，拓展学生思维的深度和广度，并在课堂上指导学生的实践行动。</td></tr>
<tr><td>问题链</td><td colspan="5">（问题链有哪些？它们之间的关系是什么？如何指向核心问题？）
问题链是：
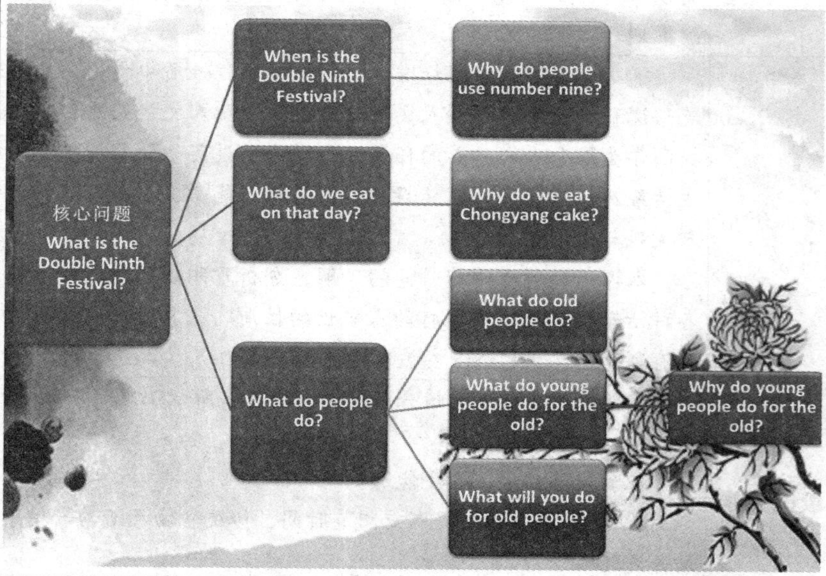
</td></tr>
<tr><td>讲解目标及方法</td><td colspan="5">讲解目标是通过图示、梳理、归纳总结等讲解方法使学生了解重阳节的相关知识。</td></tr>
</table>

教学部分案例

<table>
<tr><td>教学课题</td><td colspan="5">北京版小学英语五年级上册《The Double Ninth Festival》</td></tr>
<tr><td>学科</td><td>英语</td><td>年级</td><td>五年级</td><td>教学时间</td><td>10分钟</td></tr>
<tr><td>教学目标</td><td colspan="5">在教学活动后，学生能够：
1.理解对话，提取重阳节时间、传统食物及活动等信息，能正确朗读并复述对话。
2.围绕重阳节进行交流，如重阳节的时间、传统食物及活动等。
3.体会中国传统文化中以孝为先的思想，增强中国文化中的“孝”的意识，并通过分组策划重阳节活动，学生能够在实际生活中进行体验实践。</td></tr>
</table>

<table>
<tr><th>时间</th><th>教师的教学行为</th><th>学生的学习行为</th><th>教学技能要素</th></tr>
<tr><td>1分钟</td><td>Step 1：Preparation：
Show pictures and ask students：
Look! Mike goes to the Folk Custom Museum with Lingling and Yangyang. While they are visiting, they hear a poem.

1.What's the poem about?
预设
1）If students know the poem is about the Double Ninth Festival, I will ask students to talk about what people are doing in the pictures.
2）If students don't know about it， I will show both the Chinese</td><td>Look at the pictures and enjoy the poem about the Double Ninth Festival， feel and think about it.
1.
预设：
1）The Double Ninth Festival
2）Sorry. I don't know.</td><td>导入技能
提问技能</td></tr>
</table>

续表

时间	教师的教学行为	学生的学习行为	教学技能要素
	and English version about the poem. 2.Look! What are these people doing in the pictures?  3.Can you tell me more about the Double Ninth Festival? 4.Why do people use number nine? 预设： 1）If students know it a little, I will supplement the information about the Double Ninth Festival. 2）If students cannot say anything, I will show them some pictures to understand it. 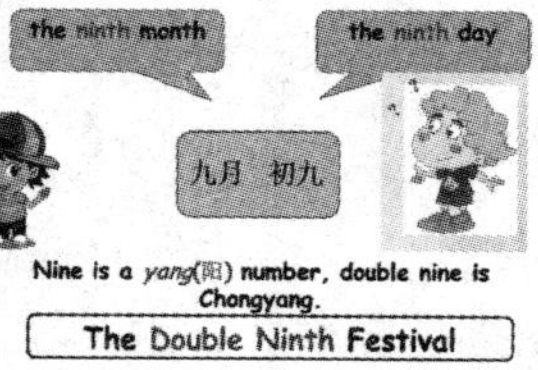 	2.They are drinking（climbing mountains...） 3.It's on the ninth day of the ninth month in the Chinese alendar ... 4.预设： 1）It means长长久久. 2）Sorry, I don't know.	讲解技能（图示） 提问技能
4分钟	Step 2 Presentation： Now let's listen their dialogue and try to know：	Listen to the dialogue and think about the questions.	

续表

时间	教师的教学行为	学生的学习行为	教学技能要素
	1.What do old people do? 2.What do they eat? 3.Why do they eat Chongyang cake on that day? 预设： 1）If students know it a little, I will supplement the information about Chongyang cake. 2）If students cannot say anything, I will show them some pictures to understand it. 4.What do young people do for the old? 5.Why do young people do something for the old? 6.What can you do for your	summarize the information. Then experience by performing: 1.The old people climb mountains with their families. 2.They eat Chongyang cake on that day. 3.预设： 1）It means 长寿. 2）Sorry, I don't know. 4.They do something for the old. They visit grandpa and have a gift for him. 5.It's a holiday for the old. 6. I will...	提问技能（理解型提问，分析型提问） 讲解技能（图示法) 分析型提问 应用型，创新

续表

时间	教师的教学行为	学生的学习行为	教学技能要素
	grandparents? Show some behaviors to do something for the old.	Think and perform to do something for the old.	型提问)—感受重阳节文化，强化“孝”的意识
	7.What do you know about the Double Ninth Festival?	7.Summarize the information about the Double Ninth Festival.	提问技能 讲解技能（梳理、归纳、总结）
30秒	Step 3 Practice： Let’s listen and repeat， and then role play the dialogue.	Role play the dialogue	课堂组织技能
3分钟	Step 4 Production： Look. The Double Ninth Festival is coming soon. This year Mike wants to have a special Double Ninth Festival with us. Let’s make a plan. 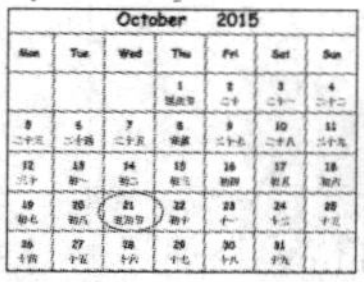  1.First， choose a place in your group. 2. 1）Second， if you were at home， what would you do on the Double Ninth Festival?	Communicate with classmates about what to do in different places. Make a plan and try to express the plan on the Double Ninth Festival. 1.Look at pictures and choose a place. 2. 1）Think about the questions and express opinions.	导入技能 讲解技能 引导表达技能 引导讨论技能 引导笔记技能 引导评论技能

续表

时间	教师的教学行为	学生的学习行为	教学技能要素
	2）If you were in the Nursing Home，what would you do? 3）If you were in the public places like on the bus，what would you do? 3.Now talk in your groups. 4.Then take notes on the paper to write what you will do.  5.At last，you can share your plans of your groups. 6. How do you feel about their plan?	2）Think about the questions and express opinions. 3）Think about the questions and express opinions. 3.Talk in groups 4.Summarize the information and take some notes on the paper. 5.Show their works. 6.Listen and express the view of each group.	
1分钟30秒	Step 5 Homework： 1.Read and try to remember the dialogue. 2.If you finish your plan，take some photos for us after the Double Ninth Festival. At last，I wish you have a special and meaningful Double Ninth Festival.	1.Finish the homework. 2.Do something according to the plan.	引导实践技能

反思：

本课为北京版小学英语五年级上册《The Double Ninth Festival》，本课的教学内容是重阳节。通过教材分析、学情分析及课标分析，本课的教学目标是在教学活动后，学生能够理解对话，提取重阳节时间、传统食物及活动等信息，能正确朗读并复述对话；能够围绕重阳节进行交流，如重阳节的时间、传统食物及活动等；能够体会中国传统文化中以孝为先的思想，增强中国文化中的“孝”的意识，并通过分组策划重阳节活动，学生能够在实际生活中进行体验实践。

学生通过创设的情境，在民俗博物馆中了解关于中国的节日——重阳节。结合中文的诗歌《九月九日忆山东兄弟》，学习重阳节英文的表达，这也是两个学科之间的整合。并通过 Mike 这个外国孩子和中国孩子的对话，了解了重阳节的相关文化信息，并且通过老师的拓展，知其然并知其所以然。在英文的教学环境中，深入地学习和了解了中国的文化，并从中感受民族自豪感。

学生通过问题及第一遍听录音、看视频，找到问题的答案。结合重阳节的文化知识，了解重阳糕及登高的寓意。在教学过程中，学生还补充了重阳糕有步步高升的含义，在古代视为老人避灾防病的祈祷和祝福。且大部分孩子都没有吃过重阳糕，上此课的时间和节日的时间重叠，特意让学生尝一尝重阳糕。增添了学生学习的兴趣。

第二遍听录音、看视频后，学生根据问题寻找答案，培养了学生阅读抓取关键信息的能力。 通过 What 问题，引导学生回答 why 问题，引导学生深入思考，为什么中国的孩子需要回家看望祖辈？你还能做些什么？学生联系实际，想一想父母都会做些什么？让学生多想多说，也为下面的活动构建基础，搭好梯子。

拓展活动中，通过 Mike 的问题，学生们分组策划重阳节的计划。在三个社会环境中，学生们相互讨论，说一说自己能够做什么。分组进行讨论，并记录，在最后每个小组进行展示及评论。在学生讨论和展示的过程中，学生们充分发挥自己的想象，想出很多有意思的点子和想法。并在老师提出的信息的基础上进行细化，真正制作一份可操作的计划。在作业环节中真的付诸行动，过了一个有意义的重阳节。

在本课设计中，核心问题及问题链尤为重要，核心问题是 What is the Double Ninth Festival?

把它作为核心问题的原因是本课的教学重点是重阳节的时间、食物及活动；本课的教学难点是学生能够体会中国传统文化中的以孝为先的思想，增强孝的意识，并通过分组活动，学生进行生活实践策划。

因此设定此核心问题的原因是：

1. 能够概括总结重阳节的内容，使学生将原本孤立的知识点进行归纳总结，有意识地引导学生对知识进行分析和比较，从而形成系统的、结构的知识脉络。

2. 能够层层递进深入探讨人们庆祝重阳节的原因，进而学生进行重阳节的活动策划。通过一系列由浅入深的问题组，拓展学生思维的深度和广度，并在课堂上指导学生的实践行动。

通过本次比赛，我真正从教研员顾老师和其他同事中学到了很多知识和教学的思维，在本次大赛中真正地锻炼自己、促进自己的学习，获益良多。

点评：（顾金侠　北京市昌平教师进修学校中学高级　教研员）

教师教态亲切自然，积极与学生进行信息、思维、情感的互动交流，交际氛围宽松和谐。

本课教学的核心问题设计明确，围绕What’s the Double Ninth Festival设计了三个有效系统问题链。问题答案形成了核心问题的丰富内涵。在提问类型上，教师合理把握契机，在不同教学环节用了不同类型问题，呈现了学生在教师的引导下从对Double Ninth Festival的未知到感知理解这个较陌生的节日，再到应用拓展的知识能力生成过程。在问题的反馈中，加强了互动反馈，从而引导学生的信息梳理、思维与情感，使学生对中华传统文化的认知逐步加深，从而激发了爱国情感。

教师反思针对本课的设计特点全面且深入，从细微设计体现了教学之用心。通过设计、执教与反思过程，教师的认识得到升华。

本课教学过程设计特点：

《小学英语新课程标准（2011）》课程性质中指出，义务教育阶段的英语课程具有工具性和人文性双重性质。就人文性而言，英语课程承担着提高学生综合人文素养的任务，即学生通过英语课程能够开阔视野，丰富生活经历，增强爱国主义精神，发展创新能力，形成良好的品格和正确的人生观与价值观。

一、关注中国传统文化的渗透，引导学生了解、理解、热爱祖国文化

本单元主要话题为中西方文化的学习。作为本课，重阳节是中国传统文化的一个重要的节日，它承载着中国孝道文化，但是很多学生，乃至成人也不是很了解此节日的相关文化习俗。教材中的图片细节以及对话提供一些信息，学生在教师有目的的引导下，观察、汲取丰富的文化信息，如菊花酒、赏菊、重阳糕、登山等，在获取诸多信息的过程中，不断渗入中国孝道文化，增强学生“以孝为先”的中华传统意识。以此，深入理解祖国传统文化，增强爱国意识。

二、通过综合实践活动，提高语言实践能力

学习重阳节传统文化，最终是要能够向他人讲述重阳节，并在生活实践中体现中国传统孝道。教师在教学过程中，不断通过问题“Why do young people do for old people? What can young people do for the old people? 强化学生孝的意识，通过对话信息梳理，讲述重阳节。最后通过任务设计过一个特别有意义的重阳节小组自选活动场所，设计今年重阳节活动方案。由此，从心动到行动，由感受到实践，由此，培养学生的综合素养。

案例三：郑彬彬《有趣的字母》（北京市农学院附属小学）

学科	英语	年级	一年级下册	教材	攀登英语阅读系列之有趣的字母系列
课题	攀登英语　有趣的字母 **Sam Wants to Be Strong**			主要技能	提问技能
前期分析					
教材分析	本次课是针对北京版一年级下册Unit4 lesson14，listen，repeat and trace部分字母S的一个拓展学习。教材中呈现了snake，sun这两个单词，及字母Ss的书写，而本次课是为了让学生更多地感知字母S在单词中发/s/的音，激发学生学习语音的兴趣。 本节课所用的英文绘本是攀登英语之有趣的字母系列中的《Sam wants to be strong》。其故事内容为：小蛇山姆很想让自己变得强壮起来，于是它在春天、夏天、秋天和冬天都做了很多努力，最后它终于如愿以偿成为一条强壮的蛇。 本故事是特别针对字母S而设计的英文图画书，故事中出现了大量的带有字母S的单词。本节课教师通过讲故事，激发学生学习英语的兴趣；学生在故事中学习带有字母Ss的单词发音，进一步感知字母Ss在单词中发/s/的音；				
学情分析	1.原有认知：学生在一年级上学期学习了含有字母S的单词swim等；在本册教材Unit4 lesson14的学习中，已初步了解了字母s的认读和书写，并且在snake，sun这两个单词中初步体验了字母S在单词中发/s/的音。为了给学生提供一个真实的语境，让学生深入体验字母在单词中的发音，激发学生学习语音的兴趣，教师在语音教学中一直都嵌入攀登英语阅读系列之有趣的字母系列绘本故事，因此本班学生具有较丰富的语料积累。 2.可能遇到的困难：由于故事中围绕核心问题出现的核心词汇较多，因此学生在输出环节容易出现遗忘和混淆的现象。				
课标分析	《英语课程标准》指出语音教学应注重语义与语境，语调与语流相结合，不要单纯追求单音的准确性。 本次课是基于北京版小学英语一年级下册教材中出现的关于字母Ss在单词中发/s/的音以及相关单词教学内容而开展的一节绘本课。本课通过拓展学生的学习渠道，将绘本这一课外资源引入课堂，让学生在故事中理解				

续表

学科	英语	年级	一年级下册	教材	攀登英语阅读系列之有趣的字母系列
课题	攀登英语　有趣的字母 **Sam Wants to Be Strong**			主要技能	提问技能
	语言，感受语音词汇，通过反复接触含有字母S的单词，从而自然地习得字母S在单词中发/s/的音。				
教学目标	1.采用TPR教学方法，学生能够感知故事大意。 2.借助摆放故事图片的活动，学生理解Sam为了变得强壮所付出的努力。 3.利用韵文说故事，学生感知字母S作为首字母在单词中发/s/的音。				
核心问题	本次课的核心问题为What does Sam do to be strong? 该问题是本节课的主线，贯穿整个故事，解决了此问题学生也就了解了整个故事内容。				
问题链	围绕核心问题教师设置了以下4个问题链： What does Sam do in spring? What does Sam do in summer? What does Sam do in autumn? What does Sam do in winter? 这4个问题链与核心问题之间密切相关，是分的关系，通过理解和回答问题链的4个问题，从而最终解决了核心问题。				
讲解目标及方法	本节课的讲解目标为学生能够感知故事大意；学生理解Sam为了变得强壮所付出的努力。本节课的讲解方法为描述性讲解和启发性讲解。				

教学部分案例

教学课题	**Sam Wants to Be Strong** 选自：攀登英语之有趣的字母系列				
学科	英语	年级	一年级	教学时间	10分钟
教学目标	1.采用TPR教学方法，学生感知故事大意。 2.借助摆放故事图片的活动，学生理解Sam为了变得强壮所付出的努力。 3.利用韵文说故事，学生感知字母S作为首字母在单词中发/s/的音。				
时间	教师的教学行为		学生的学习行为		教学技能要素
30秒	Describe an animal and ask：		Listen and guess： Children listen to the teacher.		导入技能： 运用学生已

续表

时间	教师的教学行为	学生的学习行为	教学技能要素
	1.What animal is it? It has no feet. It has a long body. It says: /s/s//s/. What animal is it? 2.Show a toy snake. Today I will tell you a story about a snake.	Answer: It's a snake. Children look at the toy snake.	知的内容，采用描述语言，引导学生猜一猜，激发学生参与学习的兴趣。
30秒	Show a picture and ask: Is Sam happy? （Some strong animals laugh at Sam. They think Sam can't do anything because he is slim） 2. Does Sam want to be a slim snake? 3.What does Sam want to be? （Show the title of the story and help children read the title）	Look and answer: Answer: No, it isn't. Answer: No. Sam wants to be strong.	提问技能： 利用图片提问，引导学生深入思考，激发学生学习故事的兴趣。
3分钟	Tell the story and ask: What does Sam do in spring? Let children look at the picture and listen . What does Sam do in spring? Is Sam very strong now? What does Sam do in summer? （Children look at a picture.	Look and answer: Children can hear birds' sound and see a sun. Look : Sam runs in the sun. No. Look and answer: Sam swims in the sea.	提问技能： 围绕核心问题设计一系列问题，前后贯通，所有问题形成一个整体，引导学生深入思考，逐步达成对核心问题的理解。

续表

时间	教师的教学行为	学生的学习行为	教学技能要素
	A strong monkey can kick a peach into his mouth, but Sam...） Is Sam very strong now? 3. What does Sam do in autumn? （Show a picture. The leaves fall down.） What does Sam do in autumn? What does Sam eat? Show the picture: What does Sam eat? Is Sam very strong now? 4.What does Sam do in winter? （Show a picture and ask） 5.What happens in the next spring?	Look and answer: Sam isn't strong. Look and guess: Sam runs/climbs/plays... Look and say: Sam sweeps the leaves in autumn. Guess: Sam eats frogs/mouse... Look and say: Sam eats a sandwich, a sausage and some salad. Look and answer: No. Look and guess: Sam stays /sleeps... at home。 Look and guess: Sam is strong.	
4分钟	Review the story : What does Sam do in spring /summer/autumn/ winter? Do you remember the story? （Let children listen	Work in pairs : Stick the pictures in the form.	板书技能; 板书呈现故事框架，帮助学生再现故事情节，加深对故事的理解。

续表

时间	教师的教学行为	学生的学习行为	教学技能要素
	to the story and put the pictures on the right place.） 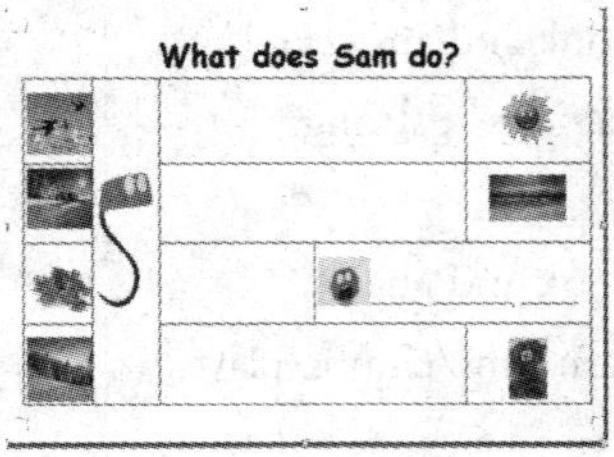 2.Review the story and emphasis the Words: swim，sweep，sleep What can you find about the Words? Ask the students to summarize the similarity of the Words on the blackboard. What does letter S pronounce?	 Listen and read the Words with gestures. Look and answer: They start with letter S. It pronounces /s/.	强化技能; 通过教师的语言以及肢体动作，强化学生对生僻单词的输出。 通过理解型提问引导学生观察板书，总结规律。
1分30秒	Retell the story into a chant Say the chant with me: Sam，Sam，Sam， Sam is slim; Sam，Sam，Sam， Sam runs in the sun; Sam，Sam，Sam， Swims in the sea; Sam，Sam，Sam， Sweeps，sweeps，sweeps; Sam，Sam，Sam， Sleeps，sleeps，sleeps; Sam，Sam，Sam， Sam is strong. Say the chant with me	Listen and say： Children say the chant with the teacher. Children say the chant with the teacher.	变化技能: 教师通过将故事改编成韵文，让学生在理解故事的基础上更好地感知字母S在单词中的发音。

反思：

本次评比分为说课和微格教学展示两个环节，时间为12分钟以内。如何在短短的10分钟内精彩地呈现一节绘本课，对我来说是一个极大的挑战。我面临着两个关键的问题：1. 选择难度适宜，长短适宜，并且情节有趣的绘本；2.10分钟内完整并且精彩地呈现一节绘本课。综合思考后，最终我根据我校的实际情况，挑选了目前学生正在使用的攀登英语阅读系列之有趣的字母系列绘本故事，并将最终的课题定为一本关于字母S的绘本故事Sam Wants to Be Strong。反思此次参赛过程，艰辛但收获颇丰。

课题选定好后，就开始教学设计。此次比赛我在教研员刘玛丽老师、城北中心杨立明老师，以及我们学校英语组同事的帮助下反复修改教学设计。我们先从研究课标、研究教材以及学情分析，到制定教学目标，分析教学重难点，这个过程让我对课标，以及如何准确地表述教学目标都有了更深入的学习和理解。例如，我的第二条教学目标——借助摆放故事图片的活动，学生理解Sam为了变得强壮所付出的努力。我最初并没有意识到我设计这个活动还需要写出其相应的目标，后来仔细研读以往参赛选手的教案后，我对教学目标的制定和表述有了更深一层次的理解，每一个教学环节的制定都是需要围绕其相应的教学目标去展开的，教学目标必须描述清晰，行为动词使用恰当，可操作，可检测。

一、核心问题与问题链设计对课堂教学起到至关重要的作用

此次比赛要求必须明确核心问题以及相应的问题链，这对于工作三年的我来说是首次遇到，核心问题的概念是什么，我一无所知。于是教研员刘玛丽老师又为我解释核心问题的概念，并和我一起分析此故事的核心问题以及相应的问题链。通过分析和制定核心问题和问题链，我对故事的脉络更加清晰。教学中我通过对问题链的一层层地解析，学生最终理解了故事中Sam为了变得强壮所付出的各种努力，并最终通过回答问题链的问题从而解决了核心问题，让学生感知到了故事本身蕴含的一个教育意义：如何通过努力使自己变得强壮。总而言之，核心问题与问题链的设计给学生提供了一个思考空间，并让学生更加清晰地把握了课堂内容的脉络。

二、对提问技能与讲解技能有了更深入的理解

本次课我采用追问提问，引导学生深入思考，激发学生学习故事的兴趣。在磨课的过程中，刘老师给我说了一句话："你提出每一个问题都要思考：提问时机是否恰当；提问用词是否符合学生的水平；对学生的回答是否有反馈和适当的引导。"这句话对于我之后的问题设计和课堂教学起到非常重要的指引作用。本次课的讲解过程，我运用大量的TPR形象生动地讲解故事，并借助摆

放故事图片的活动，让学生再次回忆故事，从而深刻地理解 Sam 为了变得强壮所付出的各种努力。

三、经过几次的试讲和最终的比赛课，我发现有一个地方做得不到位：挖掘故事中的教育意义

本次课我的难点在于让一年级的学生借助故事去理解其中的教育意义，即如何才能通过自己的努力变得强壮，以及感受到小蛇 Sam 坚持不懈的精神。本次的问题设置都基本围绕故事的情节去设置，通过问题链 What does Sam do in spring? What does Sam do in summer? What does Sam do in autumn? What does Sam do in winter? 学生理解了故事的大意，但是无法进一步总结出故事中的意义：第一，To be strong ，you should ：1. do exercises everyday ；2. eat well ；3. sleep well。第二，坚持不懈地努力将带来回报。对一年级的学生来说，要求其总结故事意义难度过大，如果我帮助学生提炼故事的意义，或许能够发挥绘本更多的教育功能。

大家给予了这堂课充分的肯定，让我感受到，做课前所有的付出都是值得的！今后，更加明白了如何设计自己的教学，更加丰富了自己的教学经验，这才是最重要的！我很感激给过我支持和帮助的老师、教研员。同时也要感谢“失败”，正是因为前几次试讲的失败，才会成就今天收获的喜悦！微格教学展示活动带给我的不仅是一节课的收获，更重要的是它给了我人生历练的机会，给了我敢于挑战自己的机会。只要抓住每一个机会，就会有自己的舞台！

点评：（刘玛丽　北京市昌平区教师进修学校　中学高级教师）

郑彬彬老师在本次北京市青年教师微格课比赛中以小组排名第一的成绩荣获一等奖。她基于小学英语《北京版》一年级下册教材中出现的关于字母 Ss 在单词中发 /s/ 的音以及相关单词教学内容而开展了一节绘本课。本课通过拓展学生的学习渠道，将绘本这一课外资源引入课堂，让学生在故事中理解语言，感受语音词汇，通过反复接触含有字母 S 的单词，从而自然地习得字母 S 在单词中发 /s/ 的音。

本课的教学过程表现出以下突出特点。

一、教师根据学生特点，运用 TPR 教学方法帮助学生理解绘本

小学一年级学生好说好动，并且形象思维占主导。郑彬彬老师根据学生的年龄特点，运用大量的肢体语言，帮助学生理解了故事意思，而且还形象生动地解决了故事中较难的 3 个动词 swim，sweep，sleep 的含义。教师在词汇操练环节的游戏 I do，you say 也是让学生通过教师的肢体动作，猜测单词。她根据《英语课程标准》指出的语音教学应注重语义与语境，语调与语流相结合，不单纯追求单音的准确性。在课堂教学中，她把绘本总结出重要句型，创编出

韵文，配上有节奏的乐曲，采用TPR教学方法，让语音词汇在有语义的语境中，让语调与语流相结合，呈现语音的美感，同时激发学生学习语音的兴趣。

二、教师通过巧妙的提问技能，激发学生思维参与课堂

教学的关键是使学生的思维积极活跃起来，向纵深发展。思维参与教学是指学生对知识进行认真思考的过程，是一种隐性参与。思维参与是深层次的主体参与，是主体参与的核心和主线。通过观看教师比赛的录像，我发现教师发挥正常。教师能够有条不紊，前后贯通，围绕核心问题设计不同类型的问题，What does Sam do in spring? What does Sam do in summer? What does Sam do in autumn? What does Sam do in winter?使所有问题成为一个系统整体，采用追问提问，引导学生深入思考，激发学生学习故事的兴趣。在微格教学设计中，教师善于根据教材的逻辑体系和学生已有的知识、能力，启发学生思考，引导他们积极参与讨论、归纳、总结，以获得比较正确的结论。

三、教师通过进行教学反思，提升了绘本教学的执教能力

郑彬彬老师通过参赛及对自己微格教学比赛的深入反思，她在教育理论素养和教育理念方面有了很大的转变。教师的成长需要“专业引领”。教师成长的最重要的途径是读书学习。郑彬彬老师是我区绘本教学的实验教师。在参与比赛过程中，她和教师们交流研讨学习，借鉴了其他教师的绘本教学研究的成果。参与本次活动，同时也是为教师的学习培训提供了平台，营造了氛围，促使教师更新教育观念，树立新的教育理念和教研思维。通过学习绘本教学理论策略，她以最快的、最便捷的方式吸收先进的教育理念和教学方法，促进她教育教学快速成长，同时也提高了教师的执教能力。

四、教师通过平台，历练自己，探究教育的真谛

郑彬彬老师热爱学生，专业素养强，教学基本功扎实，洞察力强，善于思考，敢于探究当下的教育教学新方向，并善于探究绘本教育教学研究 。她曾在昌平区做过区域研究课。经过近三年的历练和快速成长，她能够准确地理解《新课标》理念，并能够结合《北京市中小学英语学科教学改进意见》倡导的英语学习的开放性和实践性，运用绘本故事形式的英语学习资源，服务自己的教学。她已经逐步具备了娴熟的教学技能，并在绘本教学方面形成了自己的教学风格和特色，是我区绘本教育教学研究的实验教师。希望北京市多搭建这样的平台，让更多的年轻教师在历练中成长，在历练中更加优秀！

案例四：吕帅 《Revision—Feelings》（北京市芳草地国际学校富力分校）

学科	英语	年级	四年级	教材	北京版
课题	Unit One Revision—Feelings			主要技能	提问技能
前期分析					
教材分析	本单元围绕情感与情绪的表达展开，主要的功能句型包括了解他人情绪状态的日常交际用语，“Why do you look so ...”和“Why are you ...”及其相应回答“Because I/we ...”；同时也包含了一些表示安慰或疏导不良情绪的语句。 教学重点： 1.梳理本单元happy，sad，angry等描述情绪状态的重点词汇，帮助学生查漏补缺。 2.梳理本单元询问他人状态的功能句：Why are you...? 和Why do you look ...?及其相应回答“Because ...”并在真实的情境中综合运用。 3.对于他人出现的不良情绪，能够使用“Don’t be ...”进行安慰和疏导。				
学情分析	1.我校从一年级开设英语课，教师采用全英文授课，学生对于英语学习感兴趣，并具有大胆实践和积极参与的热情。 2.本单元话题接近生活，学生兴趣较浓为本单元做好了情感上的铺垫。 3.对于本单元的词汇和句型学生已初步掌握，但部分学生自主学习能力较弱，缺乏复习的习惯，语言的综合运用能力不强。另外，能力较高的学生缺乏真实语境的交流与表达，应提供拓展和提升的空间。 教学难点： 1.在真事的情境中能够正确表达描述心情的词汇，并能够运用Why are you...? 和Why do you look ...?询问他人情绪。 2.结合实际情况创编对话。				
课标分析	英语课程的目标定位在综合语言运用能力的形成，并且一级目标具体要求“学生能交流简单的个人信息，表达简单的感觉和情感”。四年级学生应完成一级目标，在本节复习课中，通过创设情境，学生使用本单元的功能句做到交流和表达自己和他人的情绪，促进其综合语言运用能力的形成。				
教学目标	1.能够在真实的情境中运用本单元功能句“Why are you...”和“Why do you look ...”询问他人情绪，同时能够运用because回答。 2.能够结合语境，辨别、运用相关情感状态词汇，并能进行真实的表达。 3.能够在积极的情感体验中，进一步增强关心他人的意识。				

续表

<table>
<tr><td>学科</td><td>英语</td><td>年级</td><td>四年级</td><td>教材</td><td>北京版</td></tr>
<tr><td>课题</td><td colspan="3">Unit One Revision—Feelings</td><td>主要技能</td><td>提问技能</td></tr>
<tr><td>核心问题</td><td colspan="5">本课的核心问题是：feelings
本课是第一单元的复习课，而本单元是围绕情感与情绪的表达展开。此问题贯穿单元始终，教师比较容易创设真实情境引导学生进行复习，并引发学生疏导他人的消极情绪。</td></tr>
<tr><td>问题链</td><td colspan="5">问题链有哪些？
1.How many ways can we feel or how can we feel?
2.How does my friend feel and why?
3.How do you feel today and why?
它们之间的关系是什么？
1.引导学生分析人们如何通过感官来感知世界，从而以手、眼睛、耳朵和身体进行举例分析。并将这四个单词对应的图片拼成一个feel的形象，尤其将所学的感受词汇一一复习，并进一步引发学生思考如何询问他人情感。

2.在学生复习了一部分情绪词汇的基础上，激活学生已知，启发学生思考如何关心他人情绪状态的语言知识，并给予适当的反馈。
3.在真实具体的情境中询问他人的情感与情绪，并能给予回答，操练本单元内容，当出现消极情绪时可以为他人进行疏通和引导。
这样从单词到句型，再到真实语境的生成，步步指向核心问题。</td></tr>
<tr><td>讲解目标及方法</td><td colspan="5">1.通过brainstorm唤起学生已知的情绪词汇。
2. 通过多感官体验，使学生总结出人们经常感知外界的几种方式，并逐渐板书情绪词汇，在此过程中引导学生表演并找出表情图片，为文字配图。
3. 通过生活中的人物情绪变化，激发学生的学习兴趣，引导学生主动关心他人，并能够提出本课的主题疑问句，并能根据场景进行原因解释。
4.梳理本单元的知识点后，引导学生辨别出消极词汇，并可以对于消极情绪提出安慰和疏导。
5.让学生将自己当天的情绪画下来，调动学生参与热情，并能够互相关心和询问，给予恰当的反馈。</td></tr>
</table>

教学部分案例

教学课题	义务教育教科书北京版英语四年级上 Unit One Revision Feelings				
学科	英语	年级	四年级	教学时间	33分30秒
教学目标	1.能够结合语境，辨别、运用相关情感状态的词汇，并能进行简单描述。 2.能够运用“Why are you so ...”或“Why do you look ...”句式询问他人的情绪，并用because说明原因。 3.能够在真实情境中，表达自己的情绪感受。 4.能够在积极的情感体验中，进一步增强关心他人的意识。				

时间	教师的教学行为	学生的学习行为	教学技能要素
30秒	一、开展brainstorm，唤起情绪的相关已知词汇T：“We have learned so many Words about feelings. What do you remember?”	激活已知，思考参与。	导入技能：通过记忆型提问开展头脑风暴，激活学生已有知识。
6分钟	二、引导学生思考情绪或感受通过多元感官中获得 1.在头脑风暴的基础上引导学生进一步思考，可以通过多种方式来感受外界。 T：“Wow. You can remember so much about feelings. But how many ways can we feel or how can we feel?” 2.通过听两段音乐，询问学生的感受，并启发学生深度思考，我们是借助什么感官感受到的？ （1）T: ①“Firstly, let's listen to a music.” ②“How do you feel about this music?”（excited） ③“Can you show me your excited face?” ④“Which picture is a excited face? Can you find it?”	学生通过上个环节，已唤起已知情绪词汇；同时思考我们是如何感受到外界给自身带来的情绪变化的。 学生通过听音乐，感受情绪变化。 思考情绪单词如何用表情来表现。	分析型提问 通过音乐、魔术、实物、图片等多种方式创设了不同的情境，在情境中围绕感受方式设计了一系列前后贯

续表

时间	教师的教学行为	学生的学习行为	教学技能要素
	黑板一侧老师提前准备好一些表情图片，此时引导学生找出，并附上板书。 （2）T： ①“How do you feel about this one? Let’s listen.”（sad） ②“Can you show me your sad face?” ③“Which picture is a sad face? Can you find it?”此时引导学生找出表情图片，并附上板书。 （3）T：“How can we feel the music? ”（ear） Teacher put the special “ear” on the black board. 3.教师通过表演小魔术，引发学生关注，询问学生的感受，并启发学生深度思考，我们是借助什么感官感受到的？ ①T：“Can you do magic tricks? ... But I can.” ②T：“How do you feel?”（surprised） ③T：“Can you show me your surprised face?” ④T：“Which picture is a surprised face? Can you find?” 此时引导学生在黑板一侧的表情图片中找出，并附上板书。 ①T：“How can we feel?”（eye） ②Teacher put the special	学生通过听音乐，感受情绪变化。 思考情绪单词如何来表现。 通过以上活动，学生总结“用耳朵听可以产生情绪”。 学生通过观看魔术，感受情绪变化。 思考情绪单词如何来表现。 通过以上活动，学生总结“用眼睛看可以产生情绪”。	通的问题，所有问题形成一个整体，引导学生深入思考，逐步达成对问题的理解，促进学生的思维。 学生通过观看魔术，感受情绪变化。 思考情绪单词如何来表现。 通过以上活动，学生总结“用眼睛看可以产生情绪”。

续表

时间	教师的教学行为	学生的学习行为	教学技能要素
	"eye" on the black board. 4.教师通过让学生触摸围巾，询问学生的感受，并启发学生深度思考，我们是借助什么感官感受到的？ ①T: "I have bought a new scarf. Can you touch it?" ②T: "How do you feel?"（comfortable） ③T: "How can we feel?"（hand） Teacher put the special "hand" on the black board. 5.教师通过引导学生观察图片，询问学生的感受，并启发学生深度思考，我们是借助什么感官感受到的？ ①T: "Look at this picture. Which season is it?（winter）If we stand in outside. How do you feel? "（cold） ②T: "Let' s look at this picture. What' s that? Can we get close to the fire? How do you feel? "（hot） ③T: "How can we feel? "（body） ④Teacher put the special "body" on the black board. 6.教师引导学生观察黑板上变形的图片：hand，eye，ear和body来组成 feel这个单词。	学生通过触摸，反馈自己的感受。 通过以上活动，学生总结"用手可以感知外界环境"。 学生通过观察图片，设身于情境中感受外界。 通过以上活动，学生总结"身体可以感受外界环境"。 在本活动中，学生通过老师的启发，可以总结出feelings可以通过hand，eye，ear和body感受到。	学生通过触摸，反馈自己的感受。 通过以上活动，学生总结"用手可以感知外界环境"。 学生通过观察图片，设身于情境中感受外界。 通过以上活动，学生总结"身体可以感受外界环境"。 在本活动中，学生通过老师的启发，可以总结出feelings可以通过hand，eye，ear和body感受到。

续表

时间	教师的教学行为	学生的学习行为	教学技能要素

8分钟	三、结合学生生活情境，引导学生体察他人感受，增强关心他人的意识 四、激发学生的兴趣，引导学生关注生活中老师和朋友的情绪变化，表示关心 （1）T：“I have some friends, and they have different feelings today. Do you want to see them?” （2）①T：“Let’s look at this picture. Who is she?”（Ms. Lu） ②T：“How does she feel? ”（upset） ③T：“Can you show me your upset face?” ④T：“Which picture is a surprised face? Can you find it?”此时引导学生在黑板一侧的表情图片中找出，并附上板书。 ⑤T：“Can you ask her a question to know why?”引导学生说出：Why do you look ... 或者Why are you ... ⑥T：“Let’s look at this picture to find out the answer?” ⑦引导学生用Because ... 说出原因，此时教师在黑板上板书。	根据本单元所学的句型，思考如何运用，询问他人情绪表示关心。 产生关心他人情绪的欲望。 通过图片观察他人情绪状态。 激活已有知识，唤醒单元主题句。	通过来自学生实际生活的图片，提出分析型问题，激发学生的学习兴趣。

续表

时间	教师的教学行为	学生的学习行为	教学技能要素
	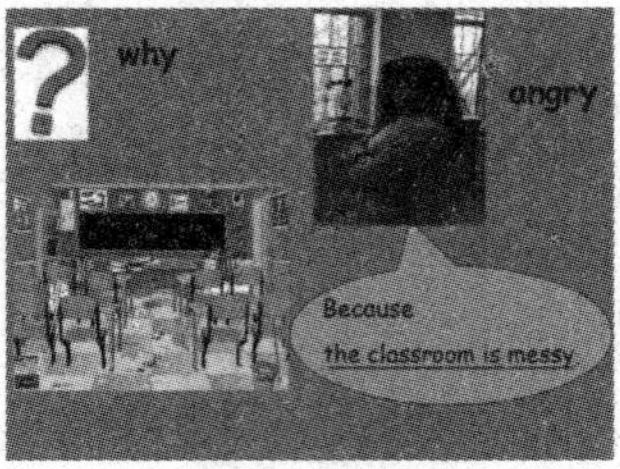 （3）①T："Let's look at this picture. Who is he?"（Shan Zhengyang） ②T："How does he feel?"（tired） ③T："Can you show me your tired face?" ④T："Which picture is a tired face? Can you find it?"此时引导学生在黑板一侧的表情图片中找出，并附上板书。 ⑤T："Can you ask him a question to know why?"引导学生说出：Why do you look ... 或者 Why are you ... ⑥T："Let's look at this picture to find out the answer?" ⑦引导学生用Because...说出原因，此时教师在黑板上板书。  	通过图片观察他人情绪状态。 激活已有知识，操练单元主题句。	

续表

<table>
<tr><th>时间</th><th>教师的教学行为</th><th>学生的学习行为</th><th>教学技能要素</th></tr>
<tr><td></td><td>（4）①T：“Let’s look at this picture. Who is she?”（Deng Antong）
②T：“How does she feel? ”（worried/upset）
③T：“Can you show me your worried/upset face?”
④T：“Which picture is a worried/upset face? Can you find?” 此时引导学生在黑板一侧的表情图片中找出，并附上板书。
⑤T：“Can you ask her a question to know why?”引导学生说出：Why do you look ... 或者Why are you ...
⑥T：“Let’s look at this picture to find out the answer?”
⑦引导学生用Because ...说出原因，此时教师在黑板上板书。
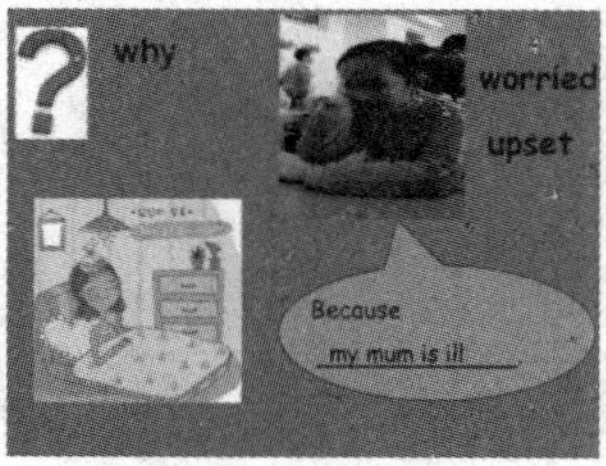
</td><td>通过图片观察他人情绪状态。
激活已有知识，操练单元主题句。</td><td></td></tr>
<tr><td>9分钟</td><td>9.结合本单元所学知识，引导学生关心他人，并能够疏导他人消极情绪。
</td><td>学生思考如果生活中有朋友或家人出现消极情绪时，如何为他人进行疏通和引导。</td><td>通过评价型提问对知识进行分类。</td></tr>
</table>

续表

时间	教师的教学行为	学生的学习行为	教学技能要素
	教师引导学生关注右侧的情绪词汇。 ①T：“Are they good feelings or bad feelings?” ②T：“If your friends have the bad feelings. What would you like to say to make them feel better?”  此时引导学生说出：Don't be sad等。		给出问题情境提出应用型问题。 反馈探寻
10分钟	五、在真实的生活中，能表达自己的情绪感受，并能关心他人，同时给予适当的反馈。  1.教师为激发学生好奇心，问学生们想不想知道老师今天的心情，从而引导学生说出“How do you feel today?” T：“Do you want to know how I feel today? So you can ask ...”（How do you feel today?） T：“I feel happy， because the radio says the weather will get better.”	积极思考如何询问老师的心情，提出“How do you feel today?”	反馈探寻

续表

时间	教师的教学行为	学生的学习行为	教学技能要素
	2.引导学生画出自己的心情，能够真实表达自己的情绪，并说明原因。 T: "Please take out this worksheet and draw a face that can describe your feeling today." 3.鼓励学生展示自己的表情图，两人一组谈论对方今天的心情，并说明原因。在此过程中教师播放轻音乐，使学生在优美的旋律中轻松表达。	此活动学生兴趣较浓，动手画出自己的心情的同时，并运用所学知识，通过语言来表达。 综合本课所学，能够灵活运用本单元功能句，并能对他人的消极情绪给予适当疏导。	引导学生通过画画表达自己情感，这是一个创新型的问题，锻炼了学生的形象思维和想象力。

反思：

这次教学展示让我与专家零距离接触，一路走来，收获颇多，我将这个过程中的点点滴滴进行了深刻的总结，做出了细致的梳理。

一、提升教学设计能力

（1）教材分析“透”。教学设计中要深入分析教材，教学内容做到心中有数，要努力把握教材的整体知识框架。

（2）学情定位“准”。 教学设计中不仅需要分析教材，更需要分析学生，要对学习者的知识水平起点、技能水平起点、话题的认知程度、可能遇到的困难等方面分析到位，努力实践从学生出发的设计理念。

（3）目标阐释“清”。教师要依据不同的课型，不同的学习内容从学生角度出发设计合理的教学目标，目标既能使学生有提高又符合“最近发展区”的教学规律。

（4）教学过程合理。教师要围绕教学目标精心设计教学过程，教学活动设计意图清晰直接指向目标的达成。

二、夯实教学基本功

教师不仅要提升教学设计能力，而且需要不断夯实教学基本功。在本次新任教师教学技能展示评比活动中，我队在分院教师的指导下系统学习了讲解技能、提问技能、媒体运用技能等基础理论。在准备比赛的过程中，我认真备课，并且在具体实施中尝试运用新学的理论，例如，声音的自然表达，语音的标准，语速是否适中，能否具有感染力，如何把握提问的时机等每个方面都需要去反复地操练和比较，最终达到比较满意的效果。因此，今后我会将每次课堂当做一次提升的舞台，对学生的回答更加注重反馈和引导，在一次又一次的常态课中夯实教学基本功，提升自己，做到千锤百炼。

三、精心设计核心问题与问题链

本次比赛中提问技能是关注的重点之一。通过对于问题链的学习，我了解到“问题链”是指在课堂教学中，教师依据教学目标，将教学内容设计成“以问题为纽带，以知识形成、发展和培养学生思维能力为主线，师生合作互动为基本形式”，从而激发学生的思维活动，提高课堂教学效果，使教师的教学工作更为有效，最终指向核心问题，在之前问题链的基础上攻克本课重难点。在备课的过程中，教师通过设计“问题链”的深度思考，可以更加有的放矢地抓住知识的关键点、问题的疑难点、思维的发散点、内容的矛盾点、认知的模糊点，进行有效的提问。

当然，再好的课堂“预设”，也无法预知课堂教学中的全部细节，因为课堂教学是一个师生互动共同学习提高的过程，是一个充满教学变量与挑战的过程。德国教育学家第斯多惠说：“教学的艺术不在于传授本领，而在于激励、唤醒、鼓舞。”因此，实施问题链设置教学的关键就是要创设恰当的情境，设置有层次的问题，教师驾驭提问的方向并能够精心地引导；通过创设的趣味性、深入性问题，激起学生积极的创造性思维活动；再通过设置开放性的问题激起学生探索的欲望，为知识的学习营造良好的氛围，最后将学生成功地引向知识海洋的彼岸。

四、关注教学细节

在准备比赛的过程中，我越来越意识到教学细节的重要性，每一个问题的设计，每一张图片的选择可能都意味着学生不同的获得。例如，在本课课件中，起初课件的美观度不够，大大影响了视觉效果；活动设计中询问他人情绪时的3个朋友最初是三个卡通图片，后经过专家指导后，插入的图片为学生熟悉的同学和老师的形象；尝试使用不同的颜色区分不同的情感等。这些细节的调整使课堂更加精彩。

点评：（刘剑　北京教育学院朝阳分院　高级职称）

吕帅老师的教学过程是以提问为主。本课是一节单元复习课，教师制定了比较合理的教学目标——“能够辨别、运用相关情感状态的词汇、能够在情境中询问他人或者表达自己的情绪感受”。围绕教学目标，教师精心设计了核心问题，并围绕核心问题设计了不同类型的问题，前后贯通，从不同的认知层次引导学生进行思维，同时从语言教学方面实现了语言的呈现、语言的逻辑建构和话题的适当拓展、语言的操练和实际运用，有效实现了课堂的语言运用目标。

课堂伊始，教师通过记忆型提问“What feelings do you remember?”开展头脑风暴，直指复习话题。然后教师通过分析型提问“how many ways can we feel or how can we feel?”，理解型提问“Which picture is a surprised\angry\excited … face?”和评价型提问“Are they good feelings or bad feelings?”这一系列问题，辨别了相关的情感词汇，利用归类的方法巩固了本单元的词汇知识，并通过让学生关注情感的感官获得方式拓展了单元的话题。最后教师通过创设比较真实的情境，引导学生询问他人和表达自己的情感。值得一提的是教师引导学生表达自己情感的时候，让学生“draw a face that can describe the feeling today”，这是一个创新型的问题，为课堂创设了生成的空间，锻炼了学生的形象思维和想象力，并且巧妙提示了学生情绪的表达除了语言还可以有其他的表达方式。

除了提问技能以外，吕帅老师善于运用讲解技能、板书技能、游戏技能、多媒体辅助教学技能等多种方式调动学生的学习积极性。另外，吕帅老师善于学习，勤于思考，准备比赛的过程也是他由一名新教师向合格教师转变、向优秀教师迅速靠近的过程。

案例五：王悬济《I have fifty markers》（北京市顺义区港馨小学）

<table>
<tr><td>学科</td><td>英语</td><td>年级</td><td>三年级</td><td>教材</td><td>北京版一年级起点</td></tr>
<tr><td>课题</td><td colspan="3">Unit 6 I have fifty markers</td><td>主要技能</td><td>提问技能</td></tr>
<tr><td colspan="6">前期分析</td></tr>
<tr><td>教材分析</td><td colspan="5">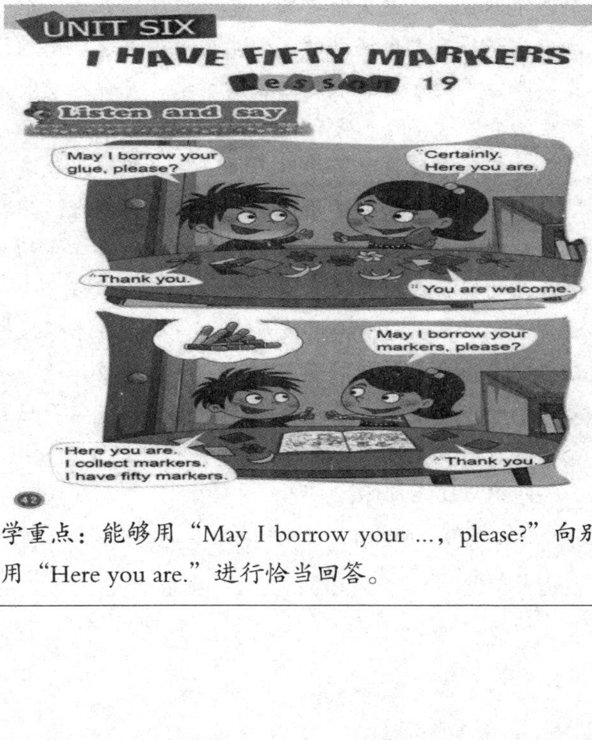

教学重点：能够用“May I borrow your …, please?”向别人借物品，并能够用“Here you are.”进行恰当回答。</td></tr>
</table>

续表

<table>
<tr><td>学科</td><td>英语</td><td>年级</td><td>三年级</td><td>教材</td><td>北京版一年级起点</td></tr>
<tr><td>课题</td><td colspan="3">Unit 6 I have fifty markers</td><td>主要技能</td><td>提问技能</td></tr>
<tr><td></td><td colspan="5">教学难点：
1. 单词borrow，glue，certainly以及collect的认读。
2. 能够运用句型“May I borrow your ... please?”以及“Here you are.”在真实情境中创编和表演对话。
Unit 6 I have fifty markers
Lesson 19
Baobao（头像） May I borrow your ...（glue图片），please?
Certainly. Here you are. Lingling（头像）
Lingling May I borrow your ...（markers图片），please?
Here you are. Baobao.
collect   </td></tr>
<tr><td>学情分析</td><td colspan="5">本课授课对象是三年级学生，具备一定的语言基础，三年级是小学生自信心形成的关键期，他们喜欢与伙伴共同游戏、学习，因此，在课堂上创设尽量真实的生活情境和合作学习任务，让学生能够积极参与其中、学以致用是至关重要的。本节课“借东西”这个场景是学生平时生活中几乎每天都会遇到的，学生通过观察、理解，跟读、朗读对话，反复实践，用所学语言表达自己的请求，充分感受英语是鲜活的，是与实际生活紧密结合的，从而激发学习的兴趣。</td></tr>
<tr><td>课标分析</td><td colspan="5">《英语课程标准》中提出：“基础教育阶段英语课程的总体目标是培养学生的综合语言运用能力。”因此，合理运用教材内容，创设各种教学情境至关重要。我在本课拓展环节结合学生的生活实际创设了两个借物品的场景，引导学生在情境中运用所学语言。《英语课程标准》中还指出，“学生是学习和发展的主体”，在本课表演对话和创编对话的过程中采用两人一组的学习形式，学生通过体验、参与、实践、讨论、交流、合作等方式，运用英语进行交际完成学习任务，从而提高沟通、合作能力和语言的综合运用能力。</td></tr>
<tr><td>教学目标</td><td colspan="5">知识与技能目标：
1.能够用“May I borrow your ...，please?”向别人借物品，并能够用“Here you are.”进行回答。</td></tr>
</table>

续表

<table>
<tr><td>学科</td><td>英语</td><td>年级</td><td>三年级</td><td>教材</td><td>北京版一年级起点</td></tr>
<tr><td>课题</td><td colspan="3">Unit 6 I have fifty markers</td><td>主要技能</td><td>提问技能</td></tr>
<tr><td></td><td colspan="5">2.能够正确认读单词borrow，glue，certainly和collect。
3.能够在真实情境中运用所学语言进行交际。
过程与方法目标：
1.通过剪纸游戏等有趣的活动，感知、理解向他人借物品时的情境。
2.通过教师的问题引导，能够正确理解对话内容。
3.通过教师的肢体语言和搜集的图片，理解borrow，glue，certainly和collect的意思。
4.在活动过程中掌握句型“May I borrow your ...，please?”和“Here you are.”的用法。
情感态度与价值观：
能够在生活和学习中乐于帮助别人，并对别人给予的帮助表示感谢。</td></tr>
<tr><td>核心问题</td><td colspan="5">May I borrow your ...，please?</td></tr>
<tr><td>问题链</td><td colspan="5">Do you have scissors/glue? May I borrow your scissors/glue，please?
Which class can we make cards? Chinese? P.E.? Art?
What are they making? Can you guess?
Baobao has no glue. What does he want to do?
He wants to call his mom. What will he say?</td></tr>
<tr><td>讲解目标及方法</td><td colspan="5">教法——情境教学法：
1.《英语课程标准》中提出：“基础教育阶段英语课程的总体目标是培养学生的综合语言运用能力。”因此，合理运用教材内容，创设各种教学情境至关重要。
2.在导入环节，教师设计剪纸活动情境，通过向学生借用剪刀、胶棒，让学生提前感知借用物品的情境和语言，在好奇、愉快的情绪状态和生动、直观的氛围中进入本节课的学习。
3.在拓展应用环节，教师通过设计两个生活中学生常见的情境，让学生选择某一情境创编对话。
学法——合作学习法：
《英语课程标准》中指出，“学生是学习和发展的主体”，在表演对话和创编对话的过程中采用两人一组的学习形式，学生通过体验、参与、实践、讨论、交流、合作等方式，运用英语进行交际完成学习任务，从而提高沟通、合作能力和语言的综合运用能力。</td></tr>
</table>

教学部分案例

<table>
<tr><td>教学课题</td><td colspan="5">Unit 6 I have fifty markers
Lesson 19</td></tr>
<tr><td>学科</td><td>英语</td><td>年级</td><td>三年级</td><td>教学时间</td><td>10分钟</td></tr>
<tr><td>教学目标</td><td colspan="5">（一）知识与技能目标：
1.能够用“May I borrow your ...，please?”向别人借物品，并能够用“Here you are.”进行回答。
2.能够正确认读单词borrow，glue和certainly。
（二）过程与方法目标：
1.通过剪纸游戏等有趣的活动，感知、理解向他人借物品时的情境。
2.通过教师的问题引导，能够正确理解对话内容。
3.在活动过程中掌握句型“May I borrow your ...，please?”和“Here you are.”的用法。
（三）情感态度与价值观：
能够在生活和学习中乐于帮助别人，并对别人给予的帮助表示感谢。</td></tr>
</table>

时间	教师的教学行为	学生的学习行为	教学技能要素
2分钟	Warming up 结合圣诞节设计制作圣诞贺卡活动，在剪纸的过程中向学生借剪刀和胶棒，提前处理重点词glue，为学习课文对话内容做铺垫。 T：Christmas is coming! I want to make a Christmas card for my friend. But I don’t have scissors. T：Do you have scissors/glue? May I borrow your scissors/glue, please?	把剪刀和胶棒借给老师使用，观察老师剪纸的过程，初步感知借东西的情境和语言。 S：Yes，I do. OK.（Here you are.）	导入技能： 通过设置圣诞节制作贺卡的情境，让学生在好奇、愉快的情绪状态和生动、直观的氛围中感受新语言，激发兴趣，诱发思维，进入本节课的学习。
2分钟	Prediction 通过问题引导让学生预测对话内容。 T：In which class can we make cards? Chinese? P.E.? Art? T：Look! Our friends Baobao and Lingling are in the art class. What are they making? Can you	观察图片，回答老师提出的问题。 S：Art class! S：（They are making a）card.	通过观察图片，提出理解型问题，激发学生的学习兴趣，帮

续表

时间	教师的教学行为	学生的学习行为	教学技能要素
	guess? T：How many scissors are there? How many glue sticks are there? T：Whose glue is it?（Is it Lingling's or Baobao's?） T：Baobao has no glue. What does he want to do? Let's watch and listen.	S：There are/is two/one. S：It's Lingling's.	助学生预测和理解对话内容。
2分钟	Dialogue Learning 播放课件。讲解重点词和重点句。 T：Baobao has no glue. So he wants to borrow one. What does he say?（播放对话第一句） T：Does Lingling lend it to Baobao? How does she answer? Cer-tain-ly（将certainly分解成three syllables，边读边拍手，节奏由慢到快） 进行德育渗透，鼓励学生要在生活和学习中乐于帮助别人，并对别人给予的帮助表示感谢。	理解对话，并跟读、朗读对话。 S：（Repeat）May I borrow your glue，please? S：Certainly. Here you are	通过提问，培养学生通过听获取信息的能力。
1分钟	Perform 组织学生练习，并在表演后进行评价和生生互评。 T：You read loudly and clearly.	两人一组朗读或表演对话。 S: You performed very well.	
3分钟	Practice and Application 创设两个教学情境——一张图片是学校课间，一名同学向别的班一名同学借课本；另一张图片是一个孩子没带钥匙向邻居借电话。引导学生创编对话。学生任选其中一幅图创编对话。	通过参与、实践、讨论、交流、合作等方式，两人一组，运用所学语言“May I borrow your ...，please?”和“Here you are.”	给出问题情境提出应用型问题，鼓励学生应用所学新语言解决问题，这有助于提升学生的交流能力。

续表

时间	教师的教学行为	学生的学习行为	教学技能要素
	教师通过创设真实生活中的情境，让学生在情境中运用所学语言创编对话。	等进行交际，完成学习任务。	

反思：

本课围绕借物品这个话题展开了对话教学、交流和表演。微课是在较短的时间里，集中解决某个知识点，展现教师过硬的教学技能，因此我使用 prezi 软件制作了引人注目的教学课件，精心设计每一个问题。从教师问题链引导下的参与式学习到小组合作式的体验式学习，教师尊重学生的认知特点，在层层递进的提问下，不仅关注了学生的语言知识，也为学生运用所学语言展开真实交际创设了情境，体现了培养学生英语核心素养的要求。在教学的各个环节，无论是开始的做卡片借胶棒、剪刀的活动还是后来学生自主创编对话，都体现了真实有效的师生互动与交流。在自主表达与表演的过程中发展了语言技能，获得了自信与快乐，体现了英语的工具性和人文性特点。

当然本课也存在着诸多不足之处。首先，本课缺乏有趣的游戏活动设计。其次，本课句型比较单一，在创编对话环节没有给学生提供足够的句型支持。最后，本课的问题设置环环相扣，问题较多，导致教师说的内容偏多，学生只答不问，优生没有获得足够的展示机会。因此，针对以上不足，教师应该继续思考设计何种游戏活动能让学生动起来，更加积极主动地参与课堂学习；创编对话之前，教师应给学生一定的语言支持，避免学生在输出环节存在困难；有些问题教师可以找班里的优生当小老师试着提问（课下提前铺垫一下亦可），更好地实现分层教学，让不同水平的学生获得不同程度的提高。

点评：（杨红　北京市顺义教育研究考试中心　小学英语教研室教研员）

王悬济老师的微课教学过程主要以提问为主，由一个核心问题“May I borrow your ... please?”贯穿始终，从教师问题链引导下的参与式学习到小组合作式的体验式学习，教师尊重学生的认知特点，在层层递进的提问下，不仅关注了学生的语言知识，也为学生运用所学语言展开真实交际创设了情境，体现了培养学生英语核心素养的要求。教师对关键词的讲解、教学难点的点拨时机恰当，语言精练。教师各个教学环节的设计都体现了真实有效的师生互动与交流，在自主表达与表演的过程中发展了学生的语言技能，使学生获得了自信与快乐，体现了英语的工具性和人文性特点。录像中教师提问时机准确，充分体现了“以生为本”，突出了学生的主体性。教师英文发音地道、标准且亲和力十足，精心制作了prezi教学课件并在整个微课教学过程中穿插了圣诞歌曲、小游戏和情境设置，不仅展现了其过硬的教学素质，还为学生创设了轻松愉快的学习氛围。

教师通过此次比赛加深了对微课的认识，其反思有助于在日后的教学中充分利用微课针对性强的特点，对某个知识点进行目标清晰、层次分明的讲解，加强提问的有效性，以提高课堂教学效率。

微格教学为青年教师的锻炼和成长提供了一个很好的平台，在设计—修改—实践—反思的过程中，教学技能得以快速提高。

二、以讲解技能为主的教学案例

案例一：苏祎 《Nice to meet you》（北京市昌平区第二实验小学）

学科	英语	年级	一年级	教材	北京版小学英语
课题	Unit 4 Nice to meet you.			主要技能	讲解技能
前期分析					
教材分析	1.本单元的话题是介绍自己的朋友和问候新朋友，重点句型“This is my friend ...” Nice to meet you.” “Nice to meet you，too.”学生在日常生活中时常会结识新朋友，同时也会把自己的朋友介绍给他人。本单元句型的功能性很强。 2.本节课为本册书第四单元的第二课时。学生在本单元第一课时学习中已经掌握了如何用This is ... 来向他人介绍自己的朋友。本课时在第一课时的基础上扩充了一个重点句型Nice to meet you.				
学情分析	本单元为第四单元。通过一年级上册前三个单元的学习，学生已经初步学会在不同的场景，如何用英语与熟悉的人相互打招呼、问候。 本课时为单元第二课时，第一课时中学生已经学习句型This is ... 来向他人介绍自己的朋友。 一年级学生对于本课句型Nice to meet you中Nice和meet的发音记忆和掌握可能产生困难。				
课标分析	根据《北京市中小学英语学科教学改进意见》第八条，切实改变英语教学教与学方式，加强英语学习的开放性和实践性。遵循《课标》中倡导的引导学生了解外国文化内涵，激发学生学习英语的兴趣，培养学生的国际视野。本节课教师运用文本图片和视频创设语境，让学生理解语意、练习语言。随后我根据本课教学内容（初次见面礼貌问候）语境，邀请几位学生不认识的老师来到班里，让课堂开放，让学生用所学语言在真实语境中和老师们交流，真正实践语言。在介绍其他国家人物初次见面的礼貌用语和礼仪时，让学生感受异国文化差异，拓展视野。				

续表

学科	英语	年级	一年级	教材	北京版小学英语
课题	Unit 4 Nice to meet you.			主要技能	讲解技能
教学目标	在教学活动后，学生能够： 1. 在实际的语境中用This is ... 来介绍他人，并能用Nice to meet you得体地与他人打招呼、问候。 2. 学生能够了解中西方初次与人相识打招呼的用语和礼仪，培养跨文化交流的意识。				
核心问题	Talk about how to greet people when you first meet each other. 本课要解决的核心问题是让学生理解第一次见面的场景这一问题，同时学会在这样的场景下如何与人打招呼。				
问题链	1. How to introduce others? 2. How to greet others? 第一次和某人见面时，总是需要介绍自己或者他人，所以，为了达到教学目标，需要首先让学生理解并学会如何介绍自己和他人，之后在第一次见面并认识了对方的情况下，学习用Nice to meet you打招呼。				
讲解目标及方法	1.针对一年级学生不熟悉校园内教师的特点，邀请学生所不认识的教师走进课堂，创设第一次与某人见面的真实场景，练习语言Nice to meet you。 2. 提前录制不同国家人们初次见面打招呼的礼仪视频，培养学生跨文化交流的意识。				

教学部分案例

教学课题	Unit 4 Nice to meet you选自：北京版一年级上册				
学科	英语	年级	一年级	教学时间	9分38秒
教学目标	在教学活动后，学生能够： 1. 在实际的语境中用This is ... 来介绍他人，并能用“Nice to meet you.”得体地与他人打招呼、问候。 2. 学生能够了解中西方初次与人相识打招呼的用语和礼仪，培养跨文化交流的意识。				
时间	教师的教学行为		学生的学习行为		教学技能要素
14秒	Greet to the teachers. Ask the students to say ‘Hello’ to the teachers.		Look and Say: Hello, teachers.		

续表

时间	教师的教学行为	学生的学习行为	教学技能要素
3分05秒	Say "Hello" to some old friends. Show the pictures of the four characters and ask the students to greet to them. Introduce the background round of the text. Play the video and ask: What do they say to each other? Play the video and ask: Kate and Lala meet each other for the first time. What do they say?	Greet to the four characters: Hello, Maomao! Hello, Lala! Hello, Guoguo! Hello, Kate! Look and listen. Watch and answer: Hi, Maomao! Hi, Lala! This is Kate. Hi, Kate! Watch and answer: Nice to meet you, Lala. Nice to meet you, too.	通过提问，培养学生通过听获取信息的能力。 讲解技能： 在学生了解对话内容后，能够利用多媒体进行讲解，让学生深入清晰体会"第一次遇到对方"这一语境。
50秒	Practice: 1.Read after the computer. 2.Read by themselves. 3. Play the story in groups.	Practice reading: 1. Open the book and follow to read. 2. Read by themselves. 3. Play the story in groups.	强化技能： 通过原音输入、自我朗读、小组表演等多种形式，巩固语言。
2分18秒	Make new friends. 1. Ask the students to look around the classroom and make a model of making new friends. Hello, my name is Amy. What's your name? My name is ... Nice to meet you, ... Nice to meet you, too. 2. Introduce the new friends to the students. This is ...	1. Look at the teacher and listen. 2. Look and listen.	强化技能： 教师邀请学生所不认识的老师进入课堂，为学生创造真实的"初次见面"的语境。通过已学的询问名字以及

续表

时间	教师的教学行为	学生的学习行为	教学技能要素
	3. Ask the students: This is the first time for you to know my new friend ... What should you say? 4. Ask the students to make friends with the teachers. 5. Ask the students to introduce their new friends. This is ... 6. Ask the other students to greet the friend.	3. Say Nice to meet you, ... 4. Go around the classroom and try to make new friends. 5. Introduce the new friend. This is ... 6. The other students say: Nice to meet you, ...	新学的问候语搭建对话框架，让学生与新老师交朋友，真实实践运用语言。
3分11秒	Learn about other countries' culture. 1. Play the video and introduce the different gestures in different countries. 2. Introduce some gestures and practice with the students. Japan: Teacher bows to the students and says "Nice to meet you". Thailand: Teacher puts the hands together and says "Nice to meet you". France: Find a student to do	1. Watch the video. 2.learn the different gestures in other countries. Japan: Look at the teacher. Thailand: Do the pair-work and practice the gesture.	讲解技能： 教师结合多个国家初次见面的礼仪视频，采用描述性讲解方法，引导学生感受不同国家文化。讲解过程中通过师生交流、学生演示等方式让学生参与讲解活动。 教学组织技能: 在了解学习不同国家见面礼仪时，教师根据不同礼仪特点，设计自我演示、两人合作、师生

续表

时间	教师的教学行为	学生的学习行为	教学技能要素
	the model and say "Nice to meet you". Ask the students to practice in pairs.	France: Do the action and say 'Nice to meet you' with the teacher.	合作等多种训练方式，让学生实践感受不同文化礼仪。

反思：

这次教学展示，不仅让我有了很大的成长和进步，更让我在一次一次磨课修改中，学会了如何思考，如何研究，如何设计课堂。

本次课的设计有两大亮点。第一个亮点在于充分利用课堂环境，让学生实践所学句型。本课的新授句型为"Nice to meet you."，本句型应用于两人的第一次见面。语言的使用语境在以往的授课中总是被忽略，所以学生在真正使用语言的时候往往会产生错误。针对这一问题，我们设计了利用真实环境让学生切实感受，加深印象。第二个亮点在于给学生进行文化渗透。本课内容重点在于见面打招呼，而不同的国家有着自己不同的见面礼仪。在课程设计中，我们加入了不同国家不同的见面礼仪，让学生亲身体会，大胆实践，在活动中体会不同的文化。

微格教学比赛时，我的发挥基本和平时无异。但是看过了更多选手的微格教学设计，认真反思每一节课，学习每个人的课堂设计特点。我针对英语课堂如何进行设计有了很多思考，分为以下几个方面：

一、如何让每个孩子都张嘴

我们的每个班级都有 30 ~ 40 个学生，一节课 40 分钟，很难让每个孩子都得到机会张口说话。在本次微格教学的比赛中，我也发现，教师们在设计课堂活动中，都会运用大量的小组活动或两人活动。这时候小组活动就显得尤为重要。然而小组活动的效率有多高，是我们每个教师都该充分思考的问题。要保证小组活动的效率，我想到了以下几点办法。

1.大力培养小组长，寻找老师的好帮手

小组比较多的时候，老师无法顾及每个学生。这时就需要小帮手来帮忙。这些学生不一定是英语最好的，但是一定要是有组织能力和责任心的。在课上和课下对小组长进行几次培训。如：角色扮演时组长要用"You are ..."来安排角色、每个角色要轮换扮演等。明确组长的任务和地位，充当教师的好帮手。

2.明确活动目标，确保活动质量

其实在每节课之前，我们都会设计课堂的教学目标。为了达到教学目标，我们就需要每一个教学环节都真实有效。在以往的小组活动中，学生往往不知道达到什么样的程度该停止。有的小组追求速度，但是质量不高；有的小组质量很高，但是速度很慢。这就要求老师的要求要明确，目标要清晰。针对这一点，我们可以设立不同的目标，分层对待。在本次比赛中，我就发现，很多老师在设计的时候，都应用了分层目标这一方式。不同水平层次的学生可以选择不同的目标来达成，而达成不同的目标之后，也会有不同的小组奖励或激励制度。这样，学生们可以根据自身情况和小组情况有针对性地练习，逐步提高。小组活动的效率也就大大提高了。

二、教师在课堂充当了什么角色

教师站在讲台上，角色往往很难定位。我们究竟是教授者，还是引导者，还是学习者？通过这次微格教学展示活动，我觉得教师在课堂中应该充当的是示范和引导的角色。本次课我加入了不同文化习俗的学习和讲解。在这一环节虽然实施得不错，但是依然还有欠缺。我把大部分的精力都放在了讲解上，却忽略了示范和亲身实践的重要性。所以在最后的环节，感觉仓促而过，也没有真正达到练习的目的。

以上是我在观看了各位选手的比赛，又根据自己的课程所进行的反思。

点评：（刘玛丽　北京市昌平区教师进修学校　中学高级教师）

苏祎老师在本次北京市青年教师微格教学展示活动中以小组排名第一的成绩荣获一等奖。她所呈现的是一节一年级的以会话讲解为主的微格教学，主要讲授陌生人初次见面问好的情境。教师所设计的教学活动层次分明，课堂组织形式多样，充分体现了英语学科所倡导的工具性与人文性的双重性质。

本课的教学过程表现出以下突出特点。

一、教师通过语境和活动创设，激发学生参与课堂教学的深度和广度

低年级的学生在课堂上注意力集中时间较短，在本课讲解中教师结合了多种教学活动和教学方法，调动了学生的积极性。在呈现新知后，教师通过TPR教学形式、角色扮演教学方法，使学生充分参与课堂。在本课的讲解设计中，教师关注学生对语境的理解，并遵循《课标》中倡导的“注重语言学习的过程，强调语言学习的实践性，主张学生在语境中接触、体验和理解真实语言，并在此基础上学习和运用语言”。教师充分利用周围环境，让学生离开座位，走向被邀请的教师中间和陌生的老师们进行交流。在这样的环境下运用语言，鼓励学生积极体验、实践语言，逐步掌握语言知识和技能，让学生真实实践语言，在情感、行为和思维上都积极参与课堂。

二、教师通过准确的讲解技能，引发学生情感和思维的共鸣

通过观看教师比赛的录像，我发现教师发挥正常。教师能够为一年级学生用清晰简洁、条理清楚、术语准确、快慢适合的语言，通过描述法、类比法等的讲解方法帮助学生理解新授句型“Nice to meet you.”在微格教学中，教师设计邀请学生所不认识的老师进入课堂，为学生创造真实的“初次见面”的语境。通过已学的询问名字以及新学的问候语搭建对话框架，让学生与新老师交朋友，真实实践运用语言的同时，培养学生友好待人的交际技能。教师还结合多个国家初次见面的礼仪视频，采用描述性讲解方法，引导学生感受不同国家文化，拓展学生的国际视野，培养学生跨文化交流的意识和技能。

三、教师通过进行教学反思，对当下的教学理念有了深入的认识

通过参赛及对自己微格教学比赛的深入反思，教师在制定教学目标、教师角色定位等方面有了很大的转变。教师的教学目标不再局限于某个教学活动或课时结束时学生对知识的掌握程度，而是更加注重学习过程中学生参与的量和质。教师清楚认识到学生是学习的主人，也是课堂的主人。随着课题研究的深入，教师逐渐学习着将课堂的主体地位还给学生。一个活动中有多少学生能真正地动起来，说起来，思考起来，这些逐渐成为教师在设计教学活动时所考虑的重要因素。因为，教师深刻体会到，学生只有真正参与，真正用英语去“做事情”，才能体会英语语言的实用性，才能学到真正有用的英语。

四、只要搭建平台，教师将飞速成长

苏祎老师热爱教育事业，专业素养强，教学基本功扎实，教育教学有创新的精神。她曾在北京市和区里做过研究课。经过近三年的历练和快速成长，她能够准确地理解《新课标》理念，并能够结合《北京市中小学英语学科改进意见》指导自己的教育教学工作。她已经逐步具备了娴熟的教学技能，并形成了自己的特色教学和教学风格，正成为我区英语教学的中坚力量。希望北京市多搭建这样的平台，让更多的年轻老师成长！

案例二：冯雪 《What do you do on Children’s Day?》（北京市昌平第二实验小学）

学科	英语	年级	四年级	教材	北京版四年级下册
课题	Unit 5 Lesson16 What do you do on Children’s Day?			主要技能	讲解技能
前期分析					
教材分析	本课时教学的主要内容包括重点句型What do you do on ... ?以及节日活动的相关词汇。其中go to ... 结构在教材中出现过，易于理解和认读。其他词汇作为本课教学难点，通过不同形式进行学习和巩固，最				

续表

学科	英语	年级	四年级	教材	北京版四年级下册
课题	**Unit 5 Lesson16 What do you do on Children's Day?**			主要技能	讲解技能
	终能够合理运用。所以，本课的教学重点为听说、认读amusement park，puppet show等关于节日活动的词汇。初步运用“What do you do ...”等语言结构，在所提供的情境中简单谈论儿童节及相关活动。				
学情分析	四年级学生对于节日话题兴趣浓厚，具备节日生活经验，本班学生思维活跃，乐于表达，已经学习过日期的表达方式和go to ... 结构，但对新词的读音和意义理解有困难，语言表达能力有限。所以，本课的教学难点为初步运用“What do you do ... ”等语言结构，在所提供的情境中简单谈论儿童节及相关活动。本课我通过情境设置激发学生学习兴趣，通过分层提问发散思维、加深理解，并通过听力活动检测语言理解，最后能够在情境交际活动中灵活运用。				
课标分析	《新课标》强调教师应创造启动学生思维的教学环境，帮助学生通过各种渠道获取知识，使他们能够在语言交际实践中灵活运用知识。本课我创设了课堂情境，并采用了多种教学方法，让学生能够感知并灵活运用语言。通过视频、微信模拟情境、板书等方式帮助学生获取知识，进行有效的语言输入，加强理解，最终能够灵活运用。				
教学目标	教学目标： 1.听说、认读amusement park，puppet show等关于节日活动的词汇。 2. 初步运用“What do you do ... ”等语言结构，在所提供的情境中简单谈论儿童节及相关活动。 3. 初步了解不同国家庆祝国际儿童节的方式。 其中以上词汇是本课的新词，作为教学重点进行讲授。				
核心问题	核心问题：How do you talk about Children's Day? 本课时主要讨论的问题就是如何运用所学语言谈论儿童节及相关活动，所以设置如上核心问题。				
问题链	When is Children's Day? What do you do on Children's Day? What do you think of Children's Day? 这些问题都是围绕核心问题展开的不同层面的问题，分别从不同方面展开对于儿童节的讨论，紧扣主题。				

续表

学科	英语	年级	四年级	教材	北京版四年级下册
课题	Unit 5 Lesson16 What do you do on Children’s Day?			主要技能	讲解技能
讲解目标及方法	1.情境教学法：创设情境，呈现问题链，发散学生思维。 2.讲授法：通过不同形式讲授新词，突破重难点。 3.演示法：教师进行有效示范，引导学生展开活动，强化理解语言。 4.交际教学法：通过情境对话活动提高学生语言表达和运用能力。				

教学部分案例

教学课题	Unit 5 Lesson16 What do you do on Children’s Day?				
学科	英语	年级	四年级	教学时间	10分钟
教学目标	知识与技能： 1. 听说、认读amusement park，puppet show等关于节日活动的词汇。 2. 初步运用“What do you do ... ?”等语言结构，在所提供的情境中简单谈论儿童节及相关活动。 情感态度价值观： 初步了解不同国家庆祝国际儿童节的方式。				

时间	教师的教学行为	学生的学习行为	教学技能要素
40秒	Lead students to review the dialogue with the Words on the blackboard.	Retell the dialogue with the Words on the blackboard. S：It’s on June 1st. We go to cinemas，parks and museums. We also hold parties and get gifts.	复习导入
5分钟	1.Show the picture of We Chat and ask the question. Q：How does he ask? 2.Show Guoguo’s message and ask the question. Q1：What does Guoguo do on Children’s Day? Q2：What can you do there?	1.Look at the picture and answer the question. S：What do you do on Children’s Day? 2.Answer the question. S：She goes to an amusement park. We can ...	提问技能： 通过模拟微信形式展现对话内容，通过提问引导学生提取节日活动信息。

续表

时间	教师的教学行为	学生的学习行为	教学技能要素
	3.Practice the Word “amusement park” with the pictures and game. 4.Show Baobao’s message and ask the question. Q：What does Baobao do? 5.Practice the Word “puppet” with the pictures and a puppet. 6.Show the audio of Maomao，Yangyang and Sara. And ask students to listen and put the photos in the right places. 7.Ask students to check in pairs.	3.Read the Word “amusement park”. 4. Answer the question. S：He goes to a puppet show. 5. Enjoy the puppet show and say what they see. S：puppet sheep ... 6. Listen and put the photos in the right places. 7. Check in pairs. S1：What do you do on Children’s Day? S2：I go to ...	讲解技能： 结合图片和实物引导学生理解新词含义，带读单词，正确发音，加深理解。
1分20秒	1.Show the video of the Children’s Day in our school，and ask the question. Q：What do you do on Children’s Day? 2.Ask students to talk about what they do on Children’s Day. （1）Teacher makes a model with a student. Q1：Where do you go on Children’s Day? Q2：What do you do? Q3：How do you feel? Q4：Who do you go with?	1.Watch the video and answer the question. S：We ... （1）Answer the questions S：I go to ...	演示技能 提问技能： 围绕核心问题设计一系列问题形成提示，以引导学生联系生活开展实际真实交流。

续表

时间	教师的教学行为	学生的学习行为	教学技能要素
	（2）Ask students to talk in pairs with peer assessment. （3）Ask students to talk with their friends.	（2）Talk in pairs with peer assessment. S1：What do you do on Children' s Day? S2：I go to ... （3）Talk about their friends S：... goes to ... on Children's Day.	教学组织技能
3分钟	1.Show the national flags and ask the question. Q：Where are they from? 2.Stick the information about children's Day in these countries. And ask students to read the information by themselves. 3.Show a video of Children's Day in these countries. 4.Ask students to choose one they like best and give the reason. Q：Which one do you like? Why?	1.Look at the pictures and answer the question. S：They are from ... 2.Look at the Words and read the information about Children's Day in these countries. 3.Watch the video and get information about the Children's Day in these countries. 4.Choose one they like best and give the reason. S：I like ... because ...	板书技能：能够围绕本课核心内容整体设计板书，图文并茂，并抽提了要点。 提问技能：通过评价型提问引导学生思考。
板书设计	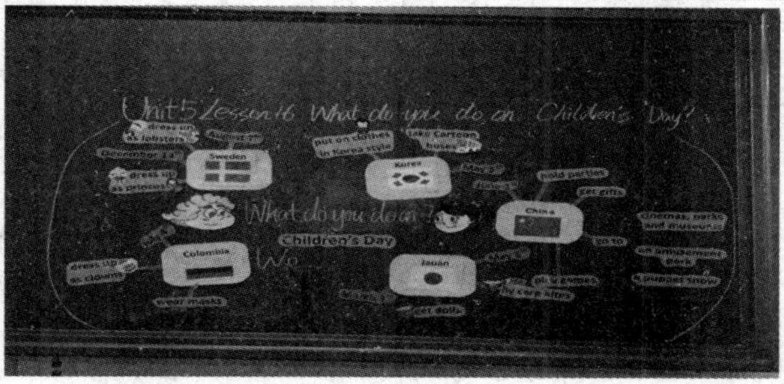		

反思：

通过参加本次青年教师微格比赛，我收获了很多，也成长了很多。首先，通过准备本次比赛，对于课标和教材的理解进一步加深，对于课堂设计的完整性也有了进一步的认识。其次，加深对于说课和微格教学形式的理解，对于今后参加微格教学比赛或活动奠定了坚实的基础。同时，提高了自身的教学水平和个人素质，在一遍一遍修改教学设计的过程中，更好地提升了自己的教学设计撰写水平，怎样制定教学目标，怎样提问等问题都在本次比赛中得到了锻炼，除此以外，在一次次试讲的过程中也磨炼了个人的业务素质和心理素质，面对陌生的老师和环境，怎样进行互动，怎样与老师们进行交流，都成了值得反思的问题。从最初的茫然到最后的坦然，这整个过程都有教研员、专家和同伴们的帮助和支持，促进我快速成长，这些不仅是职业生涯中的财富，也是人生道路上值得珍惜的珍贵回忆。

点评：（林红　北京市昌平教师进修学校　小学高级教师）

本节课是一节四年级的重点句型的练习和拓展教学展示。结合教学内容，教师设计了丰富有效的课堂教学活动，主要体现在：

1．主线清晰。本节课中，教师围绕谈论儿童节这一话题，围绕时间、活动、感受这三点展开，设计了多个层次清晰、目的明确的活动。教师首先通过对话的学习，呈现本节课主要句型并进行初步练习。接着通过微信的方式呈现语言，从对话中的人物过渡到书中的其他人物，引导学生与文本中的人物对话，在意义层面上引导学生进行语言的巩固与输出。然后从课本中的内容过渡到学生的生活中，通过教师自制的视频，重现了学生在真实生活中庆祝儿童节的情境，自然地过渡到真实生活。最后又通过教师自制视频材料为学生呈现了世界各国儿童庆祝儿童节的方式，为学生丰富了关于本话题的知识，更拓展了学生的国际视野。

2．教师能够自如地运用信息手段，如微信和地图定位技术的运用，以及在教学过程中插入的视频、动画等资源，使课堂生动有趣，在吸引学生的注意力的同时，也起到了非常好的呈现和练习的效果。

案例三：孙静雅 《The Birthday Cake》（北京市南湖中园小学望花校区）

学科	英语	年级	三年级	教材	领先阅读X计划
课题	The Birthday Cake			主要技能	讲解技能
前期分析					
教材分析	本教学片段选自《领先阅读·X计划》学生包3中的一个故事 “The Birthday Cake”。《领先阅读·X计划》来自英国牛津大学出版社（Oxford University Press）出版的一套分级阅读读物Project X，是2011				

续表

学科	英语	年级	三年级	教材	领先阅读X计划
课题	**The Birthday Cake**			主要技能	讲解技能
	年由外语教学与研究出版社引进到国内，并进行了一定的本地化，国内版命名为《领先阅读·X计划》。《领先阅读·X计划》是一套有着部分虚幻情节的冒险故事。 "The Birthday Cake"的故事梗概：It was Tiger's birthday. He invited Max and Ant to his birthday party. They wanted to give Tiger a surprise using their magical watches.（故事原文作为附件附在了教案后面） 故事中等难度，故事中的重要动词词组如下：jump in，jump on，jump over，land in				
学情分析	语言知识： 1.三年级的学生单词量较小，原有认知中只知道cake，cup，jump等简单单词。 2.通过对之前故事的学习，对动词的过去式比较熟悉，但本故事中的几个动词词组仍然较难理解。 故事学习： 1.学生对生日话题的故事感兴趣。 2.学生自主阅读的实效性不高。（忽视文本语言、对重要语言点把握不到位，不能活用所学语言。） 3.学生口头表达能力需要提高。				
课标分析	小学英语课标指出基础教育阶段英语课程的任务是激发和培养学生学习英语的兴趣，养成良好的学习习惯和形成有效的学习策略，发展自主学习的能力和合作精神；培养学生的思维、想象能力和创新精神。 故事教学生动有趣，是很好的激发和培养小学生英语学习兴趣的手段。教学中循序渐进的教学活动符合学生的认知，能够培养学生良好的阅读习惯，同时也训练了学生的一些基础阅读策略。另外，在拓展阅读中通过教师不断地提问"What should the rabbit do next?"锻炼了学生创造性的思维和解决问题的能力。				
教学目标	1. 通过阅读故事、图片环游、给故事插图排序理解故事内容，并尝试利用板书复述故事。 2.通过拓展阅读，学生能够灵活运用四个动词词组到其他故事语境中。如：jump in，jump on，jump over，land in。 3.通过阅读拓展故事，培养学生乐于助人的良好品质。				
核心问题	stories				

续表

学科	英语	年级	三年级	教材	领先阅读X计划
课题	The Birthday Cake			主要技能	讲解技能
问题链	1.underline the verbal phrases.（分析层面：加工处理信息，深层理解内涵） 2.retell the story.（分析层面：加工处理信息，深层理解内涵） 3.Fill in the blanks.（分析和应用层面：拓展开放思维，运用实践之中）				
讲解目标及方法	描述性讲解：在叙述讲解的基础上增加许多修饰成分，使故事更加生动。				

教学部分案例（完整的片段案例）

教学课题	The Birthday Cake				
学科	英语	年级	三年级	教学时间	10分钟
教学目标	1.通过图片环游，给故事插图排序理解故事内容。 2.通过朗读故事加深对故事的理解，并尝试利用板书和实物复述故事。 3.能够在故事情境中理解“jump in，jump on，jump over，land in”动词词组的意思，并通过拓展阅读灵活运用到其他故事语境中。 4.通过阅读拓展故事，能够提高乐于助人的良好品质。				

时间	教师的教学行为	学生的学习行为	教学技能要素
30秒	Ask the students to put the pictures in order. T：Just now，we went through the story page by page. Would you please put these pictures in order? Check the answer with students.	Put pictures in order.	通过给故事插图排序这种显性的方式既可以引导学生理解文章大意，也可以检查学生的理解。
1分钟	Find verbal phrases Get the students to read the story and underline verbal phrases. T：What have you got? Stick verbal phrases on the blackboard.	Read the story and underline verbal phrases.	提问技能： 通过理解型提问，让学生辨认并标记出动词词组。

续表

时间	教师的教学行为	学生的学习行为	教学技能要素
30秒	Read the story Get the students to read the story after the recording, read the story again by themselves and to their partners.	Read the story out loud.	
2分钟	Retell the story Get the students to retell the story. T: You can first practice the retelling by looking at all the key phrases on the blackboard. Ask one student to retell the story at the front.	Practice with the blackboard and try to retell the story with the material objects.	提问技能: 通过应用型提问引导学生利用关键词用自己的语言转述故事，加深故事理解的同时内化了新语言，加强了学生的语言表达能力。
6分钟	Extended reading Show the students another story. Ask the students to fill in some blanks while reading that story. The first picture:  Boys and girls, do you want to help the little rabbit? T: What can you say to the rabbit? T: The rabbit heard us and she started running. The second picture:	Read the story with the teacher and think about how to complete the sentences. Prediction:	1.提问技能: ①通过设置故事情境提出应用型问题，引导学生用刚学到的动词词组完成故事情节。 ②在故事中通过提出创新型问题，例如，There is a wolf behind the rock. What should we say to he rabbit? Could you guess the end of the story?不仅加强了学生的参与，而且激发了学生的思考和想象。

续表

时间	教师的教学行为	学生的学习行为	教学技能要素
	 T：She saw a huge stone. What should the rabbit do this time? Can you guess? The third picture：  T：They met a fence. What should the rabbit do now? Could you guess the end of the story? T：Yes. The rabbit landed at home. She wanted to say："Thank you，boys and girls. Thank you for saving me." T：And thank you for listening.	Watch out! Be careful! prediction： she will hide behind the stone. prediction： The wolf caught the rabbit.	2．讲解技能：能够围绕教学目标设计故事情境，并结合多媒体生动地讲故事。讲解过程中通过师生交流、提问等方式让学生参与讲解活动。

附件：故事原文

The Birthday Cake

It was Tiger' s birthday.

He invited Max and Ant to his birthday party.

They wanted to give Tiger a surprise.

They pushed the buttons ...

They got up onto the table.

They jumped in the crisps.

They jumped on the rolls.

They jumped over the cups.

They landed in the cake!

Max and Ant played on the cake.

Tiger took a slice of cake.

Tiger got a surprise!

Max and Ant pushed the buttons ...

They all had some cake.

反思：

我在微格片段中设计的核心问题是学生灵活运用四个动词词组描述动作。依据此核心问题我设计了层层递进的问题链以及相应的教学活动。清晰的核心问题和问题链使我的课堂教学不偏离，始终都向着一个目标前进。课堂教学活动逻辑清晰，主线明确，提高了课堂教学的实效性。

关于提问技能与讲解技能，在参加比赛前我对这两大技能了解不多。在准备比赛的过程中，在分院教师的指导下我系统学习了这两大技能的概念、分类、功能等理论知识，并尝试将自己教学中的讲解部分和提问部分时候设计得更合理，从而完善自己的教学设计。

另外，通过比赛我在说课和激发学生学习兴趣这两个方面进步比较明显。首先在说课方面，对比第一稿的说课版本和最终版本，最明显的差异在于开始时并不清楚说课的重点，把篇幅平均化，重点不突出。现在我知道说课的关键要讲清楚“教什么”以及“为什么教”，这也是说课的重点。其次从第一轮展示开始，大家给我的反馈是口语很好，但是设计不够吸引人，讲故事的时候语音语调缺乏变化，比较单调。根据大家的意见，我进行了有针对性的改进。我将原本的 10 分钟故事环节、总结故事中的动词词组环节调整为活用语言部分，具体活动如下：1. 给图片排序；2. 读故事；3. 复述故事；4. 找志愿者上前利用实物进行复述；5. 阅读新的小故事，让学生们进行预测，利用动词词组填空。在讲解方式上，我也放开了很多，积极与学生互动，营造了更活跃的课堂氛围。

点评：（刘剑　北京教育学院朝阳分院　高级职称）

孙静雅老师的教学过程是以讲解为主，讲解目标明确。例如，片段中最后新故事的引入直接指向“将重点动词词组灵活运用到其他情境”的目标。在讲解过程中，教师整体呈现故事语篇、阅读故事、图片排序、重点词汇学习、朗读故事、复述故事、新故事的讲解顺序不仅符合英语学习的规律，也符合学生的认知规律，教师还通过适时的板书、实物展示表演、讲故事时肢体动作的引入、语音语调的变化等多种方式极大地提高了学生的学习兴趣。另外，教师在讲解过程中始终注意与学生的互动。例如，在新故事中小兔子不断地陷入险境，老师通过提问“What should we say to the rabbit?”激发学生的思维。故事的最后，老师提出“Could you guess the end of the story?”的开放性问题，有益于学生发散思维和创新思维的培养。当然，此处教师如果能够让学生开展比较充分的讨论，效果可能会更好。还有，教师标准流畅优美的英语语音语调也为教师的讲解添分不少。

另外，孙静雅老师在此次比赛中能够脱颖而出的主要原因是“学生意识的加强”。为了备战北京市技能比赛，我们朝阳区小学英语老师在本区前后共进行了5次PK，在准备过程中孙静雅老师进步显著。比较片段教学设计的前后版本，可以看到她的教学设计调整很大，由原来比较单调的绘本故事阅读讲解调整成了绘本阅读的读后环节，包括图片排序、朗读故事、复述故事、讲新故事等丰富多变的活动，涉及学生多种感官参与的听、说、思、做等多项学习行为。这种变化源于老师对学生的关注。说课过程中孙老师提到“学生自主阅读的实效性不高以及学生口头表达能力不强”等具体问题，我们提出问题“那么针对学生的具体情况在设计中如何帮助学生呢”。有了学生意识，孙老师对设计进行了全新的调整：通过动词词组画线引导学生关注文本的重要语言，通过朗读复述环节加深文本的理解并促进语言的内化，最后通过新故事的引入带领学生思考交流，达到语言活用的目标。朗读复述及交流讨论无疑还有助于学生口语表达能力的提高。这也给了我较大的启示：新教师成长的途径之一是引导教师关注学生，在教学设计中建立以学生为本的设计理念，设计从具体的学生出发，有针对性地帮助学生，这样一定会带来更加高效的课堂和更多的学生获得。

案例四：张慧《语音教学：字母Hh》（北京市海淀区二里沟中心小学）

学科	英语	年级	一年级	教材	学乐出版社 Teaching Phonics
课题	语音教学：字母Hh			主要技能	讲解技能
前期分析					
教材分析	“Let's Go Phonics: Letter H”是一节一年级语音课，主要学习字母H的名称音及发音。本课为Alphabet Lessons and Activities单元的第六课，是一节新授课。在此之前，学生已经学习了字母Aa，Mm，Ss，Pp，Tt，Ii，Nn，Cc，Oo，Ff的名称音及发音。本课内容一共分为三部分，Teach the Letter Name，Teach the Letter Sound以及Teach the Key Words。学生将借助以上几部分的学习，指认字母Hh，说出字母Hh的发音并进行简单拼读。				
学情分析	本次授课的对象是二里沟中心小学一年级（10）班的学生。 总体来看，一年级的学生活泼好动，思维形象且直观。所以教师将利用生动形象的肢体语言帮助他们进行学习。但是，因为年龄的问题，他们				

续表

学科	英语	年级	一年级	教材	学乐出版社 Teaching Phonics
课题	语音教学：字母Hh			主要技能	讲解技能
	注意力持续时间较短。因此，教师将借助简笔画和视频资源的帮助吸引其注意力，提高学习兴趣。 从学生现有语言水平看，在学习字母Hh之前，他们已经进行了五节语音课学习，有一定的学习基础。同时，学生对于教师的课堂核心用语比较熟悉，利于教师开展活动。但是，学生对于本节课的学习也存在认知困难，前测结果显示，全班40名学生仅16人可认读字母Hh，仅13人能正确发出字母音，多数学生更将/h/与汉语拼音中的h相混淆。所以本节课的重点将放在让学生感知字母音并学习。				
课标分析	《英语课程标准（2011年版）》中提到“英语学习要强调学习过程，重视语言学习的实践性和应用性。”因此在本节课中教师采用全语言教学法，在引入关键词的过程中，与学生进行交流：Is it hot? What color is it? 让学生体会语言学习的完整性。 《英语课程标准（2011年版）》中还提到，英语教师要合理利用各种教学资源，提高学生的学习效率。尤其是对于小学低年级的学生，教师更应注意使用丰富多样的教学资源。所以在此课中，教师借助丰富有趣的视频以及简笔画的帮助，吸引学生的注意力，提高学生的学习兴趣。				
教学目标	根据课标分析及学情分析，确立以下教学目标： 1.能够指认字母Hh，并说出字母Hh的名称音及发音。 2. 能够大声说唱语音小歌谣。				
核心问题	本课是一节语音新授课，所以核心问题为： What sound does “Hh” make?				
问题链	递进式的问题链设计如下： Which letter is it? What sound does “Hh” make? /h/ is for what? 通过认识字母，学习字母音到学习关键词，教师帮助学生从多方面加强对核心问题的学习。				
讲解目标及方法	1. 多媒体教学法。教师通过让学生观看多个有趣的视频，认识并正确说出字母Hh的名称音及发音，提高学习兴趣。 2. 全语言教学法。在引入关键词的过程中，教师与学生不断交流，让学生进行由音到词，由词到句的学习，符合低年级学生心理及认知特点。				

教学部分案例（完整的片段案例）

教学课题	语音教学：字母Hh				
学科	英语	年级	一年级	教学时间	9分50秒
教学目标	1. 能够指认字母Hh，并说出字母Hh的名称音及发音。 2. 能够大声说唱语音小歌谣。				

时间	教师的教学行为	学生的学习行为	教学技能要素
1分钟	以旧引新，导入字母Hh。 活动1：以旧引新，进行设问。 活动2：从字母表中找到字母Hh。 活动3：教师带领学生与字母Hh打招呼。	观看视频，认识字母Hh。 活动1：观看原声视频，学习字母Hh。 活动2：借助字母表，指认字母Hh。 活动3：与字母Hh打招呼。	导入技能： 教师通过旧字母n以及原声视频的帮助导入新字母Hh的学习。
1分20秒	板书简笔画，巩固字母学习。 活动1：板书简笔画，将字母h形象化。 活动2：出示单词hat和必胜客标志，请学生找一找字母Hh。	辨认并指认字母 活动1：猜测简笔画内容。 活动2：在单词hat和必胜客标志中辨认、指认字母Hh。	提问技能： 通过提问学生让学生辨认、指认单词及标志中的字母Hh。
40秒	播放语音歌曲，感知发音。 活动1：播放语音歌曲，进行设问。	听歌曲，感知字母发音。 活动1：听语音歌曲，感知字母发音。	提问技能：通过歌曲情境教师提问字母Hh的发音，让学生通过听语音歌曲，进行感知并回答。
20秒	形象动作，讲授发音。 活动1：教授学生“捂手”动作，将发音形象化呈现。	机械操练。 活动1：跟随教师，学习动作及发音。	讲解技能：通过肢体语言，教师将字母h的发音进行形象化的讲解。

续表

时间	教师的教学行为	学生的学习行为	教学技能要素
1分30秒	引出并教授关键词hat。 活动1：引出关键词，与学生交流。 活动2：多种方式教授关键词hat。	多种方式学习关键词。 活动1：观看图片，与教师交流。 活动2：多种方式学习关键词hat。	讲解技能：通过图片讲解关键词hat。
30秒	播放语音歌曲，引出另一关键词hot。 活动1：播放语音歌曲，进行设问。	听歌曲，关注关键词。 活动1：听语音歌曲，关注关键词hot。	提问技能： 听语音歌曲前，教师布置听力问题，培养学生通过听获取信息的能力。
1分30秒	教授关键词hot。 活动1：多种方式教授关键词hot。 活动2：师生交流，词义检测。	机械操练，学习关键词 活动1：多种方式学习关键词hot。 活动2：师生交流，词义检测。	讲解技能： 教师讲解关键词hot，并通过多种方式进行操练 记忆型提问
2分钟	示范并教授语音小歌谣。 活动1：进行知识梳理，并适当拓展。 活动2：教授语音小歌谣。	学习并操练语音小歌谣。 活动1：结合自身知识，进行学习内容的延展。 活动2：学唱语音小歌谣。 活动3：同桌操练语音小歌谣。 活动4：集体展示语音小歌谣。	提问技能： 教师请学生结合自身学习情况，适当进行学习延展，找到更多的/h/单词。 讲解技能： 教师利用肢体动作将字母名称音、发音以及关键词串联编成语音小歌谣，教授学生。
	总结知识点。 活动1：带领学生总结知识点。	回顾所学。 活动1：在教师引导下，总结知识点。	讲解技能、结束技能：通过总结知识点帮助学生梳

续表

时间	教师的教学行为	学生的学习行为	教学技能要素
1分钟	活动2：带领学生与字母Hh告别。 活动3：布置课后作业。	活动2：与字母Hh告别。	理要点，并以与字母告别的方式结束本课学习。

反思：

在最初进行教学设计时，我把教学内容压缩到12分钟，导致容量过于庞大，展示的技能也是蜻蜓点水，没有重点。通过评课、交流，我意识到在微格教学当中，我们要有舍有留，因此如何设计有效的教学活动以提高课堂效率是尤为重要的。除此之外，通过观看录制的教学视频，我发现自己在语言的组织上也存在一些问题。在有限的时间内，如果因为语言不够简练，口语化词语过多而挤占教学时间，那这也是一种无形的拖拉、浪费。发现以上不足后，我及时地修改了教案，把要说的每一句话都写下来，反复不断地练习，将时间可控化。

通过比赛过程中的“微格研练”，我对于教与学方式的看法也有了转变。之前一直认为教师就是教书育人，在教学中，常常停留在知识的讲解与传授上，而忽略了学生才是课堂的主体，缺少了对他们学习能力的培养。在这次比赛中，我接触到了核心问题和问题链这个概念。对于教师而言，如果这两部分设计得当，就会在很大程度上帮助学生参与到学习过程当中来。在备课阶段，核心问题和问题链的设计可以帮助教师明确本节课的重点，并理清楚教与学的思路，从而提高课堂的教学质量。在课堂上，我们常要求学生善于提问，对于教师而言，也同样要会提问，让问题环环相扣。只有这样，我们才可以帮助学生一步一个脚印地参与学习，会学习。在本节课中，我设计出了递进上升式的问题，让学生从认识字母，到掌握字母音，再到学习关键词，通过问题链的设计为学生搭建了一条可以攀登的问题阶梯。借助梯子的帮助，学生们便可以更容易地参与学习过程，掌握知识，最终达成本节课的学习目标。

在这次比赛之后，我对于讲解技能和提问技能的理解也更加深入。我的本节微格课是一节语音新授课，因此，我采用以讲解技能为主，提问技能为辅的讲授方法。一是从低年级就帮助学生养成乐思考、爱思考的学习习惯是十分必要的。二是在我看来，提问和讲解这两个技能是密不可分、不可割裂的。在教师的讲授过程中，如果只是照本宣科地向学生灌输，而不让学生参与到学习过程当中去，时间一长，学生就会觉得无聊，最终对于新知识的接受也会比较缓慢。但如果教师在讲解过程中，借助问题的帮助，以生动并富有启发性的问题激发学生的思维活动，那么对学生的学习将大有裨益。因此，在讲解过程中教师不能只是单纯地讲解，而要借助提问的帮助，启发引导学生进行学习。

这次的微格教学技能大赛，我在许多方面得到了提升，对于一些教学技能的理解和使用也有了更加深入的理解。但同时，我的教学设计与最终实际上课的效果也确实是有出入的。一个是纸上谈兵，一个是真操实练，出现差异就说明我的教学技能仍需要提高与训练。今后，我要做的就是多听优秀课，多与其他老师交流，并将这些所得在自己的日常教学当中进行实验，不断探索，不断研究，以期更大的进步。

点评：（樊凯　北京市海淀区教师进修学校　中学高级教师）

张慧老师的语音教学片段采用了以讲解技能为主，提问技能为辅的讲授方法。教学过程中教师借助丰富有趣的视频、简笔画、歌谣等教学资源，让学生在整体情境中有序感知并学习字母 Hh 的名称音及发音。该教学设计了体现以学生为本的教学理念，能够遵循低年级小学生的心理、认知特点和语言学习规律，有计划、有步骤地推进教学目标的落实。值得一提的是，张慧老师非常善于运用生动形象的肢体语言以及各种教学资源吸引学生的注意力，激发学生学习英语语音的兴趣。所设计的活动能够基于学生的生活实际和已有认知经验，充分发挥学生的学习主动性，让学生在不断的实践过程中去体会、去摸索、去总结。此外，问题链的设计能够很好地帮助学生积极参与从认识字母，到掌握字母音，再到学习关键词的全过程。问题之间具有一定的逻辑性，能够激发学生思考问题的兴趣，激活学生的思维，让学生获得说的机会，收获成功的喜悦。

作为一名年轻的小学英语教师，张慧老师非常注重自身素质的提升，在语音教学上肯动脑筋思考，善于学习、反思与分析，积极探索，大胆实践，这一点实在难能可贵。国际著名教育家赞可夫指出："没有个人的思考，没有对自己经验寻根究底的精神，提高教学水平是不可思议的。"张慧老师肯在教法上钻研创新，不断思考，在实践中不断加以完善，尽最大努力把语音教学落到实处，实在值得年轻老师们多多学习与借鉴。

案例五：李玲　《It's Christmas Day》（首都师范大学附属中学大兴北校区）

学科	英语	年级	二年级	教材	北京版教材
课题	小学英语二年级上 **Unit Six It's Christmas Day Lesson 22**			主要技能	讲解技能
前期分析					
教材分析	（通过教材分析明确教学重点）				

续表

学科	英语	年级	二年级	教材	北京版教材
课题	小学英语二年级上 Unit Six It’s Christmas Day Lesson 22			主要技能	讲解技能

本课教学内容是北京版小学英语二年级上册第六单元 It's Christmas Day中的第22课（本单元第二课时），课型为听说训练课。本课着重介绍西方最重要的节日“圣诞节”，学习圣诞节常用词汇及圣诞常用词汇英文表达方法，并在学生能接受的范围内初步介绍西方圣诞文化。

本课包括Listen and say，Let’s act，Let’s say三个板块。本课Listen and say 板块呈现的是圣诞节时，Guoguo和Kate互致问候的情境，他们在家中描述圣诞树，到外面和朋友们一起堆雪人，并描述雪人特征的情境。Let’s act板块再现本课的重点交际用语，要求学生在模拟情境中学会用 “How ... it is!” 赞叹美好事物。Let’s say 板块通过听和跟读关于圣诞节重要标志物“铃铛”的小韵文，让学生感知英语韵律。教师在Let’ s say 这一板块中有创造性地使用教材，将教材中的内容做了微调，用简化版的英文歌曲 “Jingle Bells”代替原韵文，该歌曲和旋律脍炙人口，将课堂气氛带入高潮。

在本课的教材中，圣诞祝福用语 “Merry Christmas” 为一年级上册学过的内容，学生经过一年级上册的学习，90%以上的学生都能熟练掌握该圣诞祝福语。因此，本课的教学重点为：

1.学会认读，并在情境中正确使用lovely， pretty， nice， cute， happy描述本课所学物品或人物。

续表

学科	英语	年级	二年级	教材	北京版教材
课题	小学英语二年级上 Unit Six It’s Christmas Day Lesson 22			主要技能	讲解技能
	2.能够用句型“Look at something”和“How + adjective + it is”在实际情境中赞美事物，表达情感。				
学情分析	（通过学情分析明确教学难点） 学情分析：本课授课的对象是我校二年级（3）班学生，在一年多的英语学习基础上，绝大多数同学乐于参与课堂中各项趣味性强、表演性强的活动。圣诞祝福用语“Merry Christmas”为一年级上册学过的内容。在以前的学习中，学生积累了本课涉及的简单基本的英文词汇，如Christmas，tree，gift，card，happy，nice以及cute。但是“How + adjective + it is”感叹句型对于二年级学生来说比较难理解和掌握。 根据学情分析，本课的教学难点如下： 1.形容词pretty以及lovely的准确发音。 2.在语境中恰当使用形容词，运用How + adjective + it is! 进行真实表达。				
课标分析	（分析在教学过程中如何落实课标中具体目标要求） 根据英语课程标准，“语言技能和语言知识是综合语言运用能力的基础；文化意识有利于正确地理解语言和得体地使用语言”。在小学二年级阶段，要求学生能根据听到的词句识别或指认图片或实物，根据英文的指令做事情，并能做简单的角色表演，并了解英语国家中重要的节假日。 在本课中，为了高效率提高学生的语言技能，教师在课前做好学情分析，结合学生年龄特点和已有知识结构设计本课，通过在多样的活动和浓厚的节日氛围中，调动学生的积极性，引导学生加强听、说能力的训练。教师在本课中注重培养学生的跨文化交流意识，帮助学生初步感知节日文化，了解节日习俗，提升个人文化素养。教师在设计本课时，在“Listen and say”对话部分的基础上，借助丰富的道具，调动学生兴趣；开发利用多种教学资源，引导学生开展分角色朗读并表演课文。介绍圣诞文化背景的同时，培养学生对外国文化习俗的兴趣。教师拓展与话题相关的图片视频资料，丰富教学内容和学生视野，引导学生通过口语表达情感、输出信息，以达到初步培养、训练学生听说能力的目的。				
教学目标	根据学情分析，制定以下教学目标： 1.能够听懂、会说、初步认读lovely，pretty，nice，cute，happy等词汇，能运用以上词汇描述本课所学物品或人物；并会用“Look at ... How ... it is!”句型在实际情境中赞美事物，表达情感。				

续表

学科	英语	年级	二年级	教材	北京版教材
课题	小学英语二年级上 **Unit Six It’s Christmas Day Lesson 22**			主要技能	讲解技能
	2.能够正确、流利地朗读对话，与同伴一起进行表演，通过对话表演活动，提高同伴合作意识和用英文交流的流利性。 3.能够跟随动画唱出童谣 *Jingle bells*。 4.能够感受并了解西方圣诞节文化，并学会有礼貌地赞美事物，主动表达对事物喜爱的情感。				
核心问题	核心问题为：重点突破学生对于“Look at ... How ... it is!”的理解与输出。二年级学生仅仅接触过以how 开头的疑问句，因此，本课中运用感叹句“Look at ... How ... it is！” 赞美事物对于学生有挑战。作为教学重点、难点，运用该句型赞美事物为本课的核心问题。				
问题链	（问题链有哪些？它们之间的关系是什么？如何指向核心问题？） 问题链1. What do we say on Christmas Day? 问题链2. How is the Christmas tree? 问题链3. How is the snowman?” 问题链4. Can you use “how ... it is！” to describe things? 问题链1为核心问题创设了圣诞节的背景，问题链2和3引导学生关注描述Christmas tree以及snowman的形容词以及句型，问题链4鼓励学生输出目标句型。因此，本课中问题链的创设层层递进，引导学生掌握本课的核心问题。				
讲解目标及方法	1.Situational approach情境教学法：教师首先利用歌曲及图片，营造圣诞节氛围，并利用实物引导学生在情境中运用句型 “Look at ... How ... it is!”赞美事物。 2.Communicative approach 交际型教学法：教师通过出示图片以及与圣诞有关的实物，鼓励学生在情境中进行小组合作，运用英语进行实际交流，以达到学以致用的目的。				

微格教案

教学课题	**It’s Christmas Day.**				
学科	英语	年级	二年级	教学时间	10分钟
教学目标	1.能够听懂、会说、初步认读pretty和 lovely，能运用以上词汇以及nice， cute等词汇描述本课所学的与圣诞相关的物品或人物；并会用“Look at ... How ... it is!” 句型在实际情境中赞美事物，表达情感。 2.能够感受并了解西方圣诞节文化，并学会有礼貌地赞美事物，主动表达对事物喜爱的情感。				

续表

时间	教师的教学行为	学生的学习行为	教学技能要素
1分钟	T：shows a calendar and points to the date：25th December. "Yesterday was 25th December. What festival was it? Was it Christmas Day or the New Year?" T："What do we say on Christmas Day?" T："Who is coming to give us gifts?" T："Let's say：Merry Christmas to Santa!"	S："Christmas Day!" S："Merry Christmas!" S："Santa." S："Merry Christmas!"	导入技能：通过日历、实物等创设圣诞情境，引起注意、激发兴趣。同时通过循序渐进的提问，唤起学生相关的已有知识。
2分钟	T："Guoguo and Kate are celebrating Christmas. Look at the picture：What do they say to each other?" T："What is Kate looking at?" T："Let's watch the cartoon，and answer：How is the Christmas tree?" T："How is the Christmas tree?" T："shows pictures of different Christmas trees."	S："Merry Christmas!" S："a Christmas tree." S："watch the cartoon." S："Pretty." S："look at the picture，and produce：Look at the Christmas tree. How pretty it is!"	讲解技能：通过图片呈现不同的圣诞树，让学生在情境中理解"How pretty it is"的含义。
3分钟	T："shows the picture of the next cartoon and asks Ss：Guoguo and Kate are going out and play. What is Kate looking at?" T："Let's watch the cartoon，and answer：How is the snowman?" T：shows a snowman	S："a snowman." S："watch the cartoon." S：answer："lovely." S："touch the snowman	提问技能：提问后注意停顿，并对学生的回答注意给予恰当的回应。

续表

时间	教师的教学行为	学生的学习行为	教学技能要素
	and asks Ss to repeat "Look at the snowman. How lovely it is!" T: "Two students are in a pair. One is Kate, and the other is Guoguo. Please practise the conversation."	and repeat the sentences one after another." S: "do pair-work, and one pair of students show to the whole class."	组织技能：教师组织学生进行同伴合作，一组学生在全班范围内展示对话。
2分钟	T: shows a picture, and asks Ss: "What can you see in the picture?" T: encourages girls to say: "Look at the snowman", and boys to say: "How lovely it is!" T: "encourages Ss to use the sentences and to describe other items."	S: "A snowman." Girls: "Look at the snowman". Boys: "How lovely it is."	演示技能：教师出示演示文稿，组织学生用本课重点句型赞美与圣诞有关的物品。 提问技能：停顿反馈。
2分钟	T: dresses up as Santa Claus with a present bag, and says "Merry Christmas" to students. T: encourages Ss to take a gift from the bag, and say: "Look at ... How ... it is!" T: "sums up the lesson, stressing new Words and sentences in this lesson."	S: "Merry Christmas!" S: takes a gift from the bag, and produce: "Look at ... How ... it is!" S: "review the learning objectives in this lesson."	组织技能：组织学生进行圣诞老人送礼物的活动，让学生在情境中运用目标语言。 讲解技能：归纳总结，帮助学生梳理要点。

反思：

本节课为北京版小学二年级上册 Unit 6 Lesson 22 It's Christmas day。本课为该单元的学习课，主要让学生初步感知圣诞文化，了解圣诞习俗，会用英语进行简单的节日问候和回应，并尝试学会赞叹美好事物。在本节课的设计和实施前，教师详细分析学生情况，掌握了本班 28 名学生主要的学习特点，如活泼好动、对新鲜事物有浓厚的兴趣、接受新知识的能力快、有良好的预习复习习惯等；教师调查了学生的已知知识，如已熟练掌握圣诞的基本问候语，以及最简单的圣诞常见物品。针对本班学生的特点并结合本课教学目标，教师充分利用多媒体视频、教具、丰富的语言以及生动的肢体动作，创设浓厚的节日氛围，引发学生对本节课内容的兴趣。教师通过分角色表演对话、同伴合作、分发圣诞礼物等活动引导学生积极参与课堂活动，培养学生用英语做事情的能力。

一、设计多种活动，调动多元智能

本节课在加德纳多元智能理论的指导下，设计了多种活动，如播放歌曲、视频、展示图片、进行同伴合作等，使学生能力得到全面提升。我观察到本班学生的不同学习特点，因材施教。同时根据英语学科的特点，设计了较多的提问，鼓励学生在课上积极思考，并设计动静结合的活动，发挥学生活泼好动，乐于表演的特点。

本班 28 名学生中，有三分之一的学生在音乐舞蹈方面有特殊的天赋和较强的表演能力。本课的视频动画充分调动了这部分学生的音乐智力，学生跟随音乐“We wish you a merry Christmas”以及“Jingle bells”做律动，调动了学生的动觉智力。二年级学生对色彩鲜艳的图片及实物有非常强烈的好奇心，教师出示多幅图片，如 Christmas tree，Christmas gift，Christmas card 等，并在本节课中准备多种实物教具，如圣诞帽子、铃铛等，调动了学生的视觉空间智力。因此在本节课中，学生的个体差异和不同的智能得到尊重，从而从整体上提升学生语言能力。课后经过教师的调查，不同层次的学生都在本节课学有所获。

二、教学目标适中，使学生“跳一跳，够得着”

本班同学在一年级学习的基础上，90% 以上同学都已经掌握了简单的圣诞节问候语，并初步了解了有关圣诞的词语，如 Christmas tree 等。本节课教学目标适中，教师引导学生复习已知知识，并鼓励学生预测对话，使学生在预测成功时产生成就感。在已知内容的基础上，设置稍微加深难度的问题，如“How is the Christmas tree?”，使学生经过仔细听、认真读，可以“稍微跳一跳”完成该教学任务。教师作为本节课的引导者，帮助学生学有所获，取得进步，体现了维果茨基“最近发展区”的理论。

另外，从一年级开始，教师就注重培养本班学生的同伴合作能力。经过一年半的训练，学生通过教师的手势以及指令语“Two people，one pair. Let’s do pair-work”，就能够自觉开始与同伴进行合作。本课在 Listen and say 以及 Let’s act 环节多次运用了同伴合作，锻炼学生在进行同伴学习时，程度好的学生为学困生做小老师，并且为每一名同学都创造了在本课张口讲英文的机会，锻炼了学生的听说能力和同伴能力，体现了“最近发展区”理论中：与优于自身的同龄人的互动至关重要。

三、语言是文化的载体

学习一种语言的同时要了解该语言背后蕴含的文化知识，学生学习西方文化对于学习西方语言有着密不可分、至关重要的作用。深入了解文化能引起学生对语言的兴趣，根据本套北京版教材的特点，其编排中重视了文化异同的比较。本节课授课的时间正值圣诞节，校园内外大街小巷都洋溢着圣诞的氛围，甚至在我校门外，教师们布置的圣诞树吸引了学生、家长以及路人的注意力。学生在课前不仅了解了关于圣诞老人的基本常识，也在课外拓展阅读中了解了圣诞节的由来，以及耶稣诞生的故事。在时间大背景的影响下，教师在课堂中创设了更为浓厚的圣诞气氛，引导学生了解圣诞文化，学唱圣诞歌曲、得到圣诞老人送来的礼物，这些文化常识将是学生童年难以忘怀的财富。

四、转变教师角色，实现学生主导课堂

本节课也存在不足以及有待教师思考、反思与进步之处。新课标要求学生成为课堂的主体，而反观本课，教师在大多数时候主导课堂，教师用语多于学生产出的语言。经过观看本课录像，尽管在本节课中，教师有意识地在演唱歌曲环节，鼓励学生来到讲台做小老师带领同学表演。但在其他环节，课堂上很多学生都跃跃欲试，希望成为课堂的主角，并且有能力在讲台上展示出自信的自我。因此，值得思考的是，如何在本课中让学生成为课堂的中心，使教师成为课堂的帮助者（facilitator），而不是课堂的独裁者（dictator）；学生更多地主导课堂活动，实现以学生为中心的课堂（Student–centered learning）。

总之，在设计本课前后，教师充分关注并分析了学情，根据实际情况突破教材中的重点、难点，将教学理论运用于实践教学中。作为年轻教师，我将不断反思，积极向有经验教师虚心学习，提高自身语言素质和教学方法，不断提升自己。

点评：（魏巍　北京市大兴区教师进修学校）

本节微格课中，教师运用准确的语言，制定了清晰可行的教学目标，并围绕教学目标安排了合理的教学活动，包括观看动画讲授对话、根据课件练习对话、出示实物产出对话。教师预测了学生在教学活动中的各种可能，使得绝大多数学生在本课结束时，能够达到教师制定的目标，体现了教师良好的教学基本功。

本节课教师主要以讲解为主，循序渐进地教授新知。首先，教师创造圣诞情境，轻松地导入核心知识，体现出教师亲和的教态以及自然流畅的导入技能。其次，教师在恰当的时机，运用四个问题链由浅入深地强化学生对于目标句型的掌握，启发学生思考，唤起学生已知，启发学生学习新知，体现出教师优秀的讲解技能。再次，教师在整节课中，恰当灵活地运用板书、多媒体、实物以及奖励机制，调动学生积极性。教师运用实物，包括圣诞树、雪人等，给学生营造一个冬天里真实的圣诞情境，在真实情境下学会用Look at ... How ... it is!句型赞美事物。总之，本课的教学活动设计得生动合理，符合学生的认知规律，是一节优质的微格课。

【问题与思考】

1.提问类型和讲解类型有哪些？提问技能和讲解技能的技能要素是什么？请自学相关理论，并结合学科案例理解技能要素实现的方法。

2.案例2《The Double Ninth Festival》、案例3《有趣的字母》中教师是如何确定核心问题和问题链的？核心问题和问题链之间的关系是什么？请仔细体会教师如何通过核心问题和问题链引导学生深入思考并达成教学目标。

3.请参考学科案例运用提问和讲解技能要素分析自己的一份教学设计，找出不足并运用技能要素进行修订，在教学实践中对比教学效果，并反思原因。

4.设计一个微格教学片段，强调核心问题和问题链的设计以及讲解技能要素的实现。

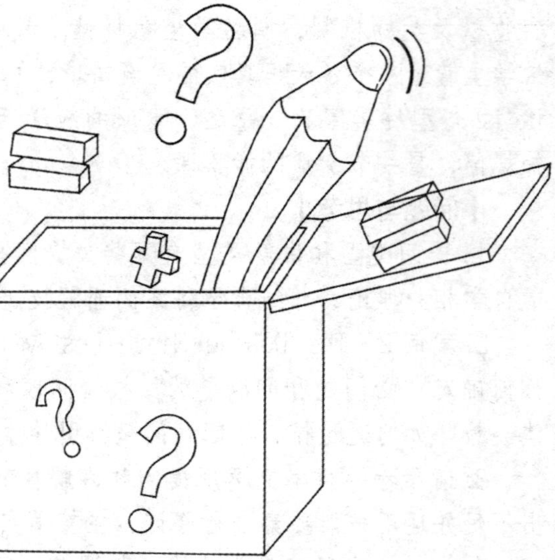

第六章 科学、思品、信息技术学科案例分析

学习目标：

学习本部分示例的内容，希望达到如下的学习目标：

1. 学习案例设计内容，并能够运用提问和讲解两个技能要素分析案例。

2. 对怎样的教材分析和学情分析能够构建核心问题和问题链有理解和认识。

3. 通过运用本学科示例进行研讨，提高明确并准确描述一节课中的核心问题的能力，提高利用问题链的设计解决核心问题的能力，同时，实现课程目标中能力培养目标。

4. 能够尝试着进行微格教学片段的设计。

一、以提问技能为主的教学案例

案例一：杨晓娟　《在星空中》（中国人民大学附属中学实验小学）

学科	科学	年级	六年级	教材	教科版
课题	在星空中（一）			主要技能	提问技能
前期分析					
教材分析	本课是教材中宇宙单元的第六课，从内容上看分为三个部分：星座、“建一个星座模型”、认识星座，通过其他各种途径，学生对星座已有一定的认识，还能说出一大串星座的名称来，但对星座的含义、星座的特征，知之甚少。因此如何建立正确的星座概念则是本节课的重点。				
学情分析	依据学习内容对本校六年级160名学生进行了前测。通过前测发现大部分学生对于北斗七星的形状有着清晰的认识，能说出的星座数量也不少，但大部分都是生辰星座，对于本课要学习的星座概念基本没有准确的描述，因此本课的教学难点是如何以北斗七星勺子形状为切入点，展开对星星空间位置分布的探究和建模活动，并通过连续的有逻辑性的问题设计以及不同层次的探究活动帮助学生建立清晰准确的星座概念。				
课标分析	本课隶属于课标天空中的星体范畴的内容，本课采用建立模型的方法，引导学生建立一个北斗七星的模型，让学生客观真实地去认识和了解星座，建立正确的有关星座的概念，同时培养和提高学生的空间想象力和推理能力。				
教学目标	基于内容分析和学情分析，将本课的教学目标设定如下： 科学概念：知道星座是远近不同、没有联系的恒星在天空中的视觉图像。 科学实践：学习利用ipad中的starwalk星图软件查找数据资料；尝试建构星座模型，从不同角度展开观察活动。 科学态度：基于实证愿意放弃自己原有的认知。				
核心问题	基于本课设定的教学重点为建立正确的星座概念，将本课的核心问题设计为“由于这些恒星连在一起的视觉图像像一只大熊，所以人们命名为大熊星座。你们知道什么是星座吗？”				
问题链	1.这里有一张星空图片，谁能用最短的时间帮助老师找到北斗七星在哪儿？你是怎么判断的？（图像导入） 2.如果把北斗七星和它相邻的恒星进行连线，看看现在像什么？你们知道什么是星座吗？（发现星座的特征） 3.你能确定北斗七星的空间位置吗？ （通过资料和动手操作模型，实现对北斗七星空间位置的探究） 4.通过以上的活动和研究，你对星座有什么新的认识呢？				

续表

学科	科学	年级	六年级	教材	教科版
课题	在星空中（一）			主要技能	提问技能
讲解目标及方法	本教学过程主要采用描述性讲解方法，描述性讲解可以组织学生已有的表象和经验，架设通往新知识学习的桥梁。通过讲解启发学生的思维，并传授思维的方法，表达和处理问题的方法，从而为提高学生的能力创造条件。				

教学部分案例

教学课题	教科版六年级下册《在星空中（一）》				
学科	科学	年级	六年级	教学时间	10分钟
教学目标	科学概念：知道星座是远近不同、没有联系的恒星在天空中的视觉图像。 科学实践：学习利用ipad中的starwalk星图软件查找数据资料；尝试建构星座模型，从不同角度展开观察活动。 科学态度：基于实证愿意放弃自己原有的认知。				

时间	教师的教学行为	学生的学习行为	教学技能要素
2分钟	一、出示星空图，了解学生对北斗七星二维构图的认识，引入星座概念 1.ipad出示星空图，谈话：今天老师将要和同学们一起漫步星空［板书：在星空中（一）］谁能用最短的时间先找到北斗七星在哪儿？你是怎么判断的？ 2.ipad出示连线星图，谈话：如果把北斗七星和它相邻的恒星进行连线（边讲解，边操作），看看现在像什么？（恒星概念为已知）	1．观察星空图片，回答问题。（预设：从勺子形状并且有7颗星星可以判断是北斗七星） 2．观察连线星图，回答问题。（预设：像动物/像大熊/不知道） 注：这里学生如果看不出大熊的形状也不必刻意纠正，继续出示更加形象的大熊星座图学生即可发现大熊的形状。	1.导入技能：经验导入，目的明确，针对性强。 2.讲解技能：属描述性讲解，语言精练、准确，有肢体语言的配合。

续表

时间	教师的教学行为	学生的学习行为	教学技能要素
	3.ipad出示大熊星座图，提问：由于这些恒星连在一起的视觉图像像一只大熊，所以人们命名为大熊星座。你们知道什么是星座吗？（核心问题）根据学生回答总结：星座就是我们人为划分的视觉图像。（板书：星座　视觉图像）	3.回答问题。（预设：星星连起来的图案）注：本环节学生在教师的引导下初次利用starwalk星图软件观察星空，既唤醒了对北斗七星的记忆，也为后续软件的使用打下基础。	3.提问技能：（1）用词准确；（2）对学生的回答有反馈和引导。
3分钟	二、初摆北斗，产生认知冲突 1.布置任务：在较短的时间插摆出一个星座很难，但我们可以试试将大熊星座最显著的特征北斗七星插摆出来。以7个小球代表七颗星星、用天线将星星固定在泡沫板上，同学们试着把你想象的北斗七星呈现出来。（对于学生插摆的过程只做材料使用的指导，对于摆插方法不进行干扰） 2. 组织集体交流：你们认为这就是北斗七星真实的样子吗？7颗星星究竟是在同一平面还是远近不同呢？	1.分组活动。尝试借助材料呈现对北斗七星的原有认识（预设：①将7个小球插在同一个平面上并调整成勺子形；②将7个小球插在远近不同的位置上并能调整出勺子形） 2. 小组汇报。（预设：①同一平面插法：将7个小球插成一排，调整每个小球的高度，直至呈勺子形；②远近不同插法：将7个小球插在远近不同的位置，并调整小球高度呈勺子形）	1.（1）讲解技能：属描述性讲解，语言精练、准确，有肢体语言的配合。（2）演示技能：展示法演示，演示与讲解统一。为学生提供感性材料，引导学生观察、操作和分析。 2.提问技能：属分析型提问，遵循启发性与探寻的原则，提问时机恰当，对于学生的回答有反馈和引导。

续表

时间	教师的教学行为	学生的学习行为	教学技能要素
3分钟	三、利用starwalk星空软件搜集、处理数据资料，获得新证据 1.教师讲解并演示：在starwalk软件中，点击每颗星星，会出现相关资料。同学们认为哪些资料对我们是有用的？ 2.布置任务：请同学们分组搜集数据资料并记录。 3.组织集体交流：通过查找资料，你们发现了什么？说明什么问题？	1.回答问题。（预设：方位角、高度、到地球的平均距离） 2.分组搜集资料。（搜集7颗星星的方位角、高度、到地球的平均距离并记录） 3.回答问题。（预设：7颗星星的方位角、高度、到地球的距离都不相同，说明7颗星星不在同一平面，远近不同）	1.（1）讲解技能：属描述性讲解，遵循目标明确具体、语言精练、准确的原则。 2.提问技能：分析型提问，合理设计问题，对学生的交流进行引领。
2分钟	四、利用数据资料，建构北斗七星模型，建立完整的星座概念 1.谈话：看来我们之前的想法是不准确的，现在请同学们翻转泡沫板至有刻度值的一面，想一想刻度值代表了什么？地球的位置在哪儿？ 利用查找的数据资料，修正我们最初的想法。	1.重新建构北斗七星模型，实现二维思维向三维立体思维的转换。（预设：刻度值代表了星星到地球的距离；地球的位置应该在看得见勺子形状的位置/7颗星星正前方/圆心的位置） 2.回答问题。（7颗星星是远近不同的；从不同位置观察，北斗七星的形状不同） 3.回顾并总结所	1.讲解技能：讲解目标明确，过程有肢体语言配合。 2.提问技能：时机恰当，用词准确。

续表

时间	教师的教学行为	学生的学习行为	教学技能要素
	2.提问：对比之前插摆的北斗七星你有什么发现？换个角度看一看你发现了什么？ 3.谈话：看来这7颗星星之间是没有直接联系的，通过以上的活动和研究，你们对星座有什么新的认识呢？	学，建立星座概念。（星座是远近不同的，没有联系的恒星组成的视觉图像）	3．提问技能：时机恰当，用词准确。

反思：

本课在教科书中首先安排了了解星座这一内容，介绍了星座的由来，还出示全天春夏星图；第二部分是建一个“星座”模型；第三部分认识星座，根据大熊星座中的北斗七星寻找北极星；最后组织学生夜间观星。最初的教学设计，我曾根据教科书的安排来组织，但经过对我校两个班的试教，发现这样的安排并不是非常符合学生的认知规律，刚开始学生学习的积极性很高，对星座充满了兴趣，但这份兴趣并没有很好地得到保持。于是我对教学设计进行了重新修改，对教科书中的环节做了一些改动，从学生熟悉的北斗七星入手，通过建立北斗七星的模型树立正确的星座观，最后再认识星座。从比赛现场的实际效果可以看出这样由点及面的安排，更符合学生的认知规律，也有利于学生建模思维的培养。

基于本课的内容分析和学情分析，我将本课的教学重点设定为星座概念的建立，针对这一教学难点将本课的核心问题设计为“由于这些恒星连在一起的视觉图像像一只大熊，所以人们命名为大熊星座。你们知道什么是星座吗？”。以学生已有的认知作为教学的起点，通过梯度不同、层次分明的问题链设计以一个星座中各个星球和地球之间的距离为切入口，学生从自己逐步走向模型，从平面逐步走向立体，从地球逐步走向星空，从而建立起星座的正确概念。

本课的教学以提问技能为主，课堂提问是师生共同设疑、释疑的过程，是以问题为核心展开的。只有适度的提问，恰当的坡度，才能引发学生的认知冲突。

通过提问将学生的新旧知识联系起来，发展学生的思维。

本次比赛拓宽了自己的视野和眼界，也拓宽了自己的教学思路，丰富了教学经验，同时对新课程的理念有了更深刻的理解；通过这次比赛，让我深刻认识到作为科学老师应该具备的专业素养，也使我充分感受到“终身学习”的深刻内涵。

点评：（袁涛　中国人民大学附属中学实验小学　中学高级教师）

本课从学生已有的北斗七星“图像”为出发点，让学生画星图、摆模型，暴露其已有的认知，继而引入天文资料引起认知冲突，修正孩子头脑中的“星空模型”，经历模拟插摆北斗七星的活动，在学生头脑中逐步建立起真正的星座概念。教学中摆脱了以往的照图拼摆模型的方式，让学生依据已有的关于北斗七星的数据，修正其最初的平面摆放的北斗七星模型，插摆出立体的北斗七星模型，实现了由平面的星图向立体星空过渡的空间转移。

教学设计注重知识的内在逻辑关系，层层分解，逐步接近概念的核心。从认知“星星”的远近和我们视觉上形成的平面构图的关系开始，先从二维的北斗七星图像入手，运用已有数据将二维图像转换成三维的立体模型，从而理解星座的立体构成。本课的教学对于学生来说是有较大的困难的，对学生的空间想象能力提出了很大的挑战。但是授课教师通过巧妙地运用starwalk星空软件在学生出现理解上的困难时，及时提供支架，帮助学生逐步完成概念的建构。并有意识地引导学生在大数据里提炼有效数据，进而成为修正模型的科学依据。

现代化的生活条件使学生离自然现象越来越远，天文知识和空间想象能力也存在着比较大的差距。小学科学教育的价值不仅是让学生简单地获取知识，更重要的是在实践中构建科学概念。从学生的前概念出发是实现前认知向科学概念转变的必然。教师能够勇于突破教材重新选择了建模的材料，既给学生的空间想象提供了支架，又给学生更多的时间开展有价值的观察活动，提高课堂的教学效率。

案例二：李小敏《空气有重量吗》（北京市海淀区翠微小学）

学科	科学	年级	三年级	教材	教科版
课题	空气有重量吗			主要技能	提问技能
前期分析					
教材分析	本课选自教科版《科学》三年级上册《水和空气》单元。 本单元，把水的认识和研究编排在单元的前4课，从第5课开始，进入到对空气的认识和研究。因为可视、可触，水比空气更容易被学生感知。因此教材把水的认识和研究编排在单元的前4课，从第5课开始，进入到对空气的认识和研究。 本节课通过“气球平衡尺”的实验来探究空气有无重量。				
学情分析	知识储备：物体的重量会使皮筋拉伸，且拉伸长度越长，表示物体越重。 已有能力：刻度尺、电子秤、打气筒的使用方法。 认知特点：三年级的学生还没有领悟科学探究中数据的价值和意义。				

续表

学科	科学	年级	三年级	教材	教科版
课题	空气有重量吗			主要技能	提问技能
	在活动中获取“玩”的快乐远大于实实在在的探究，虽然玩也许能玩出花样，但究其本质更多的还是漫无目的，缺乏学习效率的表现。此外，他们的思维发展更多的是感性的直观性思维方式，对于数据的理性分析能力还比较欠缺。				
课标分析	本课隶属于《课标》中物质世界标准的内容。具体要求为：1.能用感官判断物体的特征，如轻重等并加以描述。2.会使用简单仪器测量物体的常见特征（长度、重量、温度），会做简单的定量记录，并能使用适当的单位。3.意识到多次测量能够提高测量的准确性。				
教学目标	基于学情分析，参考教参设定了本节课的教学目标： 1.科学概念：知道空气有一定的重量，但是重量很轻。 2.过程与方法：亲历称量的过程，了解一些因素会影响称量结果，产生误差，学习准确测量。 3.情感态度与价值观：培养与他人合作的良好习惯及尊重事实、实事求是的科学态度。				
核心问题	空气有重量吗（本节课的重点）				
问题链	核心问题：空气有重量吗？ 1.空气没有水那样可见，是不是就没有重量？ 2.如果承认空气是气体，根据气体有重量的特性，怎样证明空气的重量？ 3.你有什么启示？（对实验方法和实验过程推理进行反思）				
讲解目标及方法	叙述法（简洁明了）：对学生实验方法进行说明 引导法（启发）：指导学生进行分组实验 描述法和类比法（形象）：讲解篮球内部空气模型动画				

教学案例

教学课题	空气有重量吗				
学科	科学	年级	三年级	教学时间	9分钟
教学目标	（一）科学实践 运用皮筋的弹性形变来感知空气的重量。（难点） （二）科学概念 举例说明空气有一定的重量，但重量很轻。（重点） （三）科学态度 乐于与他人合作空气有无重量的实验以及形成尊重事实、实事求是的科学态度。				

续表

时间	教师的教学行为	学生的学习行为	教学技能要素
2分钟	（一）聚焦话题 1.谈话聚焦话题：出示两个矿泉水瓶，一个装满水，一个空的，引出空气重量的话题。 2.追问：怎样使用篮球来解决这个问题？	1.回答：（预设：有重量/没有重量/不确定） 2.回答：（预设：把打气前后的篮球分别挂在皮筋上，比较皮筋形变量）	1.提问技能（理解型提问） 2.提问技能（分析型提问）
5分钟	（二）实验探究 1.实验方法指导 （1）充多少空气？怎么计量充气的量？安全起见，打15筒，每一筒都打满，算一次，一筒一筒地计算。 （2）每次使用新皮筋，减少误差。 （3）边实验边记录两次数值。 2.学生分组实验 把打气前、后的篮球分别挂在两根皮筋上，测量并记录其形变量 3.分析实验数据 （1）全班数据汇总 （2）横向分析数据：希望学生发现第二次打气后，皮筋都比第一次拉伸得更长了，拉伸长说明这个物体重，变重的部分是空气的重量。 （3）纵向分析数据：希望学生发现总体差值变化不大，说明空气的重量很轻。 （4）总结：总体的趋势都是充气后比充气前皮筋拉伸得长了且总体差值变化不大，可以判断空气有重量，很轻。	1.学生认真听实验注意事项 2.学生分组实验 3.学生分析实验数据（预设：①总体的趋势都是充气后比充气前皮筋拉伸得长了，可以判断空气有重量。②差值变化不大，空气不仅有重量还很轻）	1.讲解技能（叙述法） 2.讲解技能（引导法） 3.提问技能（应用型提问）

续表

时间	教师的教学行为	学生的学习行为	教学技能要素
1分钟	（三）迁移评价 指向矛盾：塑料瓶的实验并没有成功，原因是什么？	回答（预设：空气有重量，只是没重到一定程度使皮筋产生形变）	提问技能 （评价型提问）
1分钟	（四）拓展延伸 1.解释：空气到底多轻多重呢？像600毫升的矿泉水瓶，所装的空气大概是0.78克，太轻了，不足以使皮筋产生形变。 2.播放篮球内部空气模型动画：篮球里面有大量被压缩的空气， 20筒空气的重量大概是5.6克，和一根铅笔差不多重。 3.总结：空气有重量，很轻。	1.认真听讲解 2.观看篮球内部空气模型动画	1.讲解技能 （叙述法） 2.讲解技能 （描述法和类比法）

反思：

本次教学展示，我深受启发，也反思了自己身上的不足。

一、理想与现实的差距

微格教学展示的时间设定为 8 ～ 10 分钟，我在设计的过程中很希望每一分钟都充分利用上，一个引人注目的开头、一个趣味性的过程、一个引人深思的结尾。然而，理想与现实总是有差距的，在我实际的授课中，时间特别紧张，导致最后最重要的数据分析没有很好地完成。我想，这就是取舍不当的原因，应该将导入简洁化，余下的时间可以用于更加细化地分析数据。

二、核心问题与问题链的联系

本节课的核心问题为：空气有重量吗？围绕这个核心问题有 9 个相关的问题链，层层递进，直指核心问题。导入部分的问题“空气是没重量还是没有重到足以使皮筋产生形变”引发学生认知冲突，带着疑问开启探索之路，学生的思维迅速发展。实验后自己找到数据支撑，探寻到最初问题的答案，经历一个完整的探究过程。

三、成长与收获

回顾我准备这次课的过程，在最开始分析教材的时候就发现了实验的问题，书中的“气球实验”不易成功且效果不明显，在我思考如何能够改进实验的过程中，教材中前一课的配图让我茅塞顿开：篮球里压缩的空气比较多，实验效果显著，这一发现也让我豁然开朗。同时我也想到，每学期教材培训的时候，教研员王老师都会告诉我们：要整体把握教材，才能对每节课游刃有余，这一次经历让我对此深有体会。

教材上的问题解决了，就要面对第二个问题了：学生。对三年级 3 个班的学生进行前测后，在我意料之中的是：一多半的学生认为空气没有重量，然而让我意料之外的是：具体到情境中他们又会认为空气是有重量的。学生为什么会产生这样的矛盾呢？为了解开这个谜团，前测后，我又对学生进行了访谈。学生们说出了他们的道理：普通空气没有重量，压缩的空气才有重量呢。我不禁被学生的这番话逗笑了，也不禁思考着如何解答他们的问题。在师傅高老师的指点下我明白了，三年级的学生属于具体运算阶段，对于抽象的“空气”理解起来较为困难，因此在信息老师的帮助下，我制作了“篮球里面的空气分子模型动画”，这个动画特别形象，便于学生的理解。现在，学科间的整合是一个趋势，我成了它的一个受益者，也愿意成为它的实践者。当然，这节课还有很多需要改进的地方。比如：时间紧、任务多、讲不透。总之，这节课给我留下了很宝贵的财富。我在错误中反复修改，不断进步，我想它只是一个起点，我会带着这份教育的热情与执着继续前进！

点评：（王思锦　北京市海淀区教师进修学校　中学高级教师）

李老师的教学设计核心问题十分明确，引导学生对空气有没有重量展开探究。问题的提出完全从学生熟悉的生活情境出发，从看似简单的比较“一瓶水重还是一瓶空气重”的问题入手，帮助学生建立实证意识。后面教师为学生提供最常见和廉价的实验材料——橡皮筋，引导学生通过观察皮筋的形变感知物体的重量，巧妙地解决了空气重量难以称量的难题。

本教学设计的问题链非常清晰，一方面问题的难易程度符合三年级学生的认知发展水平，虽然梯度不大，但有一定的思考空间，学生跳一跳都能上去；另一方面问题之间有合理的逻辑关系，前后贯通，使所有问题成为一个整体系统，从不同的认知层次引导学生进行思维，逐步达成对核心问题的共识。特别是在分析数据的环节，从“数据的汇总”到“横向分析数据”再到“纵向分析数据”，最后对数据的变化趋势做出概括性说明，从而对核心问题做出解释，展现了一位优秀的科学教师对学生分析数据方法的细致指导，发展了学生分析解读数据的能力、缜密的思维能力和严谨的表达能力。

教学的最后，教师还提供了一组科学数据：像 600 毫升的矿泉水瓶，所装的空气大概是 0.78 克；20 筒空气的重量大概是 5.6 克，和一根铅笔差不多重。这些数据将学生探究活动中的模糊量化，即皮筋的形变量，转化为精准量化，为学生认识上的提升提供强有力的支撑。

案例三：王赛《动物怎样吃食物》（北京市花家地实验小学）

学科	科学	年级	三年级	教材	首师大版教材
课题	动物怎样吃食物			主要技能	提问技能
前期分析					
教材分析	教材内容主要由两部分组成，第一部分观察动物图片，研究动物吃什么食物。第二部分组织学生观察、讨论动物是怎样吃食物的。对昆虫口器的观察，是其中的一部分。所以本片段的教学重点是细致观察蝗虫、蝴蝶的口器。				
学情分析	已有的知识技能：1.三年级上册学过昆虫的共同特征。2.本片段之前了解了动物的食性，知道了动物的牙齿和食性之间的关系。3.通过前测问卷：你知道蝗虫、蝴蝶怎样吃食物吗？得知：学生不知道蝗虫口器的样子，不能准确找到蝴蝶的口器。因此确定教学难点是：清晰认识昆虫的口器，建立结构和功能之间的联系。				
课标分析	课标中关于教学方法表述是，学习科学应是一个学生积极主动的过程，应以探究为中心。本片段设计提问蝗虫的口器长什么样子，怎么吃食物，激发学生观察的积极性，从而做到主动探究的过程。				
教学目标	根据教材内容，以及取食方式中典型的昆虫，把科学概念设定为：蝴蝶、蝗虫、蚊子的取食方式；解释昆虫的取食器官和吃食方式特点相适应。 根据课标中对观察的要求，从能力方面定位：通过观察识别三种昆虫取食器官。 情感态度价值观：认同昆虫的口器是多样的，与食性是相关的。				
核心问题	核心问题：昆虫口器与取食方式、与实物类型具有适应的关系。				
问题链	1. 观察蝗虫和蝴蝶的口器； 2. 观察蝗虫和蝴蝶的取食过程（重点在取食方式和食物类型）； 3. 你有什么发现？（在观察过程中启发学生发现两种昆虫口器形态与取食方式、与食性的不同，同时，也体会到各自结构与方式的合适和统一） 4. 猜想一下蚊子的口器形状。				
讲解目标及方法	教师采取在学生自主观察的基础上通过问题链引导分析的方法，指导学生细致观察蝗虫、蝴蝶的口器，猜测它们的吃食方式和食物特点。引导学生思考昆虫吃食方式的不同是和口器的结构不同有关。得出昆虫的口器和取食方式相适应。这样与之前学的哺乳动物的牙齿和食性相适应共同推理得出，动物的取食器官和功能相适应。				

教学部分案例

<table>
<tr><td>教学课题</td><td colspan="5">首师大版教材三年级下册《动物怎样吃食物》</td></tr>
<tr><td>学科</td><td>科学</td><td>年级</td><td>三年级</td><td>教学时间</td><td>32分钟</td></tr>
<tr><td>教学目标</td><td colspan="5">1.科学概念：蝴蝶、蝗虫、蚊子的取食方式；解释昆虫的取食器官和吃食方式特点相适应。
2.能力：通过观察识别三种昆虫取食器官。
3.情感态度价值观：认同昆虫的口器是多样的，与食性是相关的。</td></tr>
<tr><td>时间</td><td colspan="2">教师的教学行为</td><td colspan="2">学生的学习行为</td><td>教学技能要素</td></tr>
<tr><td>2分钟</td><td colspan="2">一、复习导入
我们之前学习了兔子、老虎的牙齿和食性，得出了哺乳动物的牙齿和食性是相适应的。接下来，我们再看看其他动物，它们都是怎样吃食物的呢？</td><td colspan="2">聆听</td><td>激发学习兴趣</td></tr>
<tr><td>4分钟</td><td colspan="2">二、观察蝗虫
1.出示蝗虫图片
提问：你来看看这种动物，它的口器长什么样子？它是怎样吃食物的？
播放视频

2.为了能让大家仔细观察蝗虫口器。老师今天准备了蝗虫标本，一会儿我们分组进行观察。
示范观察蝗虫：有序观察
指导观察，提示记录
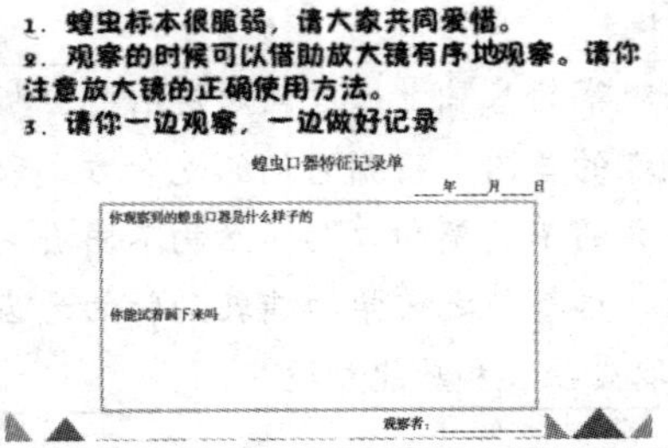
1．蝗虫标本很脆弱，请大家共同爱惜。
2．观察的时候可以借助放大镜有序地观察。请你注意放大镜的正确使用方法。
3．请你一边观察，一边做好记录
蝗虫口器特征记录单
___年___月___日
你观察到的蝗虫口器是什么样子的
你能试着画下来吗
观察者：________</td><td colspan="2">学生观看视频并思考教师问题

学生分组观察、讨论、绘图</td><td>1.提出的问题有恰当的指导语
2.选择适于教学内容的媒体

1.讲解结构清晰条理
2.渗透观察和操作方法，进行必要的强调
3.围绕教学目标</td></tr>
</table>

续表

时间	教师的教学行为	学生的学习行为	教学技能要素
	3.指导学生汇报学习成果 提示汇报要点和注意事项。 4.教师总结整理：蝗虫的口器由7（多）部分构成，边缘坚硬、锋利。 板书画图 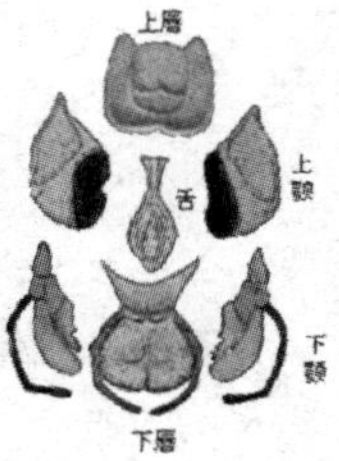 5.提问：你发现这样的口器适合吃什么样的食物？ 6.总结1：蝗虫的口器可以切断和磨碎植物的、甚至动物性食物。适合吃比较坚硬的食物。 总结2：咀嚼式口器（板书）	学生汇报：我们发现蝗虫的口器有好多片，很硬，还带锯齿，我们认为蝗虫能吃叶子 观察蝗虫口器放大图片 预设：吃植物，固体的 学生回顾总结	对学生的观察给予适当评价 体现学生参与 归纳总结方式，强化重点 问题设计有层次，激发学生思维 用词规范、准确
7分钟	三、观察蝴蝶 1.提问：蝗虫是咀嚼式口器，其他昆虫是不是也是同样的口器，吃同样的食物呢？ 出示蝴蝶图片：指导观察  2.提问：蝴蝶的口器长什么样？ 3.追问：你觉得这样的口器像什么？	观察蝴蝶标本 汇报结果：蝴蝶的口器在触须之间，卷成圆形 预设：像吸管	提出的问题有恰当的指导语 有效联系学生生活实际

续表

<table>
<tr><th>时间</th><th>教师的教学行为</th><th>学生的学习行为</th><th>教学技能要素</th></tr>
<tr><td></td><td>
设计模拟实验：模拟蝴蝶取食，细长瓶底摆放三种食物：红糖、拌好的黑芝麻糊、蜂蜜水，学生体验吸管吸取不同的食物。

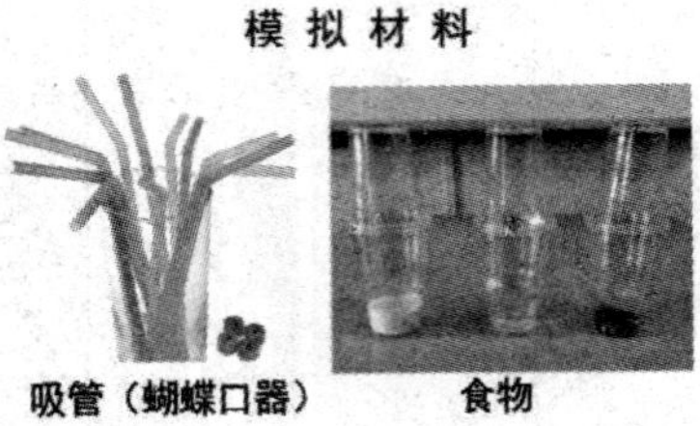

4.提问：你发现这样的口器适合吃什么样的食物？

5.总结归纳

由于蝴蝶的口器跟生活中的虹吸管原理相似，它也是吸取液体的。所以，我们把蝴蝶这样有着可伸缩吸食结构的吃食方式叫虹吸式。
</td><td>
学生分组实验讨论

预设：液体的

学生回顾总结
</td><td>
教具的选择有助于学生的理解

问题设计有层次，激发学生思维

结合讲解过程，生成结构合理的板书
</td></tr>
<tr><td>9分钟</td><td>
四、总结归纳

1.提问：为什么昆虫的吃食方式不同？

2.归纳总结：昆虫的口器和取食方式（食物）是相适应的。

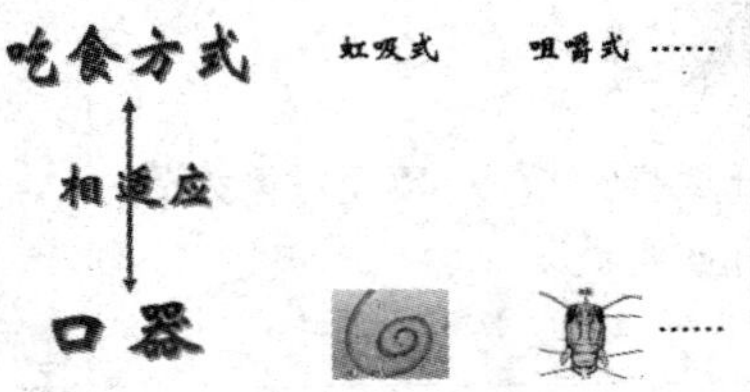

</td><td>
预设：因为它们吃的食物不一样，需要的口器不一样
</td><td>
1.问题设计有层次，激发学生思维

2.提问后根据问题难易适当停顿，探求学生回答

1.语言具有启发性

2.归纳总结强化重点
</td></tr>
</table>

续表

时间	教师的教学行为	学生的学习行为	教学技能要素
10分钟	五、应用 出示蚊子取食图片 提问：请同学们思考一下，蚊子要是想吃到食物，它的口器应该长什么样呢?	学生思考分析	表达简洁、精练具有启发性

反思：

对于一名年轻教师来说，能参加这次北京市的微格展示，是提升自我最好的一次机会。没有想到只是短短的十分钟，其中学到了很多，也成长了很多。让我找到了太多需要研究的点，感觉是这学期最有意义的一节课。

在对提问技能方面，我逐渐清晰了问题链的概念，依据问题连续体的理论，设计了从事实水平到形成概念的问题链。对现象的观察过程中强化学生的发现。问题链确定了以后，在所讲的内容选择上，让我深深地感觉到教师对于知识的研究是永无止境的。在一次次和老师的研讨中，对所讲的知识研究越来越深入，越来越清晰。经过对知识的细致研究，才能深入浅出，把握好课上从哪些方面去讲给适宜的学生。

在讲授方法上，我采取了在学生自主观察的基础上教师通过问题链引导分析的方法。所确定的内容也在和指导老师每次的讨论中，越来越精简。语言的表达也在一次次训练中，越来越准确。

通过这个片段，我更深刻地感受到了，科学课在教具的选择上，是多么重要。以前我以为给学生讲清楚就可以了，但是要想让学生学得扎实明白，一定要准备适当的实物，让学生亲自观察，亲自发现，学习才是有效的。在蔡老师的帮助下，我们找到了珍贵的蝴蝶标本，以及少有的蝗虫标本、蚊子装片等实验材料，为最后的展示添色不少。

点评（蔡益　北京教育学院朝阳分院　中学高级教师）

王赛老师微格“动物怎样吃食物”教学过程以提问为主。核心问题如何确定？动物的种类和类群多种多样，每种每类之间都存在着不同，但都有共同的规律，即结构与功能相适应。王老师根据学情，以及已有教学材料，选择了昆虫口器如何与食物相适应这一核心问题。

学生通过学习理解“昆虫口器与食物相适应”的观点，需要事实性的下位概念支撑。王老师选择了蝴蝶、蝗虫和蚊子这些学生较为熟悉的昆虫，提供给学生昆虫实体、玻片、视频、图片等多种媒体，根据学生学习起点，提出问题“蝗虫、蝴蝶的口器长什么样子”再给予学生充分的观察。学生在主动观察的基础上，通过绘图、语言描述，总结出蝗虫和蝴蝶口器的特征。通过继续提问“蝗虫、蝴蝶吃什么食物？怎样吃？”“昆虫的口器与吃食方式（食物）之间有关系吗？有什么关系？”引导学生继续深入观察，学生将众多的现象抽提为事实，最终加工为昆虫的口器与食物相适应这一规律性的认识。在整个学习过程中，学生的主体地位得到了很好的体现。

王赛老师是一位教龄为2年的青年教师，相比其他3年或更多有经验的青年教师，在课程节奏把握，问题出示时机都有所欠缺。特别是由于对教学效果的精益求精，在比赛前一天的晚上还在修改教案，在展示中不可避免地出现了内容不熟的表现，这也是年轻教师成长的必然阶段。抛开比赛结果，这种煎熬对青年教师的成长是非常有帮助的。通过王老师的反思和展示活动中的表现，可以看出，年轻的科学教师在平常教学中，对于每一节课核心问题的提炼以及与上下位问题的逻辑推敲，可以得到教学设计上的逻辑锤炼。另一方面，备课过程也是对各种媒体资源的作用、对实物资源的开发过程。

青年教师的成长是一个复杂的系统工程，各级的展示活动是一个很好的促进方式。通过展示活动，提高参加教师的教学能力，发现存在的问题，针对问题，开展培训，提高更多青年教师的教学能力。期待更多的展示活动。

【问题与思考】

1. 什么是核心问题？什么是问题链？能够结合上面的实例谈谈你的认识。

2. 案例二中，核心问题和3个问题链之间的关系是什么？问题链中的问题是根据学生学习这部分的认知难点设计的，仿照这个例子，你能够设计一个问题链吗？

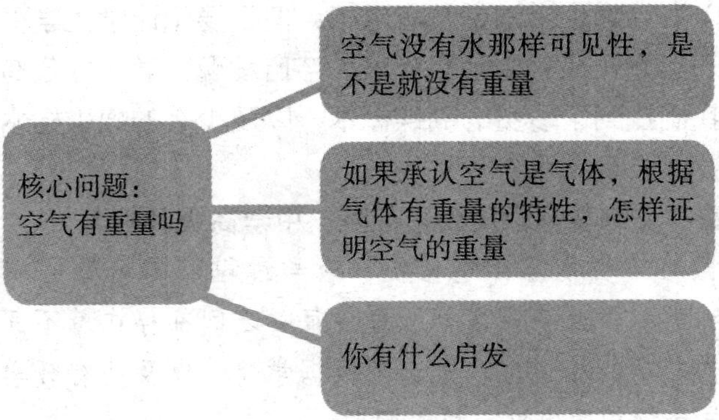

3. 案例一中围绕核心问题分解了问题链，而在上课的时候教师是通过9个问题实现的，问题链和课上的9个问题具有怎样的关系呢？

《在星空中》问题链

这里有一张星空图片，谁能用最短的时间帮助老师找到北斗七星在哪？你是怎么判断的？（现象导入）

如果把北斗七星和它相邻的恒星进行连线，看看现在像什么？你们知道什么是星座吗？（发现星座的特征）

你能确定北斗七星的空间位吗？

通过以上的活动和研究，你对星座有什么新的认识呢？

《在星空中》课上9个问题

1. 这里有一张星空图片，谁能用最短的时间帮助老师找到北斗七星在哪儿？你是怎么判断的？

2. 如果把北斗七星和它相邻的恒星进行连线，看看现在像什么？

3. 由于这些恒星连在一起的视觉图像像一只大熊，所以人们命名为大熊星座。你们知道什么是星座吗？

4. 你们认为这就是北斗七星真实的样子吗？7颗星星究竟是在同一平面还是远近不同呢？

5. 同学们认为哪些资料对我们是有用的？

6. 通过查找资料，你们发现了什么？说明什么问题？

7. 翻转泡沫板至有刻度值的一面，想一想刻度值代表了什么？地球的位置在哪儿？

8. 对比之前插摆的北斗七星你有什么发现？换个角度看一看还是勺子形状吗？

9. 通过以上的活动和研究，你对星座有什么新的认识呢？

4. 案例三中教师谈到她利用问题连续体的理论设计问题链，请自学相关的教育理论，分析本案例中哪些问题体现了上下位的关系，这种体现上下位关系的问题设计对实现探究性学习有什么意义？

案例四：王越《眼睛有多重要》（北京市昌平区第二实验小学）

学科	品德与生活	年级	一年级	教材	首都师范大学出版
课题	眼睛有多重要			主要技能	以提问为主
前期分析					
教材分析	本课是首师大版小学品德与生活一年级上册第三单元第一主题爱护自己的身体中第三小主题《我的五官和牙齿》里的内容。通过对眼睛的了解使学生了解眼睛的重要作用，知道保护眼睛的重要性。				
学情分析	通过课前对学生的调查分析发现： 1.由于学生的年龄小，对眼睛的认知较少。 2.对近视、眼睛卫生和眼睛伤害等问题缺乏足够了解和重视。 3.保护眼睛的意识不强。 因此通过本节课要帮助学生充分认识眼睛的重要性，引起足够重视，激发他们保护眼睛的愿望。				
课标分析	《品德与生活课标》中指出：课程目标主要通过儿童在教师指导下的活动过程中的体验、感悟和主动建构来实现。 本课通过设计一系列游戏和体验活动，让学生在活动体验中感悟眼睛对我们生活的重要性，懂得要爱护好自己的眼睛，通过活动体验完成教学目标和落实课标要求。				
教学目标	知识与能力：知道眼睛的重要作用。 过程与方法：通过活动体验，感知眼睛对我们生活的重要影响。 情感与态度：激发爱护眼睛的愿望。				
核心问题	眼睛有多重要				
问题链	1.戴上眼罩还能看到万物吗？（眼睛能看到万物） 2.你能找到图片中的不同吗？（眼睛能够分辨事物） 3.我们是怎么通过研究传递情感的？（眼睛可以传递情感） 4.戴上眼罩即便我还有其他感官，比如双手，还能够做事情吗？（眼睛可以帮助其他感官做事情）				
讲解目标及方法	活动体验法：通过活动体验让学生逐步体会到眼睛的重要性。 观察交流法：通过交流讨论，启发学生积极思考眼睛对我们生活的重要影响。				

教学部分案例

<table>
<tr><td>教学课题</td><td colspan="5">首师大版一年级上册《眼睛有多重要》</td></tr>
<tr><td>学科</td><td>品德与生活</td><td>年级</td><td>一年级</td><td>教学时间</td><td>9分钟</td></tr>
<tr><td>教学目标</td><td colspan="5">知识与能力：知道眼睛的重要作用。（本课教学重点）
过程与方法：通过活动体验，感知眼睛的重要性和对我们生活的重要影响。
情感与态度：激发爱护眼睛的愿望。（本课教学难点）</td></tr>
</table>

<table>
<tr><td>时间</td><td>教师的教学行为</td><td>学生的学习行为</td><td>教学技能要素</td></tr>
<tr><td>2分钟</td><td>一、激趣导入、揭示课题
谜语导入：同学们，你们喜欢猜谜语吗？老师带给你们一个小谜语：两只葡萄黑又亮，只能欣赏不能吃，白天陪我看世界，晚上陪我入梦乡，你们知道谜底是什么吗？
引导提问：嗯，是眼睛。你们真是善于动脑筋的孩子。我们每个人都有一双明亮的眼睛，那你喜欢你的眼睛吗？为什么喜欢？
教师讲解：同学们说得可真有道理，是啊，眼睛是我们人体非常重要的一部分。我们从外界感知的信息，有90%以上都是通过眼睛看到的，那你们说眼睛重要吗？
揭示课题：接下来我们通过几个小活动看一看眼睛到底有多重要。板书：眼睛有多重要</td><td>谜语激趣
思考喜欢自己眼睛的理由，突出眼睛的重要性
从老师的讲解中感知眼睛的重要信息</td><td>讲解技能
提问技能
知识讲解技能
板书技能</td></tr>
<tr><td>4分钟</td><td>二、通过活动体验，感知眼睛的重要作用
活动一：初步感知眼睛的重要作用——看人看物
语言引导：老师发了你们每人一个眼罩，现在请你们把眼罩戴上，你有什么感受？
追问：现在请你不要动，看看老师手里拿的是什么？老师看到有</td><td>活动体验</td><td>与学生交流追问</td></tr>
</table>

续表

时间	教师的教学行为	学生的学习行为	教学技能要素
	的同学摇头了，说什么都看不见，还有的同学试图摘下眼罩。		
	继续追问：现在请你们摘下眼罩看看老师手里是什么宝贝儿？那你们看老师今天穿的衣服是什么颜色的？	体会看不见的感受	
	引导归纳：你们观察得可真仔细，摘掉眼罩，眼前一片明亮，又能看见周围熟悉的人和物了。所以眼睛有个重要的作用就是能够帮助我们看人、看物。（板书：看）	对比、感悟	语言讲解 总结归纳
	活动二：继续感知眼睛的重要作用——认真观察、辨别不同		
	语言过渡：眼睛不仅可以帮助我们看人、看物。有了眼睛的帮助，我们还能玩好玩的游戏呢。		
	讲解：你们都玩过找不同这个游戏吗？老师邀请你们一起玩一玩好不好？请同学们在20秒内找出图中的五处不同，看看谁的小眼睛最亮。准备好了吗？好，开始。	认真听游戏要求 交流分享	
	师生交流： 谁找得最多呢？ 那你能和我们分享一下你的答案吗？		讲解技能
	追问：你找得又快又准，你是怎么在这么短的时间内找到这么多不同的呢？	思考并回答问题	
	引导归纳：嗯，看来眼睛能够帮助我们认真观察、辨别不同。（板书：辨）		
	活动三：感受眼睛的特殊功能——传递情感	进一步感知眼睛的重要作用	
	引导提问：刚才在找不同这个小游戏中，你们的表现真……（老		

续表

时间	教师的教学行为	学生的学习行为	教学技能要素
	师通过眼神表现出赞许），看到老师的表情你们高兴吗？		
	引导感悟：老师可没有用语言表扬你们，你们是怎么看出来的？		追问引导学生思考
	归纳：没错，你们看到了我的动作、手势、眼神，就明白了我的意思，这也说明了我们的眼睛还能传递情感呢。（传）	认真观察、感悟	讲解归纳法
	观察分析：接下来我们一起看看这几位同学的表情，你们能从他们的眼神中读懂他们此刻的心情吗？	观察然后回答问题	
	引导感悟：你们可真了不起，都能通过眼睛读懂他们内心的感情了，难怪大家都说：眼睛是心灵的窗户。透过一个人的眼睛就可以看到他的内心世界，那些感情深厚、生活默契的人还可以用眼睛说话呢，我们的眼睛是不是很神奇啊！	归纳感悟、概括	引导学生归纳概括
	活动四：感受眼睛对人生活的重要影响——做事情	认真观察倾听	
	提问：眼睛除了看人看物、辨别不同、传递感情，与我们的生活又有着怎样的关系呢？		
	讲解：现在我们进行一个有趣的活动，叫“我说你画”。现在请你们伸出你的小手指根据老师的儿歌我们一起来画一画我们熟悉的丁老头。（老师读儿歌、演示）		
	现在请你拿出纸和笔，根据我的儿歌自己来画一画他，但是有个小要求，请你们把眼罩戴上，我们准备开始。	参与活动	通过提问启发引导 深度讲解引导学生再次感悟眼睛的神奇
	师语言描述：一个老丁头，欠		

续表

时间	教师的教学行为	学生的学习行为	教学技能要素
	我两溜溜，我说三天还，他说四天还，绕了一大圈，买了三根韭菜花了三毛三，这个人就是丁老头。 谈话交流：好，画完了，现在请你们把眼罩拿下来，看看你们画得怎么样？ 引导分析：老师发现有的同学看到自己的画笑了，还有的同学觉得自己画得歪歪扭扭的不好看，画不好的原因是什么呢？ 归纳小结：通过这个小游戏，我们知道没有眼睛我们连最简单的事情都做不好，所以眼睛可以帮助我们画画，也就是做事情。（板书：做） 三、通过生活场景分析，感知眼睛对生活的重要影响 引发思考：其实，眼睛除了帮我们画画，还可以帮助我们做很多很多的事情，谁来说一说可以做哪些事情呢？ 开动你的小脑筋，想一想下列场景时，如果没有眼睛的帮助会怎样？ 结合事例分析感悟： 情境1： 引导思考：我们来看玩玩具时，如果没有眼睛的帮助会怎样？ 我们来听听这位同学的回答。 归纳：你真是擅于思考的好孩子，眼睛看不见我们就不能开心地玩了。	思考没画好的原因 归纳概括 结合生活经验思考 思考回答，感受眼睛对生活的影响	体现讲解技能 提问技能：引发思考，发现不同 语言概括 提问技能

续表

时间	教师的教学行为	学生的学习行为	教学技能要素
	情境2： 引导思考：如果写作业时眼睛看不见了会怎样，我们一起来看看吧！ 哎呀，连作业都没法写了。 情境3： 引导感悟：那过马路时看不见会有什么后果？ 引导思考：这个后果可就严重了，会危及生命安全。 如果没有了眼睛，我们的生活会一团糟，严重影响了我们的日常生活。	思考回答，感受眼睛对学习的影响 思考回答，感受眼睛对出行的影响	讲述技能
3分钟	四、总结提升，扩展升华 结合板书总结：通过刚才的学习，我们知道了眼睛可以帮我们看人看物、辨别事物、传递情感，还可以帮我们做很多的事情，对我们的生活有非常重要的影响，所以说眼睛对我们来说简直太重要了（板书很重要），那既然这么重要，我们应该怎样保护我们的眼睛呢？ 同学们可以以小组为单位从生活、网络，还可以从书中找一找保护眼睛的好办法，下节课我们一起来交流，老师给大家推荐两个绘本故事，让我们一起跟随鹰宝宝和可爱的兔子姐姐去书中寻找爱护眼睛的小妙招吧。	总结概括	结束技能：梳理归纳知识点

反思：

针对核心问题，开始定为眼睛的重要性，后来考虑到核心问题应该是一个问题，所以改为眼睛有多重要。

针对品生课标的要求，活动的多样性是本课的特色，我设计了五个用问题牵引的活动，逐步加深学生对眼睛重要性的理解。今后我要更加注重对学生的提问，让每个问题都为教学服务，让问题促进学生对内容的思考与理解。

点评：（郝春云　北京市昌平区教师进修学校　小学高级教师）

本节课教学过程教师主要是以提问为主。针对本节课的教学主要从以下几方面进行点评：

一、教学设计

本课内容的教学对象为一年级小学生，针对一年级孩子的年龄和认知特点以及品德与生活学科的特点，在教学设计上充分体现活动体验的教学方式，围绕核心问题眼睛有多重要展开教学，首先通过设计一系列的体验活动和小游戏，让孩子感知问题链一，眼睛可以做什么？通过戴眼罩摘眼罩让孩子感受眼睛可以看人看物，通过找不同的游戏让孩子感知眼睛可以辨别事物，通过老师的眼神和观察同学的表情猜他们的心情感知眼睛可以传递情感，最后通过设计戴眼罩画丁老头感知眼睛可以帮我们做事情。学生先参与活动体验，然后老师引导学生进行总结归纳，就是这样不断地通过活动、体验、交流感知眼睛看、辨、传、做的重要功能。然后通过分析学生熟悉的生活场景引导学生感知眼睛对我们生活的重要影响，让学生进一步感受到生活中玩游戏、学习、出行等样样都离不开眼睛的帮助，从而解决问题链二，让孩子对眼睛的认识更深刻，从而产生保护眼睛的强烈愿望。

二、录像中教师技能的表现

在整个教学过程中，教师充分发挥自身优势，突出体现提问和讲解技能，在实施教学活动过程中为了最大限度调动学生的兴趣在体验中引发学生思考、感悟，总是会适时通过问题进行引导，让孩子有目的地进行学习，在本教学中提问技能显得尤为重要。针对一年级学生知识水平低的特点，在一些关键点，学生不易理解的内容教师又进行了适当的讲解，帮助学生更好地理解和掌握知识。由于教师教学经验少，如果教师在提问之后给出足够等待时间，给学生留出思考的空间效果会更好。由于教师自身素质较好，在提问中对提问的语音语调掌握较好、讲解简单易懂，表现突出。

三、教师的反思

在教学后，教师通过录像对自己的表现进行了反思，从备课到课堂上自己的表现，再到教态、表情、语音语调等都进行了反思，通过学生的表现来分析自己教学中的优点和不足。比如学生回答问题不准确，为什么不准确，是不是教师的提问出问题了，是问题不够明确还是问题太大都要进行深入的反思，进一步思考如何调整、改进。只有及时反思才能发现问题，才会改进，经过不断地改进才会有进步的空间。

四、青年教师的发展

对于刚参加工作的青年教师来说，教学上很多的东西都是全新的开始，对学生的了解、教材的把握都存在很多不足。让他们提高最快的方式就是任务驱动，在不断备课的过程中加深对教材的理解，通过教学环节的不断调整加深对教学技能的熟练掌握，在不断的磨炼中快速成长起来，成为合格的教师，迎接更多的挑战。

案例五：薛杨《生活处处有规则——交通安全伴我行》（北京市房山区良乡第三小学）

<table>
<tr><th>学科</th><th>品德与生活</th><th>年级</th><th>二年级</th><th>教材</th><th>首师大版
二年级上册</th></tr>
<tr><td>课题</td><td colspan="3">生活处处有规则——交通安全伴我行</td><td>主要技能</td><td>提问、演示技能</td></tr>
<tr><td colspan="6">前期分析</td></tr>
<tr><td>教材分析</td><td colspan="5">《品德与生活》课程，是以儿童生活为基础，以培养品德良好、乐于探究、热爱生活的儿童为目标的活动型综合课程。
二年级上册教材由4个单元构成，对于第二单元“懂规矩 守规则”，教材安排了“做游戏守规则”“我家的家规”“规则在校园安家”“生活处处有规则”4个主题，而最后一个主题，主要是对前3个主题的一个拓展延伸，从家庭、学校扩展到社会，引导学生遵守交通规则，认识一些与生活相关的简单标志，引导养成自觉遵守社会规则的行为。在本主题下的活动一“红绿灯像哨兵”就是以与儿童生命安全最相关的“交通规则”为切入点，诱导学生在实践中观察、体验、感知、思考交通规则的重要作用。</td></tr>
<tr><td>学情分析</td><td colspan="5">“交通安全伴我行”调查问卷统计表
调查人：薛杨　　　　调查时间：2015年12月11日
<table>
<tr><td>调查对象：</td><td>二（6）班</td><td>调查人数：</td><td>36人</td><td></td></tr>
<tr><td colspan="4">请你根据情境，选择正确的答案，把序号写在（　）里。</td><td>正确人数</td></tr>
<tr><td colspan="4">1.在“有人行信号灯”的情况下，你会怎样过马路？（　）
①红灯停，绿灯行；　　②红灯行，绿灯停</td><td>34</td></tr>
<tr><td colspan="4" rowspan="2">2.在“没有人行信号灯”的情况下，上学时你会怎样过马路（　）？放学回家你会怎样过马路（　）？
①先右看，后左看；　　②先左看，后右看</td><td>24</td></tr>
<tr><td>5</td></tr>
</table>
根据教学内容，课前我对学生进行了调查。从结果可以看出，94％学生在有信号灯的情况下会过马路，而在没有交通信号灯的情况下，只有38％学生知道过马路的方法。基于上述的分析，我确定教学重点也是难点就是学生学会在“没有交通信号灯”的情况下安全过马路。</td></tr>
<tr><td>课标分析</td><td colspan="5">课程标准明确指出：“低年级要认识常见的安全和交通标志，遵守交通规则，注意安全。”基于对教学内容和学生的分析，着眼于学生发展需要，让学生初步树立遵守交通规则的意识，初步掌握过马路的方法，愿意做个遵守规则的小公民作为了我本课的目标。</td></tr>
</table>

续表

学科	品德与生活	年级	二年级	教材	首师大版 二年级上册
课题	生活处处有规则——交通安全伴我行			主要技能	提问、演示技能
教学目标	基于上述的教学内容和课前的学情分析，我确定以下教学目标： 1.继续巩固马路上常见交通标志的作用。 2.通过“看一看”“说一说”“演一演”的体验活动，学生学会在“没有交通信号灯”的情况下安全过马路的方法。 3.增强遵守交通规则的意识，愿意做个遵守交通规则的小学生。				
核心问题	在“没有交通信号灯”的情况下，应该怎样过马路？之所以定这个核心问题，是因为大部分学生知道在“有交通信号灯”的情况下如何过马路，而对于“没有交通信号灯”的情况下过马路，只有特别少的学生知道方法。				
问题链	1.同学们，在马路上经常见到这些交通标志，你们都知道它们的名字吗？ 2.在“有交通信号灯”的情况下，你会过马路吗？ 3.在“没有交通信号灯”，但“有人行横道”的情况下，你应该如何过马路？ 4.在“没有交通信号灯”“没有人行横道”的情况下，你应该如何过马路？ 问题链之间层层递进，从最初的回顾交通标志，到有交通信号灯情况下过马路，再到没有交通信号灯的情况下过马路。最终都指向核心问题，我们到底在“没有交通信号灯”的情况下，如何过马路呢？				
讲解目标及方法	“情境模拟与角色扮演”是课程标准非常提倡的教学活动形式。二年级学生喜欢参与丰富多彩的活动。基于以上认识，本节课我从学生的生活实际出发，力求寻找教材与生活的连接点进行教学，有目的地创设“有信号灯”和“没有信号灯”的两种情境，让他们在现场开放式地模拟过马路活动当中，获得体验，学会识别交通安全标志，树立遵守交通规则的意识。 在这节课的教学过程中，我注重突出重点，解决难点，思路清晰，紧凑合理。各项活动的安排也注重互动、交流，最大限度地调动学生参与课堂的积极性、主动性。				

教学部分案例

教学课题	生活处处有规则——交通安全伴我行				
学科	品德与生活	年级	二年级	教学时间	8分35秒
教学目标	1.继续巩固马路上常见交通标志的作用。 2.通过“看一看”“说一说”“演一演”的体验活动，学生学会在“没有交通信号灯”的情况下安全过马路的方法。 3.增强遵守交通规则的意识，愿意做个遵守交通规则的小学生。				

时间	教师的教学行为	学生的学习行为	教学技能要素
1分钟 1分钟	一、认识交通标志 问题导入 同学们，今天我们继续学习《交通安全伴我行》。 （板书：交通安全伴我行） 问题：咱们在马路上经常见到这些交通标志，你们都知道它们的名字吗? （二）演示出示图片 交通信号灯： 人行横道信号灯、机动车信号灯； 交通标线：人行横道、机动车道。 过渡语：下面，老师把这些交通标志都挪到了马路上，这个时候你们看看，在“有交通信号灯”的情况下，你会过马路吗?	学生观看图片，并回答标志名称。 学生观察，并表演在“有交通信号灯”的情况下过马路。	为提出核心问题做准备。 问题链
	二、学习过马路 （一）学习在“有人行信号灯”的情况下过马路 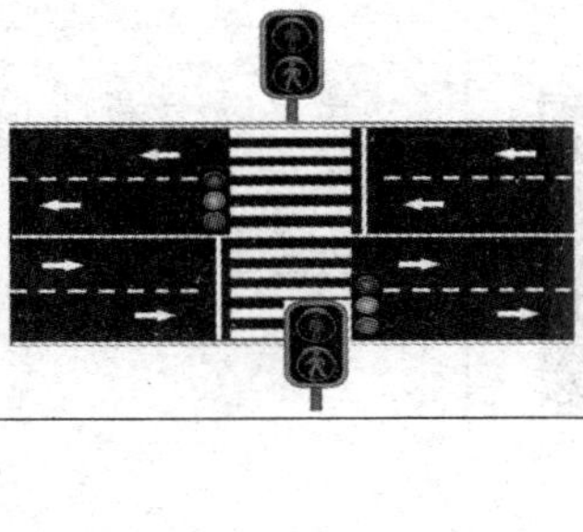	学生在教室的讲台前现场演示，其中一人拿着交通信号灯的标志牌，现场变换“红色、绿色”两种指示灯，其他人扮演行人过马路，剩余同	通过体验活动帮助理解问题，并回答问题。

续表

时间	教师的教学行为	学生的学习行为	教学技能要素
1分钟	1.表演体验 在学生了解认识交通标志的基础之上，教师提出问题，创设“有交通信号灯”的情境，了解指导学生现场模拟过马路。  	学仔细观看，思考判断。	
30秒	（预设策略： 如果学生表演规范，教师及时肯定表扬。 如果学生表演不规范，教师应启发其他同学帮助该同学。） 教师小结：同学们都知道在有人行信号灯的情况下遵守交通规则，那就是“红灯停，绿灯行”。 2.判断正误 可是在现实生活当中，有的同学也知道“红灯停，绿灯行”，但是这样过了马路，你们观察他做得对吗？教师出示图片。 教师小结：是呀，我们不但要遵守信号灯的规定，还要在过马路时记住不要追跑打闹，安安全全过马路。 （二）学习在“没有人行信号灯”的情况下过马路 1.看一看 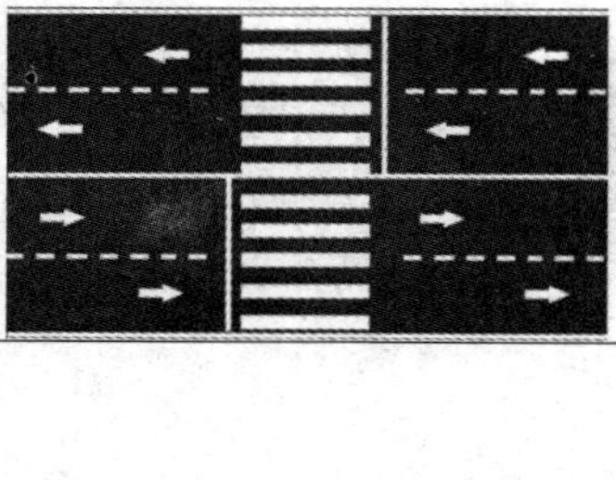	预设： A.学生表演得规范，符合交通规则。 B.学生表演得不规范，不符合交通规则 学生观察图片，并对比，辨别正误，说明理由。 学生看黑板上的图片，思考教师提出的问题。	通过体验活动帮助理解问题，并回答问题。

续表

时间	教师的教学行为	学生的学习行为	教学技能要素
3分钟	教师边说边把“红绿灯”从黑板上拿掉，然后提出问题。 提出问题：同学们，其实在很多时候，很多地方都没有人行信号灯。这时候我们怎么过马路呢？ 2.说一说 请同学们讨论说一说在没有交通指示灯的情况下，如何过马路？ 3.演一演  教师指名1位学生进行模拟表演。 （预设策略： 当车辆距离我们较远的时候，教师针对学生的表演及时点评。 教师启发学生设想当车辆一辆接一辆从学校门前穿行，应该如何过马路，针对学生的回答进行点评） 4.教师示范 现场演示在“无信号灯”的情况下，应如何过马路。 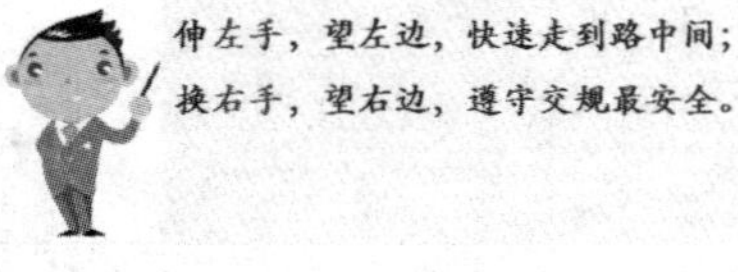	学生1人在教室的讲台前现场模拟“无信号灯”的情况下，如何过马路，其他同学仔细观察，思考判断。学生判断对错，说明理由。 （预设： 当车辆离我们距离比较远的时候，学生表演过马路。 学生思考在车多的情况下应如何过马路，在同桌讨论的基础上，再举手发言） 学生仔细观察教师头和手的动作，并交流观察到的动作要领。	提问后等待 注意问题的合理分配 探求答案的教态

续表

时间	教师的教学行为	学生的学习行为	教学技能要素
	5.读儿歌 教师通过大屏幕出示过马路的儿歌，边讲解边带领全班同学，现场表演过马路。	学生全体起立，边读儿歌，边模仿教师过马路。	
30秒	（预设策略：纠正个别指导） 6.强化训练 提出问题：从你们的表演中，老师仿佛看到了你们来学校时过马路的样子。那么放学回家，我们同样还要走这条没有信号灯的小路，我们又该怎么过呢？说明理由。	学生思考，回答问题，说明理由。	明确结论
	教师总结：其实，我们国家道路交通管理条例就规定了，驾驶的车辆必须靠右行驶，所以它永远都在我们的左侧。所以，不管道路上有没有交通信号灯，我们都应该先看左，再看右。		
	（三）学习在“没有人行信号灯、没有人行横道”的情况下过马路		提问后等待 注意问题的合理分配
	1.看一看 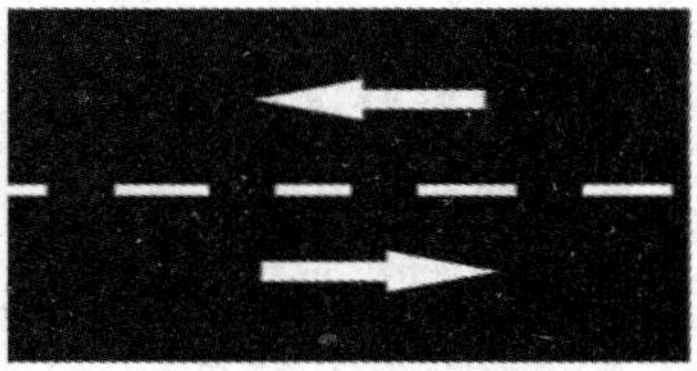 教师撤走人行横道的标志，并提出问题：在没有交通信号灯、也同时没有人行横道的情况下，应该怎样过马路？	学生观察黑板上的标志，并带着问题思考。	探求答案的教态

续表

时间	教师的教学行为	学生的学习行为	教学技能要素
	2.说一说  教师指名回答。	学生回答问题。	
30秒	三、拓展延伸   教师讲解：为了缓解交通拥堵，更好地保证行人的安全，在公路上国家又新建了一些人行过街天桥和地下通道方便行人的出行，所以我们不要图省事，要充分利用这一设施。	学生倾听	
20秒	四、回顾总结 教师总结归纳过马路的方法，鼓励学生要做自觉遵守交通规则的小公民。 总结语：这节课，我们学习了在有交通信号灯的情况下，过马路应该“红灯停，绿灯行”，在没有信号灯或者没有人行横道的情况下，过马路应该“先向左看，后向右看”。	学生倾听	

续表

<table>
<tr><th>时间</th><th>教师的教学行为</th><th>学生的学习行为</th><th>教学技能要素</th></tr>
<tr><td>45秒</td><td>五、实践作业

交通安全观察记录
（提示：选择安全的地方进行观察）<table><tr><td>观察员姓名</td><td>观察时间</td><td>观察地点</td><td colspan="4">我看到(观察到的)</td><td>我想说……</td></tr><tr><td></td><td></td><td></td><td>过马路守规则人数</td><td>过马路不守规则人数</td><td>哪种人数多</td><td>多多少人</td><td></td></tr><tr><td></td><td>10分钟</td><td></td><td></td><td></td><td></td><td></td><td></td></tr></table>
教师布置作业，内容是：请你当个小小的交警，选择一个地点观察十分钟，数一数过马路守规则和不守规则的人数，并记录下来。</td><td>学生记作业</td><td></td></tr>
</table>

反思：

安全教育，本就是学校常规的教育。本节课根据教学内容，课前我对学生进行了调查。从结果可以看出，94 % 学生在有信号灯的情况下会过马路，而在没有交通信号灯的情况下，只有 38 % 学生知道过马路的方法。基于上述的学情分析，我确定以下教学目标，教学重点是学生学会在“没有交通信号灯”的情况下安全过马路。

为了达成这个目标，我设计了如下策略：（1）与学生生活密切联系。（2）现场情境模拟演示，内化交通规则。通过“看一看”“说一说”“演一演”活动，创设了三种不同的情境来学习过马路。

第一种情境：学习在有信号灯的情况下过马路。通过“演一演”来强化“红灯停，绿灯行”的规则。因为对这个知识来说，学生掌握得比较好，目的就是强化。

在此基础之上，我又设计了第二种情境：

第二种情境：在没有信号灯的情况下学习过马路，之所以这样设计，是基于学生的生活实际，因为很多地方有斑马线，但都没有信号灯。

第三种情境：是学习既没有信号灯，又没有斑马线的情况，怎样过马路，这是我们一些街道常出现的情况。

在这三种情境下，学生通过“看一看”“说一说”“演一演”的体验活动，教师主要以提问的技能，一次次地创设情境、一步步地抛出问题、一层层地递进到核心问题，带着学生学习并演示过马路的方法，内化交通规则，愿意做个遵守交通规则的小学生。

点评：（沙晓燕 北京市房山区良乡第三小学 特级教师）

本课内容是对小学二年级学生进行遵守交通规则教育，也是对小学生进行社会主义核心价值观教育——“法治”方面的启蒙教育。教师密切联系学生生活的实际，运用低年级学生喜闻乐见的教学方式展开教学活动，教学实效强。主要特点如下。

其一，运用学生身边的课程资源。

儿童品德的形成源于他们对生活的体验、认识和感悟，只有源于儿童实际生活的教育活动才能引发他们内心的而非表面的道德情感、真实的而非虚假的道德体验和道德认知。教师利用良乡第三小学的周边交通环境作为本课的课程资源，授课前，教师对学校地理位置的特点进行分析，采取学生问卷调查、访谈等形式，进行前期调研，制订实施计划，开展教学活动。这样就把教学“放在”了学生的日常生活中，既调动了学生学习的积极性，又有利于他们构建真正属于自己的知识和能力，形成内化的道德品质。

其二，巧妙运用“情境模拟”与“角色扮演”，使教学更加真实、生动。

“情境模拟与角色扮演”是课程标准非常提倡的教学活动形式。教师根据低年级学生的身心特点和认知规律，根据新的课程理念，在本课的教学过程中，合理安排学生活动，有目的地创设“有信号灯”和“没有信号灯”的两种情境，组织学生扮演行人过马路，扮演标志灯等角色，最大限度地调动学生参与表演、互动、交流的积极性、主动性。教学重点突出，化难为易，思路清晰，紧凑合理。教师根据本节课教学目标，以学生的现实生活为教学的基础和源泉，力求寻找教材与生活的连接点进行教学，让他们在现场开放式的模拟过马路活动当中，获得体验，强化训练，学会识别交通安全标志，增强遵守交通规则的意识。为今后能够健康、安全地生活奠定了良很好的基础。

其三，依据低年级学生特点，运用灵活多样的教学方法。

根据低年级小学生喜欢画画、好胜心强的特点及教学内容的需要，课前教师让他们自己寻找交通安全知识和安全标志，搜集资料，并把安全标志画出来。课后拓展，一方面在墙报处展出学生作品；另一方面，请学生当个小小的交警，选择一个地点观察十分钟，数一数过马路守规则和不守规则的人数，并记录下来。此外，教师在教学中还采取了看图片、讲故事、听歌曲、唱儿歌这些小学生喜爱的方式，让学生亲身感悟，明理知情、内化导行。学生在参与活动中积极合作，资源互补，共同分享，学生从中体味到了合作学习的益处，使社会主义核心价值观教育渗透其中，润物无声。

【问题与思考】

1. 读了前面两个案例，请你说说在什么时候需要用到提问后等待，怎样实现教师提问过程中的“合理分配”和“反馈探寻”？

2. 从上面案例对核心问题的确定过程中，你认为怎样的内容可以成为本节课的核心问题，请你选择一个教学片段，完成核心问题的确定过程。

3. 眼睛有多重要教学片段中：

核心问题	眼睛有多重要
问题链	1.戴上眼罩还能看到万物吗？（眼睛能看到万物） 2.你能找到图片中的不同吗？（眼睛能够分辨事物） 3.我们是怎么通过眼睛传递情感的？（眼睛可以传递情感） 4.戴上眼罩即便我还有其他感官，比如双手，还能够做事情吗？（眼睛可以帮助其他感官做事情）

你能分析教师设计的问题链之间有什么关系，与核心问题有什么关系吗？

案例六：罗柳垠《段落样式设置》（北京师范大学实验小学未来科技城学校）

学科	信息技术	年级	四年级	教材	海淀区小学信息技术实验教材
课题	段落样式设置			主要技能	提问为主
前期分析					
教材分析	综观四年全套海淀区小学信息技术实验教材，对本门课程的定位为应用课，要求根据要求完成操作。教师认为，教学过程应该规范与操作并举。 本节课为四年级上册第二单元第六课，承接文本输入，逐步向简单的Word排版知识过渡。对学生的培养重点也从掌握操作技能，逐步向应用思维过渡。 基于以上对整套教材及本节教学内容的分析，确定教学重点如下：掌握段落样式设置中首行缩进、悬挂缩进的操作技能。				
学情分析	学生认知起点是已经掌握了Word的基本操作及文字的基本编辑技术，同时四年级的学生已经有了两年多的写作经验，对于文章的基本格式规范已经熟知；正是因为学生之前对于Word的排版技术一无所知，而对于作文的基本格式根深蒂固，造成普遍存在的认知误区，也就是使用“敲空格”的方法完成作文格式要求的：每段开头空两格以及标题居中、落款靠右等。这样的错误在之前上交的作业中普遍体现。因此本节课的教学难点将是：打破原有错误认知，在初识Word的阶段就养成规范的技术操作习惯。同时基于上述学情，决定采用启发式教学策略，暴露学生认知的错误，引导学生学习新知，建立新的知识结构。				

续表

学科	信息技术	年级	四年级	教材	海淀区小学信息技术实验教材
课题	段落样式设置			主要技能	提问为主
课标分析	根据新课标要求，教学内容的选择应着眼于信息素养的提高，着眼于学生未来自主学习计算机、使用计算机的普适技能和规范。因此，本节课鼓励学生利用提示标签，自行推导、尝试不同命令的效果和用法；根据课标中对于文字排版的创造性设计要求，本节课教学目标设定排版设计的启蒙，在学会操作之后，教师将会提供生活中相应操作的应用实例，从学生最常见的课文、剧本、书信等排版入手，启发学生学以致用。 本节课注意将Word排版知识与语文规范作文格式结合，让Word学习激发学生写作的愿望。				
教学目标	1.掌握段落样式设置中首行缩进、悬挂缩进的操作技能； 2.体会利用段落设置精准、快速、统一的排版的优势； 3.掌握文章排版的技术规范，并形成习惯； 4.提高发现问题并尝试解决问题的求知欲，培养生活中对文章排版的观察能力，并会尝试思考这些效果的实现途径。				
核心问题	Word段落设置中的缩进方式。 （教学目标之一，是学生原有认知水平不足产生的核心矛盾）				
问题链	【问题一】“敲空格”完成段首空格效果为什么不可取？ 【问题二】使用首行缩进在长篇排版中的必要性。 【问题三】段落对话框的调出方式和使用方式。 【问题四】首行缩进与悬挂缩进的应用实例。				
讲解目标及方法	利用共同思维，由学生的实际需要引出矛盾，从根源打破原有的认知误区；采取引导法和讲述法，得出问题链的结论；通过讲解知识的普遍联系，升华操作到排版规范初识，提升信息素养。				

教学部分案例

教学课题	段落样式设置				
学科	信息技术	年级	四年级	教学时间	10分钟
教学目标	1.掌握段落样式设置中首行缩进、悬挂缩进的操作技能。 2.体会利用段落设置精准、快速、统一的排版的优势。 3.掌握文章排版的技术规范，并形成习惯。 4.提高发现问题并尝试解决问题的求知欲，培养生活中对文章排版的观察能力，并会尝试思考这些效果的实现途径。				

续表

时间	教师的教学行为	学生的学习行为	教学技能要素
30秒	一、提出问题，导入新知 师：请同学们给这篇文章的格式挑挑毛病，和作文的规范格式有什么不同？ （展示素材一） 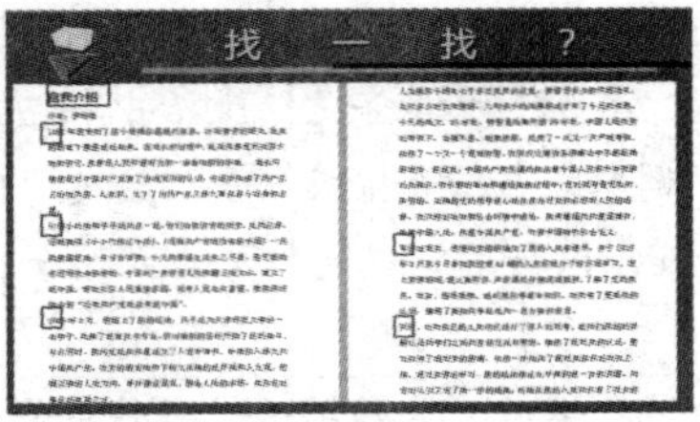 师：有标题不居中，段落空格不对，作者信息排列不对等问题，问题很多，我们就来各个击破，进入今天的学习主题：段落样式设置。 （板书：段落样式设置）	观察素材一，思考该篇章结构的问题，期待回答：“标题不居中，段首没有空格”。	提问技能：明确核心问题
3分钟	二、发现问题，思考新知 师：首先来解决段首没有空两格，请问你们都是怎么完成的呢？ （经学情调查，绝大多数学生会用键入空格的方法完成段首空格） 师：如果用“敲空格”的方法，给一个段首空两格需要键入几个空格？按照你们的作文大多为4～5个段落，则需要键入几个空格？10个段落需要键入几个空格？100个段落呢？大家想想如果只用“敲空格”来完成整本书的段首空格，要花费多长时间？而老师说只要1秒就可以完成，你们信不信？	体验尝试，用“敲空格”完成段首空两格，一段需要键入4个空格，在教师的追问中想象，文章篇幅越长，段落越多，则“敲空格”的方法工作量越大，越不现实。初步感知其弊端。	提问技能：反馈探寻，抛出问题一
	师：大家想不想来体验？请一名同学用敲空格的方法完成段首空格，与老师比赛，老师先让他5秒。	演示同学：用敲空格的方法和老师	讲解技能：共同思维

续表

时间	教师的教学行为	学生的学习行为	教学技能要素
	师：请大家对比观察两份作品，一份每一段的开头精准空出两个字符的位置，完全一致；另一份段首不整齐，也并不严格地空了两格。看来敲空格的方法，既慢又不准确，并不可取。 （对比两个分段方式，总结首行缩进方法的优点：快而精准）	比赛谁先又快又准的完成段首空格。 台下同学：观察、对比教师与同学的操作，思考优劣。	提问技能：抛出问题二
2分钟	三、解决问题，学习新知 师：接下来，老师就把决胜秘籍传授给大家，刚刚我的操作叫“首行缩进”。请同学们一起回忆字体对话框的调出方法，推理如何打开段落对话框。 ［示范讲解首行缩进，板书：首行缩进：段落-->特殊格式-->首行缩进（2字符）］	跟随教师的提问，回忆和推理如何调出菜单，如何打开段落样式对话框。	提问技能：反馈探寻 讲解技能：引导法，得出问题一和二的结论
	师：给大家两分钟的时间，快速完成对自己的文章首行缩进两个字符的操作。提醒先将空格删掉，文字顶格显示再进行段落设置，至于原因，请同学们自己探究。 提早完成的同学，请仔细审视段落窗口，试一试其他的选项都会有些什么用，小组内交流你的收获。	实践操作首行缩进两个字符，分层次探索对话窗口中其他操作的效果。	提问技能：合理分配
2分钟	四、完成任务，总结拓展 师：刚刚的问题大家已经有答案了，空格也是字符，仍会占着空位，使文字退后显示。还有同学发现段落样式的继承效果。 （请发现首行缩进会继承的同学示范和讲述自己的理解） 师：还有同学说，和字体对话	全体同学：总结操作经验，交流反思新知。 有新发现的同学：演示并讲解自己的新发现。	讲解技能：讲述法，得出问题三的结论

续表

时间	教师的教学行为	学生的学习行为	教学技能要素
	框一样，段落对话框也可以通过操作菜单来打开。 （演示利用操作菜单调出段落对话框的方式）		
	五、联系实际，升华创新 师：还有同学大胆地尝试了首行缩进的“弟弟”，悬挂缩进，请问大家，你曾经见过这种效果吗？在哪里见过的？ （打开语文课文中对话的片段，展示悬挂缩进的效果） 	跟随教师的展示和诱导，自己总结出悬挂缩进是“段落的首行文本不加改变，而除首行以外的文本缩进一定的距离”的操作效果。	提问技能：反馈探寻
2分30秒	师：我们的缩进也不仅仅是用在完成文章的基本布局设置中。 （展示更丰富更灵活的排版作品，发散提升） 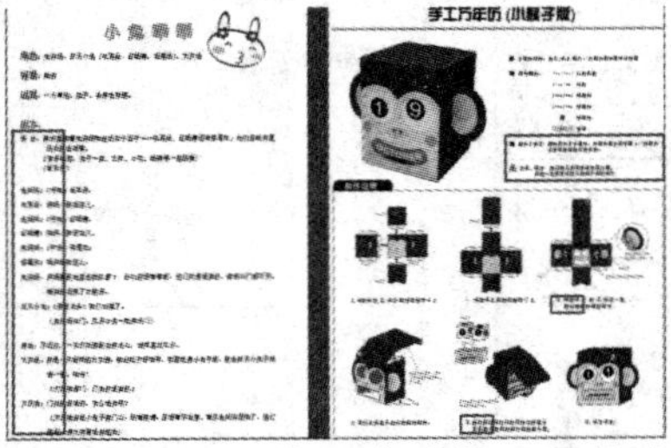 师：可见生活中的排版形式多种多样，不同表达方式将应用不同的效果，同样的操作会因为修改参数和搭配，来实现不同的目的。	观看形式各样，创新排版作品，思考其出处和用处，构思自己的作品。	讲解技能：知识的普遍联系 提问技能：完成问题四

续表

时间	教师的教学行为	学生的学习行为	教学技能要素
	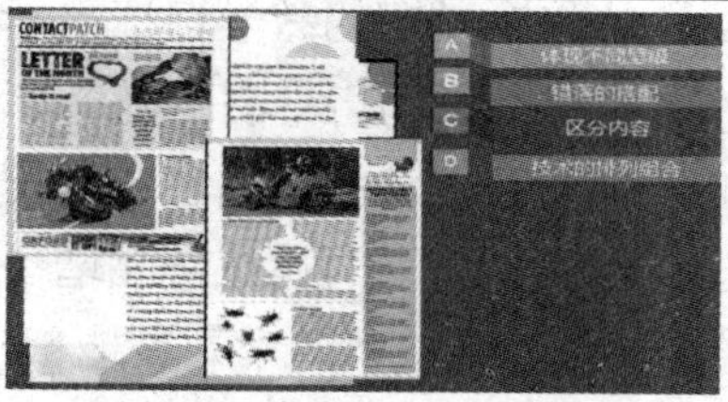 今后随着我们Word学习的深入，将逐步学会玩转文字排版的技术，而如何让这些技术活起来，就看同学们的精巧构思了。		

反思：

本次教学展示，对我的课堂教学技能提升有非常大的帮助。

首先，通过反复钻研微格教学各项技能要素，让我对教学基本技能有了更明晰的概念和体会，在今后的教学中将更加明确地、合理地安排和使用这些技能。“不愤不启，不悱不发”，本节课以提问带讲解，从学生已有认知的不足入手，通过与教师竞赛激发学生的学习兴趣与竞争意识，将其利用已知的习惯操作的不便和不精准的劣势摆在明面上，从而激发其不得不探寻新知解决问题的激情，学习新知以提高自身的愿望，与教师共同探寻解决方法。

其次，在与同行的研讨中，我对教学设计不断删繁留简，使核心问题和问题链步步清晰，锻炼了我提炼核心问题及问题链，使教学设计紧密围绕教学目标展开的能力。教师有目的地布置任务，引导学生思考问题，培养学生学会全面、综合、深入地分析问题，从而有利于学生认识水平的升华。问题链逐层递进和分层次的讲解目标，鼓励学生大胆尝试新知、观察窗格和操作效果，促进学生自主建构。利用激发学生挑战欲望的措辞来提问，使学生在课堂上积极思考，勇于突破常规而探寻新知。

另外，在旁听了众多优秀的教学案例及微格现场展示之后，为我的教学设计打开了新思路，专家的点评，明晰了我的优势和不足。

电脑软件千万种，计算机知识海量多，但信息技术规则严明，有规律可循。在教学中将学生的常见误操作摆上台面，用比赛的形式激发矛盾，使学生自发产生要寻求更好的操作方法的愿望，这样更能强化计算机高效、精准、统一的处理优势，保持学生学习动机。以诱导学生推理、尝试而寻找操作方法的答案，代替教师直述，并强化学生对于图示的认识，对提示标签的运用，将计算机普适的规范和自学软件的能力传授给大家，并且鼓励学生大胆地使用软件，另辟蹊径，才能保证学生走出 Word 之后，还能运用此方法去触类旁通地掌握其他软件，才是真正地提升了信息素养。

未来的教学应该注重学科融通性，从整个学期的教学目标来看，注重利用 Word 基础学习，让学生制作自己的作品集，鼓励将平时的随笔、周记和作文输入计算机，利用 Word 进行精彩的排版展示，从而用信息技术促进学生的写作欲望，愿意写更多的文章丰富自己的作品集，同时也在作品增多、文字输入和排版经验成果越来越丰富的过程中，提升信息技术的学习兴趣和技术水平。

总之，以本次大赛为契机，学到的核心问题与问题链设计、对提问技能与讲解技能的集中训练都将直接影响到我今后的课堂教学，促进了教学技能的迅速成长。

点评：（陈军　北京市昌平区教师进修学校　中学高级教师）

罗老师所讲授《段落样式设置》一课的教学过程以提问为主，辅以讲解。本课有以下几个特点：

问题框架结构严谨、问题链紧紧围绕核心问题设计，并准确指向教学目标。

教师把本课的核心问题设定为“Word 段落设置中的缩进方式”。问题链为 4 个问题，围绕核心问题展开，同时与教学目标有高度的相关。问题链逐步递进逐步升华。

本节课的问题链以学生原有认知为基础。学生通过对问题链中问题的逐一解决，从而理解核心问题，完成教学目标。这也是对学生原有认知的再建构，形成新认知的过程。

教师微格教学中运用多种方法激发了学生学习兴趣，形成正确操作规范。

本课的教学内容相对枯燥，学生在写作文时已具有排版经验，且首行缩进利用敲空格实现。学生这些经验与电脑排版规范操作存在矛盾。教师利用与学生比赛，使学生体验首行缩进的高效；利用四大名著举例，使学生体验首行缩进的必要。这一系列的活动帮助学生走出原有认知，形成了正确的操作规范。

教师在讲解段落对齐方式按钮时，运用演绎法把按钮形状与实际效果演绎得淋漓尽致。通过这样的讲解，使学生对各种按钮能够知其所以然。这样的课堂设计思路，对学生信息素养的培养是逐步深入的。

教师展现出了一定的提问技能。提问时机恰当，提问表述清晰。教师提问后的停顿等待，能感受到教师在等待学生思考。教师注意了反馈探寻，关注了全体和个别，对学生的回答给予了恰当的回应。

微格教学展示活动，对青年教师的成长是非常有帮助和促进的。它促使青年教师研究和实践课堂教学技能，促使青年教师更加关注课堂，关注学生。

案例七：郭宴伟《走进网络世界之连接》（首都师范大学附属回龙观育新学校）

学科	信息技术	年级	五年级	教材	北京出版社
课题	走进网络世界之连接			主要技能	提问为主
前期分析					
教材分析	本课选自北京出版社的《信息技术第二册》第1课中的内容。本课程大纲要求学生初步了解计算机网络结构，并通过观察计算机接入网络后任务栏的变化，学会判断是否连通网络的方法。本课大纲中并未提及“连接”概念，但实际教学中，学生理解网络的物理结构存在很大困难，因此寻找并确定“连接”概念为网络结构认知的重要切入点，并作为独立的模块进行教学，可以有效地帮助学生建立起网络的“物理连接”概念。 教学内容具体包括以下几部分： （1）关于网络结构的认知中的难点“连接”作为独立的模块进行教学。通过了解什么是“连接”，什么是“网络连接”，如何判断“网络连接”的状态。以浅显易懂且学生喜闻乐见的方式，由浅到深，由易到难，由具象到抽象地让学生自主在微视频学习中了解计算机网络相关知识。 （2）通过课堂中问题的研讨与剖析，老师对学生的答疑，完成学生对以上教学内容的内化。 （3）在研讨问题的过程中通过实物，使学生对网络连接中的具体材质——双绞线、光纤、同轴线缆、电话线、交换机有直观的认知。 （4）认知连接材料的过程中，从网络连接物的角度出发，从有线连接发散引导学生思考无线连接，以及未来可能出现的连接方式。从被连接物的角度出发，从桥梁的连接组成的路网，发散引导学生思考到计算机连接组成的互联网，到物品连接组成的物联网，以及未来可能出现的网络组成形式。在引导发散思维阶段不设置标准答案，鼓励学生大胆设想，勇于创新的意识。同时，从网络连接的空间范围出发，为下一节课程的内容，认识不同的网络（局域网、城域网、广域网）与网络设备的作用（计算机、交换机、服务器）做好铺垫。 （5）通过解决“网断了”的过程，使学生运用观察计算机接入网络后任务栏的变化，学会判断是否连通网络的方法，实现学习内容的运用。 本课教学内容包括课前微课程学习和课堂学习两部分。课前学习包括网络连接的物理状态、网络设备（计算机、通信设备、线路）、网络连接的判断。课堂学习包括微课程中设置的问题的答案分析，网络连接中相关设备的实物认知，以及在判断网络故障问题中对网络连接知识的运用。				
学情分析	本课程的授课对象是小学五年级学生。学生对计算机硬件知识具有浅显认识，对计算机软件知识具备针对画图软件、Word2010软件、PowerPoint2010软件的基本应用能力。综上，一方面学生已经具备了两年				

续表

<table>
<tr><td>学科</td><td>信息技术</td><td>年级</td><td>五年级</td><td>教材</td><td>北京出版社</td></tr>
<tr><td>课题</td><td colspan="3">走进网络世界之连接</td><td>主要技能</td><td>提问为主</td></tr>
<tr><td></td><td colspan="5">信息技术的学习基础，对于计算机的某些具体应用有了直观的认识；另一方面，学生对于上网兴趣浓厚，却又缺少实践，即使有机会上网也多集中在网络聊天、游戏、电影、音乐等娱乐应用层面。他们并不真正明白何谓“计算机网络”，网络究竟如何实现互联互通。特别是对“网络连接”的抽象概念尤其无法理解。通过本课，引导学生理解网络背后的真相，启发学生探索互联网的兴趣，培养“互联网时代”的孩子应具有的创新思维。</td></tr>
<tr><td>课标分析</td><td colspan="5">中国教育技术协会信息技术教育专业委员会在2012年版《基础教育信息技术课程标准》中，明确要求：在熟悉并利用技术条件和环境的基础上发表观点、交流思想、开展合作与解决学习和生活中实际问题的能力。
在本课程教学过程中从“网断了”这个日常学习和生活中的小问题入手，通过问题链中一个一个问题的引导，借助网络、电子邮箱、云盘、机房电脑、网线等多种技术软件和硬件条件，让学生充分发表自己观点、听取他人不同观点，并设立合作竞答等环节实现学生间基于问题解决的合作与交流，在问题的整个探究过程中，实现学生解决真实问题能力的提升。</td></tr>
<tr><td>教学目标</td><td colspan="5">知识与技能：
1.初步了解计算机网络结构，认知网络连接的概念，能够进行断网原因分析，形成探究学习意识。
2.认知部分网络连接材料，知道两种连接方式（有线和无线），养成联系生活实际习惯。
3.学会图标法判断网络连通状态。
过程与方法：
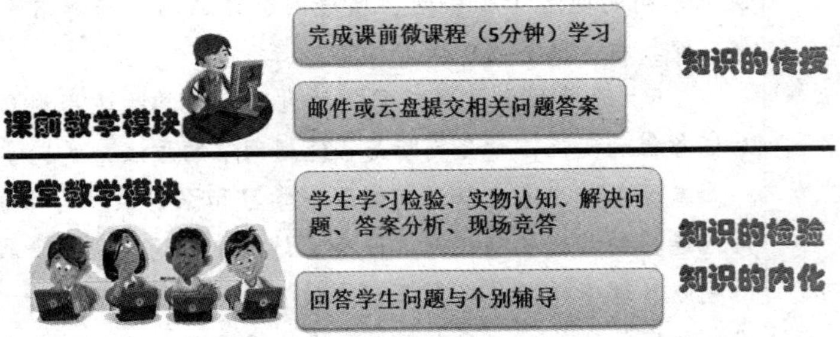

教学模型设计
1.通过课前微课程，由学生自主完成对网络连接的认知学习。鼓励引导家长参与到学生学习过程中。微课程的获得由学生通过移动存储设备</td></tr>
</table>

续表

<table>
<tr><td>学科</td><td>信息技术</td><td>年级</td><td>五年级</td><td>教材</td><td>北京出版社</td></tr>
<tr><td>课题</td><td colspan="3">走进网络世界之连接</td><td>主要技能</td><td>提问为主</td></tr>
<tr><td></td><td colspan="5">拷贝、邮件发送、公共云盘下载等多种方式获得。引导学生使用各种信息设备，了解各种信息交流平台的运用。对个别不具备硬件条件的学生，安排学生在兴趣活动时间使用学校信息教室学习。
2.课堂教学过程中通过问题驱动、答案分析、实物认知、解决实际问题等过程，灵活运用谈话法、发现法、探究法等教学方法，强化信息技术的实用性与操作性，引导和培养学生的互联网思维和创新意识。
3.贯彻信息技术教学过程中，课程融合的理念。语文知识作为母语学习，更容易让学生接受和理解，从语文学习的角度引导学生理解抽象的网络词汇，将学习中课程交叉补充的意识潜移默化地传达给学生。
情感、态度、价值观：
1.引导和发展学生自主学习和探究学习的能力，建立在日常学习生活中主动借助信息技术丰富交流形式的意识。
2.培养和引导学生与家长间的情感交流，发挥“三结合”教育的作用。
3.培养学生的创新意识，养成信息化社会条件下的互联网思维和正确利用网络的价值选择。
教学重点：
1.了解计算机网络结构，认知网络连接的状态。
2.具体重点在于：（1）认知网络的物理连接。（2）判断区别物理网络与网络信息的概念。（3）认知基本网络设备。（4）在操作系统中网络连接状态的识别。
教学难点：
1.认知计算机网络连接的概念。
2.具体难点在于：（1）学生对网络的物理结构和网络的信息服务功能概念混淆。（2）对网络设备的概念、作用缺少具象化的认知。</td></tr>
<tr><td>核心问题</td><td colspan="5">核心问题：认知计算机网络连接的概念。
确定核心问题原因：实际教学中，学生理解网络的物理结构存在很大困难，因此寻找并确定“连接”概念为网络结构认知的重要切入点，可以有效地帮助学生建立起网络的“物理连接”概念。</td></tr>
<tr><td>问题链</td><td colspan="5">问题一【理解型提问】：通过网线可以将很多网络设备连接起来，计算机网络是什么？
（从具象过渡到抽象，理解计算机网络。）
问题二【记忆型提问】：如何判断我的电脑是否连接上了网络呢？</td></tr>
</table>

续表

学科	信息技术	年级	五年级	教材	北京出版社
课题	走进网络世界之连接			主要技能	提问为主
	（网络连接知识运用，再现图标判断网络连接状态的方法） 问题三【分析型提问】：如果你看到了“网断了”的图标，请分析一下可能是什么原因呢？ （网络连接知识运用，结合课前学生所提交答案，进行断网问题分析） 问题四【创新型提问】：未来的网络会是怎样？				
讲解目标及方法	通过课前微课程，由学生自主完成对网络连接的认知学习。鼓励引导家长参与到学生学习过程中。微课程的获得由学生通过移动存储设备拷贝、邮件发送、公共云盘下载等多种方式获得。引导学生使用各种信息设备，了解各种信息交流平台的运用。对个别不具备硬件条件的学生，安排学生在兴趣活动时间使用学校信息教室学习。 课堂教学过程中通过问题驱动、答案分析、实物认知、解决实际问题等过程，灵活运用谈话法、发现法、探究法等教学方法，强化信息技术的实用性与操作性，引导和培养学生的互联网思维和创新意识。 贯彻信息技术教学过程中课程融合的理念。语文知识作为母语学习，更容易让学生接受和理解，从语文学习的角度引导学生理解抽象的网络词汇，将学习中课程交叉补充的意识潜移默化地传达给学生。				

教学部分案例

教学课题	京版信息技术第二册（3～6年级用）《走进网络世界之连接》				
学科	信息技术	年级	五年级	教学时间	10分钟
教学目标	初步了解计算机网络结构，认知网络连接的概念，能够进行断网原因分析，形成探究学习意识。 认知部分网络连接材料，知道两种连接方式（有线和无线），养成联系生活实际习惯。 学会用图标法判断网络连通状态。 教学重点：了解计算机网络结构，认知网络连接的状态。 教学难点：认知计算机网络连接的概念。				

时间	教师的教学行为	学生的学习行为	教学技能要素
5分钟（不占用微格展示时间）	1.课前微课程 要求学生课前自主学习微课程（5分钟），对所提交的问题答案进行汇总，选取典型性答案编入课堂学习。	自主学习课前微课程，按要求回答问题并提交答案。	问题情境 核心问题 问题链 普遍联系 讲解结构

续表

时间	教师的教学行为	学生的学习行为	教学技能要素
4分钟	2.问题梳理，知识检验 问题一【记忆型提问】：想解决生活中的断网问题，我们从语文开始，请问“断开”的反义词是什么？并用这个反义词造句。 （理解连接文字含义。在语文中“连接”的意思是相临连接，衔接的意思） 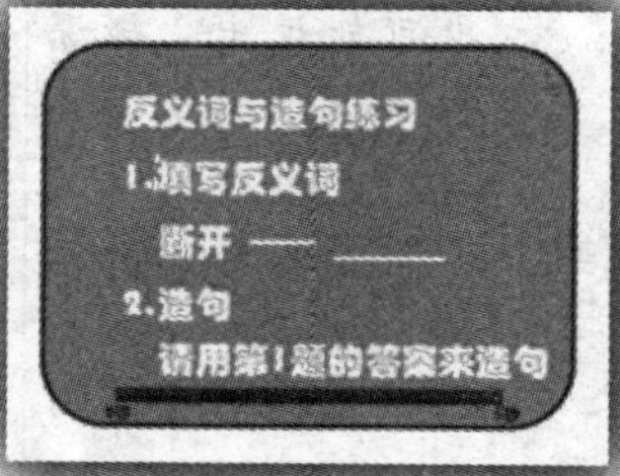 问题二【应用型提问】：谁是连接物？谁是被连接物？ （场景演示，实物联想，理解连接的物理状态，引发学生发散思维）  问题三【分析型提问】：我们发现连接物和被连接物都是可以更换的，那么请问被连接物更换为电脑，连接物又是什么呢？ （实物认知，具象网络连接物）	倾听、回忆、回答。 直接说出课前微课程中的内容。 进行简单思考后回答，对知识进行再认知。 倾听、思考、经验表述。可以说出网线这一种连接物，可能说不出更多的连接物。	问题情境 问题链 合理分配 问题链 问题链 提问措辞 停顿节奏 媒体配合 普遍联系 合理分配

续表

时间	教师的教学行为	学生的学习行为	教学技能要素
	 问题四【分析型提问】：连接物有这么多种类，现在把被连接物换掉，它能换成什么? 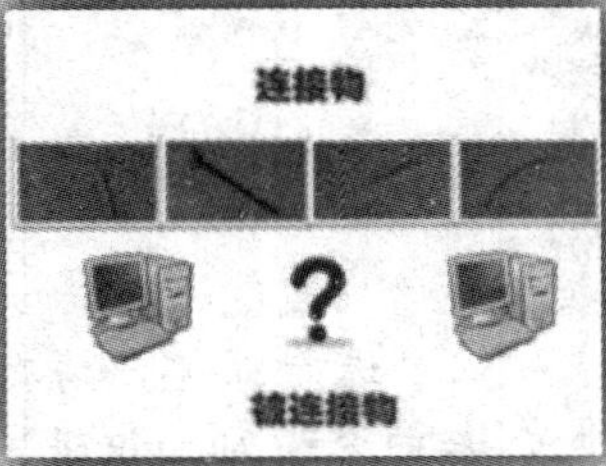 （引入更多网络设备、实物认知，具象网络被连接物，为下面从具象到抽象做铺垫） 问题五【理解型提问】：通过网线可以将很多网络设备连接起来，请问计算机网络是什么? （从具象过渡到抽象，理解计算机网络） 	倾听、思考、回忆、回答。可以说出电话、电视，也可能说出（微课程中见过的）交换机、服务器等，甚至生活中接触过的更多的被连接物。 倾听、思考、回忆、回答。可以说出大概或者准确的概念。	问题链 板书生成 共同思维 核心问题 停顿节奏 讲解目标 问题链 反馈探寻 共同思维 讲解语言 普遍联系

续表

时间	教师的教学行为	学生的学习行为	教学技能要素
	问题六【记忆型提问】：那么我如何判断我的电脑是否连接上了网络呢？ （网络连接知识运用，再现图标判断网络连接状态的方法。） 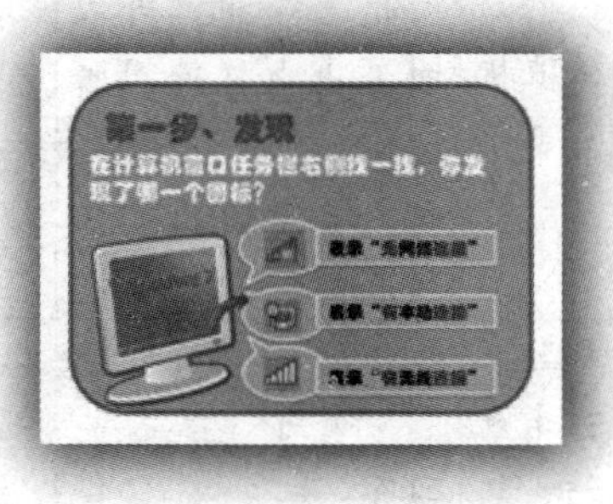	倾听、回忆、回答。 直接说出课前微课程中提到的图标法。但对图标的理解可能会有偏差。	
2分钟	3.问题分析，知识内化 问题七【分析型提问】：如果你看到了“网断了”的图标，请分析一下可能是什么原因呢？ （网络连接知识运用，结合课前学生所提交答案，进行断网问题分析）	倾听、回忆、思考、回答。 直接说出课前提交的答案，或者一时想不起来，甚至一时不知如何更好表述。	问题链 核心问题 合理分配 反馈探寻 共同思维 讲解目标 得出结论
3分钟	4.问题竞答，知识应用 现场进行“网络高手大闯关”竞答活动，回顾知识，提升认知，并启发学生创新思维，设想未来网络。 问题八：闯关竞答系列问题 （1）【记忆型提问】网络里的连接物是什么？（网线） （2）【分析型提问】没有网线呢，怎么连接？（无线） （追问）那无线又是怎么实现连接的？	竞答、闯关。 倾听、思考、回忆、回答。目前能回答出“有形的”网线。 倾听、思考、分析、猜想。可以凭生活经验自己说出无线，但不太清	问题链 核心问题 时机恰当 普遍联系

续表

时间	教师的教学行为	学生的学习行为	教学技能要素
	（只点到，不深究） （3）【创新型提问】网络连接里还能连接什么进来？ （手机、电视、冰箱、洗衣机等智能终端。不设标准答案。网络的发展趋势，引出物联网） （生成板书）	楚这种“无形的”无线连接方式。 倾听、思考、回忆、设想。可以回答出来见过、听过的各种智能终端，甚至说出“任何东西都可以”。	 问题链 反馈探寻 板书生成 得出结论
1分钟	5.创新想象，未来课程铺垫 问题九【创新型提问】：未来的网络连接会是怎样？（总结，鼓励学生创新思维）	倾听、思考、回答。	总结

反思：

本课教学方式不同于以往传统教学模式，充分以学生为主体设计具体教学内容，既立足课程标准要求又结合互联网时代特点，将信息技术的学习从单纯强调工具性到挖掘文化内涵。在实际微格教学比赛的授课过程中也存在以下问题值得进一步思考和研究。

一、形式内容创新运用，问题路标导引清晰，尝试重塑学生思维

教学理念的创新，不仅是教学形式和内容的变革，最终目的在于转变学生信息思维，而思维的改变不可能通过一节课就可以实现。但是依然可以看到，学生通过这种教学模式的转变和问题一步一步深入引导，对待身边或者课堂上的问题不再被动等待所谓的正确答案，而是依托问题的脉络，开始主动发现、分析判断、得出结论。通过核心问题与问题链的设计与实施，学生独立思考品质的养成初见端倪。

二、重点、难点指向明确，问题链设计直指核心问题，凸显学生主体地位

教学内容围绕核心问题模块化设计，突破了学生在学习中对连接的抽象理解困难，使其在问题链中产生学习新知识的动力，有效解决了教学重难点。核心问题与问题链设计对课堂教学作用明显。

三、提问讲解合理分配，静待学生思考反应，期待师生达成共鸣

一个有效的提问需要给学生充足的思考时间，才会基于问题有所反应，与

课堂上学生的思维同步，才有可能师问与生答呼应乃至共鸣。提问有技巧，讲解更讲究恰到好处，不愤不启，不悱不发。

点评：（陈军 北京市昌平区教师进修学校 中学高级教师）

教师的教学过程以提问为主。本课内容具有鲜明的理论课特点，设计者能够将原理性知识分解，借助问题步步引导促进学生形成对网络连接的认识与理解。设计思路整体上符合小学生的认知特点，多种活动形式保证了教学过程的趣味性。课堂教学中问题链的运用紧紧围绕核心问题“连接”展开，教师与学生间关于问题的互动充分突出了学生的主体地位。教师现场授课教态大方、自然、具有亲和力，对问题的提出与引导方式灵活高效。教师反思全面具体、针对性强。对该课例的进一步研磨有助于青年教师教学理论和实践技能的提高，对青年教师教学理念的提升具有一定的引领作用。

案例八：李朗《舞动的烟花——scratch》（北京市五路居第一中学小学高部）

学科	信息技术	年级	六年级	教材	北京版第三册
课题	舞动的烟花——scratch			主要技能	提问技能
前期分析					
教材分析	本课是北京版小学信息技术第三册第三单元第十七课“改善动画效果”。本节课的内容是以后学习复杂程序设计的基础。 教材中有三个学习目标，其中“学会使用变换背景、角色造型等方法改进动画效果”涉及的关于改变“造型”的相关命令的学习内容，根据学生情况整合在上一节课《制作简单动画》中已经学习。 “随机选数”命令从使用作用、意义方面来说是学生比较难理解的；从使用形式来说，需要其套入其他命令中使用，学生以前没有见过，在实际应用中很难判断在什么情况下使用“随机选数”命令。 所以将教学重点和难点确定为：根据实际情况运用“随机数”命令。				
学情分析	1.学生年龄特点。 本课的授课对象为六年级学生，他们的认知发展水平正处于具体运算阶段，对物理世界的逻辑性、规则和预见性有了更清晰的认识。因此在教学过程中运用任务驱动的教学方式，通过视频展示，使学生观察、分析出烟花绽放的随机性，从而理解本课所要学习的“随机选数”命令的基本特征，并在后续的实践过程中掌握相关知识和技能。 2.学生已经具备的基础知识和技能。 在以前的学习中学生已经掌握了“下一个造型”“重复执行”“移到”等命令。基础命令和scratch的基础操作，为本课的教学做了很好的支撑，具备了学习本课的基础知识和技能。 3.对新知识的了解程度。				

续表

<table>
<tr><td>学科</td><td>信息技术</td><td>年级</td><td>六年级</td><td>教材</td><td>北京版第三册</td></tr>
<tr><td>课题</td><td colspan="3">舞动的烟花——scratch</td><td>主要技能</td><td>提问技能</td></tr>
<tr><td></td><td colspan="5">为准确探查学生知识学习的起点，教师在学前进行了调研，经访谈发现学生对“随机选数”的概念比较模糊，理解起来有一定的困难。
因此，根据学生情况分析教学难点确定为：理解“随机数”概念，根据实际情况运用“随机数”命令。

</td></tr>
<tr><td>课标分析</td><td colspan="5">中小学信息技术课程的主要任务是：培养学生对信息技术的兴趣和意识，让学生了解和掌握信息技术基本知识和技能，能够通过与他人合作的方式学习和使用信息技术。
本课是对scratch编程的学习，“随机选数”命令是很难理解和实际应用的，根据课程标准要学生对信息技术感兴趣，所以我设计了有趣的教学情境激发学生对本课的学习热情，学生在兴趣的驱使下自动自发地探究新知。
学生在自主探究的过程中会遇到一些问题需要解决，在本课中设计了小组合作讨论探究环节，帮助学生在合作中找到答案，加深对新知的理解，熟练地掌握新知，完成教学目标。</td></tr>
<tr><td>教学目标</td><td colspan="5">依据教材特点和学情将教学目标确定为：
1.能够运用“角色大小”“使颜色增加” “随机数”等命令改进动画效果。
2.通过小组合作和自主探究，理解坐标的作用，并能运用“随机选数”命令控制角色位置。
3.在交流分享制作动画的过程中，运用逻辑思维和创新思维解决实际问题。</td></tr>
<tr><td>核心问题</td><td colspan="5">怎样让烟花在规定范围内随机绽放？</td></tr>
<tr><td>问题链</td><td colspan="5">1.观察视频中烟花绽放的位置有什么特点？
目的：观察分析视频，引出“随机”概念：什么是“随机数”？</td></tr>
</table>

续表

学科	信息技术	年级	六年级	教材	北京版第三册
课题	舞动的烟花——scratch			主要技能	提问技能
	 目的：通过对比思考理解“随机数”命令。 2.如何使烟花在随机位置绽放？  目的：通过小组合作探讨初步完成对“随机选数”命令的探究，理解其作用和意义，会运用“随机选数”命令。 3.如果我们想让烟花只在天上绽放，如何设置“随机选数”数值的范围呢？ 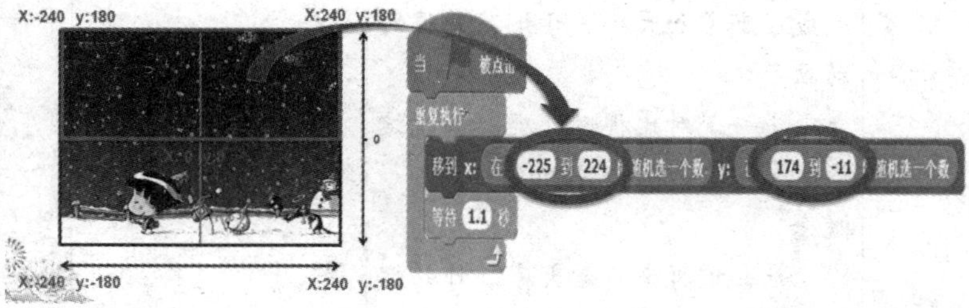 目的：通过具体可操作性强的问句，引导学生思考，解决实际问题——烟花只在空中绽放，也就是规定了烟花的绽放范围，解决了根据实际情况设置“随机选数”的数值在一定范围内随机选数的目标。 学生通过观察—理解—探究—实践，由浅入深的递进过程，解决了核心问题。				
讲解目标及方法	教学过程中运用了引导法、归纳法、演绎法。 如：在理解“随机数”概念时，通过观察视频中的烟花引出随机的概念，从scratch中找到“随机选数”命令，让学生找出生活中还有什么事物是运用“随机选数”概念的。这样从由特殊推到一般的推理再由一般理论进行具体事物的举例，帮助学生理解“随机选数”命令的意义与作用。				

教学部分案例

<table>
<tr><th>教学课题</th><th colspan="5">舞动的烟花——scratch</th></tr>
<tr><td>学科</td><td>信息技术</td><td>年级</td><td>六年级</td><td>教学时间</td><td>10分钟</td></tr>
<tr><td>教学目标</td><td colspan="5">1.能够运用“角色大小”“使颜色增加”“随机数”等命令改进动画效果。
2.通过小组合作和自主探究，理解坐标的作用，并能运用“随机选数”命令控制角色位置。
3.在交流分享制作动画的过程中，运用逻辑思维和创新思维解决实际问题。
教学重难点
教学重点：根据实际情况设置随机数范围。
教学难点：理解“随机数”概念，根据实际情况运用“随机数”命令。</td></tr>
</table>

<table>
<tr><th>时间</th><th>教师的教学行为</th><th>学生的学习行为</th><th>教学技能要素</th></tr>
<tr><td rowspan="4">2分钟</td><td>一、对比分析视频、理解“随机”概念，认识“随机数”命令
同学们，刚才我们通过观察视频中烟花的变化特征，用scratch模拟了烟花绽放的动画，首先初步完成了颜色和大小关于烟花外观的动画。</td><td>认真思考</td><td>讲解语言</td></tr>
<tr><td>（一）对比视频，观察烟花绽放的位置变化，引出“随机”概念
让我们再来看看大家制作的烟花，与视频中烟花绽放的位置有什么不同？
预设：1.多个位置绽放，2.随机</td><td>观察思考后回答问题</td><td>分析型提问</td></tr>
<tr><td>（二）理解“随机”概念，认识“随机数”命令
预设：1.只观察到视频中是多个位置绽放的。
你确定吗？让我们来试一试，如何让烟花在多个位置绽放。</td><td>动手操作实践，感受探究思考的过程</td><td>应用型提问</td></tr>
<tr><td>（1）学生分享自己的制作过程及思路。</td><td></td><td>组织活动技能</td></tr>
</table>

续表

时间	教师的教学行为	学生的学习行为	教学技能要素
	（2）从学生的发言操作中引导学生，发现烟花出现的位置是随机的。 预设：2.学生观察到烟花绽放的位置是随机的。 （1）观察视频，初步感受随机。 提问：说一说什么是随机？ （2）通过教具演示，理解“随机”概念。 （3）举例说明生活中都有哪些事物运用了随机。 提问：请你说一说生活中哪些事物和随机有关？ （4）提出“随机数”命令，观察并理解。 （5）认识到坐标的x、y的数值可以随机。	观察后回答 思考 回忆生活中的事物思考后回答 观察后回答 思考	理解型提问 共同思维，讲解目标 普遍联系 理解型提问 讲解技能
2分钟	二、小组合作探究、运用“随机数”命令 （一）小组合作探究 小组合作，找一找它在哪个模块库中，如何运用，怎样使烟花在多个位置随机绽放呢？ 1.小组合作探究“随机选数命令”。 2.提示学生，观察命令的颜色可以确定其所在的模块库。观察其形状，可以找到它的使用方法。 3.教师巡视指导，鼓励自主查阅教科书。 （二）交流分享，充当小老师 谁想和大家分享一下？你是怎样做的？	小组讨论、交流、合作动手操作 演示 思考	应用型提问

续表

时间	教师的教学行为	学生的学习行为	教学技能要素
	 （三）修改后验证脚本程序 预设：动画中的烟花在地上绽放了。	分享交流 发现问题	组织交流分享 组织活动技能
3分钟	三、在探讨中理解坐标作用，使烟花在规定范围内随机绽放 （一）回忆舞台的坐标范围 提问：随机数的数值可以随意写吗？为什么？ （二）理解坐标作用，设置“随机选数”数值的范围 如果我们想让烟花只在天上绽放，如何设置“随机选数”数值的范围呢？ 1.根据老师提供的坐标图，估算烟花绽放的范围。 2.提示学生可以用鼠标确定坐标数值。 （三）阶段小结 通过大家的努力，我们运用了多种方法解决了烟花在规定范围内随机绽放的动画效果。	思考回忆并回答 动手操作	组织活动技能 记忆型提问 “运用型提问”要素 总结技能
1分钟	分层练习，鼓励创新，巩固重难点。 还没有完成的同学继续完善你的作品，完成的同学思考一下，颜色和大小可不可以随机变化呢？甚至是出现的时间也可以用随机吗？尝试做一做。 出示思考题： 1.关于颜色和大小的命令参数，可不可以也用随机选数命令呢？	思考后操作实践创新	强化技能 组织活动技能 创新型提问

续表

时间	教师的教学行为	学生的学习行为	教学技能要素
2分钟	2.如何使动画更美观，自己发挥想象力试一试。 分享评价与总结： 1.分享评价 谁愿意展示一下自己的作品？ 有谁可以评价一下她的作品？ 2.总结 这位同学评价得非常有层次，希望同学们能将所学的知识举一反三，运用到我们的实际创作中，在生活中有很多事物都用到了随机数，在课下，我们是不是也可以做一些这样的小游戏呢？好，下课。	展示分享 评价 认真聆听思考	评价技能 提问技能 总结技能
	板书设计： 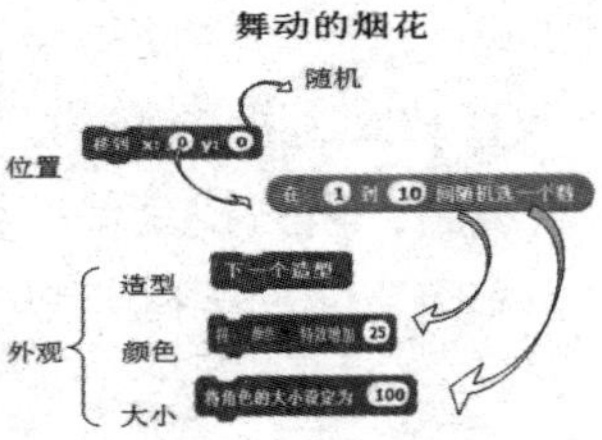 		

反思：

这次教学展示使我收获了很多，成长了很多。

一、了解微格

反思这次微格教学的全过程，前期备课阶段有很大的困惑。这次的备课反复了几次，都不知从何下手。现在回想备课的过程，之所以有这样或那样的困难是因为比较盲目，没有理解什么是微格教学。记得在开始准备的时候，把一整节课的知识内容压缩到 10 分钟讲授，导致容量过于庞大，展示技能多达 4 ~ 5 种，没有重点，不能很好地呈现我的教学环节，教学片段设计稿也写得像讲演稿一样，整篇的解释叙述没有生气。后来通过请教我的指导老师和查阅资料，我发现微格教学的特点主要体现在教学内容的单一性以及某一片段训练目标的单一，一般是针对解决重难点设计核心问题，重点解决核心问题。了解了微格教学的内涵后，对自己的教学内容进行了修改，着重讲授本课中的一个教学片段，解决一个核心问题。

二、核心问题与问题链

确定了核心问题，问题链又成了我反复修改斟酌的地方，在指导老师的帮助下，逐渐清晰了问题链的作用和关系，问题链是为解决本课的核心问题而设计的，主要是呈阶梯状由浅入深地抛出问题，引发学生思考，一环套一环地提升问题深度帮助学生在从感知到理解、从探究到实践的过程中完成对核心问题的探索。

三、对语言技能和提问技能的研究

本次比赛的主题是如何运用讲解技能要素和提问技能要素。虽然原稿已经初步完成，但我发现对于微格教学技能的认识还很不清晰。于是又开始查阅与其相关的材料。通过查阅资料我了解到微格教学技能要素是有规定的，不是任意乱说的。比如，讲解技能要素包括讲解目标、讲解结构、讲解语言、普遍联系、共同思维、得出结论。因此我认真学习了《教学技能训练》这本书，从中找到了答案，并认真地修改了教案。

为了让自己的讲课可以更加完美，我采用了录制自己讲课的视频的方式，通过回看视频来发现缺点与不足，以便于可以更快地进步。最初观看自己的视频的时候，自己都无法看下去，发现了很多不足。如激情不够、语速过快、低头的动作多、口语化的字较多。如"呢、吗、那"等，使得语言不够简练，浪费了时间。发现了以上不足后，及时修改了教案，把要说的话写在讲课稿里，经过反复训练，加上有意识地放慢语速。然后，再去找其他有经验的老师和我的指导老师来听，帮助我找到不足。在指导老师的指导下，我的语言简洁很多，口头语也少了。

四、PPT 制作要突出重点

由于初次制作讲课的 PPT 没有经验，第一次做的时候我在 PPT 上加载了很多的动画，可是在实践中发现图片动画太多会使学生的注意力不集中，他们会过多地去关注动画而非讲课内容。在指导老师的帮助下，对幻灯片进行了修改，将动画去掉，只进行文字和图片的展示，但在实践过程中发现效果也不是很好，因为过于单一的幻灯片会给学生带来视觉疲劳，以至于没有兴趣去学更多的内容。经历了两次不成功后，我对幻灯片进行了第三次修改。我将文字、图片以及动画相得益彰地配合起来，图片旁配有少量文字，动画单独穿插其中，字体颜色避免与背景相似，果然，在第三次的试讲中取得了很大的成功，既能抓住学生的注意力，又能引导学生的思考。这次备赛的过程对我来说不仅仅是参加了一个比赛，这个过程对我以后的教学都有很大影响。

点评：（胡秋萍　北京教育学院朝阳分院　中学高级教师）

《舞动的烟花——scratch》的教学内容选自北京版小学信息技术第三册第

三单元第十七课“改善动画效果”，这一课对于学生学习复杂程序设计具有奠基性意义，其原因在于对随机数的理解和对随机命令的恰当使用。该教师在教学设计中很好地理解并选择这个核心问题，教学目标制定准确，采取提问为主的教学方法，巧妙设计了问题链，通过视频观察、随机数范围选取下程序运行的效果对比，引导学生逐步理解了随机数的概念以及在不同要求下如何恰当使用随机命令，充分体现了以学生为中心的设计理念。教学实施中，教师热情自信，语速适中，提问追问有目的有计划，关注到了大部分学生，能从不同的认知层次引导学生进行观察、讨论，逐步达成对核心问题的共识。

谈及青年教师的发展相关的培训，如何做才能让新教师快速胜任岗位工作，微格训练是个非常好的方法，而其中的讲解技能和提问技能则是教师教学能力快速提升的关键因素，很值得花大功夫训练提升。

【问题与思考】

1. 案例七中将问题链的问题进行了分类：记忆型提问、理解型提问、分析型提问、应用型提问和创新型提问，你能根据案例中的内容区分这几类提问吗？这样的分类有什么意义？

2. 案例六中，罗老师的反思中提到：学生走出Word之后，还能运用此方法去触类旁通地掌握其他软件，才是真正地提升了信息素养。你有什么想法，能够实现触类旁通的提问设计应该是什么样的？

二、以讲解技能为主的教学案例

案例一：张晴《音叉是怎样发声的》（北京市密云区檀营满族蒙古族小学）

学科	科学	年级	四年级	教材	首都师范大学出版社
课题	音叉是怎样发声的			主要技能	讲解技能
前期分析					
教材分析	《音叉是怎样发声的》是首师大版小学科学四年级上册《声音的产生》一课的主要实验。通过实验和观察认识声音是由物体振动产生的，培养学生的实验观察能力和分析概括、创新能力。主要通过让学生运用多种方法和常见材料对发声的物体与不发声的物体进行观察、比较，就观察到的现象进行积极思考，建立起“声音是由物体振动产生的”的初步感性认识。				
学情分析	四年级的学生对声音有一定的了解，有一定的生活经验，对声音有着最直观的感受。但是熟悉的现象并不一定引起学生的关注，学生并不会花很多的时间去探究声音的奥秘，更不会想到声音的产生是由物体振动产生的，这恰是我们教学有价值的地方。课前调研发现，大部分学生认为声音的产生是在对物体敲、打、吹、弹等动作时发出的，很难想象到声音产生的本质“振动”。				

续表

学科	科学	年级	四年级	教材	首都师范大学出版社
课题	音叉是怎样发声的			主要技能	讲解技能
课标分析	《音叉是怎样发声的》在课标中的位置是物质世界——能量的表现形式——声音的产生一课的主要内容。课标中的具体要求是：了解声音是由物体的振动产生的。				
教学目标	1.学生基于音叉发声的实验探究活动，能描述出音叉发声是由振动产生的，振动停止，声音停止。 2.学生尝试利用各种方法收集音叉发声时振动的证据。 3.在探究活动中激发学生继续研究声音相关知识的兴趣。				
核心问题	音叉是怎样发声的？				
问题链	问题1.在敲音叉时，你有什么发现呢？ 问题2.音叉是怎样“动”的？ 问题3.你能让音叉迅速停止发声吗？为什么这样做可以？ （围绕核心问题设计一系列不同类型的提问问题，前后连贯，使所有问题成为一个系统整体，从不同的认知层次引导学生进行思维，逐步解决核心问题。）				
讲解目标及方法	实验法：在探究音叉发声时在“动”，动就有声音；不动就没有声音时，通过实验感受音叉的“动”。 演示法：教师在教学时，把实物或直观教具展示给学生看，或者做示范性的实验，通过实际观察获得感性知识以说明和印证所传授知识的方法。 谈论法：即问答法，教师将核心问题提出，并依次提出问题链的问题，学生思考回答，并通过问答的形式来引导学生获取或巩固知识的方法。 讲授法：教师通过口头语言向学生传授知识的方法。教师运用各种教学方法进行教学时，大多都伴之以讲授法。				

教学部分案例

教学课题	音叉是怎样发声的				
学科	科学	年级	四年级	教学时间	9分钟
教学目标	1.学生基于音叉发声的实验探究活动，能描述出音叉发声是由振动产生的，振动停止，声音停止。 2.学生尝试利用各种方法收集音叉发声时振动的证据。 3.在探究活动中激发学生继续研究声音相关知识的兴趣。				

续表

时间	教师的教学行为	学生的学习行为	教学技能要素
2分钟 5分钟	一、利用音叉探究声音产生的原因 1.出示音叉，这是音叉，是用途很广的器材。用小锤敲击音叉，你听…… 音叉发出了声音 提问：音叉是怎样发声的？ 谈话：有的同学说音叉是敲出来的声音。 今天我们就来一起研究音叉是怎样发声的。 教师板书课题。 2.玩音叉：敲击音叉，发出声音；停止敲击，声音继续； 追问，声音是敲击产生的吗？ 3.继续感受与声音产生相关的因素 仔细倾听： 用手触摸： 4.小结：从这个实验可以看出，音叉发声的确和音叉“动”有关系。音叉动时就有声音，不动就没有声音。 板书：动　有声音 不动　没有声音 5.描述与声音相关的音叉的“动”	学生猜测：敲出的声音 学生敲音叉，可以收集到多感官证据： 倾听：声音是嗡嗡的并且持续时间比较长； 手触摸：手麻麻的、感受到振动； 看到音叉振动 学生描述音叉的“动” 预设：振动；颤动；抖动……	共识研究问题，达到共同思维 为探究声音产生的原因寻找证据 讲解的结构：通过寻找证据的方法进行分析，并寻求答案。
	二、对初步结论进行泛化 提问：你能不能利用其他材料来说明音叉是怎样振动的？	a.学生利用桌子，音叉来回弹； b.利用小锤，小	对初步的结论进行泛化

续表

时间	教师的教学行为	学生的学习行为	教学技能要素
	提问：如果让振动的音叉接近乒乓球，会怎样？ 教师演示：将发声与不发声的音叉插入水中。 教师播放视频（慢放镜头），清晰地观看音叉发声在振动。	锤弹。 学生尝试各种方法 预设：乒乓球会被弹起来 学生实验汇报并解释显现原因 学生观看教师演示；描述观察到的现象 学生观看视频 描述或模拟音叉的振动	对初步的结论进行泛化 对初步的结论进行泛化 视频既强化了结论，同时，也达到讲解中的共同效果
1分钟	三、明确"振动"概念 请学生用自己的话归纳：什么是振动 讲解敲击音叉产生了振动，音叉振动产生了声音。敲击只是给了音叉振动的能量。		归纳强化结论，形成概念
1分钟	四、如果声音是振动产生的，尝试让振动的音叉发声，马上控制振动，会怎样？ 用什么办法控制振动？ 进行实验。	学生猜想：声音也停止 预设：学生用手捂住音叉，音叉不振动，声音就停止	讲解的结合符合概念构建过程

反思：

我们的周围充满了各种自然的和人的声音，声音给我们传递意义丰富的各种信息，我们的生活离不开各种声音。这节课的研究主题是"音叉的声音是怎样产生的"。通过观察、感受发声的物体，倾听身边的声音，让学生在自主探究的过程中，去发现、去探索声音产生的原因。

一、在本课的教学中，我给学生提供了三个层次的实验材料

第一组是没有共鸣箱的音叉。用来探究音叉发声时在"动"，动就有声音；不动就没有声音。第二组是乒乓球、水等材料来探究音叉振动时产

生声音，明确“振动”概念。第三组是“一段视频资料”，它可以帮助学生理解“振动”，明确振动概念。正因为有这样丰富的实验材料，学生动手操作的积极性才被调动起来。这些材料的准备为学生提出问题、观察实验、交流活动提供了保证和较大的发展空间，充分发挥了学生的自主性。

二、一节课中的核心问题是本节课要达到的最终目标，每个教学活动要解决的问题，就是课堂提问设计的主线，所以要设计层次清晰紧密的问题链

问题链中的每一个问题是环环相扣，逐步递进的。而这一片段的问题设计正是概念讲解中的具体现象观察、为猜想寻找证据的归因推理的过程，初步形成结论后，对结论的验证用其他“类”事件进行检验的过程是这样，如果不是这样的反而证明过程。

三、整个教学过程变成学生主动参与的发现过程，再研究过程

我在进行本节课微格教学时，通过提出问题、观察实验的方式讲解问题，让学生自己主动地沿着前一个问题链继续思考，从中体验和学习思维的方法，如在本节课提到的放大法、实验推理法、归纳总结法等。

通过这次微格教学技能比赛，我知道了围绕核心问题设计问题链对一节课起到了至关重要的作用，受益一生。此外，观摩其他教师微格教学的时候，也学到了很多。比如，教师上课的时候，不必像在法庭上的法官，面无表情，一脸的严肃；教师上课时的状态也很重要，激情四射的教师，肯定会活跃课堂的氛围。

点评：（卢艳　北京市密云区季庄小学　小学高级教师）

一、教学设计

《音叉是怎样发声的》是首师大版科学教材第三册声与生活单元《声音的产生》教学片段。在前测中发现大部分学生对于声音的产生认为是在对物体敲、打、吹、弹等动作时发出的，而缺少对于声音产生本质“振动”的理解。因为音叉敲一下发声时间很长，它的振动可以感受到、可以看到、可以触摸到，更容易捕捉到声音与振动的关系，从而更好地将声音与振动建立联系，因此本节课的核心问题确定为“音叉是怎样发声的”。问题链的设计与讲解方法紧密联系，在敲音叉时，你有什么发现？音叉的发声会不会“动”这个环节中，主要采取学生易于接受的直接观察体验活动，来感受音叉发声时在动。在音叉是怎样“动”的环节中，主要采用间接观察法和放大法来观察音叉发声时在“振动”。你能让音叉迅速停止发声吗？这个环节中则采用“反证法”，强化振动与发声的关系。

这样设计一是激发学生的学习兴趣，从听音叉的声音开始到观察发声时的音叉逐步揭示声音的产生本质是“振动”；二是顺应学生的思维发展，给学生更多的思维空间；在课堂中体现以生为本，突出学生的主体地位。

二、教师技能的表现

1.核心问题是本节课要解决的主要问题，问题链则是围绕核心问题设计的不同类型的问题，这些问题的设计层层深入，前后联系紧密，使所有问题成为一个系统，老师对问题链中各个问题的提出比较准确，表述问题简洁清晰。提问时机比较恰当，每一个不同类型的问题应该有不同的等待时间，这一点，张老师似乎留给学生思考的时间稍微少了一些，需要加强。老师能够对学生的回答有反馈、有引导。

2.老师为达成教学目标，采取的讲解方法有叙述法、描述法、归纳法、演绎法等，这些讲解方法符合学生认知规律，易于学生接受。在讲解过程中语言清晰简洁，条理清楚，语音语调适合小学生。讲解过程中有板书、媒体、肢体语言等的配合，板书有设计，但层次性不够，对于目标达成起到了一定的促进作用，讲解中有明确的结论。

3.对“音叉发声时怎样动”的环节有三个小实验，老师对第一个实验“振动的音叉接触桌面”时现象的处理不够细致，缺少学生对现象的描述，具体的描述可以帮助学生理解“振动”概念。“振动”概念是慢慢建立起来，三个小实验包括视频资料的补充都应该是对“振动”概念的建立起到层层递进、逐层深入的作用，这时教师应该有更为简洁、突出重点的小结。

此外，张老师在现场教态端正，落落大方，有亲和力，和参与展示老师有互动。对教学媒体的使用和使用时机把握比较准确。

三、青年教师的发展

青年教师已经逐渐成为教育工作中的生力军和后备力量。在对青年教师的培养上要坚持以人为本，尽可能激发他们的参与意识和主动性。青年教师要掌握本学科课程标准和教材所涉及的基本原理、基础理论与知识，并能深入浅出地进行运用。报告讲座、师徒结对、考查学习可以对青年教师起到专业上的引领。同伴互助、自我反思和专业引领是促进青年教师专业发展的基本途径。

本次的微格课展示活动十分有利于青年教师的发展，片段教学可以考量教师对知识系统的了解程度，对本节课核心问题和问题链的梳理有利于教师从学生的角度去思考问题、设计问题，有利于从思维培养的角度去设计更加适合学生的讲解方法。参与活动教师可以在活动过程中得到历练；在师徒结对中得到专业引领；在自我反思中收获与成长。

案例二：彭铁鹤《大漠升起蘑菇云》（北京市朝阳区牌坊小学）

学科	品德与社会	年级	六年级	教材	首师大版
课题	大漠升起蘑菇云			主要技能	讲解技能
前期分析					
教材分析	《大漠升起蘑菇云》是首师大版品德与社会六年级上册第一单元第三主题的内容。教材简明扼要地介绍了我国研制核武器取得的成就、产生的巨大影响、历经的艰难险阻和背后的感人事迹，并以思考题的方式提出了“我国为什么要研制原子弹”这个问题。 根据事物发展的因果关系，也为了契合六年级学生认知水平，帮助其深入理解我国成功研制核武器带来的重大影响，先在第一个教学环节中呈现我国研制核武器的背景，认识我国当时研制核武器的必要性，便显得尤为重要了。因此，作为课堂教学的第一个环节，这里将了解我国研制原子弹的原因定为教学重点。学生通过对不同类别的材料进行探究分析，来完成对本环节教学重点的学习。				
学情分析	前期的问卷调查结果显示出学生对原子弹有一些基本的了解。例如，大多数学生都知道原子弹是一种可怕的武器，但只有很少一部分学生能举例说明其威力大在何处。从学生实际情况考虑，六年级的学生初步具备了提炼、归纳和分析信息的能力，这就为本环节对资料分类归纳、提取关键信息的活动做好了准备。 问卷调查显示出的另一个问题，就是大多数学生对于我国研制原子弹的原因并不知晓，只有很少一部分学生对这个原因有着很不全面的认识。这就导致学生对于我国研制原子弹的认同感缺乏，更难以激发出爱国热情和民族自豪感。基于此，在学生分析材料得出结论的基础上，教师需要加强情感方面的引导和提升，以促进教学难点的突破。				
课标分析	课程标准中的5.11中明确指出了六年级学生在本学科所要达到的目标：知道新中国成立和改革开放以来取得的成就，加深对社会主义祖国和中国共产党的热爱之情。在本环节的教学中，首先就以视频和图片的形式直观地向学生展示了20世纪60年代新中国在国防事业中取得的重大成就——原子弹爆炸成功这一事件。然后再以学生小组合作分析资料的方式找出我国研制原子弹的原因，认识到贫穷落后的新中国掌握了核武器这项尖端科技，从而激发出对祖国和领导国家建设的中国共产党的热爱之情。				
教学目标	根据对教材内容的分析和学情的分析，制定教学目标如下： 1.通过观看视频和图片，感受原子弹的巨大威力；通过材料分析，能够列举出我国研制原子弹的原因。 2.通过小组合作，能够把资料分类，提炼关键信息，并分享自己的观点。				

续表

学科	品德与社会	年级	六年级	教材	首师大版
课题	大漠升起蘑菇云			主要技能	讲解技能
	3.通过分析资料，认同我国研制原子弹的必要性，增强爱国热情和民族自豪感。				
核心问题	围绕本环节的教学重点——了解我国研制原子弹的原因，制定出本环节的核心问题：为什么我国要研制原子弹？很明显，通过归纳资料、提取关键信息来了解我国研制原子弹的背景，分析研制原子弹的原因，可以为后续学习中了解我国原子弹爆炸成功带来的巨大影响奠定基础，同时也非常直观地反映了本环节的教学重点。				
问题链	1.看完《核击广岛》的视频和图片，你有什么感受？ 2.既然原子弹如此可怕，我国为什么还要研制原子弹？ 3.你们用什么方法归纳出你们小组的观点的，有无分歧？ 本环节的问题链由两个呈现递进关系的问题组成——学生从资料中感受到原子弹的恐怖威力，然后思考我国研制这种可怕武器的意义。第一个问题是解决核心问题的基础，因为学生只有切实感受到原子弹的恐怖，才会在其内心引起冲突——原子弹如此可怕，我国为什么还要研制它？同时，感受原子弹的恐怖威力，也能帮助他们更深刻地体会到我国面临核威胁时的紧迫感，有利于学生更好地理解我国研制原子弹的意义。第二个问题由上一个问题的结果引申而出，通过从资料中提取关键信息，分析我国研制原子弹的意义，即“我国研制原子弹可以做什么”，找到我国研制原子弹的原因，由此指向核心问题。第三个问题沉淀方法。				
讲解目标及方法	在本环节中，为了体现出学生在学习中的主体地位，并没有采取教师满堂灌输的说教式讲解，而是把“提出问题—呈现资料—学生归纳—教师提升”的方法贯穿始终，强调在学生从资料中粗略地提取出关键信息后，由教师以总结提升的方式进行描述性讲解，对学生汇报内容进行简练地拓展，而不是机械地重复学生对资料进行归纳后的结果。从教学内容考虑，本环节内容比较复杂，涉及历史、军事、政治等多方面的知识，离学生的生活实际比较远，学生理解起来有一定的难度，这就要求采用描述性讲解，增强语言的感染力，激发学生的情感和想象，使他们更好地理解教学内容。				

教学部分案例

教学课题	大漠腾起蘑菇云				
学科	品德与社会	年级	六年级	教学时间	9分钟
教学目标	1.通过观看视频和图片，感受原子弹的巨大威力；通过材料分析，能够列举出我国研制原子弹的原因。				

续表

<table>
<tr><td>教学课题</td><td colspan="5">大漠腾起蘑菇云</td></tr>
<tr><td>学科</td><td>品德与社会</td><td>年级</td><td>六年级</td><td>教学时间</td><td>12分钟</td></tr>
<tr><td></td><td colspan="5">2.通过小组合作，能够把资料分类，提炼关键信息，并分享自己的观点。
3.通过分析资料，认同我国研制原子弹的必要性，增强爱国热情和民族自豪感。</td></tr>
<tr><td>时间</td><td colspan="2">教师的教学行为</td><td colspan="2">学生的学习行为</td><td>教学技能要素</td></tr>
<tr><td>3分钟</td><td colspan="2">导入语：同学们，在20世纪60年代，我们中国发生了一件惊天动地的大事，这件事不仅令中国人扬眉吐气，更令世界为之震惊。就让我们一起穿越时空隧道，回到1964年的新疆罗布泊去看一看。
（PPT出示我国第一颗原子弹爆炸的视频资料）
发生了什么事？
过渡：正如你们所说，大漠之上，一朵壮观的蘑菇云腾空而起，我国第一颗原子弹爆炸成功了！
为什么我国要研制原子弹？要找到问题的答案，我们首先要从原子弹这种核武器说起。
【板书：原子弹】
既然是武器，那原子弹的威力是怎样的呢？我们一起来看一看。
（播放《核击广岛》视频）
看完《核击广岛》的视频和图片，你有什么感受？
归纳：的确，原子弹的杀伤力和破坏力令人震惊，它摧毁城市，涂炭生灵，给人类带来巨大灾难。
【板书：杀伤力大，破坏力大】</td><td colspan="2">认真倾听
观看视频
观看视频
预设回答：
原子弹杀死了很多人，还炸毁了很多房屋，威力太大了。
教师评价：你说得真好，要是声音再洪亮些就更好了。</td><td>提问,讲解,媒体运用，教学语言，教态
核心问题</td></tr>
</table>

续表

时间	教师的教学行为	学生的学习行为	教学技能要素
2分钟	过渡：既然原子弹如此可怕，我国研制原子弹又有什么意义呢？下面我们就以小组为单位，来一起讨论这个问题。 老师为每个小组都准备了一份资料，请同学们将资料在学习单中分类、归纳，并提出自己的观点。一会儿汇报时，结合材料说明你的观点。 哪个小组能先来分享你们的答案呢？ 归纳：也就是说，我们研制原子弹可以打破美国的核威胁，保卫国家安全。 【板书：保卫国家安全】 还有谁认同这个观点，可以进行补充。 归纳：想一想，如果广岛的悲剧在我们的城市再次上演，那一定是非常可怕的事情。所以，正如法国著名科学家约里奥·居里说的那样：想要反对原子弹，就必须拥有原子弹。	认真倾听 学生对资料进行分类，并归纳提炼完成学习单。 预设回答： 在朝鲜战争中美国威胁要用原子弹轰炸我们。如果有了原子弹，我们就可以保护自己了。 教师评价：你的举例很有代表性。 预设学生补充： （1）1955年金门马祖危机时，美国威胁要用原子弹轰炸我们； （2）1958年金门炮击战时，美国又用原子弹威胁我国。 教师评价：你对资料的归类很准确。	提问，讲解，媒体运用，教学语言，教态

续表

时间	教师的教学行为	学生的学习行为	教学技能要素
2分钟	过渡：除此以外，谁还有不同的观点吗？ 归纳：在国际事务中掷地有声的五大常任理事国，恰恰是最先拥有原子弹的五个大国。看来，研制原子弹有助于提高我们的国际地位。 【板书：提高国际地位】 还有谁认同这个观点，也可以进行补充。 教师评价： 归纳：其实，毛主席也说过：没有原子弹，人家就说你不算数。为了在国际事务中取得积极主动的地位，作为一个人口占世界五分之一的大国，我们中国应当发展自己的原子弹。	预设回答： 联合国安理会五大常任理事国，也是最先拥有原子弹的五个大国。这说明拥有原子弹可以获得更高的国际地位。 教师评价：你的分析很有见解。 预设学生补充： 邓小平说：“如果中国没有原子弹、氢弹，中国就不能叫有重要影响的大国，就没有现在这样的国际地位。” 认真倾听	讲解，媒体运用，教学语言，教态
2分钟	过渡：同学们说得都很有道理，谁还有新的观点吗？	预设回答： 只有三个国家拥有核武器来保证世界和平是不可能的。只有反对核垄断的国家也有了原子弹，世界和平才能有所保证。	

续表

时间	教师的教学行为	学生的学习行为	教学技能要素
	归纳：我们中国这样的发展中大国研制原子弹，可以打破只有少数超级大国垄断核武器的局面，有利于维护世界和平。 【板书：维护世界和平】 小结：通过分享和交流，我们明白了尽管原子弹是一种非常可怕的武器，但在当时的时代背景下，为了保卫国家安全、提高国际地位，也为了维护世界和平，我国必须要研制原子弹。	教师评价：你对资料的提炼很准确。如果能用自己的话归纳就更好了。 认真倾听	讲解，媒体运用，教学语言，教态
3分钟	今天我们各个小组都通过资料为我们探讨的问题寻找到了证据，你是否能够说说你们是怎么阅读资料，得出你们的证据的，有没有意见分歧的时候呢？		归纳方法

反思：

本次教学展示使我增加了诸多方面的经验，其中最重要的收获有两点：

第一是关于核心问题与问题链设计对课堂教学作用的反思。在之前很多课堂教学活动的设计过程中，我对于问题的设置并没有给予足够高的关注，往往就是流水账一般地写下来，而并没有深入思考每个问题之间是否有着合理而严谨的逻辑关系。细细想来，仅仅是这十分钟教学的核心问题和问题链的设计，就足够认真思考很久，而在设计平时四十分钟的常态教学活动时，每个环节的问题设置就更有难度了。通过本次比赛我认识到了一点：在设计教学活动时，不论是每个大环节的构思还是各个环节内的衔接，其问题设计都要有环环相扣的连贯性，呈现出较为清晰的梯度和层次感，这样才能引导学生由浅入深地思考。问题的设置不能随心所欲，而要充分考虑其与前后问题的关系，让一节课成为一个层次分明、结构严谨的整体，从而提高课堂教学的时效性。

第二是对讲解技能的反思。相对于低年级课程而言，高年级的品社课程更多地会考验教师的讲解技能。讲解固然强调教师“讲”的水平，但这并不意味着单方面的灌输式授课。具体到高段品社的课程中，在学生进行初步自主学习后，由教师以总结提升为目的进行讲解，则是一种常用的方法。教师对于自己总结提升的内容要有充分的准备，在备课的时候对于每节课的关键知识、技能要有深入透彻的理解，这不仅仅是教师能把某个知识点讲明白的前提，更是在面对高年级课程中一些相对专业的教学内容时，可以使教师能够应对学生多样化的自主学习结果，而不至于出现教学思路被学生带偏的重要保障。另外，在运用讲解技能时，教师必须尽可能地精简语言，力求用最简短的话语来达到讲解的目的，否则很容易陷入长篇大论的灌输教学中，这当然对备课的质量提出了较高的要求，但是其所增加的课堂时效性也是非常可观的。

点评：（刘继玲　北京教育学院朝阳分院）

为什么我国要研制原子弹？当这个核心问题抛出之后，每个同学都能说出一两点，将这样一节课作为片段课来展示，究竟要培育学生什么方面的学科核心素养和能力？如果只追求知识性质的答案，那么这节课显然不需要这么大费周折，无须分组进行资料的筛选、分类、归纳和提炼。如果我们将社会认同、社会责任、实证分析解决问题的能力作为培育的目标的话，无疑本节课围绕这一核心问题所展开的学生分组自主学习活动就是一个合理的设计了。从教学技能角度来看，本片段主要体现了提问技能和讲解技能。这两项技能也是品生品社学科常用到的技能。提问技能的功能侧重引导、推进学生的思维进程，讲解技能的功能侧重解释说明，当然还承载品生品社课所强调的情感渲染的作用，因此讲解技能不仅要求教师有一定的语言表达力、对学科、教材的把握的深度，也要求有一定的情感展现力。在这一点上，彭老师声情并茂，声如洪钟，语言是他的特色之一。

案例三：吴新玉《造纸术》（北京市昌平第二实验小学）

学科	品德与社会	年级	五年级	教材	首师大版品德与社会
课题	造纸术			主要技能	讲解技能、分析技能
前期分析					
教材分析	本课结合首师大版《品德与社会》五年级下册第三单元“古老的民族”中的第三个主题“祖先的科学技术成就”第一课时“四大发明的贡献”进行设计和教学。旨在引导学生了解我国的四大发明中的造纸术的贡献，认识古代劳动人民的勤劳与智慧。课中通过体验活动认识到纸张发明之前书写材料存在的不足，通过纸张之前的书写材料与纸的对比、东西汉纸的对比，帮助学生加深理解造纸术的改进对当时人们的生活和社会发展的作用。				
学情分析	在前面的学习中学生已经知道造纸术是我国四大发明之一，也知道造纸术的改进时间，以及造纸术的改进者。然而，学生不知道纸张出现前的书写材料存在的缺点。对纸张出现之后，人们的生活和社会的发展发生了哪些变化也缺少了解。				

续表

学科	品德与社会	年级	五年级	教材	首师大版品德与社会
课题	造纸术			主要技能	讲解技能、分析技能
课标分析	《品德与社会课程标准》中指出：教育的内容和形式必须贴近儿童的生活，反映儿童的需要。由学生熟悉的书、纸、纸杯等导入新课，不仅可以激发学习兴趣，同时从学生的生活入手，便于学生接受和理解。教学中通过体验在竹简上写字，体验搬动与20千克竹简等重的书箱等活动，使学习的形式贴近儿童的生活，适合学生的心理。通过纸与其他书写材料的对比，东西汉纸的对比，帮助学生认识造纸术的作用，体会到中华民族古老的科技成就领先于世界先进水平，增强学生的民族自豪感。				
教学目标	1.知识目标： （1）认识到由于纸张发明前的书写材料存在不足，从而影响了文化的发展。（教学难点） （2）知道造纸技术改进后对人们生活及社会发展的影响。（教学重点） 2.能力目标： 通过对资料的分析和提取，培养学生分析问题和解决问题的能力。 3.情感态度价值观：感受我国古代人民的聪明才智，激发学生的民族自豪感。 本节课旨在通过纸与其他书写材料的对比，东西汉纸的对比，帮助学生认识造纸术的作用，体会到中华民族古老的科技成就领先于世界先进水平，增强学生的民族自豪感。				
核心问题	核心问题：纸张出现前后人们的生活有何变化？ 在本课中将认识到由于纸张发明前的书写材料存在不足，以及产生的影响作为教学难点，教学重点是知道造纸技术改进后对人们生活及社会发展的影响。根据重难点设立了核心问题。				
问题链	1.纸张出现前的书写材料使用有什么不便？ 2.东西汉的纸有什么不同？ 3.纸张与其他的书写材料相比有什么优势？ 4.纸张出现后人们的生活发生了哪些改变？ 四个问题逐层递进，最终解决核心问题。				
讲解目标及方法	讲解方法： 体验式和对比式讲解法 原因及目的： 教学内容远离学生的生活，学生较难体会古代无纸的不便。为了更好地感受纸张出现前后人们生活的变化，选取纸张出现前的书写材料，让学生亲自体验，这样更能感受到古代无纸时生活的不便；另外用纸张的优势				

续表

学科	品德与社会	年级	五年级	教材	首师大版品德与社会
课题	造纸术			主要技能	讲解技能、分析技能
	与其他书写材料的不足进行比较，从而更能深刻地感知纸出现之后给人们的生活带来的改变，从而感知中国古代劳动人民的聪明才智。				

教学部分案例

教学课题	首师大版五年级下册《造纸术》				
学科	品德与社会	年级	五年级	教学时间	10分钟
教学目标	1.知识目标： （1）认识到由于纸张发明前的书写材料存在不足，从而影响了文化的发展。（教学难点） （2）知道造纸技术改进后对人们生活及社会发展的影响。（教学重点） 2.能力目标： 通过对资料的分析和提取，培养学生分析问题和解决问题的能力。 3.情感态度价值观： 感受我国古代人民的聪明才智，激发学生的民族自豪感。				

时间	教师的教学行为	学生的学习行为	教学技能要素
1分钟	一、创设情境，引发话题 1.教师提问：观察老师面前摆放的这些东西，你都用过哪些？又是什么时候用的呢？ 2.小结：生活中、工作中、学习中，都要用到纸，纸真是无处不在啊！	观察书桌上的物品并回答。	提问技能： 记忆型提问（让学生在观察的基础上说一说平时都会在什么情况下用到纸，感受纸的重要性）
3分钟	二、体验探究，了解新知 （一）了解纸张出现之前的书写材料带来的不便 1.教师提问：同学们，你们知道在纸张发明前，人们都将文字写在哪里吗？（板书：纸　前） 2.展示讲解：展示并介绍甲骨、竹简、帛、羊皮等书写材料。	思考并回答。	提问技能： 记忆型提问（学生根据以往的知识回答）

续表

时间	教师的教学行为	学生的学习行为	教学技能要素
	  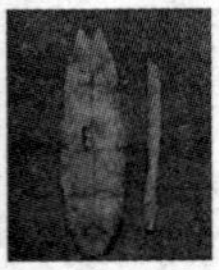 3.体验感知：在这些材料上书写是什么感觉呢？你们愿意试试吗？现在我们就将自己的姓氏写在竹简、帛、羊皮上。 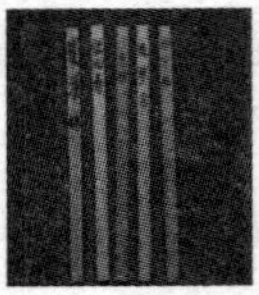  （学生作品） 4.小结：通过体验大家都觉得不好写。那古人一般都用毛笔写字，比咱们用的这个笔还难写。 5.教师提问：试想一下，如果将咱们这本品社书中的文字都写在竹简上，那会怎么样呢？ 教师出示计算公式： 30 715 ÷12= 2 560（片） 4.4×2560= 11 264（克）≈11（千克） 6.教师谈话：加上书中图画大约是20千克。老师前面这个书箱就是20千克，谁来试着搬一下？ 7.教师提问：通过体验我们知道了一本书的内容写到竹简上就这么重，如果将所有学科的文字都写在竹简上，那上学得用什么来运？ 古代书籍是不是像我们估计的这样重呢？同学们快速读读这个小故事：	学生动手体验：分别在竹简、帛或羊皮上写上自己的姓。体验后说出感受。 学生通过估算回答。 学生体验20千克书箱的重量。 学生回答：车…… 带着问题快速阅读小故事。 预设：抓关键字词回答：3000多片竹简，两名武士抬进宫。 两个月读一本书。	描绘性讲解：（用生动形象的语言，结合具体可感的实物让学生了解纸出现之前的书写材料） 讲解技能：（总体感受古代书写材料使用时的不便） 提问技能：（通过计算，体会竹简作为书写材料存在的缺点） 强化技能：（通过体验书箱的重量，进而更具体地感知竹木简作书写材料的不便，为解决问题链中的第一个问题服务）

续表

<table>
<tr><th>时间</th><th>教师的教学行为</th><th>学生的学习行为</th><th>教学技能要素</th></tr>
<tr><td></td><td>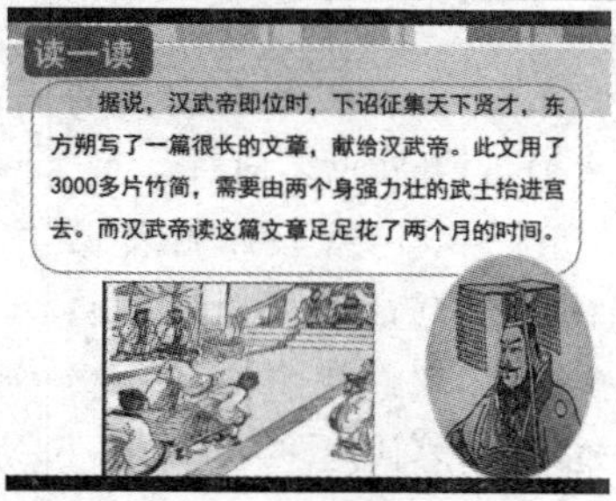
</td><td></td><td>记忆型提问：（进一步感受竹简作书写材料存在的麻烦）</td></tr>
<tr><td></td><td>8.教师提问：你从哪儿看出来重的呢？除了重，你还发现了什么？</td><td>学生根据理解回答。</td><td></td></tr>
<tr><td></td><td>9.教师追问：同学们，除了竹木简具有重、携带、阅读不便之外，其他书写材料在使用时还存在什么不便呢？</td><td>通过分析回答问题。</td><td>分析型提问：（通过阅读历史故事，感知古代书写材料的不足给人们阅读带来的不便。）</td></tr>
<tr><td></td><td>教师依据学生的发言写表格。
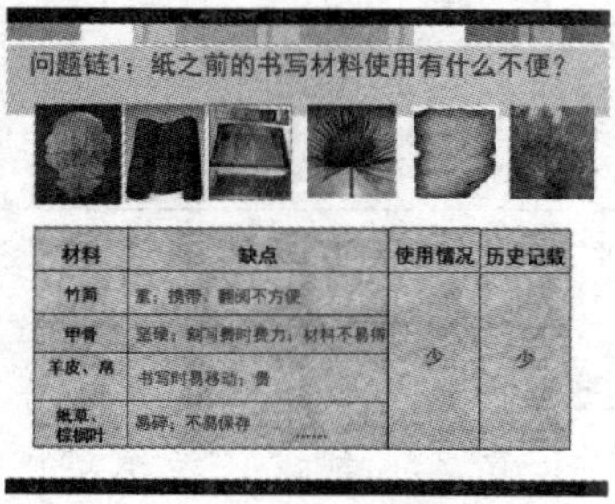
</td><td></td><td>分析型提问：（分析出示的书写材料存在的不足，解决问题链中的第一个问题）</td></tr>
<tr><td></td><td>10.教师提问：既然存在这么多不便，那古代使用这些材料的人会多吗？记录的信息呢？</td><td></td><td>分析型提问：（在了解书写材料使用不便的基础上分析给人们生活带来的影响）</td></tr>
<tr><td></td><td>11.小结：使用的人少，写的东西就会少，流传下来的历史记载也就会少，极大地影响了文化的保存与传播。不仅我们发现了这些不足，古人也发现了这些问题，他们在不断寻找更好的书写材料。它就是——纸。</td><td></td><td></td></tr>
</table>

续表

<table>
<tr><th>时间</th><th>教师的教学行为</th><th>学生的学习行为</th><th>教学技能要素</th></tr>
<tr><td>2分钟</td><td>（二）东西两汉纸的对比
1.教师提问：其实西汉就已经有纸了，可是为什么说到纸我们想到的都是东汉的蔡伦呢？
2.教师提问：课前，我们已经对东西汉的纸做了一定的了解。比较东西汉的纸，哪个朝代的造纸原料更好找？
出示表格：东西两汉纸的不同。
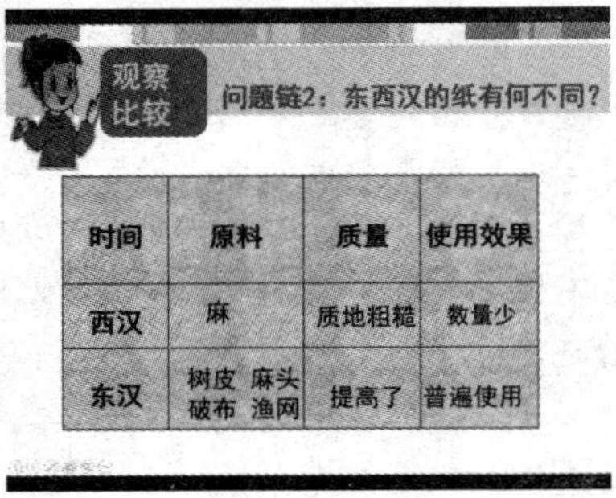
<table><tr><th>时间</th><th>原料</th><th>质量</th><th>使用效果</th></tr><tr><td>西汉</td><td>麻</td><td>质地粗糙</td><td>数量少</td></tr><tr><td>东汉</td><td>树皮 麻头
破布 渔网</td><td>提高了</td><td>普遍使用</td></tr></table>
3.小结：东汉纸的原料易获得，纸的质量也更好了，使用的人变多了。</td><td>根据已掌握的知识回答问题。
结合课前搜集到的资料以及表格信息进行分析，回答问题。
预设：东汉。</td><td>理解型提问：（根据已有知识进行思考）
理解型提问：（需要学生结合课前查找到的资料，了解东西汉纸的不同，解决问题链中的第二个问题）</td></tr>
<tr><td>2分钟</td><td>（三）纸与其他书写材料相比的优势
1.教师提问：东汉的纸是怎样制造出来的呢？我们一起来看一看。
教师播放视频，简介东汉造纸流程。
2.教师提问：同学们，通过视频你们发现了什么？
3. 追问：与其他书写材料相比，纸还有哪些优势？</td><td>学生观看东汉造纸工艺。
预设：造纸过程很简单。
对照表格回答问题。</td><td>理解型提问：（通过观看视频，感受东汉造纸工艺的简单过程）</td></tr>
</table>

续表

<table>
<tr><th>时间</th><th>教师的教学行为</th><th>学生的学习行为</th><th>教学技能要素</th></tr>
<tr><td></td><td>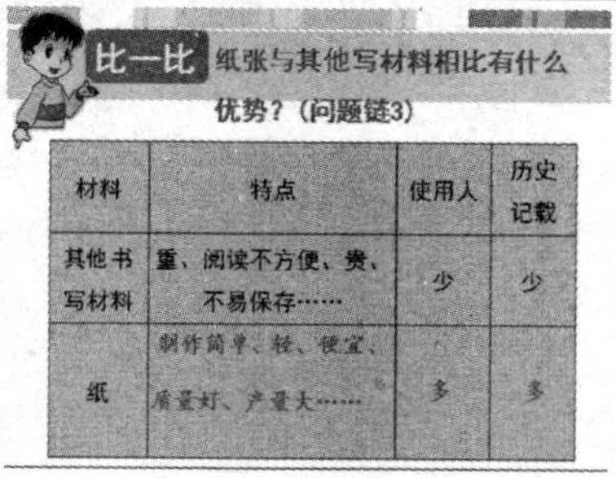
比一比 纸张与其他写材料相比有什么优势？（问题链3）
<table><tr><th>材料</th><th>特点</th><th>使用人</th><th>历史记载</th></tr><tr><td>其他书写材料</td><td>重、阅读不方便、贵、不易保存……</td><td>少</td><td>少</td></tr><tr><td>纸</td><td>制作简单、轻、便宜、质量好、产量大……</td><td>多</td><td>多</td></tr></table>4.小结：东汉的纸制作工艺简单，价格便宜，纸的质量和产量都大为提高。人们将蔡伦改进的纸称为“蔡侯纸”。公元3～4世纪，纸已经基本取代了帛、简而成为我国唯一的书写材料。纸有这么多优点，使用的人自然多了起来，逐渐得到了广泛应用。（板书：应用多）</td><td></td><td>分析讲解技能：（总结出东汉纸张的优点并得到广泛使用）</td></tr>
<tr><td>2分钟</td><td>（四）纸张产生后我国人民和社会发展产生的变化
1.教师提问：同学们想一想，当纸张普及后，社会和人民的生活会发生哪些改变？
2.教师小结：
（1）文化传播加快。纸张把古代的信息记录下来，使得很多名著、名画得以流传至今。
（2）促进沟通、交流。纸张的发明极大地方便了人们的书写，更多的人可以用纸来写信，促进了人们的沟通交流。
（3）生活必需品。人们用纸来装饰生活，纸逐渐成为生活的必需品。
（4）促进经济发展。不仅如此，我国还是世界上最早使用纸币的国家。这种纸币在宋代称为“交</td><td>预设：从记载文字、沟通交流、日常生活等方面回答。</td><td>记忆型提问：
板书技能：（梳理出纸张发明后带来的变化）
分析型提问：（联系生活实际，从多角度思考，纸张出现后给人们生活带来的变化，解决问题链的第四个问题）
记忆型提问：（诵读赞美纸张的古诗，再次领略纸的优点，感受蔡伦改进造纸术的伟大以及我国古代劳动人民</td></tr>
</table>

续表

时间	教师的教学行为	学生的学习行为	教学技能要素
	子”。其出现避免了钱币搬运的麻烦。随着当时经济的发展，我国许多地方建立了发行和兑换交子的交子铺。交子出现的时间可比美国、法国等西方国家发行纸币的时间早六七百年。 教师出示图片。 3.教师提问：同学们，纸给人们的生活带来如此多的便利，清代黄遵宪曾赋诗一首赞美道：“轻于蝉翼薄于纱，栏画乌丝整又斜。不用文人愁纸贵，淡黄遍种瑞香花。”纸不仅改变了古人的生活，我们今天也离不开纸。这都是谁的功劳？ 教师出示蔡伦图片。 4.小结：是啊，蔡伦及古代劳动人民用他们的勤劳与智慧为我国乃至全世界留下了一笔宝贵的财富！	蔡伦	的聪明才智。） 概括总结

反思：

《品德与社会》学科倡导围绕主题内容，开展体验、探究、问题解决学习等活动。本课主要以学生体验活动为主，通过在竹简、羊皮、帛上书写，搬运与竹简等重的书籍来感受纸张出现之前的书写材料使用不便。重视学习体验和学习思考能力的培养，以此促进学生的问题解决能力。另外，本课重视课内外学习，将课外学生搜集到的资料与课堂内容相结合，既能增加学生的学习兴趣，又能锻炼学生自我搜集信息、整理信息的能力。

此次比赛对我个人成长意义较大。首先要选题明确。选取核心问题要具体且内容不宜过于宽泛。本节课设置核心问题：“纸张出现前后我国人民的生活有何变化？”围绕这一核心问题，我设置了“纸张出现前的书写材料使用有什么不便？东西汉的纸有什么不同？纸张与其他的书写材料相比有什么优势？以及纸张出现后我国人民的生活发生了哪些改变？”这四个小问题。核心问题看似简单，可要完成这一问题需要了解纸张出现之前的书写材料的特点以及使用时存在的问题，接下来要通过课外资料的搜集了解东西两汉纸的差异，进而感知东汉纸的优势。最后思考纸出现后人们生活发生的变化。问题链的设计紧密围绕核心问题，层层递进，最终解决核心问题。

其次，注意教师的提问技能，对学生的提问不是随便的提问，而要有针对性。提问要用词准确，注意学生回答后的点评语，点评要及时，能针对学生的回答给予相应的评价或总结。课堂就是要通过老师的提问、引导，让学生主动地发现，主动地发言，锻炼学生的语言表达能力，促进学生思维能力。

点评：（宋金红　北京市昌平区教师进修学校　小学高级教师）

《造纸术》是品德与社会五年级下册第三单元《灿烂的历史文明》主题三“祖先的科学技术成就”中的教学内容。教学教老师重点以讲解为主并注重联系学生生活，创设真实的情境，注重让学生在体验、探究中理解与感悟。具体特色如下：

一、依据学生生活经验设计教学，使学生对造纸术的贡献有了初步的理解感悟

学生的品德与社会性发展源于他们对生活的认识、体验和感悟，学生的生活对本课程的构建具有重要价值。我国古代的造纸术历史悠久，离学生较远。吴老师在教学中充分联系学生生活实际，调动学生的生活经验与认识，拉近历史与学生生活的距离，引导学生用多种感官去感知，促进了学生的理解与感悟，起到了事半功倍的效果。

在课堂伊始吴老师展示了学生熟悉的书、纸盒、纸巾、纸杯等这些学生生活中常用的纸制品，并请学生说一说是否用过？什么时候用的？对于这样的问题学生很容易回答，在此之后教师进一步明确纸在我们的生活中无处不在，使学生认识到自己的生活离不开纸制品，初步感受到纸张在当今社会的作用。

进而教师提出在纸张出现前人们将文字写在哪里？学生结合以往经验和搜集到的资料轻松地回答本问题，在解决第一个问题链纸张出现前的书写材料有什么不便时，吴老师问学生如果将五年级下册品德与社会教材中的文字都写在竹简上，你们估计有多重呢？在师生共同计算出大约 11 千克的基础上，她指出 11 千克仅仅是这本书中的文字，如果加上图片，估计约有 20 千克左右。然后让几个学生到前边来搬一下模拟竹简做的一本书的箱子（学生感到很重）。老师又问，如果将所有学科的文字都写在竹简上，上学还能用书包吗？得用什么运来呀？学生很是惊叹：纸张的发明真是太好了，现在如果没有发明纸我们都不一定能上学呢，没有纸真是太不方便了！

二、设计学生喜欢的体验活动，促使学生深化理解和感悟造纸术的贡献

品德与社会课程的学习是知与行相统一的过程，注重学生在体验、探究和问题解决的过程中，形成良好道德品质，实现社会性发展。人只有有了亲身的体验，才会获得真实的感受，而这种内心体验是形成认识、转化行为能力的原动力。吴老师在短短的十分钟教学中安排了两次体验活动。一是安排全体学生体验在竹简、帛、羊皮上书写自己的名字；二是部分学生体验搬动（假设是竹木简制成的品社一本书）古代约有一本书重量的箱子。很显然学生有了亲身的体验，就能表达一定的感受、态度，学生很容易体会到纸张出现之前书写材料的种种不便，以及对人们的生活和社会的发展的影响。又通过其他视频、图片、文字等资源的感知，对造纸术的影响进行分析、判断、归纳。能够很好地理解、感悟到造纸术对古今人们的生活、社会的发展所起到的巨大作用，从而很好地解决了核心问题。

【问题与思考】

1. 案例一和案例三分别运用了不同的讲解结构，你能概括这一结构特点吗？这样的结构适宜怎样的内容，有规律吗？

2. 举例说明讲解过程中怎样实现与学生的“共同思维”和建立“普遍联系”。

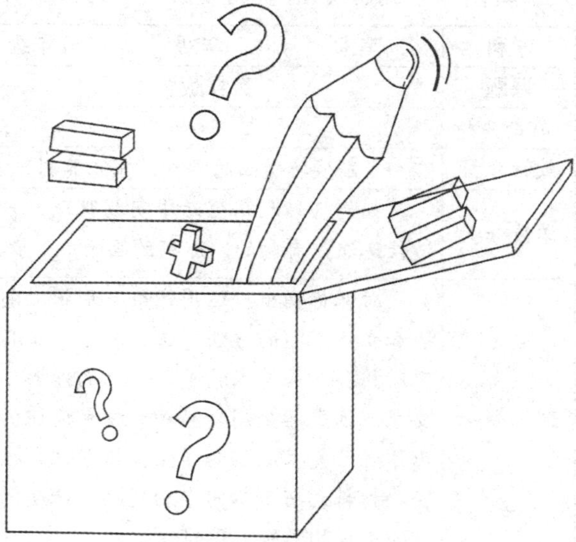

第七章　音、体、美学科案例分析

学习目标：

学习本部分示例的内容，希望达到如下的学习目标：

1. 学习案例设计内容，能够运用提问和讲解两个技能的要素分析案例。

2. 对怎样的教材分析和学情分析能够构建核心问题和问题链有理解和认识。

3. 通过运用本学科示例进行研讨，提高明确并准确描述一节课中的核心问题的能力，提高利用问题链的设计解决核心问题的能力，同时，实现课程目标中能力培养目标。

4. 能够尝试着进行微格教学片段的设计。

一、以提问技能为主的教学案例

案例一：姚丽媛《实物版画》（北京市昌平区南口镇小学）

<table>
<tr><td>学科</td><td>美术</td><td>年级</td><td>五年级</td><td>教材</td><td>人民美术出版社</td></tr>
<tr><td>课题</td><td colspan="3">实物版画</td><td>主要技能</td><td>提问技能</td></tr>
<tr><td colspan="6">前期分析</td></tr>
<tr><td>教材分析</td><td colspan="5">了解实物版画的特点，探究其制作方法。</td></tr>
<tr><td>学情分析</td><td colspan="5">如何巧妙利用生活中实物肌理或自己制作实物进行艺术表现，从而创造性地组织有趣的、新颖的画面。</td></tr>
<tr><td>课标分析</td><td colspan="5">新课标指出：运用线条、形状、色彩、肌理和空间等造型元素，以描绘和立体造型的方法，选择合适的工具、媒材，记录与表现所见所闻、所感所想，发展美术构思与创作的能力，表达思想与情感。本课根据新课标要求，注重学生创新精神和技术意识的形成。在本节课的教学设计中，突出体现了美术课程向学生提供了技术性活动的基本方法，从收集生活中的实物材料到巧用不同实物拼摆有情趣的画面，再逐一进行拓印，体现了学生的美术构思能力和创作能力。</td></tr>
<tr><td>教学目标</td><td colspan="5">1.知识与技能：了解实物版画的特点，探究其制作方法，初步掌握实物版画的制作过程。
2.过程与方法：在学习过程中采用观察、体验、探究的方法，提高艺术表现力。
3.情感、态度和价值观：通过生活中的实物，发现生活中的美，体验实物造型活动的乐趣，树立可持续发展的理念。</td></tr>
<tr><td>核心问题</td><td colspan="5">如何巧妙利用生活中的实物，创造性地组织有趣的画面。
因为这也是本课重点解决的问题，更是需要突破的难点。</td></tr>
<tr><td>问题链</td><td colspan="5">不同的实物都有什么样的花纹？
完整的实物版画都要经过哪些步骤？
这两句问题链是一个循序渐进的关系：学生先发现实物上的不同的花纹，把实物组合成新颖的画面。然后进行拓印制作，也顺其自然地学习了实物版画制作步骤。这两个问题链都是围绕核心问题进行提出的，为解决核心问题而设定的。</td></tr>
<tr><td>讲解目标及方法</td><td colspan="5">情境激趣法：通过手掌画和《翻翻翻》来激发学生制作实物版画的兴趣。
讨论探究法：经过观察教师示范和动手实践，分小组讨论实物版画制作步骤。</td></tr>
</table>

教学部分案例

<table>
<tr><td>教学课题</td><td colspan="5">实物版画</td></tr>
<tr><td>学科</td><td>美术</td><td>年级</td><td>五年级</td><td>教学时间</td><td>10分钟</td></tr>
<tr><td>教学目标</td><td colspan="5">1.知识与技能：了解实物版画的特点，探究其制作方法，初步掌握实物版画的制作过程。
2.过程与方法：在学习过程中采用观察、体验、探究的方法，提高艺术表现力。
3.情感、态度和价值观：通过生活中的实物，发现生活中的美，体验实物造型活动的乐趣，树立可持续发展的理念。</td></tr>
</table>

<table>
<tr><td>时间</td><td>教师的教学行为</td><td>学生的学习行为</td><td>教学技能要素</td></tr>
<tr><td>1分钟</td><td>一、激情导入，激发兴趣
1.教师示范手掌画
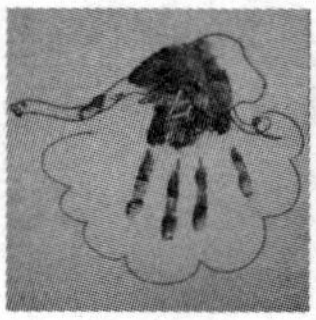 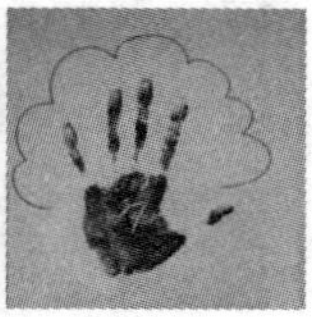
2.出示图片：丝瓜络、包心菜拓印作品
 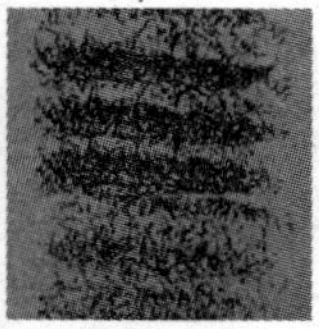
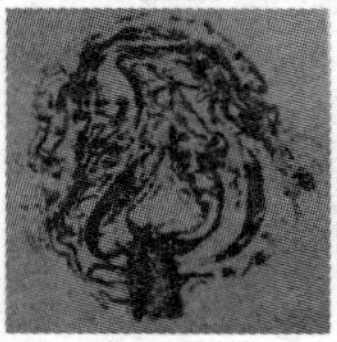 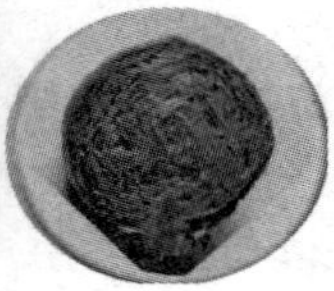
板书：实物版画</td><td>学生观看
学生回答</td><td>创设问题情境
掩饰技能：指导观察
新旧知识衔接</td></tr>
<tr><td>7分钟</td><td>二、新授学习，逐层深入
1.学生初步体验实物版画的制作
2.创造性地组织有趣的画面
</td><td>学生实践
学生观看
学生讨论</td><td>叙述性讲解让学生体验制作过程</td></tr>
</table>

续表

时间	教师的教学行为	学生的学习行为	教学技能要素
	组讨论：实物版画的创作步骤 ①选一选 ②摆一摆 ③印一印 分析作品：《丰收的果实》《过年》   分割组合：《翻翻翻》  	师生交流 学生观看	理解型提问加深对创作步骤的理解记忆 演示技能：指导观察
1分钟	三、实践创新，体验成功 1.作业要求：认真观察身边的实物肌理，巧妙地运用这些肌理，创作一幅有情趣的实物版画 2. 教师巡视指导	学生创作	课堂组织技能
1分钟	四、展示评价，拓展延伸 1.展示学生作品：学生相互欣赏作品。 2.评价方式：自评、互评、师评。 巧——巧用肌理 精——印制精美 新——内容新颖 3.展示生活中的一次性纸杯、纸盘、购物袋 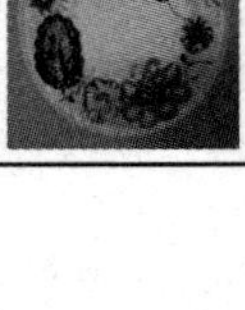 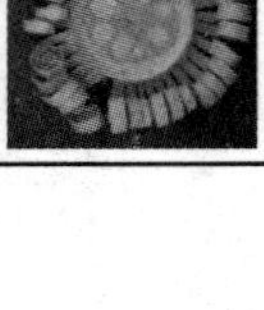 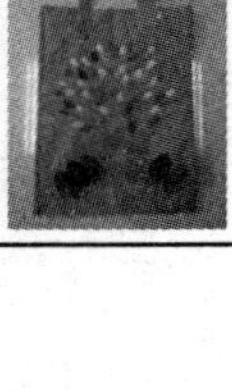	师生交流 学生创作 学生观看	与生活相联系 拓展延伸

反思：

本课是五年级上册《实物版画》一课，本课的核心问题是："如何巧妙利用生活中的实物，创造性地组织有趣的画面？"问题链是："1. 不同的实物都有什么样的花纹？ 2. 完整的实物版画都要经过哪些步骤？"核心问题和问题链起了重要的作用。本课所有的环节都是为了支撑核心问题。两个问题链是一个循序渐进的关系：学生先发现实物上的不同的花纹，把实物组合成新颖的画面。然后进行拓印制作，也顺其自然地学习了实物版画制作步骤。这两个问题链都是围绕核心问题进行提出的。为解决核心问题而设定的。

本节微格教学，运用提问技能和讲解技能，我觉得效果还不错。上课是一个教师进行引导的过程，所以我的每个提问技能都是对学生的引导，来使学生自主发现问题、分析问题、解决问题，体验探究的过程。教师针对学生所探究的问题结果进行总结，不懂的地方进行讲解。每一个提问都是突出重点，解决难点的关键。每一个提问和讲解都是为了解决核心问题。

这次比赛，对我来说是一次重要的成长。

点评：（王雅兰　北京市昌平区教师进修学校　中学高级教师）

《实物版画》一课为义务教育教科书五年级上册"造型·表现"学习领域的内容，姚丽媛老师在微格课的教学设计和实施的整体思路上力求以学生已有知识为基础，搭建学习新知识的桥梁。本课的教学目标是让学生观察身边的实物肌理，并理通过联想和想象，巧妙地运用实物的肌理，创作一幅有情趣的实物版画，而且能从生活实际中发现美、表现美、创造美，感悟生活中的乐趣。纵观本节微格课的教学设计，具有以下几个特点：

一、教学目标的设计与实施，关注学生的认知特点

姚丽媛老师在充分理解教材和学情的基础上，教学目标定位明确、思路清晰、重点突出，并能从学生的知识水平和情感基础出发，关注学生的学习过程和学习效果。教师利用"手掌画"印制，激发学生的学习兴趣，再用丝瓜络和包心菜印制的图画让学生认识，在我们身边有许许多多不同肌理的物品，通过巧妙的构思与加工，都可以用来创作实物版画，帮助学生一步一步由浅入深地逐渐解决本课的学习重点和难点并顺利完成本课的学习目标。

二、教师示范具体到位，注重教学的实效性

美术学科是视觉性很强的学科，我们可以这样理解"美术"，美是需要一定的技术支撑，技术的掌握需要教师的传授，为此，美术学科教师的示范环节，对学生的学习具有重大影响。姚丽媛老师边讲边示范与学生共同总结出制作一幅实物版画的方法"选一选、摆一摆、印一印"，为学生的课堂实践过程中奠定基础。美术教师在课堂示范的同时都有一种困惑，教师的示范往往会禁锢学生

的思维，会出现学生的作品模仿教师的现象，不能很好地反馈课堂教学效果，体现不出对学生创造性思维的培养，为了避免课堂出现此现象，姚丽媛老师利用不同材料、不同颜色，制作一个教具“翻翻翻”，采用分割组合的方法，巧妙地解决学生模仿的问题。这也是本节微格课教学的亮点。

三、注重评价，拓展环节，提升学生认知

姚丽媛老师在微格设计过程中，留出一定的时间进行评价与拓展，体现了教师对美术学科评价环节的重视。比较突出的是评价环节中姚老师围绕三个字进行评价，“巧、精、新”这三个字概括了本节课的重点，巧——巧用肌理；精——印制精美；新——内容新颖有创意，体现美术教学的课程理念。拓展这一环节不流于形式上的活跃或走过场，为了拓展而拓展，而是联系学生生活实际，用藕片印制的一次性纸杯，利用树叶印制的纸盘还有在购物袋上也采用实物拓印的方法印上美丽的花纹等，充分发挥了本环节的作用，使学生巩固了当堂所学内容，在获得成功感的同时也了解了自己尚需有一定的改进之处，进一步促进学生对实物版画这一学习内容产生持续的兴趣，培养学生热爱生活，提高学生的审美素养。

总之，学生美术能力的培养有赖于教学中教师科学的训练和指导。姚丽媛老师的这节微格课教学从学科的视觉性出发，合理利用多媒体技术和实物教具以及情境设计等方式，有自己的教学特色，教学实践效果良好。在教学目标的设计与实施、教学策略的运用方面均有值得学习、借鉴之处。

案例二：李辰 《水墨游戏》（北京大学附属小学）

学科	**美术**	**年级**	**三年级**	**教材**	**义务教育教科书美术**
课题	**水墨游戏（一）**			**主要技能**	**提问激发为主**
前期分析					
教材分析	本课是小学美术中国画系列课程中的第一课，从情感入手让学生建立起对水墨意象美的认识是这节课的重点。				
学情分析	三年级的学生对于中国画的了解是琐碎的、没有体系的，对中国画的图式有一定概念化的理解。教学中面临的难点在于学生不能从情感的角度理解“水和墨”的变化之美，从而不能很好地进入中国画特有的审美情境中。				
课标分析	以人本主义学习理论为依据，让其从自己的角度感知世界，发展出对世界的理解，达到自我实现的最高境界。在本课中充分地关注学生心理活动，注重启发学生的体验感受和创造潜能，引导学生结合认知经验和情感交流，肯定自我，进而自我实现。				

学科	美术	年级	三年级	教材	义务教育教科书美术
课题	水墨游戏（一）			主要技能	提问激发为主
教学目标	本课的三维教学目标融汇成：初步认知笔、墨、纸，通过一系列的情感体验，激发丰富的想象力去理解“水与墨”的关系，感受水墨变化的美感，在情感上初步理解中国画的审美观。				
核心问题	感受水墨变化的美感。				
问题链	1.如何在纸上留下痕迹？ 2.水与墨的关系是怎样的呢？ 3.水墨第一次相遇给你什么样的感受呢？ 4.你是怎样描述水墨游戏的故事呢？				
讲解目标及方法	针对本课的特点，我的教学策略思路是：轻重结合，轻技法、概念、知识、画面，重感受、理解、接受、体验。我采用启发式教学法以拟人化的语言描述贯穿在教学过程中。运用操作法让学生观察研墨过程；操作法组织学生亲自体验研墨；讲授法激发学生的想象力以表达出内心情感；探究法让学生自觉地发现水墨美感。				

教学部分案例

教学课题	水墨游戏（一）				
学科	美术	年级	三年级	教学时间	8分钟
教学目标	知识与技能：了解“水和墨”的关系，掌握正确的研墨方法，感知水墨变化，增进对中国传统绘画工具的了解，初步感受毛笔、生宣纸的性能。 过程与方法：通过游戏式的体验学习，初步感受到水与墨的关系、水墨变化的美感；在感受中尝试使用毛笔抒发个人情感。 情感、态度与价值观：运用中国画材料展开游戏活动，初步感受到中国画特有的审美体验和文化内涵。				

时间	教师的教学行为	学生的学习行为	教学技能要素
1分钟	一、探索“水与墨”的关系 （一）水、墨作画，引发思考 用毛笔蘸清水在纸上认真作画，画完提出问题：仅用清水能不能呈现出一幅画？ 小结：只蘸清水在纸上画出的痕迹看不见。（板书：水 无痕） 出示墨块，用墨块在纸上画几下。	学生认真观察，深入思考水墨关系。	激发学生观察兴趣，认识到单独的水或墨都留不下痕迹，提出设想：通过研墨的过程，把水和墨混合在一起也许可以。为下面教授研墨环节做预设。

续表

时间	教师的教学行为	学生的学习行为	教学技能要素
	小结：单纯的墨也在纸上留不下痕迹。（板书：墨 无迹） 提出问题：如何能留下痕迹呢？ 引导学生说出用研墨的方法。		
3～4分钟	（二）示范研墨，深入观察  出示砚台。 描述砚台的用途和功能。 示范和描述研墨过程：随着研墨过程推进，越来越多的墨慢慢“跑”到了水里，清水就变得怎么样了？（答：黑了。）对，墨“跑”到水里变成了墨汁。 研墨的时间越长，你觉得墨汁有没有什么变化？老师想把这个探索的机会留给你们，想不想试一试呢？ 每小组组织尝试，过程中仔细观察清水的变化，看一看墨是如何“跑”到水里的？每研几圈都用毛笔蘸刚研出来的墨汁在纸条上试一试，看一看前后研出的墨汁有什么变化？并思考原因。 小结：水没有痕迹，单纯的墨也没有痕迹，当水遇到了墨形成了墨汁就在纸上留下了痕迹。（板书：去掉两个“无”字。）	认真观察研墨过程并尝试操作研墨。	叙述性讲解砚台的用途和功能。 通过演示研墨过程，学生的体验印证前面的预设。完成从“无痕”到“有痕”的探索过程。用最直观的方法阐明水与墨的关系。 明确讲解结论。
5～6分钟	二、感受水与墨的游戏 （一）水、墨相遇，激发想象		

续表

时间	教师的教学行为	学生的学习行为	教学技能要素
	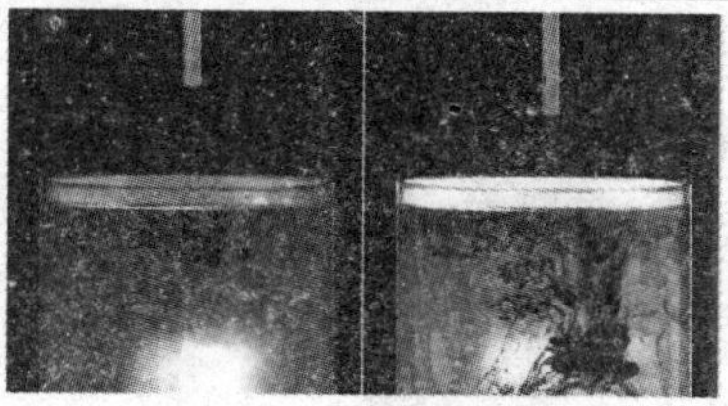 用一个透明容器盛满清水，实物投影仪展示墨汁滴到水中的场面，用生动的语言描述水墨第一次相遇的情境，引发学生想象。 提问：如何描述它们相遇的场景？你感觉它们是什么样的心情？你是通过什么看出这种心情的？	学生进入情境，引发联想，描述对“水墨游戏”的感受。	评价型问题引导激发观察促进情感体验。
7～8分钟	（二）情感共鸣，留住瞬间 实物投影仪镜头拍摄水面。 示范：宣纸浸入水中，留下“水墨游戏”的生动场面。介绍中国画使用的宣纸利用很强的吸水性能更好地展示出水墨变化的美感。钤印，简单装裱，让形成的画面成为一幅真正的中国画。 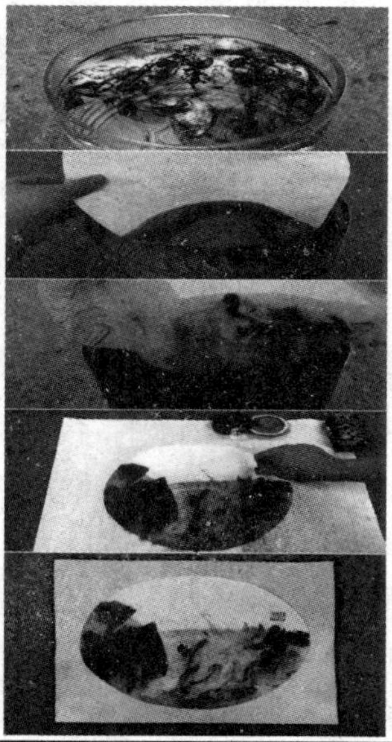	欣赏提升感受。学生体验操作，观察“水墨游戏”，选择自己最喜欢的美丽瞬间，用宣纸留住画面。操作完成，分享自己在操作过程中的感受，描述出自己捕捉到的画面情节和情感。	描述性讲解介绍宣纸，从教师带有情感的讲解中让学生体会水墨画的美。 探究实践，让学生亲身感受制造美、欣赏美、留住美的过程，体会到“水墨游戏”所传递的审美享受。在游戏中逐渐接受中国画的审美观。

反思：

《水墨游戏》作为中国画系列课程的第一课，结合教学分析和教学目标及重难点，在设计本课教法时我提出了如下观点：

轻：技法、概念、知识、画面

重：感受、理解、接受、体验

我关注更多的是学生对中国画审美观的兴趣，以及感受这种美的能力。同时不能一味地迎合学生的兴趣点，而简化对中国画审美观内涵的传递。这节课最重要的学习效果是感受。

让学生亲自体验研墨是为了更好地感受水和墨最本质的关系。每次上课到研墨的环节，仿佛时间会慢下来，似乎等待着学生通过这样的“仪式”磨去平日的急躁、调皮、喧闹。活动的过程中学生既兴奋又谨慎，磨去了小毛病的学生，行为举止就自然而然地儒雅了。

墨汁滴到水中产生奇妙画面会强烈地激发起学生的想象力。我通过拟人化的手法设计出“水”与“墨”初次相遇的情境，引导学生观察的兴趣，以情感体验的方式感受到“水墨游戏”的美感，进而激发出联想与想象。直观地观察感受，让学生产生了情感认同，从而建立审美意识。让学生自由地表达出眼前的美景，鼓励学生不受任何干扰地联想并描述出来，培养学生的审美能力。

教学方法上，我充分运用实物投影仪多角度拍摄的特点。在感受“水”与“墨”变化的美感这个环节，全程给学生展示出墨在水中“游戏”以及宣纸浸到水中留住画面的过程。高科技的手段拉近了古老水墨奥秘与现代学生的距离，这种感受最直观、也最大程度地引起了学生注意。每个环节都给学生体验的机会，这样感受会更深刻。教学的三个阶段是学生对水墨兴趣和情感逐渐递进的过程，在“水、墨、你”一起游戏的情境设定中，最终达到让学生放松自由地抒发情感。

把深奥的哲学思想融入直观的审美享受中，让复杂的技法知识变成简单的体验，只有这样才能在学生心中深埋一颗古老而美丽的种子（中国画的审美观）。这仅仅是个开始，我相信这颗美丽的种子在沐浴过阳光雨露之后一定能绽放出美丽且尚古的花朵。

点评：（杨健　北京市海淀区教师进修学校　小学高级教师）

《水墨游戏（一）》是小学阶段中国画系列课程的起始课。从学生的角度来看，这是第一次真正接触中国画艺术，从新的视角认识中国传统绘画之美，理解中国画独特的意象美的关键一课。教师不仅要传递给学生中国画独特的“笔墨”艺术表达语言，更要激发学生理解、认同国画水墨之美。

本节课为我们呈现出教师对中国水墨画之美的深入认知；同时，展现了教师对现代美术教学理念与方法的自我理解。教学过程中充分展现了“轻与重、虚与实”的教学特点。

一、“轻与重”结合关注审美体验

教师在分析教材、理解学生阶段就为我们清晰地勾画出，轻，技法、概念、知识、画面；重，感受、理解、接受、体验。其根本就是依托于对中国水墨画意象美的理解。基于对“水墨”的理解，逐步深入地展现了“水无痕、墨无迹”到水墨交融的幻化与炫动；以中国画特有的宣纸记录下水墨的情趣美。我们可以感受到学生在学习、体验、实践的过程中感受着水墨的美，在教师的循循善诱中学生逐渐理解水墨这样一种中国画艺术语言的独特性。

教学中教师有意识地选择知识点，合理把握教学中的“轻与重”，有效地突破了本节课教学的难点。学生从根本上认识了中国水墨画的意象表达，这样的认知培养带来了学生从根本上喜欢水墨艺术，避免以往我们常看到的学生学习了一堆的笔墨知识但对国画水墨之美缺少认同感的尴尬处境。这也是这节课教学设计为我们呈现出的最大亮点。

二、“虚与实”结合理解水墨之美

本教学设计是《水墨游戏（一）》的微格教学设计，也就是整个教学过程中最为核心的一个片段。在这短短的十分钟左右的教学过程中，教师为我们展现的另一个亮点就是“虚与实”的结合。第一，国画美的虚与实。教师在学生理解国画水墨交融的基础上，用宣纸留下水墨变化的瞬间，通过简单装裱、钤印完整呈现国画的审美情趣。画面的虚实变化跃然纸上其情自现。第二，教学方法的虚与实。在微格教学设计中教师明显虚化了笔墨的运用，在有限的教学时长强化了研墨、观察水墨的过程，用做实的方法，为学生理解水墨搭建视觉基础。有效的视觉观察和对“水与墨”的实践与体验，最终建构起对水墨艺术美的基本认知。

反思教师课堂呈现出的“轻重”“虚实”和学生的审美获得。在教育“新常态”下我们的美术课堂在关注了知识与技能的同时，更应该关注知识获得的过程与方法，并以学生的情感、态度和价值观的提升为内核，促进学生形成美术学科核心素养。

案例三：宁艺　新疆维吾尔族舞蹈体验《吃密瓜》（北京市海淀区和平小学）

<table>
<tr><td>学科</td><td>舞蹈</td><td>年级</td><td>二年级</td><td>教材</td><td>小学舞蹈艺术教程</td></tr>
<tr><td>课题</td><td colspan="3">新疆维吾尔族舞蹈体验《吃密瓜》</td><td>主要技能</td><td>提问为主</td></tr>
<tr><td colspan="6">前期分析</td></tr>
<tr><td>教材分析</td><td colspan="5">授课内容选自海淀区舞蹈教研员史渊萍主编的《小学舞蹈艺术教程》。舞蹈《吃密瓜》一课，属于小学低年级段民族民间舞蹈元素综合表演课。舞蹈以情境教学为主旨，通过“吃密瓜”这一生活情境，使学生在舞蹈学习过程中感受新疆的地域风情，体验维吾尔族舞蹈动律及风格特点，从中感受舞蹈带来的喜悦。</td></tr>
<tr><td>学情分析</td><td colspan="5">本课的教学对象为小学二年级学生。这个年龄段的学生模仿性强，积极性高，乐于参与舞蹈的学习，特别喜欢用身体语言表达情感，喜欢表现身边的事物、动物形象、校园生活等，但是坚持的时间不能太长，因此基于学生的情况，这节课的设计以提问为主，让学生根据自己的认知与生活，从提出问题“吃密瓜”开始用动作体验，再配合音乐逐渐体验新疆维吾尔族舞蹈的动律，不知不觉地参与到舞蹈的学习中。</td></tr>
<tr><td>课标分析</td><td colspan="5">舞蹈学科没有课程标准，但在多年的研究中海淀区中小学舞蹈教师团队在教学研究上，形成了舞蹈情境教学的理念。在情境中，悄然植入舞蹈知识、动律风格、即兴表演以及情操品格、道德修养的培育等，让学生在舞蹈中认识自己、认识社会、认识真善美。教师将情境教学巧妙地运用于课堂，营造氛围，让学生在感受生活场景中，充分发挥想象力，把单纯的舞蹈训练与生活实际相结合，让学生学会观察生活，观察身边的事件，提高学生的生活品质。</td></tr>
<tr><td>教学目标</td><td colspan="5">1.通过舞蹈动作的学习，感受舞蹈“吃密瓜”带来的快乐；
2.在情境中，体验新疆维吾尔族舞蹈的风格与特点；
3.学会“邀请式”“吃密瓜”“夸密瓜”这三个关键动作，提高学生的协调性、表现力与合作能力。</td></tr>
<tr><td>核心问题</td><td colspan="5">在情境中体验民族舞蹈的动作与风格。</td></tr>
<tr><td>问题链</td><td colspan="5">1.你们用什么动作表现邀请？　　引出动作“邀请式”的学习
2.生活中你们是怎么吃密瓜的？　　引出动作“吃密瓜”的学习
3.密瓜特别甜，你们用什么动作来夸夸它呢？　　引出动作“夸密瓜”的学习</td></tr>
<tr><td>讲解目标及方法</td><td colspan="5">1.情境教学法：激发学生学习积极性，达到使学生快乐学习的目的。
2.启发体验法：启发学生创造思维、联系生活、体验动作。
3.讲解示范法：通过语言讲解与动作示范，提高学生的模仿能力。</td></tr>
</table>

教学部分案例

<table>
<tr><td>教学课题</td><td colspan="5">吃密瓜</td></tr>
<tr><td>学科</td><td>舞蹈</td><td>年级</td><td>二年级</td><td>教学时间</td><td>8分钟</td></tr>
<tr><td>教学目标</td><td colspan="5">1.通过舞蹈动作的学习，感受舞蹈带来的快乐。
2.在情境中，体验新疆维吾尔族舞蹈的风格与特点。
3.学会“邀请式”“吃密瓜”“夸密瓜”三个关键动作，提高学生的身体协调能力、表现能力与合作能力。
重点：学习维吾尔族舞蹈“邀请式”“吃密瓜”“夸密瓜”这三个关键动作，配合音乐有表现力地表现出来。
难点：身体的协调性及动作之间的连接。</td></tr>
<tr><td>时间</td><td colspan="2">教师的教学行为</td><td colspan="2">学生的学习行为</td><td>教学技能要素</td></tr>
<tr><td>2分50秒</td><td colspan="2">一、情境导入
师生行礼问好
情境一：邀请式
1.创设情境，提出问题
今年新疆的哈密瓜大丰收，克里木同学特别热情地邀请我们去他家品尝密瓜。你们会用什么动作来邀请同学们呢？
2.引导学生，体验动作
老师看到了很多同学做出了不同的邀请动作，有单手的，有双手的，还有点头的，各式各样。我们一起来学习这两位同学的邀请动作好吗？
3.配合音乐，体验风格
同学们，我们来听一段维吾尔族音乐，边听音乐，边做邀请动作。
4.巩固练习，熟悉动作
老师发现有同学听音乐的时候情不自禁加上了身体和头部的摆动，还有同学加上了膝盖的屈伸，我们一起来做一下。</td><td colspan="2">预设：
师生行礼问好
1.学生表现邀请动作
学生发挥各自的想象力，用身体展示热情邀请的动作。
自然地将生活动作带到舞蹈中来。
2.学习优秀学生的邀请动作
学生模仿学习。
3.配合音乐完成“邀请式”动作
4.感受音乐，熟悉动作
身体随音乐的感觉和节奏而动，每位同学都参与其中。</td><td>提问导入
与生活相联系
反馈引导
观察反馈</td></tr>
</table>

续表

时间	教师的教学行为	学生的学习行为	教学技能要素
	5.教师与学生练习膝盖屈伸的邀请动作（如图1所示）  图1（侧面邀请式）	5.学生练习动作 学生将生活动作用肢体语言表现出来，感受维吾尔族音乐特点与舞蹈的风格。	示范讲解
2分51秒～5分50秒	二、学习关键动作二 情境二：吃密瓜 1.情境之中，提出问题 同学们，生活中，你们是怎么吃哈密瓜的呀？ 2.启发引导 （1）有的同学双手抱着密瓜吃，有的同学一只手拿着吃。 （2）有的同学的动作已经表现出舞蹈的美感了。 （3）这位同学的动作老师觉得非常有意思。 我们大家一起来体验一下这个动作好吗？ 3.语言启发，动作示范 同学们，注意老师脚下的变化！ 4.教师讲解，动作示范 老师膝盖直立的时候脚掌悄悄抬起来，膝盖弯曲的时候脚掌轻轻地落下和地面说了句悄悄话。一起来试试好吗？（如图2所示）  图2（侧面吃密瓜）	预设： 1.情境之中，学生表现 根据自身生活经验，表现吃密瓜的动作。 2.体验吃密瓜动作 通过老师的启发，学生逐步规范吃密瓜的动作，并表现出舞蹈的美感。 3.认真观察 学生观察老师脚下变化，跟着老师一起体验。 4.观察体验，积极尝试 学生在轻松愉快的环境下，关注上下身的配合，训练身体的协调性。	理解型提问 启发引导 与生活实际相联系 评价反馈 叙述性讲解动作要领 示范讲解

续表

时间	教师的教学行为	学生的学习行为	教学技能要素
5分51秒～7分30秒	三、学习关键动作三 情境三：夸密瓜 1.情境之中，学习动作 同学们都觉得哈密瓜特别甜，你们能竖个大拇指夸一夸它吗？ 2.教师示范夸密瓜的动作 配合膝盖的屈伸和脚掌的抬与落。（如图3所示）  图3（侧面夸密瓜） 3.配合音乐，梳理动作 同学们，你们能把这三个动作配合音乐再感受一次吗？互相欣赏欣赏。动作分别是“邀请你”来“吃密瓜”，吃完密瓜“夸密瓜”。 【播放音乐】	1.体验夸密瓜动作 跟着老师一起尝试拍手竖起大拇指的动作。 2.自信表现 将生活中“吃”“夸”的动词，用舞蹈的形式来表现。 3.聆听音乐，有感情地舞蹈 学生：能。 学生相互之间交流，练习动作后互相点评，指出优点与缺点。	示范讲解 与已有知识相联系 梳理巩固
7分31秒～8分钟	四、梳理总结 1.教师总结 同学们，这节课我们学习了“邀请式”“吃密瓜”“夸密瓜”三个动作，体验了维吾尔族舞蹈的风格特点和特有的民族音乐特点。 2.行礼结束 舞蹈还没学完，我们下节课继续学习好吗？那我们今天的课就上到这里，同学们再见。	1.学生倾听 2.学生与老师行礼再见	要点回顾

反思：

在这次微格教学比赛中，我不仅观摩和学习了其他教师的教学过程，结识了许多新教师，而且清楚地看到了自己的成长和不足。在此，对这次参加比赛的优势及存在的问题进行一下梳理。

一、优点

1. 在情境创设与问题的设置方面，我以《小学舞蹈艺术教程》中的情境教学为主要教学理念。在课堂教学过程中，让学生从熟悉的生活场景入手，设置本节课的核心问题及问题链，将“吃密瓜”这一生活情境贯穿始终，通过三个与生活相联系的问题引出“邀请式”“吃密瓜”“夸密瓜”等关键动作的学习，使学生在情境学习的过程中，体会建立真实情感、舞蹈动律、塑造人物性格。所谓“教与学的精彩，就源于回归儿童的真实生活”。学生的学习富于真情实感，情操才能得到真正的陶冶，这也是情境教学的意义所在。

2. 在教态及教学方法方面，我认为教师的语言和行为是一门不容小觑的艺术，根据小学生的年龄特点，教师的言语举止应符合学生的心理，教态应亲切大方，语言应精简得当。教师不应单单是舞蹈动作的编排者，更应是舞蹈教学的设计者、课堂的引导者和舞蹈创造行为的启发者。每名学生都有非凡的创造力，所以我鼓励学生用自己独特的观察力、想象力创造出不同的肢体语言，尊重学生在学习过程中的独特体验。并在学生回答问题后及时给予反馈，如：“生活中你们是怎么吃密瓜的呢？”在学生大胆用肢体动作表达吃密瓜动作的过程中，我会尽可能关注到所有的学生，有针对性地进行表扬、鼓励，激发学生的学习兴趣，为接下来的教学做铺垫。让学生用自己的眼睛去发现，用自己的思维去质疑。最后，让学生依靠自己的能力和潜力去想象和创造。而在熟悉巩固动作时，我选择让学生以面对面的方式进行。学生可以互相欣赏、互相学习，每个人都是小观众，每个人都是小演员，在表演和欣赏结束后给予对方评价。这不仅提高了学生的审美和表达能力，而且增加了彼此的友谊。

3. 在师生关系方面，新课程所确定的培养目标和所倡导的学习方式是教师的教与学生的学相统一才称其为“教学”。我本着以学生为主体，教师为主导的教学形式，敞开心扉，以平等的心态和学生交流。对于学生来说，我不仅是教师、又是朋友、也是亲人。尊重学生的创造，使学生真正感觉到平等和亲切，为学生提供当小老师的机会，鼓励学生大胆表现自己，并将创作的动作分享给大家，使学生不仅能创造还能大胆地将自己的动作展示出来。如：在学习“邀请式”动作时，我观察到有的学生创造的动作比较有特点，因此我没有选择教师直接教授的方式，而是让这名学生上前将动作展示给同学们，让同学们自己选择是老师的动作好看还是这位同学的好看？根据学生的回答，大家一起学习这名学生的动作，师生在和谐、轻松、有趣的学习环境下互动教学。最终形成了共做、共学、共赏、共享的课堂氛围。这样的方式首先培养了学生的审美意识，锻炼了学生的表现力，增强了学生的自信心，也激发了其他学生的创新意识。其次，有助于加大师生间的亲和度。

二、存在的问题

1. 一方面，由于教学时间短，自身教学经验不足，在处理一些实际教学问题上，方式方法不够有效。苏霍姆林斯基曾说过这样一段发人深省的话："教育的技巧并不在于能预见到课的所有细节，而在于根据当时的具体情况，巧妙地在学生不知不觉中做出相应的变动。"回想自己的教学，我仍然感到，教师作为教学双边活动中活跃的个体，我在教学中，还缺乏更有效处理偶发事件的能力。

2. 另一方面，由于身份角色和教学对象的转变，我在教学过程中，时常会混淆专业学生和非专业学生的教育标准，困惑舞蹈传递给这些天真纯洁的孩子的应该是什么？因为我从小所受的是专业的舞蹈训练，而小学生的舞蹈培训目标不是专业方向的高精尖，那么小学舞蹈应该如何传递？这是我在今后舞蹈教学中应该继续思考和研究的问题。

本节课还存在很多不足，我会积累经验，争取在今后的教学工作中不断完善自己，充实自己。

点评：（史渊萍　北京市海淀区进修学校　中学高级教师）

宁艺老师专业素养较好，对舞蹈素质教育充满热情，过去的一年教学能力有了很大程度的提高。针对《吃密瓜》这课的说课设计来说，教师教态亲切自然，动作示范优美，说课思路清晰，表达流畅明了。选择的教学方法与问题的设计有利于教学目标的达成和学生身体的积极参与。整体来看，这节课的设计十分符合二年级学生的认知水平。下面就针对这节课的内容做简单的评析。

一、问题的设计，提高了学生身体参与体验的积极性

这节课教师从学生的生活实际出发，教授的每一个动作教师都巧妙地设计成从提出问题开始，在提出问题中引导学生用身体表现出生活动作，从学生表现的生活动作中配合上新疆维吾尔族风格的音乐，逐步体验维吾尔族的风格与动律。比如"邀请"动作，教师就设计了克里木家的哈密瓜丰收了，想邀请同学们去品尝。在这时，教师向学生提出问题："用什么样的邀请动作最大方？最有礼貌？"这时学生争先恐后地用身体行动起来，有的学生用单手，有的用双手，有的用点头，有的用微笑，课堂呈现出精彩纷呈的"邀请"动作。在这个过程中，教师适时地观察、评价和鼓励学生，并从学生表现的动作中进行梳理与改进，选取比较有特点或趣味的动作进行全班同学一起学习。这样的形式不仅使学生学会了舞蹈化的"邀请"动作，更重要的是提高了学生身体参与的积极性与表达能力。

二、情境的设计，使学生体验了民族舞蹈的风格与特征

这节课教师创设了真实生活的情境，让学生联想生活场景，体验了新疆维

吾尔族舞蹈的风格与特征。教师在舞蹈教学的过程中，没有告诉学生新疆维吾尔族舞蹈的动律是什么？而是让学生回忆吃密瓜生活动作。在学生抱着密瓜吃的过程中，教师顺势播放有新疆维吾尔族特点的音乐，让学生在音乐中边吃、边动、边寻找动律，在动的过程中学生逐步地合上节拍，自主地有了膝关节的屈伸和脚掌的拍打节奏。这时教师逐步提出问题，让学生把“抱密瓜”“闻密瓜”和“夸密瓜”等一系列舞蹈动作表现出来。这节课上教师的作用是循序渐进地引导学生动作和音乐合上。教师引导学生从熟悉的生活场景入手或者迁移到学生熟悉的事件，最终使得学生把生活动作舞蹈化，形成并体验了新疆维吾尔族舞蹈的风格、特征与魅力。

三、氛围的营造，真正地唤醒了学生的创编意识

这节课教师为学生营造了较宽松的学习氛围，真正地唤醒学生的创编意识。比如“吃密瓜”动作。教师没有规定吃密瓜动作如何做，而是让学生根据自己的认知，启示学生生活中如何吃密瓜？可以双手捧着密瓜吃，也可以从左到右或从右到左吃密瓜，不拘泥于一种“吃”形式，而是让学生大胆地用身体参与表现，教师的目的就是为了给学生营造一个全身心投入创编的氛围。在“吃密瓜”的过程中自己去创造、去表现。在愉悦宽松的氛围中，学生自主地体验舞蹈动作的产生和动作形成过程。这样的舞蹈教学唤醒和激发了学生主动参与学习的意识，使学生产生了学习需求，提高了学学生的创编意识与创性思维能力。

案例四：周妍 《小鼓响咚咚》（北京市密云区檀营小学）

<table>
<tr><td>学科</td><td>音乐</td><td>年级</td><td>二年级</td><td>教材</td><td>人民音乐出版</td></tr>
<tr><td>课题</td><td colspan="3">小鼓响咚咚</td><td>主要技能</td><td>提问技能、讲解技能</td></tr>
<tr><td colspan="6">前期分析</td></tr>
<tr><td>教材分析</td><td colspan="5">歌曲《小鼓响咚咚》是二年级三册三课的教学内容，是一首短小、流畅、容易上口的儿歌。歌词富有童趣和爱心，教育小朋友要做关心他人的好孩子。歌曲为C宫调式，四三拍，四乐句的一段提结构。旋律简洁富有跳跃感。教师引导学生能够掌握歌曲中“do、re、mi、sol、la”的音高及在五线谱（C大调）中的位置。

</td></tr>
</table>

续表

<table>
<tr><td>学科</td><td>音乐</td><td>年级</td><td>二年级</td><td>教材</td><td>人民音乐出版</td></tr>
<tr><td>课题</td><td colspan="3">小鼓响咚咚</td><td>主要技能</td><td>提问技能、讲解技能</td></tr>
<tr><td>学情分析</td><td colspan="5">二年级学生已经初步形成了课堂的基本习惯，在一年的学习当中，学生已经学习并掌握了一些基本的音乐知识识谱技能。已有知识：节奏方面，二年级学生已经掌握音符。
音高方面，认识了五线谱的线间关系，知道“mi、sol、la、do*”在五线谱中的具体位置。
新知识：认识五线谱下加一线与下加一间，学习“do、re”在五线谱中的位置并能准确演唱。</td></tr>
<tr><td>课标分析</td><td colspan="5">新课标指出：通过教学及各种生动的音乐实践活动，培养学生爱好音乐的情趣，发展音乐感受与鉴赏能力、表现能力和创造能力，提高音乐文化素养，丰富情感体验，陶冶高尚情操。应充分注意这一学段学生以形象思维为主，好奇、好动、模仿力强的身心特点，善于利用学生的这些特点，采用字母谱、手指谱和柯达伊手势，师生歌曲接龙的方式相结合的综合手段，进行直观教学。激发和培养学生对音乐的兴趣，开发音乐的感知力，体验音乐的美感，使学生能自然地、有表情地歌唱，乐于参与其他音乐表现，培养乐观的态度和友爱精神。感受与鉴赏是培养学生音乐审美能力的重要途径，是音乐学习活动的基础。学生具备良好的音乐感受力和表现力，对于丰富情感、陶冶情操、提高修养、增进身心健康具有重要意义。教学中利用多种方式来解决教学的重难点问题，主要采用字母谱、手指谱和柯达伊手势三种方式，帮助学生认识五线谱的线间位置，唱准“do、re”的音高。</td></tr>
<tr><td>教学目标</td><td colspan="5">1.“情感态度与价值观”目标：
在“识读、演唱”等活动中让学生体会音乐学习的乐趣。
2.“过程与方法”目标：
通过听辨节奏复习已有节奏知识，引入新知识五线谱中“do、re”的识读，然后采用手指谱、字母谱和柯达伊手势帮助学生认识并唱准“do、re”。
3.“知识与技能”目标：
认识五线谱中的下加一线和下加一间；唱准“do、re”的音高并用字母谱表示。
教学重点：能够与教师配合完整准确地演唱曲谱，并能识读歌曲中出现的“do、re”两个音同时掌握五线谱下加一线与下加一间两个位置。
教学难点：找出歌曲中“do、re”出现在了哪几小节并能够准确演唱。</td></tr>
</table>

续表

学科	音乐	年级	二年级	教材	人民音乐出版
课题	小鼓响咚咚			主要技能	提问技能、讲解技能
	原因：根据教材要求，本节课需要解决“do、re”的识读，所以定以上教学目标来完成本课教学，从旧知识导入到新知识一点点渗透。				
核心问题	识读《小鼓响咚咚》中的“do、re”，并且能够准确演唱。 原因：“do、re”是教材规定本课要解决的内容，所以将此定为核心问题，该歌曲为一首C宫调式的歌曲，歌曲中出现的“mi、sol、la”三个音已经学习过，只有“do、re”是新知识。				
问题链	1.找出歌曲中节奏型。 2.识读节奏型下的唱名。 3.学习认识下加一线和下加一间，识读“do、re”。 4.巩固“do、re”在五线谱中的位置，师生配合试唱曲谱。 原因：先由旧知识导入，从节奏型入手，再从节奏型到节奏型下音的识读和演唱，从旧知识入手不会让学生感到有难度，环节紧扣，层层递进。				
讲解目标及方法	主要采用字母谱、手指谱和柯达伊手势三种方式，帮助学生认识五线谱的线间位置，唱准“do、re”的音高。 原因：本课教学采用的策略是由浅入深、由易到难，从学生熟悉的知识入手逐步过渡到新的教学内容，采用字母谱、手指谱和柯达伊手势三种方式，帮助学生认识五线谱的线间位置，唱准“do、re”的音高。				

微格教案

教学课题	《小鼓响咚咚》中“do，re”的识读				
学科	音乐	年级	二年级	教学时间	9分钟
教学目标	1.“情感态度与价值观”目标： 在“识读、演唱”等活动中让学生体会音乐学习的乐趣。 2.“过程与方法”目标： 通过听辨节奏复习已有节奏知识，引入新知识五线谱中“do re”的识读，然后采用手指谱、字母谱和柯达伊手势帮助学生认识并唱准“do、re”。 3.“知识与技能”目标： 认识五线谱中的下加一线和下加一间；唱准“do、re”的音高并用字母谱表示。				

续表

时间	教师的教学行为	学生的学习行为	教学技能要素
3分钟	任务一： 1.感受歌曲旋律，并观察教师做了什么。 2.找歌曲中节奏型出现了几次。 3.师生配合，教师演唱歌曲曲谱，学生拍读节奏型相同的部分。 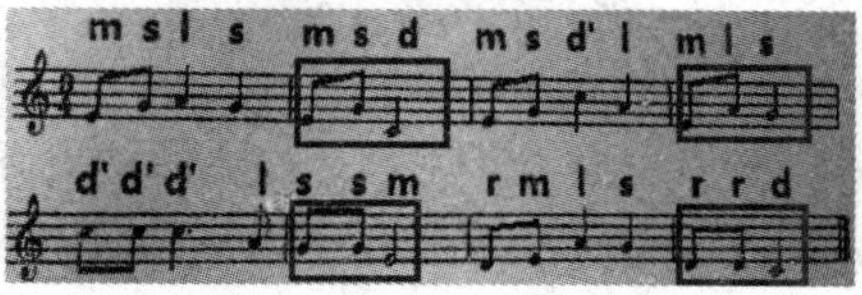 【环节目标】复习旧知识，为导入新知识做铺垫。	听旋律， 拍读节奏，找出相同节奏型，师生配合。 预设：学生能够找出相同节奏型的部分，分别在歌曲第二、四、六、八小节。	示范技能 师生配合
4分钟	任务二： 1.识读节奏型相同部分的音，借助手指谱复习五线谱相关知识，并且用柯达伊手势表现出相同节奏的音名。 2.学习下加一线和下加一间，识读“do、re”。  【环节目标】学习“do、re”在五线谱中的位置，能用柯达伊手势表现“do、re”，并能够准确演唱。	复习五线谱的识读知识、手指谱、柯达伊手势，用不同形式熟悉学过的音，同时掌握本课新出现的。 预设：通过认读相同节奏型下的唱名，发现有没学过的音，学习“do、re”。	提高学生识谱能力，引导学生发现“do、re”，准确识读并能够准确演唱。
2分钟	任务三：师生配合完整演唱歌曲。（框内的学生唱其余地方老师唱） 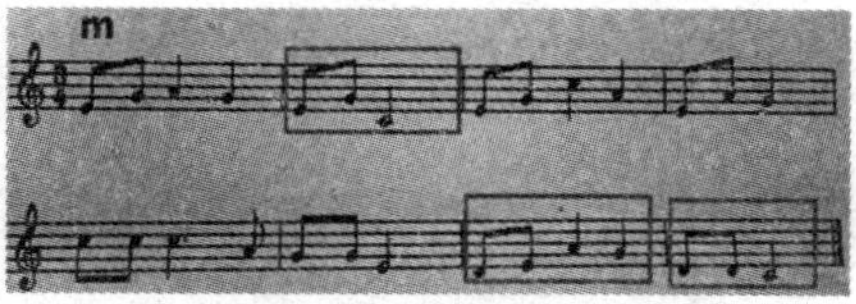 【环节目标】记住歌曲中“do、re”两个音在歌谱中的位置，并能把新出现的音准确演唱出来。	师生配合演唱歌曲。学生演唱带有“do、re”位置。 预设：学生能够找到歌曲中带有“do、re”的小结。	师生配合完整演唱曲谱。

反思：

对于核心问题这一部分，我确实是以一个识读歌曲中的两个音来围绕这个主体，通过一系列的教法进行讲解。经过讲解发现问题链的设置与核心问题之间是环环紧扣，这也大大降低了我的讲解难度。就是因为我的核心问题与问题链设计得恰到好处，所以能够让我的讲解技能与专业技能顺利完成。

准备比赛期间，我反复地练习一次又一次地记录时间，一遍又一遍地精练我的教学语言，一次又一次站在镜子前练习我的教态。通过这次比赛，对我的教育教学能力有了很大的提高，我对自己的教育事业也更加热爱。初为人师的稚嫩与迷茫正在一点一点地褪去，对我坚守的这份事业更有信心。

作为一名新教师我没有丰富的教学经验，但我有着一颗积极向上的心；作为一名新教师我没有丰硕的教学成果，但我有着青春和热血；作为一名新教师，虽然成长的路会很坎坷，但我相信只要我勇于挑战自我，就一定能够做到最好的自己。

点评：（金士娟　北京密云区教师研修学院　中学高级教师）

《小鼓响咚咚》是小学二年级第三册的教学内容，歌曲为乐段结构，本片段为歌曲曲谱学习部分。

首先，通过分析教学设计可以看出，本课的核心问题是识读《小鼓响咚咚》中的“do、re”在五线谱上的位置，并且能够准确演唱。教师的教学过程以讲解为主，讲解的过程主要采用的是边讲边练的方式。例如，找出歌曲中出现的  节奏型后，立刻让学生配合教师的演唱拍读节奏；学习“do、re”两个音在五线谱中的位置后，马上用手指谱加以巩固，同时配合柯达伊手势来唱准这两个音。这些做法都体现了以学生为本的理念，让学生们在生动有趣的音乐实践活动中学习新的知识，并运用新知识去表现音乐，符合一年级学生形象思维的认知特点。

其次，通过观看教学录像可以看出，教师有着良好语言表达能力，能够用孩子的语气提问和讲解，教学示范也大方得体。只是在用小鼓打节奏时稍有失误。

再次，通过分析教师的课后反思可以看出，教师通过参加本次活动，理解了什么是核心问题以及问题链与核心问题的关系，通过反复磨炼教学过程，提升了自身的教学能力。

最后，从青年教师的发展来看，教师还需要更多地研读课标，分析教材，提升自己对教材的把握能力，并学会分析不同基础学生的不同需求，设计出不同的教学方案，从而发展成为一名全面优秀的音乐教师。

二、以讲解技能为主的教学案例

案例一：田琳《噢，苏珊娜》（北京市昌平第三实验小学）

学科	音乐	年级	三年级	教材	人音版三年级上册
课题	噢，苏珊娜			主要技能	讲解为主
前期分析					
教材分析	《噢！苏珊娜》是一首深受音乐爱好者喜爱的歌曲，流传很广。曲调精练，六个乐句，显著的特点是其中有三个乐句是完全相同的，且均为弱起，一、二乐句，三、四乐句给人以对答呼应的感觉；第五乐句的切分节奏使得情绪和旋律在色彩上起到了变化，把歌曲推向了高潮，点明了“朋友”这一主题情感的表现；第六乐句旋律与第二乐句完全相同，而歌词以“啦”贯串，表明了朋友间的和谐与快乐。				
学情分析	三年级学生在之前的音乐课学习过程中已经掌握了八分音符、附点八分音符和十六分音符，在这节课当中，要解决这三种音符的连续使用。在识读乐谱方面，学生能够唱准C大调音阶，运用柯尔文手势辅助识读乐谱，他们能在教师的帮助下用听唱法学唱与本课难度相当的歌曲。				
课标分析	本课体现了以审美为核心，了解多元文化。				
教学目标	情感态度与价值观：通过学唱歌曲，能感受美国乡村音乐轻快、流畅的风格特点，体会朋友间友谊的珍贵。 过程与方法：通过师生合作学习，运用重点节奏和柯尔文手势进行识读乐谱。 知识与技能：学习附点八分音符和弱起节奏。				
核心问题	节奏的把握。				
问题链	通过歌词中的地名，学习附点节奏。 弱起节奏，通过歌曲中的重点乐句学习。 通过节奏和旋律感受歌曲风格。				
讲解目标及方法	听唱法、演示法、语言性音乐教学方法。				

微格教案

教学课题	《噢，苏珊娜》				
学科	音乐	年级	三年级	教学时间	10分钟
教学目标	情感态度与价值观：通过学唱歌曲，能感受美国乡村音乐轻快、流畅的风格特点，体会朋友间友谊的珍贵。 过程与方法：通过师生合作学习，运用重点节奏和柯尔文手势进行识读乐谱。 知识与技能：学习附点八分音符和弱起节奏。				

续表

时间	教师的教学行为	学生的学习行为	教学技能要素
2分钟	导入新课 （1）故事导入 （2）教师范唱（感受歌曲的情感）	（1）学生聆听 （2）感受歌曲情绪	示范技能 创设问题情境 新旧知识衔接
4分钟	（1）有节奏读歌词 （2）讲解弱起小节 （3）讲解附点八分音符 （4）读节奏 （5） 	（1）跟读歌词 （2）感受弱起 （3）感受附点节奏 （4）齐打节奏 （5）提炼节奏	示范技能 叙述性讲解 讲解技能
4分钟	歌谱教学 （1）分句学唱歌谱 （2）用柯尔文手势学唱歌谱 （3）有感情地齐唱歌谱	（1）学生学唱 （2）学生聆听 （3）学生演唱	示范技能 歌唱技能 叙述型讲解

反思：

通过这次教学展示，我收获了很多。比如说在教学目标的设定上，我的目标制定得太多、太大、太空。没有与课堂教学的实际情况结合，不够细致和具体。在学情分析上也出现了问题，主要是分析得不够实际。经过这次微格教学比赛，我知道什么是学情分析。要分析出学生在本节课之前掌握了什么知识点，在这节课中要达到什么目标，这才是学情分析。在教学策略方面，理论和实际结合得不够好，往往是用到的策略叙述不清楚。

微格教学应该是清晰地抛出一个问题，然后用多种形式来解决问题。在这节课中，我问题抛出得很清晰，但是在解决问题上不够直接。而且在环节的设计上，不能很好地贯穿始终，这是我在备课中出现的问题。后来我通过有节奏地读歌词、读乐句、找歌曲中相同的乐句等方式来解决节奏难点的问题。

在识读乐谱方面，我借助柯尔文手势辅助识读乐谱。由刚开始的教师范唱，到教师带动唱，到学生独立演唱，充分体现教、引、放的学习过程。这些都是在这节课磨课中的收获。除此之外，为了能让学生体会美国乡村音乐的风格特点，我选择了西部牛仔的装束，戴上了牛仔的帽子，手里拿着尤克里里，充分让学生体会和感受，这些都是在之前的课中不曾出现的。

点评：（周洁冰　北京市昌平教师进修学校　中学一级教师）

听了田琳老师的微格教学，有许多感受。田琳老师是一位刚工作不久的新任教师，教学风格比较干脆、利落。自身的专业素养也不错，从课上可以看出，她对乐曲的分析也比较清晰，如哪些乐句相似、相同或完全不同，可见教师在课下也下过一些功夫。我对本课也有一些自己的看法：

一、合适的服装搭配营造了良好的教学氛围

《噢，苏珊娜》是一首美国歌曲，富有轻快爵士乐的风格，为了更好地营造上课氛围，田老师穿上了一身牛仔服，手拿尤克里里。让同学们更容易地体会西部牛仔的潇洒，更好地体会歌曲的味道。

二、精细的教学设计化难点为乐趣

通过观察乐谱的每一个乐句的构成，来分析乐谱的变化，这样学生很直观地看到哪些乐句相同，哪些不同，为歌曲的学习降低了难度。

三、对待预设问题的回答，要及时进行多种评价

在学生回答问题评价的时候，评价不要过于单一，老师几乎只用了，“很好，非常好”这两个评价语言，应该根据孩子的年龄特点，设计符合孩子特征的评价语言。

四、识谱教学问题

识谱教学在小学阶段很重要，教师也在这块花了很多的时间和精力，但这首歌曲的曲谱对三年级的孩子来说难了一些，可以适当选一句或让孩子们听琴比较，也许会更好一些。

总的来说，这节课设计的环节比较合理、紧凑，知识量也比较适中，选取的问题难易程度适中。

案例二：刘畅　《快快乐乐扭秧歌》（首都师范大学附属朝阳实验小学）

学科	美术	年级	四年级	教材	北京义务教育教科书第七册
课题	《快快乐乐扭秧歌》			主要技能	讲解技能
前期分析					
教材分析	《快快乐乐扭秧歌》一课属于造型·表现学习领域的内容，与三年级下学期的《北京的庙会》形成承上启下的关系，都是表现人物动态的课程，本节课要求学生认识暖色，并表现出“扭起来”的人物的特点。				

续表

<table>
<tr><td>学科</td><td>美术</td><td>年级</td><td>四年级</td><td>教材</td><td>北京义务教育教科书第七册</td></tr>
<tr><td>课题</td><td colspan="3">快快乐乐扭秧歌</td><td>主要技能</td><td>讲解技能</td></tr>
<tr><td>学情分析</td><td colspan="5">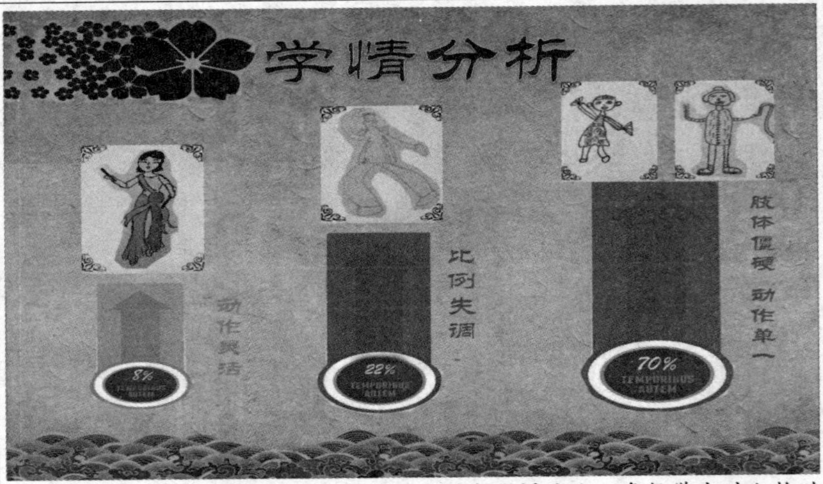

通过对以上图表数据的分析，可以得出这样结论，多数学生对人物动态（尤其是夸张、扭曲的动态）的理解和表现存在很大的学习障碍。因此，需要教师采用有效的教学方法引导学生完成人物动态造型。</td></tr>
<tr><td>课标分析</td><td colspan="5">在第二学段的造型·表现学习领域，课标要求：“用写生（速写）、记忆、想象和创造等方式，进行造型表现活动”“激发丰富的想象，唤起创造的欲望”。因此，教师围绕人物“扭”秧歌这一个动态，设计了“示范—尝试—发现问题—讨论问题—解决问题—再次示范”一系列教学环节达成课标要求和本课的教学目标。</td></tr>
<tr><td>教学目标</td><td colspan="5">本课的总体教学目标是认识秧歌文化、学习暖色知识及运用和感受秧歌的美。这些目标的实现都回避不了学生人物动态造型比较困难这一学习中存在的问题，因此，本课的微格教学目标就是教师帮助、引导学生完成人物动态造型。</td></tr>
<tr><td>核心问题</td><td colspan="5">核心问题：画出一个“扭秧歌”的人物。
人物动态造型是本课的教学难点，如果学生在教师的引导下能顺利地突破这个难点，总体教学目标即可实现。</td></tr>
<tr><td>问题链</td><td colspan="5">问题链包括以下三个：
1.扭秧歌的人物腰部动作是怎样的造型？
2.扭秧歌的人物头部和颈部是怎样的关系？
3.扭秧歌的人物肩部和肘部是怎么连接的？
它们之间都是相互关联的，只有学生依次解决问题链中的三个问题，才能解决核心问题，达成教学目标。</td></tr>
</table>

续表

学科	美术	年级	四年级	教材	北京义务教育教科书第七册
课题	快快乐乐扭秧歌			主要技能	讲解技能
讲解目标及方法	讲解目标：教师向学生传授人物动态知识，使学生了解、理解人物动态形成原理，教师示范与讲解配合，启发学生的思维，顺利完成人物动态造型。 本微格教学中，教师采用了描述性、启发性、解释性等讲解方法和示范法。				

教学部分案例

<table>
<tr><td>教学课题</td><td colspan="5">快快乐乐扭秧歌</td></tr>
<tr><td>学科</td><td>美术</td><td>年级</td><td>四</td><td>教学时间</td><td>9分钟</td></tr>
<tr><td>教学目标</td><td colspan="5">知识与技能：认识秧歌文化，了解扭秧歌时人物表情动态。
过程与方法：观察分析扭秧歌的人物动态，学会运用动态线画人物的方法。
情感态度和价值观：引导学生欣赏、感受秧歌的美，激发学生喜爱我国民间传统文化艺术的情感。</td></tr>
<tr><td>时间</td><td colspan="3">教师的教学行为</td><td>学生的学习行为</td><td>教学技能要素</td></tr>
<tr><td>1分钟</td><td colspan="3">一、了解秧歌

同学们，我们都通过不同的途径见过秧歌，如电视节目、广场舞蹈、节日庆典等。所谓秧歌，村田之乐也。我们看到图片上这种来自我国民间的舞蹈形式就是秧歌，是农民们自发唱起来跳起来庆祝丰收和节目的，他们的脸上洋溢着欢快的表情。
那么，我们怎样才能永久地留下这一快乐的瞬间场面呢？大家可能也想到了，那就是用我们手中的画笔记录这一美好的时刻。今天，我们就来学习表现快快乐乐扭秧歌的人。
出示课题《快快乐乐扭秧歌》。</td><td>听教师讲解</td><td>描述性、解释性讲解方法</td></tr>
</table>

续表

时间	教师的教学行为	学生的学习行为	教学技能要素
2分钟	二、讲解演示 画人物的方法有很多种，老师今天要教大家一种新的画人物的方法，那就是借助动态线画人物。所谓动态线是表现人体（或动物）在动作中所呈现出动态走向的趋势辅助线，它具有高度概括性。 在今天的学习中，我们要使用一种特殊的材料——硫酸纸，大家先观察一下，与我们常用的纸张比较，它有什么明显的特点？正是它半透明的特点可以帮助我们清楚地看到硫酸纸后面的扭秧歌的人物形象。 下面，老师来表现一个典型的秧歌的人的动态。首先，确定头、脊柱动态线、四肢的位置和走向；接下来，用双线勾勒人物基本形体；最后，添加细节，充实画面。（边讲解边示范）  【设计意图：突破教学难点，向学生传授借助动态线表现人物动态的步骤要领】	听教师讲解 观察并回答：半透明	解释性讲解方法 分析型提问 全程型示范

续表

时间	教师的教学行为	学生的学习行为	教学技能要素
	这种方法你们学会了吗？下面给你们两分钟的时间，用借助动态线的方法画出扭秧歌人物的外轮廓，不用添加细节，我们来比比赛，看谁先画好。 【设计意图：在实践中暴露各种问题，便于学生进一步的学习】	练习，尝试用所学方法表现人物动态。	反馈
3分钟	同学们在短短的时间内也完成了自己的作品，我们一起来欣赏一下。   同学们你们发现问题了吗？那问题究竟出在哪儿呢？分小组讨论一下，老师给每个小组一张人物卡，你们仔细观看上面的人物并和自己画好的人物进行对比，然后告诉老师你发现了什么？  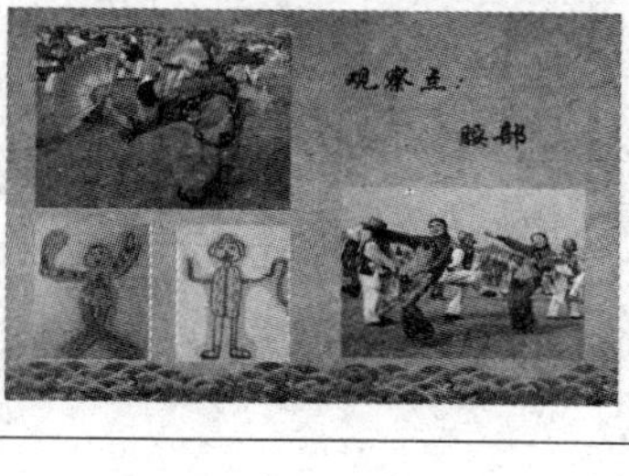	互相欣赏、评述自己和他人作品，找出优点和缺点。 预设： （1）人物有的比例不对。 （2）人物没有扭起来。 （3）人物脖子和胳膊连接生硬。 预设：学生发现人物扭秧歌时表情高兴，动作夸张、舒展。 预设：学生发现人物的腰部是扭起来的。 预设：学生发现人物动作夸张，比例合理。	运用型提问

续表

时间	教师的教学行为	学生的学习行为	教学技能要素
	 【设计目的：学生通过小组合作探究的方式来解决自己发现的难题，培养学生自主探究能力】		
3分钟	同学们，通过小组探究，我们知道了画扭秧歌的人物时要注意的地方，人物表情要高兴，动作要夸张。接下来再来看老师画的人物，这次同学们注意老师画的肩线和跨线，它们连接了人物的整个身体。  利用动态线画人物的方法可以使咱们在最短的时间内画出正确的人物动态，当然，如果时间允许我们也能填涂颜色，看，像老师这样。	发现问题后再次观看老师示范。	明确结论 全程型示范

续表

时间	教师的教学行为	学生的学习行为	教学技能要素
	 老师利用动态线画人的方法，还画出了一支有特色的秧歌队，山东的三大秧歌队之一，胶州秧歌。 山东胶州秧歌的女角有“三变九动十八态”的说法，要求有“扭断腰”“三道弯”的功夫，也是我国的非物质文化遗产。 【设计意图：拓展学生扭秧歌知识的同时出示人物动态供学生参考】		与学生的已有知识、生活经验、社会实践和其他学科知识进行联系。

反思：

核心问题的设计突破了难点，也突出了本课的重点。核心问题“人物‘扭’起来”和层次分明的问题链环环相扣，相辅相成，为顺利达成教学目标奠定基础。

“学然后知不足，教然后知困。知不足，然后能自反也；知困，然后能自强也。”在本次教学技能竞赛的学习过程中，时常让我想到这句孔子的名言，它将伴随我今后的教学生涯，不断努力，不断进取。

点评：（刘文军　北京教育学院朝阳分院　副高）

在不同版本的小学美术教科书中，人物造型都是师生必须面对的一个课题，学生人物表现能力的培养和提高对教师提出了很高的要求，小学各学段的造型·表现学习领域都有人物造型的教学内容，其中《快快乐乐扭秧歌》就是典型的表现人物动态的课程，本课以扭秧歌的人物喜庆的着装为载体，要求学生认识暖色，作为载体的人物的表现是本课的教学难点。如何表现“扭起来”的人物的动态？教师做了科学合理且具有创新色彩的教学设计，体现在两个方面，一是科学确定课时目标。教师根据本课的教学内容安排了两课时，第一课时教学内容主要是教师搜集整理有关秧歌的信息，通过讲解，学生认识秧歌文化，了解人物动态的规律和感受秧歌的美，难点是表现扭秧歌的人物动态。第二课时则主要学习暖色知识。这样的教学安排既保证了教学整体目标的达成，又把握了单元课时的教学容量。二是教学技能娴熟。在微格教学展示过程中，教师将讲解技能、示范技能和提问技能综合地运用于课堂教学，最终达成教学技能训练的目的。讲解技能是教师最常用的教学技能，根据美术课的学习特点，教师使用了描述性、解释性和引导性的讲解方法，帮助学生认识秧歌，了解人物运动规律。在讲解过程中，教师也能很好地驾驭提问技能，围绕“怎样画出一个‘扭秧歌’的人物？”这一核心问题设计了三个问题，有条不紊，前后关联，使所有问题成为一个整体系统，从不同的视角引导学生进行思维活动。示范技能是美术教师必备的技能，刘老师在展示过程中利用硫酸纸半透明的特性，采用类似于书法中“拓”的学习方法，帮助学生完成人物造型，达到省时高效的目的，也体现了教学方法的创新性。

在教学技能的实际展示过程中，教师设计了两次示范，虽然有一定的目的性，但由于两者重复之处过多，递进关系不明显，稍显冗长低效。

案例三：罗绍文　书法欣赏课《题壁》（北京师范大学实验小学）

学科	书法	年级	六年级	教材	北师大出版社
课题	欣赏课《题壁》			主要技能	讲解、示范
前期分析					
教材分析	本套教材以学生书法技法训练为主，设置了“书写要点”“想想看看”“书法园地”“集字练习”等栏目。本册内容为软笔书法颜体楷书的学习。学习本课之前，学生已学习了不少笔画的写法以及部分结字的规律。本课来源于本套教材中书法园地板块“题壁”的内容，是一节书法欣赏课，希望学生能从中感悟祖国书法魅力。本课教学重点为题壁故事、作品内容以及题壁书家作品的了解。				
学情分析	六年级学生具备一定的书法临摹能力，在书法文化方面也积累了一定知识。本节课希望能拓展学生的知识面，进一步丰富学生的书法文化知识。教学难点为题壁作品中字体的识别以及涉及草书的相关知识。				
课标分析	《中小学书法教学指导纲要》指出要循序渐进地安排教学内容，设计教学活动，落实教学目标；要体现书法教育的基础性、实践性、阶段性和规范性。书法教学应符合学生的身心发展特点，以书写练习为主体，适当融入书法审美和书法文化的内容。本次课的容量适当，难易适度，能激发学生的学习兴趣，提高学习效率，符合课标要求。				
教学目标	知识与技能：培养学生对笔法、结构、章法的观察分析欣赏能力。 过程与方法：通过图文分析、故事讲解、讲授启发、书写示范等方式深入浅出引领学生体会题壁的书法文化。 情感态度与价值观：通过题壁的书法文化介绍，体悟书法魅力，提高				

续表

学科	书法	年级	六年级	教材	北师大出版社
课题	欣赏课《题壁》			主要技能	讲解、示范
	审美能力和文化品位。 确定此教学目标的原因：书法不单单是技法的训练，还有着深厚的文化内涵，学生平时的技法课已经打下了一定的基础，需要勤加练习才能有长足的进步，而在这个过程中适当加入书法欣赏内容，能激发学生学习书法的兴趣，更加深入地了解中国书法文化。				
核心问题	从书法三要素：笔法、结构、章法来体会古代题壁书法艺术。 因为平时在书法教学中，书法三要素的学习非常必要，而在书法欣赏中也同样重要，而本节课这个问题几乎一直贯穿始终。				
问题链	1.古人有宣纸，为什么还要题壁呢？ 2.我们如何体会杨凝式的题壁书法呢？ 3.你认为《韭花帖》和《夏热帖》哪种风格更适合题壁？ 4.猜一猜怀素斋号为什么叫“绿天庵”？ 5.怀素的狂草在笔法、结构、章法上的特点是什么？ 6.题壁和正常书写有何不同感受？ 这六个问题是根据教学内容制定的，之间并没有直接的因果或者递进等关系。一部分问题是为了激发学生兴趣，启发学生思考的，最终都还要回到本节课的核心问题，紧紧围绕核心问题展开提问和教学。				
讲解目标及方法	本节课的教学过程中我会用到以下方法：观察分析法、情境体验法、讲授启发法、示范演练法。教学方法多元化能使教学不显得单一和枯燥，能激发学生兴趣，更好地通过各种方法和途径全方位了解“题壁”文化。				

微格教案

教学课题	北师大版六年级书法上册《题壁》				
学科	书法	年级	六年级	教学时间	7分钟
教学目标	知识与技能：培养学生对笔法、结构、章法的观察分析欣赏能力。 过程与方法：通过图文分析，故事讲解，讲授启发，书写示范等方式深入浅出引领学生体会题壁的书法文化。 情感态度与价值观：通过题壁的书法文化介绍，体悟书法魅力，提高审美能力和文化品位。				

时间	教师的教学行为	学生的学习行为	教学技能要素
30秒	一、回顾以往学过的知识点，开启新课 1.回顾 从三年级到六年级的软笔书法，我	学生跟着老师	创设问题情境

续表

时间	教师的教学行为	学生的学习行为	教学技能要素
	们学习了书法三要素：笔法、结构、章法，以及许多书法文化，如书法家小故事、经典碑帖赏析等。 2.开启新课 今天我们要学习的是一节欣赏课“题壁”。	的讲述回顾以往所学知识点，明确本节课的主题。	新旧知识衔接 学习目标指引
1分钟	二、问题导入 1.提出问题 顾名思义，题壁就是古人在墙壁上题写文字，既然古人有宣纸，为何要题壁？ 2.小结 在大尺幅宣纸发明以前，书法家常常在墙壁上写字。由于墙壁面积很大，书家可以尽情挥洒，创作出磅礴大气的作品。 过渡语： 我们之前也曾学过题壁的书法家故事。	认真思考老师的问题并进行回答。	分析型问题，营造题壁的知识储备氛围。
30秒	三、图片讲述“羲之题壁”的故事 1.图片设疑  这是大千先生画的《山阴题壁图》，图中的主人公是王羲之，此画讲的是“羲之题壁”的故事。		以故事情境引入新知，激发兴趣，引导学生主动思索。
2分钟	四、书家介绍：杨凝式 1.杨凝式简介 唐代书法家灿若群星，但到唐末	课前搜集资料，上课边看图，边听老师讲解，边	叙述性讲解介绍，了解时

续表

时间	教师的教学行为	学生的学习行为	教学技能要素
	五代，国势由衰落到分裂，书法领域自然也是一片衰败，这时唯有杨凝式能留下足够的影响。杨凝式82年的人生几乎覆盖了唐末至五代的全过程，这使他饱看动乱，深知时政险恶，曾经装疯卖狂以求自保，因此有个“杨疯子”的绰号。《宣和书谱》等典籍称杨凝式久居洛阳，经常到佛寺道观中游逛，他的一个特殊癖好就是题壁，当时洛阳各家的寺庙都把自家的墙壁粉刷好，常备笔墨，专等杨凝式来题字，杨凝式到来时，看到墙壁光洁可爱，就会乐不可支，行笔挥洒，一面吟诵一面书写，直到把墙壁上的空间都写满了，还不觉得疲倦。当时洛阳两百多座寺庙几乎都有他的壁上书法。可惜这些寺院的墙壁不像石碑那样坚固，南宋以后留有杨凝式书法的墙壁就没有几堵还能完整挺立，所以杨凝式留存至今的书法作品很少。	自主思考老师提出的问题。	代及名家背景。
	2.名帖赏析《韭花帖》 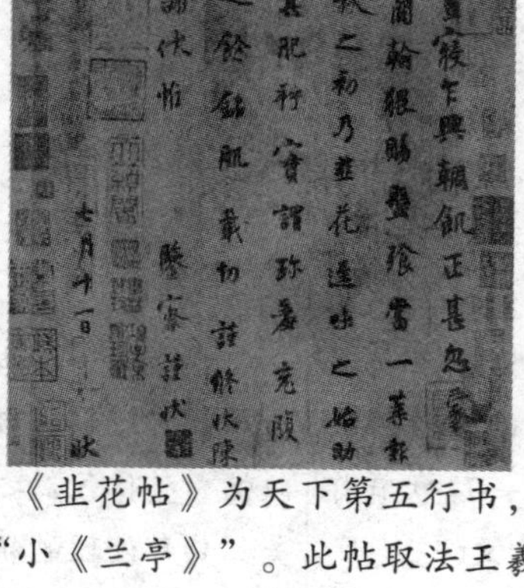 《韭花帖》为天下第五行书，人称“小《兰亭》”。此帖取法王羲之《兰亭》。	《韭花帖》有怎样的美感？ 秀美 舒朗	对比分析，合作探究，对作品有深入研究。

续表

时间	教师的教学行为	学生的学习行为	教学技能要素
	3.名帖赏析《夏热帖》 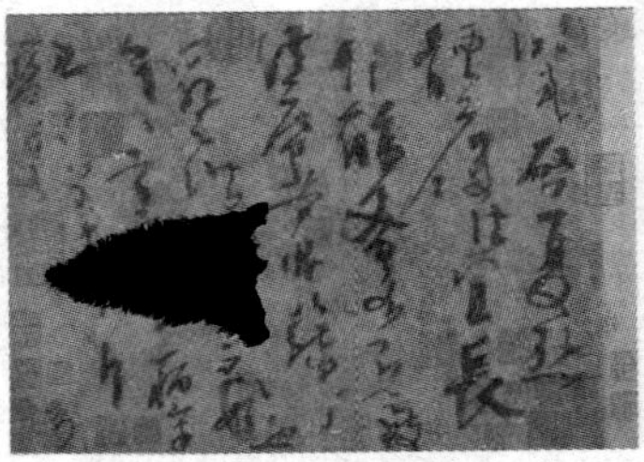 《夏热帖》是一幅草书作品，书法兼取颜真卿、柳公权笔意，用笔爽利挺拔，体势雄奇险绝，章法如横风斜雨，落纸云烟。 解答： 显然《夏热帖》更合适。《韭花帖》的书风属于工稳精细一路，并不适合题壁，而《夏热帖》则天真烂漫，无拘无束，适合题壁。	《夏热帖》有怎样的美感？ 自由 狂放 思考： 《韭花帖》和《夏热帖》哪种风格更适合题壁？为什么？	评价型提问 评价型提问
3分钟	五、书家介绍：怀素 1.怀素简介 2.出示图片 “天下第一草书”《自叙帖》 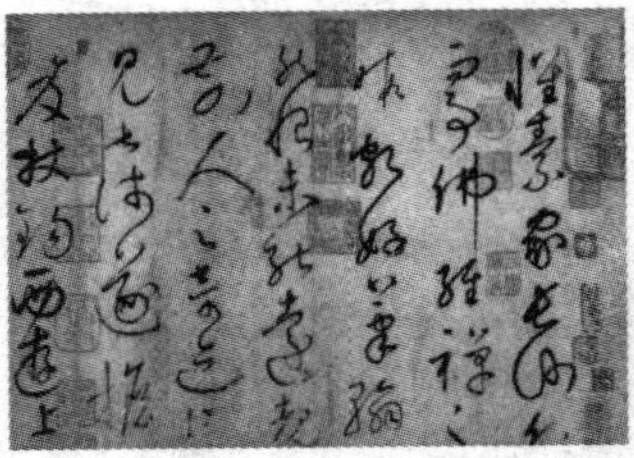 3.介绍 怀素不仅书法精湛，而且他的朋友圈也是高人云集，大家对他的书法也是赞誉有加。怀素在他这篇著名的《自叙帖》中将大家对他的评论都写了出来。下面就让我们来一边欣赏怀素的书法，一边欣赏众人的文采。 内容1：	思考： 猜一猜，怀素斋号为什么叫“绿天庵”？ 学生仔细对比观察。 学生先整体后局部，理解《自叙帖》整体气韵之美、局部处理的精妙之处。	知名家，识狂草。 分析型提问 描述性讲解

续表

时间	教师的教学行为	学生的学习行为	教学技能要素
	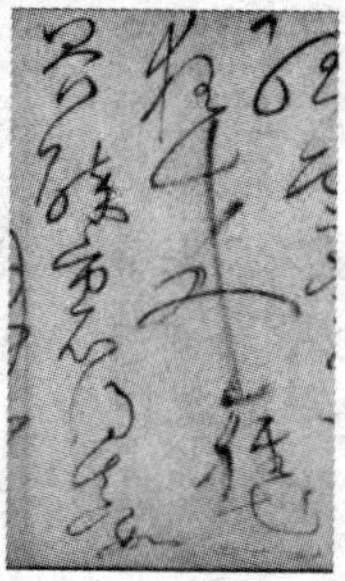 狂来轻世界，醉里得真如。 解读："狂"不是轻狂这么简单的一回事儿，而是一种大情怀、大气魄。而且快速的狂往往需要借助酒力。只有喝醉了方能见到人的真如本性。 内容2： 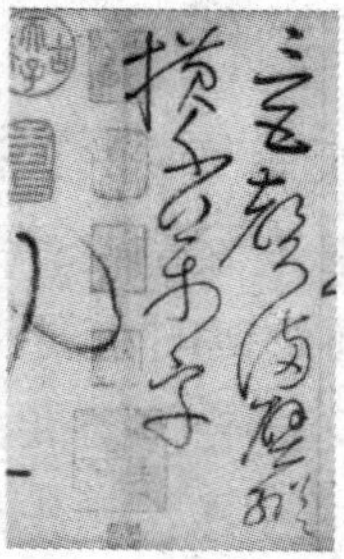 忽然绝叫三五声，满壁纵横千万字。 内容3：   戴　　　　　　国 笔法：中锋用笔 结构：法度严谨 章法：大小错综	同学从不同局部观察理解题壁之美、之趣味、之气韵。	深究细赏，理解题壁的气韵之美。 明确结论

续表

时间	教师的教学行为	学生的学习行为	教学技能要素
	六、师生互动 请一名学生到前面来用毛笔体验题壁。 1.提问 题壁和正常书写有何不同感受? (1)视角不同; (2)运笔运腕手法不同; (3)题壁时墨汁会有向下流的势,需要控制好墨的浓淡,用墨量的多少和行笔的速度。 2.教师示范 现场用毛笔蘸白色水粉颜料,以苏轼《题西林壁》进行草书题壁示范。	竖起画板,题壁书写,体悟题壁和正常书写的不同感受。 感悟题壁之美。	理解型提问 明确结论 直观感受,体会题壁之美。

反思:

对核心问题与问题链设计对课堂教学作用的反思:书法学科并不具备数学等学科那样严密的逻辑性,因此问题链的设置比较有发散性,并不具备一定的递进或者因果等逻辑关系。在设计核心问题和问题链时主要考虑的还是教学内容,一方面要紧紧围绕核心问题和重难点展开,一方面还要考虑到教学的层次感和丰富性,因此加入了一些能够启发学生思考和激发学生兴趣的问题。这样课堂教学就能既全面又深入地展开了。

对提问技能与讲解技能理解的反思:作为一个小学教师,光有专业的业务素养是远远不够的,提问技能也很重要,尤其是小学教学,各个年龄段孩子的理解差异很大。本节课的学生为六年级学生,在理解能力上相对成熟,也有一定的书法文化基础,比较容易接受本节课的一些难点内容,比如:草书的有关知识等。因此,把提问的难度和环节调整到适合学生理解和掌握的程度尤为重要。

点评:(李雪梅　北京市海淀区教师进修学校　中学高级教师)

本课来源于教材中书法园地板块“题壁”的内容。师大实验小学罗绍文老师希望通过一节书法欣赏课,使学生感悟祖国书法魅力。本课教学重点为题壁故事、题壁书法家以及相关作品的了解。在知识技能方面培养学生对笔法、结构、章法的观察分析欣赏能力。通过图文分析、故事讲解、讲授启发、书写示范等方式深入浅出引领学生体会题壁的书法文化。引导学生体悟书法魅力，提高审美能力和文化品位。

本次微格评比中罗绍文老师的书法课恰好体现了这些理念，他带着我们走进了一个新模式下的书法课堂。

一、立足高处，彰显文化底蕴

汉字和以汉字为载体的中国书法是中华民族的文化瑰宝，是人类文明的宝贵财富，书法教育对培养学生的书写能力、审美能力和文化品质具有重要作用。中小学书法教育要注重基本书写技能的培养，更要在教学活动中进行书法文化教育，使学生对汉字和书法的丰富内涵及文化价值有所了解，提高自身的文化素养，珍视中华优秀传统文化，增强文化自信与爱国情感。

一节好的书法课不只是教学生把字写好，更重要的是要让学生了解书法文化、享受学习的过程。

二、巧设情境，拉近心理距离

书法艺术在古代是与生活紧密联系的，因为人们时时处处需要用到它，时时处处可以见到它。但是今天，书法学科与其他所有学科相比，离学生的距离反而是最遥远的——欣赏的作品都已经是千年前的古人、书写的内容需要老师翻译才懂；甚至连笔墨纸砚这些工具也在生活中轻易不会碰了……这些都使得学生容易产生一定的心理距离。

设计一节书法课需要我们站在学生的角度，寻找一个适合现代儿童的学习方式，他们才会爱上书法，爱上这璀璨的传统文化。从入课时“为什么要题壁”—“题壁小故事”—“题壁书家”—“名家名作”等各个环节，罗老师诙谐幽默、娓娓道来，每一个环节都恰如其分地抓住学生的心。

三、问题链接，设计落到实处

随着新的教学理念的形成，书法学习更趋于“开放模式”。纵观本课，教学环节可谓环环相扣，知识的安排能由浅入深。通过大量辨析与直观演示，在轻松的氛围中学到了知识，一切活动循序渐进，既让学生对所学的知识有一个反思，加深理解，又进一步提高了学生解决问题的兴趣。最后让学生通过作品书写充分发挥书法课的育人功能，努力提高学生的综合素质。本课始终重视学生在艺术学习中创造美和鉴赏美的实践，使学生有所受益，愉快地完成本节课。

案例四：司曼琪《咏鹅》（北京朝阳实验小学密云学校）

<table>
<tr><td>学科</td><td>音乐</td><td>年级</td><td>一年级</td><td>教材</td><td>义务教育课程标准实验教科书
音乐一年级下册</td></tr>
<tr><td>课题</td><td colspan="3">咏鹅</td><td>主要技能</td><td>提问技能、讲解技能</td></tr>
<tr><td colspan="6">前期分析</td></tr>
<tr><td>教材分析</td><td colspan="5">《咏鹅》是根据唐朝诗人骆宾王七岁时创作的同名诗篇而创作的一首古诗新唱作品。歌曲四二拍，五声宫调式，二段体结构，两次使用反复跳跃记号，演唱了四次古诗内容，既增加歌曲演唱长度，又使学生加深了对古诗词的记忆与理解。创作手法以同音重复、级进、跳进为主，第一段曲调一开始就重复使用三个“do”音，紧接着一个四分休止符，将儿童发现鹅的惊喜和仔细观察鹅的神态生动地表现出来。两乐段之间以模仿鹅的叫声来衔接，表现了儿童的顽皮、可爱。第二乐段一开始就提高了五度，曲调流畅，多在高音区回旋，充分表现了儿童看到美丽的大白鹅时兴奋、快乐的心情。所以在歌曲学唱的过程中，应引导学生理解歌曲并能用亲切优美的声音准确地演唱歌曲。
</td></tr>
<tr><td>学情分析</td><td colspan="5">一年级的学生比较活泼、好动，大多以形象思维为主，因此教学设计中要突出感受为先的特点。此外，学生们在幼儿园背诵过这首唐诗，所以歌词教学相对容易；节奏、音准和音乐知识的学习，对一年级学生来说属于新的认知领域，需要教师讲解明确并且要重复强调，所以教师在教学中要积极创设音乐情境，利用肢体动作辅助教学，解决歌唱中结束音音准和反复跳跃记号的问题。</td></tr>
<tr><td>课标分析</td><td colspan="5">新课标指出：感受与鉴赏是培养学生音乐审美能力的重要途径，是音乐学习活动的基础。学生具备良好的音乐感受力和表现力，对于丰富情感、陶冶情操、提高修养、增进身心健康具有重要意义。教学中，利用图片、音响、丰富的教学语言积极创设教学情境，在情境中潜移默化地帮助学生解决学习难点，引导学生用情歌唱，用动作和手势体会音高和节奏的不同。并运用对比聆听、演唱、师生合作等多种教学方法调动学生的学习兴趣和参与实践活动的积极性，让学生在感性与理性的思考中去感知音乐，</td></tr>
</table>

续表

<table>
<tr><td>学科</td><td>音乐</td><td>年级</td><td>一年级</td><td>教材</td><td>义务教育课程标准实验教科书
音乐一年级下册</td></tr>
<tr><td>课题</td><td colspan="3">咏鹅</td><td>主要技能</td><td>提问技能、讲解技能</td></tr>
<tr><td></td><td colspan="5">理解音乐内涵。使学生对歌曲的学习不仅仅停留在唱会的基础上，更多的是注重对歌曲情感的表现，让学生在聆听音乐的愉悦中乐于尝试创新，更好地去体验、表现音乐。</td></tr>
<tr><td>教学目标</td><td colspan="5">情感态度与价值观：
感受“鹅”的音乐形象，能够发现小动物的可爱之处，喜欢小动物。并对古诗新唱有良好的学习兴趣。
过程与方法：
首先通过聆听歌曲的第一乐段，找出古诗出现的次数，听辨出结束音音高的不同，并能准确演唱；再出示曲谱，学习反复跳跃记号；最后通过教唱学习，掌握歌曲《咏鹅》的第一乐段。
知识与技能：
能用亲切优美的声音演唱歌曲《咏鹅》的第一部分；能够听辨出两遍古诗结束音音高的不同，准确演唱。并通过对第一部分的学唱掌握反复跳跃记号。
教学重点：
能用亲切优美的声音准确演唱歌曲《咏鹅》的第一部分。
教学难点：
1.两遍古诗结束音音高的准确演唱。
2.反复跳跃记号的运用。
原因：
歌曲《咏鹅》的结构及创作手法特点以及学生的原有基础和在学唱歌曲第一乐段中易出现的问题等方面设计教学目标。</td></tr>
<tr><td>核心问题</td><td colspan="5">核心问题：
1.能够听辨出歌曲第一乐段两遍演唱时结束音的不同，并准确演唱。
2.通过对歌曲第一乐段的学唱掌握反复跳跃记号。
原因：
音准是歌曲教学的首要因素，而一年级学生的音准问题尤其重要；此外歌曲本身的旋律特点容易使学生产生音准方面的问题，所以把第一乐段结束音的音高问题作为本课的核心问题。</td></tr>
<tr><td>问题链</td><td colspan="5">问题链：
1.聆听第一部分范唱，思考：古诗在歌曲中演唱了几遍呢？
2.聆听范唱，思考：两遍古诗在演唱时结尾是否相同？</td></tr>
</table>

续表

<table>
<tr><td>学科</td><td>音乐</td><td>年级</td><td>一年级</td><td>教材</td><td>义务教育课程标准实验教科书
音乐一年级下册</td></tr>
<tr><td>课题</td><td colspan="3">咏鹅</td><td>主要技能</td><td>提问技能、讲解技能</td></tr>
<tr><td></td><td colspan="5">3.两遍古诗的结尾哪里不同？
4.出示第一部分曲谱，思考：为什么古诗演唱了两遍，但曲谱中只出现了一次？
它们之间是结合教学内容的阶段问题，层层递进指向核心问题的关系。</td></tr>
<tr><td>讲解目标及方法</td><td colspan="5">运用了引导法：利用图片、音响、丰富的教学语言积极创设教学情境，在情境中引导学生正确歌唱；用动作和手势体会音高的不同，解决学生在演唱中的学习难点。
运用了类比法：在学唱过程中运用对比聆听、演唱调动学生的学习兴趣和参与实践活动的积极性，让学生积极主动地思考，解决重难点，体会理解音乐内涵。</td></tr>
</table>

教学部分案例

<table>
<tr><td>教学课题</td><td colspan="5">人民音乐教育出版社 一年级下册《咏鹅》</td></tr>
<tr><td>学科</td><td>音乐</td><td>年级</td><td>一年级</td><td>教学时间</td><td>8分45秒</td></tr>
<tr><td>教学目标</td><td colspan="5">情感态度与价值观：
感受“鹅”的音乐形象，能够发现小动物的可爱之处，喜欢小动物。并对古诗新唱有良好的学习兴趣。
过程与方法：
首先通过聆听歌曲的第一乐段，找出古诗出现的次数，听辨出结束音音高的不同，并能准确演唱；再出示曲谱，学习反复跳跃记号；最后通过教唱学习，掌握歌曲《咏鹅》的第一乐段。
知识与技能：
能用亲切优美的声音演唱歌曲《咏鹅》的第一部分；能够听辨出两遍古诗结束音音高的不同，准确演唱。并通过对第一部分的学唱掌握反复跳跃记号。
教学重点：
能用亲切优美的声音准确演唱歌曲《咏鹅》的第一部分。
教学难点：
1.两遍古诗结束音音高的准确演唱。
2.反复跳跃记号的运用。</td></tr>
</table>

续表

时间	教师的教学行为	学生的学习行为	教学技能要素
1分26秒	同学们把《咏鹅》这首古诗朗诵得非常好。下面我们就来学唱这首古诗。 一、聆听老师范唱歌曲的第一部分  思考： 古诗在歌曲中演唱了几遍呢？ 大家听得非常正确，古诗共演唱了两遍。	聆听老师的范唱，思考古诗在歌曲中演唱了几遍？ 预设： 能够准确听出古诗演唱了两遍。	理解型提问
4分34秒	二、聆听歌曲，听辨出两遍结束音音高的不同 请你再来听一听，第一遍和第二遍结束音的音高是一样的吗？（教师做抬头和低头的动作，引导学生思考）  思考： 第一遍和第二遍结束音的音高是一样的吗？ 是不一样的。 三、聆听第一遍和第二遍的结尾句，听辨出两遍结束音音高的不同并学唱 （一）老师再来分别唱一下第一遍和第二遍的结尾句，谁能说一说怎么不一样啊？（教师做动作和	聆听范唱，通过老师的启发提示，听出这两遍古诗的结束音的音高不同。 预设： 多数学生能够听辨出两遍古诗的结束音的音高不同。 聆听老师演唱一下第一遍和第二遍的结尾句，并根据动作手势	理解型提问

续表

时间	教师的教学行为	学生的学习行为	教学技能要素
	手势提示学生） 第一遍的音高，第二遍的音低。 （二）大家看老师在唱第一遍高的时候做了一个什么动作？（仰头、抬手） 像鹅在仰头看着远方。 第二遍音比较低的时候老师唱的时候做了什么动作呢？（低头、压手） 像鹅在低头喝水。 （三）学唱第一遍和第二遍的结尾句 师生配合演唱。	的提示思考，怎么不一样啊？ 预设： 预设：多数学生通过聆听和教师的提示，能够听辨出第一遍结束音高，第二遍结束音低。 模仿老师做动作，学唱第一遍（抬头）和第二遍（低头）的结尾句。	理解型提问
2分54秒	四、出示曲谱，学习反复跳跃记号 （一）复习反复记号知识 下面我们来一起看一下歌谱，刚才我们聆听时，古诗在歌曲中共演唱了两遍，歌谱中也出现了两遍吗？ 思考： 不是，一遍。  那是怎么回事呢？大家观察歌谱 思考： 歌谱中多了什么没有？ 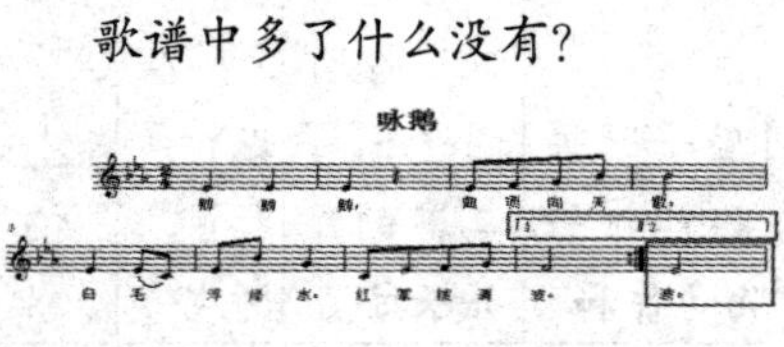	看曲谱，通过老师的提问和启发，思考：为什么古诗演唱了两遍，但曲谱中只出现了一次？ 预设：学生们能够发现歌谱中多出来的1和2，还有一个波字。	分析型提问 与已有知识联系 了解学生思维 理解型提问

续表

时间	教师的教学行为	学生的学习行为	教学技能要素
	老师现在把多出来的字去掉。大家观察歌谱思考： 还记得这个是什么记号吗？  （反复记号） 大家还记得反复记号的儿歌怎么说吗？和老师一起来说一说。 兄弟二人并肩站， 两只眼睛朝前看。 要问它有啥作用？ 回头再来唱一遍。 老师现在按照反复记号来唱一唱。 思考： 与我们之前聆听的是一样的吗？ 不一样，之前是一个高一个低。 那就需要一个新的音乐记号 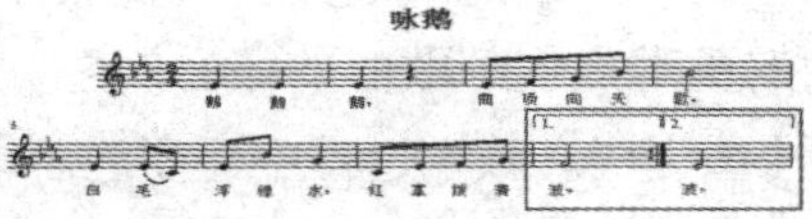 这就是我们今天要学习的新知识，叫作反复跳跃记号。第一遍从头唱，唱1里面的波，反复一遍，再从头唱，跳过1，唱2里面的波，这样我们才能唱出一个高一个低。	复习反复记号。  朗读反复记号儿歌，回忆与巩固反复记号知识。 学习反复跳跃记号。 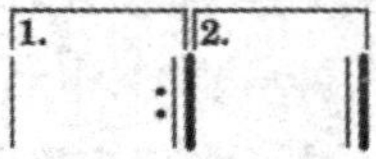 预设：通过	分析型提问 与已有知识联系 与已有知识联系

续表

时间	教师的教学行为	学生的学习行为	教学技能要素
	（二）师生配合演唱 老师这里也有一首关于反复跳跃记号的新儿歌，和老师一起来说一说。 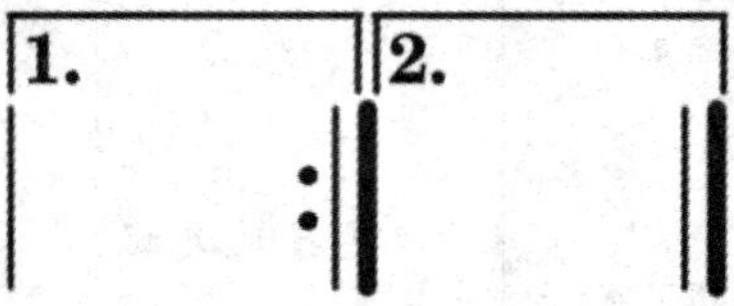 反复结尾有不同， 乐谱上面已注明。 按照歌词顺序唱， 是一是二要分清。 五、完整演唱歌曲第一部分 歌曲的第一部分我们已经听了这么多遍了，请同学们完整演唱一遍吧！	教师的讲解，学生能够掌握反复跳跃记号。并能够掌握，在歌曲中出现了反复跳跃记号应当如何演唱。 朗读反复跳跃记号儿歌，掌握加深反复跳跃记号新知识的学习。 完整演唱歌曲第一部分。 预设：学生在多次聆听后能够歌唱准确。	叙述性讲解 明确结论

反思：

一节课的设计，一定要基于这节课、这个单元、这册教材，以及学生情况，方方面面地分析去构思设计。首先教师一定要对自己所讲的这首歌曲非常熟悉，能够准确地了解歌曲的结构和创作手法，准确找到歌曲中的难点乐句，找到看似简单但是演唱中学生容易出错的乐句，找到相关的音乐知识点。然后结合年级学生整体情况，去设计课程。课程的设计不能只是大环节要做什么，一定是具体到每一个问题中去，根据歌曲的重难点找到歌曲的核心问题。再围绕核心问题，去设计问题链，层层递进，注重引导。教学过程中还要注意语言的使用，尤其是对于低学段的学生，教师更要注意语言的简单清晰易懂，贴近孩子的说话方式。从一个微格教学片段的设计磨课过程中，让我深知作为一名青年教师要上一节课，是多么不易，要学习、历练的还有太多，需要自己更努力地学习进步。

点评：（金士娟　北京市密云区教师研修学院　中学高级教师）

《咏鹅》是小学一年级的教学内容，歌曲为二乐段结构，本片段为歌曲第一乐段的学习。

首先，通过分析教学设计可以看出，本课的核心问题是解决歌曲第一乐段结束音的音准问题并学会反复跳跃记号的运用。教师的教学过程以提问为主，通过一系列渐进性的问题链，引导学生由表及里，自主去发现音乐的特点，并通过适合一年级学生的方式来解决音准和音乐知识问题。例如，问题链是“古诗演唱了几次”—“两次一样吗”—“怎么不一样”—“老师做了什么不同的动作”—“歌谱几遍”—“歌谱中多了什么”。这些问题的设计都体现了以学生为本的理念，让学生在听和看的音乐实践活动中发现问题，并和老师一起解决问题；而且教学方法的设计适合学生的年龄特点，如情境的创设、动作的表现等，从感性到理性，符合一年级学生的认知规律。

其次，通过观看教学录像可以看出，教师有着良好的弹唱基本功和语言表达能力，提问和讲解的语气适合低年级学生特点，教态自然大方，演唱和表演具有亲和力，深得一年级学生喜爱，这些都是音乐教学取得成功的必要条件。

再次，通过分析教师的课后反思可以看出，教师通过本次活动的历练，理解了课前分析教材、分析学生的重要性；懂得了必须根据教材特点和学生的实际情况来设计教学过程；认识了教学语言的重要性。这些都是青年教师最容易欠缺的方面，所以说明教师的反思比较深刻。

最后，从青年教师的发展来看，每次活动确定一个相应的主题非常有价值，能引导青年教师从教学的不同侧面向纵深发展，从而提高自身全面的教学水准。

案例五：李皖云 《跆拳道——横踢腿》（北京教科院旧宫实验小学）

<table>
<tr><th>学科</th><th>体育与健康</th><th>年级</th><th>四年级</th><th>教材</th><th>义务教育教科书
《体育与健康》四年级</th></tr>
<tr><td>课题</td><td colspan="3">跆拳道——横踢腿</td><td>主要技能</td><td>讲解为主</td></tr>
<tr><td colspan="6">前期分析</td></tr>
<tr><td>教材分析</td><td colspan="5">跆拳道是小学生喜爱的体育项目之一，也是北京版四年级《体育与健康》课程的教学内容。“横踢腿”是跆拳道比赛中最为常用的技术，可以和任何腿法进行组合，使用率与得分率都是所有腿法中最高的。北京版四年级教材安排了侧移步、横踢腿、太极二章三个教学内容。其教学要求是：通过学习，促进学生身体素质全面发展，使学生能够体会到战术练习的重要性。</td></tr>
<tr><td>学情分析</td><td colspan="5">本节课授课对象为四年级（2）班学生，共28人，其中男生16人，女生12人，无肥胖学生。本班学生课堂纪律良好，学生思维敏捷，模仿能力较强，勇于挑战。该班同学从一年级开始就参加了跆拳道课程和跆拳道社团，学生对跆拳道的学习产生了浓厚的兴趣，在前面的课程中对“前踢腿法”有了一定的了解，能够掌握技术动作要领。
重点：膝关节的弹性与支撑脚旋转的角度。
难点：动作的发力点，动作协调连贯。</td></tr>
</table>

续表

学科	体育与健康	年级	四年级	教材	义务教育教科书《体育与健康》四年级
课题	跆拳道——横踢腿			主要技能	讲解为主
课标分析	北京版四年级教材安排了侧移步、横踢腿、太极二章三个教学内容。 其教学要求是：通过学习，促进学生身体素质全面发展，使学生能够体会到战术练习的重要性，全面锻炼学生身体，提高学生身体素质和健康水平。				
教学目标	本节课动作要领：膝关节夹紧，向前提膝；支撑脚外旋180°；展髋，严格注意击打点在正脚背；踝关节放松，击打的感觉是“鞭梢”。（目标达成的困难因素） 1.了解横踢腿发力顺序，掌握支撑腿旋转180°摆动腿横向踢出的技术动作，提高身体的协调能力。 2.发展学生的下肢和腰腹力量及身体的协调性，提高击打的准确性。 3.提高学生战术意识，培养刻苦耐劳、不畏艰难的意志品质。				
核心问题	膝关节的弹性与支持脚旋转的角度。				
问题链	教师引导，通过三年级时学过的“前踢”和将要学习的“横踢”对比的问题开始，诱导学生过渡到支撑脚旋转的角度的问题，展髋的问题，摆腿高度的问题以及实战中攻防的问题，使学生形成正确动作的表象和实战中攻防的意识。				
讲解目标及方法	本节课贯彻了“健康第一”的指导思想，合理运用了讲解示范法、分解练习法、完整练习法、纠正错误法、游戏和比赛法实施教学。 采用分解教学法，使学生明确动作的技术要领；完整教学法，体会动作的连贯性；自主探究合作演练法，给学生自主探究的时间和空间，通过互相交流来掌握技术动作；综合评价教学法，进一步巩固本课重难点，并让学生互相了解彼此的学习情况。				

教学部分案例

教学课题	跆拳道——横踢腿				
学科	体育	年级	四年级	教学时间	20分钟
教学目标	1.了解横踢腿发力顺序，掌握支撑腿旋转180°摆动腿横向踢出的技术动作，提高身体的协调能力。 2.发展学生的下肢和腰腹力量及身体的协调性，提高击打的准确性。 3. 提高学生战术意识，培养刻苦耐劳、不畏艰难的意志品质。				

续表

时间	教师的教学行为	学生的学习行为	教学技能要素
1分钟	在三年级时学习的跆拳道腿法前踢腿，同学们和老师一起复习一下前踢腿的动作，先看老师示范。	×××× ×××× △	合理分配 讲解结构
2分钟	在练习时，注意绷、夹、弹、收的动作要领。	×××× ×××× △ 听清要点	停顿节奏 讲解语言 讲解结构
1分钟	下面同学们注意观察，看老师做的动作和“前踢”有什么不同，教师做横踢腿动作。	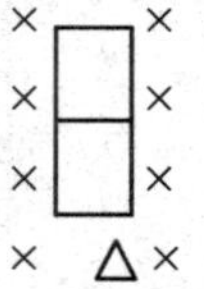 注意力集中，记住问题。	问题链 合理分配
1分钟	示范：成右架实战姿势站立，右脚蹬地，重心移至左腿，右腿屈膝抬起，脚面绷直；左脚以脚掌为轴转动180°。	×××× 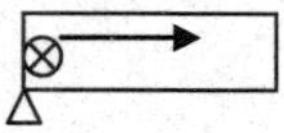 ××××× 观察示范，思考问题。	讲解目标 讲解结构
	什么时候转体支撑脚？ 用身体什么部位发力？ 谁能回答？	队形同上 认真思考	问题链 停顿节奏
1分钟	教师沉默，用期待的眼光，注视学生。	队形同上 学生回答：“先提膝然后转动支撑脚同时转膝”“转髋的同时用腰部发力”	反馈探寻
1分钟	对！回答得正确！谁还能补充？	队形同上 学生回答：“支撑脚转180°。”	反馈探寻
1分钟	从刚才几位同学的回答，可以明确两点： 1.成右架实战姿势站立。	××××× 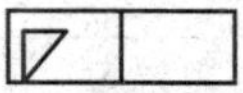 ×××××	讲解目标 讲解结构 普遍联系

续表

时间	教师的教学行为	学生的学习行为	教学技能要素
	2.右脚蹬地，重心移至左腿，右腿屈膝抬起，脚面绷直。 3.左脚以脚掌为轴转动180°。 教师配合腿法的演示。	认真听讲，同时思考。	共同思维 得出结论
4分钟	学生练习的同时，教师巡回指导纠正插手动作。	××××× 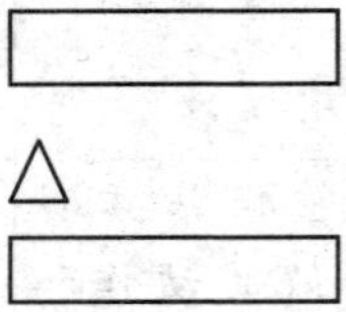 ××××× 学生根据讲解，做徒手练习。	反馈探寻
1分钟	教师出示完整动作挂图并为学生示范。	队形同上 学生停止练习，开始思考。	讲解结构
1分钟	教师沉默，用期待的眼光注视学生。要求转体后，膝、髋、肩在同一个水平面内。	两个同学们一组，做提膝转体180°动作。一个同学做练习，另一个同学指导、纠正动作。	反馈探寻 得出结论
1分钟	对学生的正确动作给予肯定，通过语气提示（继续努力）、暗示（身体什么部位发力时，预备姿势比画暗示），引导学生正确动作。	××××  ×××× 两个同学一组，做提膝转体180°动作，膝盖触碰悬挂的小球练习	反馈探寻 讲解结构 普遍联系
	教师巡视，找动作规范的同学做展示，提高学生练习兴趣。	队形同上 领会老师的讲解，优生展示	反馈探寻
5分钟	教师指导做踢靶练习。 教师巡回指导。	×××× 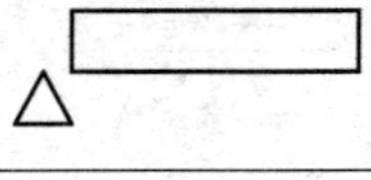	讲解结构

续表

时间	教师的教学行为	学生的学习行为	教学技能要素
		 ×××× 两个同学一组，做踢脚靶练习。	

反思：

在一节跆拳道课上，老师教授了横踢的动作要领，并做了相应示范。所谓知难行易，虽然同学们看的时候感觉自己都懂了，实际演练时总是感到有些别扭，不能把握要领。比赛时相对简单，实际上可以让学生慢慢地做，把动作做熟练以后再加快速度，不要一开始就追求速度和力量，单腿站立时不可避免地会有些站不稳。不过更糟糕的还在后面，当右腿横至水平时，左脚却常常忘记内旋，结果导致重心不稳，支撑不了多久就撑不下去。经过多次练习，才有所改善。

一、核心问题与问题链设计对课堂教学作用的反思

核心问题：膝关节的弹性与支持脚旋转的角度。

问题链：教师引导，通过三年级时学过的“前踢”和“横踢”的对比的问题开始，诱导学生过渡到支撑脚旋转的角度的问题，展髋的问题、摆腿高度的问题以及实战中攻防的问题，使学生形成正确动作的表象和实战中攻防的意识。

二、对提问技能与讲解技能理解的反思

体育教学既要学习技能、技巧，同时也要经常提出问题、解答问题和理论指导实践。体育教学与其他学科一样，提问重在引导，贵在善问和会问。我们在备课时，既要备体育动作技术的讲解、示范、练习保护方法，同时为了使学生加深对体育动作的理解，形成巩固的动力定型，必须进行适当的提问，通过提问，启发学生思维，让学生凭借已知探索未知。

三、通过比赛对自身成长的反思

在比赛过程中，教师们围绕说课的主要内容，大胆进行教学设计的创新，精心创设各种情境，依据学生认知规律，研究探讨符合本课程情况的教学设计方案，充分显示了创新的教学理念和扎实的教学基本功。比赛的过程更是学习的过程。参赛教师准备精心。此次说课比赛，赛前在各教师与指导教师的共同努力下做了精心准备，从说课教案的编写到对设计的熟知，从时间的把握到教法的运用，都力求做到一丝不苟，精益求精，我把这次活动当做是一次很好的锻炼机会，在比赛中用流利的语言阐述自己对教材的理解，充分体现新课程教学理念，充分利用自己的示范和体育器材来达成自己的教学目标。

虽然这次说课的总体水平均衡，但在比赛过程中也存在不少不足之处。教学理论的指导作用不够明显，特别是教学过程中，今后还需学习更多教育教学理论知识来充实自己。随机应变的能力有待加强，说课过程中太拘泥于自己的说课稿，临场发挥显得不够自如。

点评：（韩起峋　北京大兴区教师进修学校　一级教师）

本课坚持“健康第一”的指导思想，构建了知识与技能、过程与方法、情感态度与价值观的目标体系，激发学生的运动兴趣，促进学生健康成长。本课在设计、评价上始终坚持以学生发展为中心，重视学生的主体地位，充分发挥学生学习的积极性和主动性，重视个体差异，从而使每个学生都能体会到学习和成功的乐趣。

一、依据核心问题开展教学，注重学生跆拳道运动兴趣的培养

教师运用了富有感召力的语言，结合了四年级学生活泼、好动的特点，运用了有针对性的教学方法，使学生在轻松愉悦的氛围中度过。例如，教师用了“你们做得真好！老师都不能做这么好！”“这位同学要加油了，老师知道你还可以做得更好！”等激励性的语言，充分调动了学生学习的积极性，教学效果良好。

二、学生喜爱的教材内容，有效的教学方法，保证了本节课的教学效果

依托于教材中和常用的教学方法，合理地针对本班学生对传统教法进行拓展和延伸，更大程度地发挥了所用教法的实效性，有效地提高了本节课的教学效果。为了突破教学中的重难点，本课中实用的教法运用对学生掌握“横踢”技术起到了重要作用。例如，“提膝转体触脚靶”“抽鞭子”等游戏方法使学生对“横踢”技术动作有更加深刻的理解。

三、教师过硬的基本功，吸引学生热爱此项运动

授课教师为跆拳道专业体育教师，示范动作准确，口令声音洪亮，技术动作讲解清晰，担任全国和北京市青少年跆拳道各项比赛的裁判工作，是最年轻的国家级裁判员。授课教师在学校是专职的体育教师，熟悉《体育与健康》中的教学内容，特别是对跆拳道内容教学有一定自己的见解，有了一定自己教学的风格和思路，学生学习跆拳道的热情高涨。

四、有效的评价，保证了教学目标的达成

合理的评价有利于课堂教学的实施，使不同水平的学生都有了一个能够完成的目标。本课在教学组织上重体验、重交流、重过程、尊重学生自己的真实感受，让他们处于轻松、愉悦的课堂氛围中，很好地提高了学生主动参与的积极性，真实地反映出了学生的学习水平。针对学生的学习情况，在评价时，老师运用了自评、他评和师评的方式，做到了让每个同学都清楚自己技术水平，

又可以帮助改正动作中出现的问题，教师在关注完成动作质量高的学生的同时，又对动作较差的同学进行鼓励，帮助他们改正错误动作，使得不同水平的学生都有了成功的体验。

【问题与思考】

1. 音、体、美学科在课堂教学中对教师的示范技能有更多的要求，但在教师的示范过程中仍然离不开教师讲解技能的应用，请分析一个具体案例中教师讲解技能要素的体现？

2. 举例说明讲解过程中怎样实现与学生的“共同思维”和建立“普遍联系”。

参考文献

1. 李涛 . 教师常用教学技能训练 . 北京 ：中国轻工业出版社 .2014.

2. L.W. 安德森等编著，皮连生主译 . 学习、教学和评估的分类学 . 上海 ：华东师范大学出版社，2007.

3.Marylou Dantonio & Paul C. Beisenherz. 著，宋玲译 . 课堂提问的艺术 . 北京 ：中国轻工业出版社 .2006.

4. 盛群力等编著 . 21 世纪教育目标新分类 . 杭州 ：浙江教育出版社 . 2008 .

5.Jackie Acree Walsh，Beth Dankert Sattes 著，刘彦译《优质提问教学法》. 北京 ：中国轻工业出版社 .2009.

6. 孙立仁 . 微格教学理论与实践研究 . 北京 ：科学出版社，1997.

7. 莫雷 . 学习过程与机制研究——我国学习双机制理论与实验 . 北京 ：经济科学出版社 2012.